光明社科文库
GUANGMING DAILY PRESS:
A SOCIAL SCIENCE SERIES

·历史与文化书系·

推道及人读老子

马跃千　马慎萧 ｜ 著

光明日报出版社

图书在版编目（CIP）数据

推道及人读老子 / 马跃千，马慎萧著. --北京：
光明日报出版社，2021.6

ISBN 978-7-5194-6050-1

Ⅰ.①推… Ⅱ.①马… ②马… Ⅲ.①道家 ②《道德
经》—研究 Ⅳ.①B223.15

中国版本图书馆 CIP 数据核字（2021）第 083242 号

推道及人读老子
TUIDAOJIREN DU LAOZI

著　　者：马跃千　马慎萧

责任编辑：郭思齐　　　　　　　　责任校对：傅泉泽
封面设计：中联华文　　　　　　　责任印制：曹　净

出版发行：光明日报出版社

地　　址：北京市西城区永安路 106 号，100050

电　　话：010-63169890（咨询），63131930（邮购）

传　　真：010-63131930

网　　址：http://book.gmw.cn

E-mail：guosiqi@gmw.cn

法律顾问：北京德恒律师事务所龚柳方律师

印　　刷：三河市华东印刷有限公司

装　　订：三河市华东印刷有限公司

本书如有破损、缺页、装订错误，请与本社联系调换，电话：010-63131930

开　　本：170mm×240mm

字　　数：368 千字　　　　　　　印　　张：20.5

版　　次：2021 年 6 月第 1 版　　　印　　次：2021 年 6 月第 1 次印刷

书　　号：ISBN 978-7-5194-6050-1

定　　价：98.00 元

内容简介

　　本书以《道德经》诠释为依托，从老子将道治自然的原理引入社会治理的角度，致力于阐述老子思想，在《道德经》结构认识、道德要义、解析方法、成书本意等方面提出了见解。本书认为：《道德经》大体分为道经和德经，道经是理论篇、基础篇，德经是实践篇、应用篇。理论篇从不同侧面阐述"道"是什么，是什么样，有什么属性，它赋予了万物什么德性；实践篇是用解决社会人生具体问题来剖析循"道"的价值和"道"的作用。老子认为，"道"和"德"是同一属性的同一东西，但是"道"是宇宙万物的根本，"德"是一物的根本，"德"是对"道"的分解和具体呈现，"道"分散到万物中称为"德"。所以，阐述"德"便将虚空的道论推进了现实社会，以剖析人生社会的具体问题，体现对现实人生和现实社会治理的指导。在老子思想中，"道"最少有三层意思，一是宇宙万事万物生发开始和生生不息的原始动力和内在能量；二是形成宇宙万物的最核心最本质的东西，是对宇宙天地、万事万物一切特殊性抽象之后的最本质、无差别的客观实在；三是宇宙万事万物自身变化的内在趋势和规律，表现为"常"或"恒"即不变。"道"是客观现实的，它有两种表现形式——无和有。"无"表现为事物的抽象属性，人们可以感知其存在，但无形；"有"表现为事物的实体，是现实的事物。"无"和"有"是"道"的一体两面，共同构成了被人们感知的实在之物。在解析路径上，本书主要选取了历史上具有代表性的注释著作，时间长度从战国到当代，学术跨度横贯道儒佛，注家主要包括河上公、王弼、释德清、任继愈、陈鼓应等学者。本书在《道德经》版本上以王弼本为依据，参照了郭店楚简、马王堆帛书等古本，通过考证辨析，站在老子弘道普世、推道及人的角度，细细咀嚼老子《道德经》，呈现老子本意，着力化解对《道德经》经文格言化、泛论化、碎片化、孤立化解读之弊端，为进一步推进经文精准注释做出了努力。从本质上讲，《道德经》是老子的政见阐述，是一篇有理论指导、有实践运作的天下治理方略，意在调停春秋时期诸侯国之间极其惨烈的争霸战争，回应社会土地不得耕作，民众不得安生，天下求治、人心向治的时代要求和现实期盼。在这篇朴实的政见文稿中，老子却运用了高级别、高层次的思维水平和极其抽象、极其空灵的思维方式，他给人们呈现了闻所未闻的"道"，开创性地从"道治自然"的治理原理，推及周天下治理方法，试图为日趋衰落的周王朝出谋献策，促其励精图治。然而，《道德经》面世后，在历史隧道闪耀光辉的并不是老子授人的具体治理措施，而是他跨越时空的、独一无二的道德思维。道德思维把人类思维水平引向了认识宇宙本原、宇宙生发、万物生生不息的动力、规律和存在本质的高级思维层次，老子道德思维的运用，客观上在探究和回答"我从哪里来、我为什么存在、我为什么保持了自我"等深奥的问题。老子思维方式提升了人类思维质量，展现了人类崭新思维对象，开蒙了人类抽象思维。道德思维模式越是真切现实地发生作用，便越是广泛规定着"道德思维"崇高的基调，越是体现出道德思维根源于人类对事物本体（自然、社会、人生、人身）的追寻体悟，越是能远离纯粹的、世俗的、具体的施治措施争端，给人类以发散的、无限广阔的思想启迪，《道德经》所呈现的老子思想也就因此超脱了简单的政见抒发，而具有伟大的哲学意义。

《推道及人读老子》既有学术研究的严谨，也有普及读物的诙谐，相信能为人们体悟《道德经》增添一抹亮色。

序

　　《道德经》是中国古代哲学家老子的一部伟大哲学著作。它追索了宇宙的起始之极，揭示了事物的起始之极，也为人生修为和社会治理指明了一条智慧且练达的路径。

　　哲学著作在启迪人生方面，最少应该具有人生观、宇宙观两个层面的意义。

　　一是指导现实人生。人生短短数十年，人生教诲便是在这短短的时光中发挥指导作用，让现时的人们安稳和谐地完成人生旅程。在生生不息的生命历程中，对于人类而言，生命最核心的意义可能在于繁衍生命、传承文明。所以，人生有生命延续的责任，人生有文明接力的责任。中国人讲求家族生命薪火相传，力避寡宗，客观上将人类生命延续责任进行了分包和分解；中国人勤奋朴实追求通达，将知识智慧贡献给社会，让文明传承过程浸润、融合在生命之中，薪尽火传，绵延不绝，一代又一代地接力下来。哲思圣者以其思想光辉，温暖并照亮生命延续的全过程。

　　二是探究宇宙起始。人生需要指导，需要教诲，需要哲学，但人生的坐标在哪里？回答这个问题，需要思想者有更广阔的视野和更磅礴的思域。仅仅解决现实人生中的疑惑，应该是有欠缺的，因为生命须有生存环境，生存环境是怎样的？生存环境是怎么产生的？人类将如何走向未来？这也是关乎现实人生的重大问题。沿着生存环境的思路追索，透视宇宙起始之极、探索宇宙运行之趋势便成为自然而然的事情了。探究宇宙起始及趋势是为人生服务的，离开了服务人生的探寻只是猎奇，脱离了服务人生的探究成果不会成为人类哲学。

　　在《道德经》中，老子从这两个层面阐述哲学思想。当一个人表达感谢时，他在感谢人生路上帮助他的人，在感谢给予他生命的父母家族，在感谢传授他教诲的师长亲朋，在感谢维护他生命的国家民族，可他没有感谢承载他的大地，没有感谢护卫地球的空气，没有感谢给生命以能量的太阳，没有感谢包容万物的宇宙，更没有感谢宇宙万物的原始本原"道"。他没有必要感谢，因为大地、天空、太阳、宇宙、道，对于地球人类来说是共同的、公平的，谢与不谢它们都存在，它们都展示其仁爱的胸怀，将它的一切毫不偏私地给予万物、给予每一个生命。老子的视野和思域却不止于眼前，在他脑海里浮现着一个无边无际的宇宙，演示着这个宇宙从起始到未来。他从个人到万物，从大地到天空，从太阳到宇宙，一直追索到本原的"道"，"道"便成了后来者所谓的宇宙万物极端之极端：太极。

　　老子对这一切的探究，是从现实社会开始的，通过抽象提炼，发现了宇宙万物的终极之源。老子对这一切的阐述方式，却不是从人生开始的，而是从最本质最原始的"道"开始。《道德经》共分八十一章，前三十七章为道经，后四十四章为德经，用现代的著作语言来说，前三十七章是理论篇，也可称之为基础篇；后四十四章是实践篇，也可称之为应用篇。其前后两部分或许少量章节的分类不甚鲜明，但总体上仍保持了道经和德经的结构。理论篇从不同侧面阐述了"道"是什么，是什么形态，有什么属性，它赋予了万物什么德性，尽管老子不能用周密的语言来定义"道"的概念，却以其深刻的感悟，努力逼近"道"的本质内涵，让人们从他的旁敲侧击、循循善诱中领悟"道"、接受"道"。实践篇是阐述"德"，他并不是像阐述"道"那样，阐述"德"是什么，是什么形态，有什么属性，而是用人生的具体问题来剖析"道"存在的价值和"道"应该发挥的作用，因为在老子那里，"道"和"德"是同一属性、同一模样、同一东西，只是"道"是宇宙万物的根本，"德"是一物的根本，"德"是"道"的具体，"道"分散到万物中称为"德"。所以，阐述"德"便是阐述具体，阐述具体便是剖析人生的具体问题，体现在对现实人生、现实社会的指导，这也是老子解"道"的初衷，是他心思深处致力解决的问题。

　　老子大体上生活在公元前6世纪，他所处的时代，是中国历史上最混乱的时期之一，他所处的岗位，是已经衰败得几乎无力自保的周王朝的史官，是目睹和体验社会混乱的最佳位置，也是最能真切感受既有的天下治理体制危如累卵的前沿，"分封建国、拱卫王朝"的治理体制①经过五百多年血雨腥风的冲

---

① 左传［M］.僖公二十四年：昔周公吊二叔之不咸，故封建亲戚以蕃屏周……周之有懿德也，犹曰"莫如兄弟"，故封之。其怀柔天下也，犹惧有外侮，扞御侮者莫如亲亲，故以亲屏周。

刷，已经淡化了这种体制"分封、拱卫"的两大基本性质，"分封"决定了诸侯国的权力渊源，而诸侯们却淡忘了分封而以为自立了；"拱卫"决定了王朝大一统的根本保障，而诸侯们却淡忘了拱卫而以为封国与京畿平等了，时风毁败，乃至卿士们也淡忘了拱卫而以为采邑与国都平等了，他们将分封拱卫演变成了割据霸强。正因为社会湮灭了"分封、拱卫"天下纲常，诸侯国之间的争霸战争风起云涌，战争频发且极其惨烈，土地不得耕作，民众不得安生，天下求治、人心向治是时代最迫切的要求和最现实的期盼。《道德经》便是普通知识分子而非统治者为病入膏肓的社会开出的一剂医治之方，《道德经》从本质上讲，是老子的政见，是一篇有理论指导、有实践运作的天下治理方略。

中国历史上的春秋战国时期长达五百年之久，天下动荡愈演愈烈，那个开启春秋时代的周平王姬宜臼为了感谢和奖励护驾有功的秦襄公，将秦国正式分封为诸侯国，而秦国却最终成为春秋战国的终结者，真是历史的巧合。在这漫长的五百年中，老子的道德学说犹如乌云中的第一道闪电，由此引发了千万道光芒，道家、儒家、墨家、名家、阴阳家、法家、纵横家、农家、兵家等，那些以重振天下为己任的圣人智者等知识分子纷纷思索和探究，为社会治理、人生治理出谋划策，贡献自己的思想智慧。老子率先进入了中国群星闪烁的"轴心时代"，为思想史开启了辉煌灿烂的百家争鸣。据《汉书·艺文志》记载，春秋战国时期数得上名字的学派有189家，共4324篇著作。

老子最终无奈地远离了政治中心，远离了混乱社会，成了一位隐者，但他与庄子开创的逍遥之隐大相径庭，与寄情山水的魏晋隐士完全不可同日而语。老子关心时事、情系苍生、忧心国乱、祈求安生，在一介书生无法举一己之力挽世道崩塌时，留下治世鸿篇《道德经》，然后仿效"道"的无形无影，默然西出函谷关，隐去。

《道德经》五千言给世人展示了一个怎样的老子，两千多年来人各快言：荀子非之、庄子述之、司马谈赞之、后世人尊之。美誉的人说它是真正的中国哲学，抹黑的人说它是教人猥琐占便宜的阴谋论。

《道德经》是一篇阐解天下治理的著作，其根本目的在于改变春秋争霸的现状，止战、停战、放弃纷争，力图让民众生活平安，安居乐业。老子试图致力于通过他絮絮叨叨、反反复复、例喻旁征，将他殚精竭虑所发现的"道德"这个客观实在呈现在世人面前，让人们认识它、尊重它、顺应它，他希望用道、德的理论，使天下治理依"道"而行、抑灭人的妄动治理，从而让诸侯休战、戮乱停止、国安宁、民安生。为此，老子提出了"尊道贵德、啬俭积德，抑情兴性，无为而治、功成弗居，专气致柔、小国寡民"等一系列重要的治世措施。

古人立说，不能跳出"以类万物之情"的思维方式，圣人通过对周边万事万物的观察，从中得到感悟、启发智慧，然后使自己独特的感悟和智慧普惠天下，通过类比演绎的方法，为修身治世、建立社会秩序而传授学问法则。《周易》是存世的中国古代最早著作之一，作者仰观天文，俯察地理，近取诸身，远取诸物，可谓遍读诸物诸事，从中领会真理、启发智慧，为中华民族树立基本的价值观、是非观、人伦秩序、社会法则做出了奠基性贡献，后世学者推《周易》为大道之源，也就是说，后世形成的更加完备的标准、导向、伦理、规则，都是滥觞于《周易》。

老子立五千言，也是"以类万物之情"的做法，只不过他所类之物，不像《周易》天文地理、万事万物那么广博和开阔，而只是用"道"或"道德"这个单一的客观实在，作为《道德经》所类之物，来讲述天下治理原理。老子是哲学家，因为他的道德学说追寻了宇宙起源，指导了人生路径。但更应该值得推崇的是，老子在两千五百年前有了最伟大的发现，他发现了"道"。在他的学说中，"道"是宇宙万物的核心、是宇宙万物原动力和宇宙万物发展变化决定力。《道德经》不像《周易》那样，以人们亲近熟悉的宇宙间诸事物来类推人生社会，而是用老子自己独到的发现物"道德"，来类推人生社会，以启迪人生修炼和社会治理智慧。然而"道德"却非寻常之物，所以，《道德经》要花大量精力和篇幅，向人们诠释他的发现，阐明"道德"的属性、状态、特点。不难推知，在没有科学甚至还是刚刚开蒙的时代，人们要接受一个近乎科学发现的成果，一个需要高度发达思维能力才能认识的抽象实在，并且需要效法它孕育宇宙万物的法则，进而应用于人生修炼和社会治理，那是多么的困难啊！

本书主要选取了历史上具有代表性，时间长度从战国到当代，学术跨度横贯道儒佛，注家包括河上公、王弼、释德清、任继愈、陈鼓应等学者的注释著作，同时也借鉴了其他注家的部分注释，在辨析诸家注释基础上，站在老子弘道普世、推道及人的角度，细细咀嚼《道德经》本意，从继承前人注释成果中，着力化解对《道德经》经文格言化、泛论化、碎片化解读之弊端，缜密地提出了贴近《道德经》结构要义、经文要义、语言要义的解读，为进一步推进经文精准注释做出了努力。全书既有学术研究的严谨，也有普及读物的诙谐，能为丰富《道德经》注释丛林增添一树新枝。

本书以《道德经》诠释为依托，从老子把道法自然原理引入社会治理的角度，致力于阐述老子思想。本书对《道德经》的阐述，以王弼本为依据，参照了郭店楚简、马王堆帛书等古本，力求贴近作者内心，解读老子思想，始终依傍作者解"道"法"道"的初衷，体悟作者类道德之情，深入浅出开释作者原意，让老子思想显露其本色光芒。本书叙述过程中，在深入考据之时，时而用演义笔法构造无关经典原著本身的故事传奇，以求生动可读。著者常常有"非所明而明之，故以'坚白'之昧终"的不安，权且荟萃诸家学说，成就一隅之见，不当和谬误之处，敬请批评指正。

以此作序！

马跃千　马慎萧

2020 年 1 月 15 日

目 录
CONTENTS

导言 《道德经》演说

自德国近代思想家卡尔·雅斯贝尔斯（Karl Theodor Jaspers）在《历史的起源与目标》一书中提出"轴心时代"的说法，中国的轴心时代便深深嵌入中国人心里。那是一个漆黑而混乱的时代，是一段民不聊生、伤心欲绝的历史，为了拯救苍生于兵燹，中国先贤智者将那个漆黑天幕装扮得星空璀璨，在那个混乱社会营造出百家争鸣，为中国文化铺陈了绚烂篇章，照耀了中华民族千秋万代。纵观中国的轴心时代，老子《道德经》完全称得上那个时代的智慧起源。

祈道道人

外婆家是一个风景恬淡隽美的乡村小街市，位于大别山西南脚下一个冲积平原的起始边缘，是山里山外的门户，也是山货和手工业品交易的一圩集市。一条灵秀小河自东北逶迤而来，在街市北头一分为二，分别从小街东面和西面将街市环绕，将外婆家的小街轻轻拥抱在她怀里。东河是主河道，在没有山洪的时候，河水清亮，河床开阔，河沙银白，河面平坦，河水最深处也不超过一米，大部分河水都只有一二十厘米。孩子们在水中嬉戏追逐、围堰捉鱼、积沙堆塔，好不自由自在，天地如蚌壳，孩子如珍珠，那里是孩子们的温柔之乡。河水两边干净均匀的白沙直延抵河堤，河堤沿岸是长长的垂柳林，微风吹来，如婆娑长发，摇动的是垂柳，又仿佛是河堤。

夏天明晃晃的太阳下，树上有高声作响的蝉鸣，蝉，庄子把它称为蜩，在我们方言中称为喳蝇，也就是能大声叫唤的放大版的蝇。用驴尾毛做成圈套是捕捉蝉的好工具，当你把驴尾毛圈套接近蝉腿时，它会去蹬拨驱离，有时甚至还撒下一泡尿，只要你忍得住、稳得住、看得住，当蝉腿划入圈套时，轻轻一拉，就把蝉腿给套住了，捉下了一只正在叫唤的蝉。在春雨朦胧的三四月天，漫天的燕子忽高忽低，画着平滑曲线飘向空中、掠过沙面，疾速飞驰，让孩子理解了"燕子飞抵蛇过道，大雨即刻就来到"的谚语。晴日里，还有成群的白鹭在空中搜寻瞭望，不时俯冲到河面，用嘴叼起大拇指尖到食指尖的"虎口"来长的小鱼，此时，孩子们就该去追赶了，真希望捡到从受惊吓的鹭鸶嘴里掉下来的小鱼。

水是清澈见底的，鱼翔水底的场景一点也不夸张，这种小鱼，动作矫健敏捷，很难捕捉到。但有一种鱼很笨，头很大，鱼身与水底黄沙同色，它擅长伪装隐藏，或匍匐在水底沙面，或钻进沙里露出半块脑袋潜伏着。孩子们手牵着手并排站立，然后碎步在水中行走，当脚踩住时它会挣扎，立即俯身在痒痒的脚板下把它捉住，不知道它的学名叫什么，我们都叫它"匍地哥儿"，大人们对那些该去担当、该去出头而不去担当、不去出头的人也说："他是个匍地哥儿。"

夏夜，只拿一条宽宽的床单，往白沙上一铺开，便是一张大床，把沙刨起一条小堤，便是合适的枕头了，在 20 世纪 60 年代，大人们还要防止驴头狼和豺狗趁人熟睡时，叼走了孩子。在没有睡着时，天上的星星像迷宫一样，诱惑孩子们无穷无尽地遐想，孩子们也听到过无穷无尽的神话故事，也认识了牛郎星、织女星，还能认出牛郎挑着两个孩子的箩筐，在牛郎织女中间是王母娘娘用头簪划出、用来分开他俩的天河；还认识了北斗七星、启明星，晚上睡觉的时候，在西南的天空，有一颗很亮很亮的星，名叫长庚星，到五更天时它走到了东方，名叫启明星。长大后才知道它名叫金星，金星在东叫启明星、在西叫长庚星。孩子们还见过天狗吃进月亮、天狗吐出月亮的全过程，那天夜里，孩子们都呼喊得喉咙沙哑了，也敲瘪了几个难得的铁皮盆，倒不是因为见到天象惊喜，而是担心天狗吞下月亮后，再也不吐出来，便使劲地呼喊驱赶，让天狗放弃吞食月亮而离开。他们最关心的还是砍树的吴刚、飞天的嫦娥、怀中的玉兔在天狗那里遭受了什么折磨。嘿——，多着哪！

一河二分的岔口拐弯处，有一座道观，叫三清观，"破四旧"的时候拆除了。三清观里的道人都是坤道，是女道人，1962 年拆观时，观里的道人们都被遣返回老家了。改革开放后，1980 年有一位原三清观的坤道，独自一人回来，在三清观的原址上，盖了一间占地十几平方米、房高两米多一点的小矮房子，独自一人在那里生活。没有观名，却仍在做道观的一切法事，馨声悠悠，诵经雅雅。时年，老道五十六岁。

老道姓秦，民国十四年生人，她两岁时母亲病故，六岁时父亲得了"火病"，父亲因无钱诊治，知道自己将不久于人世，不忍年幼的女儿生活没有着落，便把七岁的女儿送进了道观，从此女儿没有见过父亲，也不知道父亲死于何时何处何种情形，每当说到这里，老道便长时间地沉默不语。老道一生未婚嫁，从她的言谈中，我明显能感觉到，这是她一生为道的骄傲，是她皈依道观的坚守和执着。十二岁那年秋季，道观里老小都忙着在棉畈地里采摘新棉，某天在晾晒棉花的时候，小道姑无意间没有任何想法地多看了几眼一位行路的青年男子，被师父瞧见，用生火的劈柴狠打了一顿。其实道家并不要求像佛家那样离家禁欲，不得婚配。相反，道家崇尚天性本能，并不忌讳男女婚配，如著有《老子想尔注》的道教创始人张陵，他就有后代，他的孙子张鲁，进一步完善了《老子想尔注》，并使《老子想尔注》成为道教经典，张鲁是道教领袖，不仅有家室，被曹操剿灭后还入朝为官了。道家讲求阴阳调和、孤阳不生独阴不长，可见在民间道教中，佛教对其有着很深的影响，部分道人把离家不婚作为皈依教义的决心和耐力展现，作为道人求道皈道的高尚品行。

秦师父是一位性格耿直、敢于直言的老人，在当地很有威望，关于邻里乡亲谁错谁对，是非曲直，人们还主动进观请其决断，往往是在她高声地左说说右说说间，大家就慢慢默不作声，偶尔有个别当事人不服事理而抵赖几句，便很快在旁观者斥责下低了头。由于她的威望，在改革开放中先富起来的人开始向道观捐款，秦师父不拒绝照单全收，有时还诱导别人捐。乡邻开始有议论她爱钱贪财，其实她没有亲戚，孤身一人，她收的钱也到不了哪儿去，她贪财干什么呢？慢慢地，她在1986年改建了原来十几平方米的小房子，建成了一座高高的、与一般农家住房式样相当的三间大瓦房，还建了一堂厢屋用来做饭，大堂里塑有三天尊像——道德天尊、原始天尊、灵宝天尊，道德天尊就是太上老君，就是老子。秦师父自己在耳房歇息，生活、诵经条件比以前好了许多。房子的门墙比农家屋舍要高，大门的上沿，端端正正地雕刻着三个大字：三清观。这里算正式有了观名，是一座像样的道观了。不久她便请回了比她年长近二十岁的师叔，也是过去的一名坤道女师父，是秦师父在道观里的长辈，一人在乡下，失去了生活能力，到道观后生活有了保障。

道观里是有工作的，早课晚课，诵经敬香，里外生活，接待香客，迎来送往，秦道人还要参加县里的政协活动。秦师父从小跟着师父听师父讲天尊们的故事，跟着师父念经识字，经文便是课本，《道德真经》是她十分娴熟的经文，念了几十年了。

外婆家就在三清观不远处，秦师父进观时，我母亲那年才三岁，是1932年。秦师父初到三清观时，是不能随便外出的，直到她长大可以做家务事了，才独自到街市上，慢慢地她和我母亲成了好朋友，其情谊一直保持到2009年秦师父去世，除了拆除道观将道人遣返回家的那中间间隔的十几年没有来往。

念及与母亲的情谊，秦道人与我家来往频繁，我们称呼她秦伯伯，我参加了工作，在县城结婚成家之后，秦师父还时常来我家与母亲小住一两天。秦伯伯讲故事，讲她师父，在她师父得知国民党军和活跃在大琦山的新四军游击队拉锯摩擦时，便捡起两个大红苕，双手对撞、击打红苕，口中念念有词："苕打苕，苕打苕……"无奈之情犹然可见。她也讲了《道德经》，讲得很深奥，上大学期间，我学了哲学课，懂得了唯物主义和唯心主义，由此还和她争议过一些东西，她除了说我是乱说，并不和我多做论解争辩。记得有一次，我向秦师父讨读《道德经》，既好奇于书的外观，也想见识见识经文，但被拒绝，理由是"荤口不念经"。秦伯伯不是俗人，这不仅仅是说她超脱了世间男女之情，更是有"道"的学识，她讲过《道德经》原委，讲过道德天尊的传说。由于秦伯伯的讲解，我知道了《道德经》。

我母亲是个识文断字的人，有一笔很见功底的颜体楷书，在她那个年代能读书实在不容易，母亲在类似私塾的一所学堂里读书，有一位张先生授课，张先生对学生们呵护备至，在上课时，外面传话来：日本人来了。张先生会根据日本人到来的具体情况，或组织孩子们回家找父母，或指挥孩子们进山躲避，或就近在柴房夹层匿藏。母亲亲身经历过日本飞机轰炸，亲眼见过其中一颗没有爆炸的炸弹，亲耳听到她乡亲、她亲戚被日本人折磨后归来的讲述：日本人进了店铺，挥刀便向掌柜砍去，掌柜下意识往后仰身，刀尖瞬间划开了脸颊，一沟鲜血顺着下颌流进了脖子，还在佯装笑容地慢慢退向后门丢下店铺逃跑了。姨父的弟弟是新四军游击队战士，日本人抓住了姨父带回据点，要他说出其弟弟的下落，姨父被绑在一根电线杆上，鞭抽棒打只是疼痛，一条围着他转并做扑咬状的狼狗把他吓尿了，姨父最终没有交代弟弟的去向，也确实不知道弟弟的信息。母亲对日本鬼子的痛恨一生没有释怀，在她83岁那年的一次电视新闻中，她搞混了前后两则国际新闻，一则是飞机轰炸画面，一则是日本政要画面，她突然惊恐起来，害怕起日本人来了，自此犯了严重老年痴呆症。母亲上学时，《三字经》《女儿经》《千字文》《千家诗》都读完了，"四书"学了一大半，她说读到"离娄"就没有读下去。母亲命运多舛，一生艰辛，尽管与秦伯伯来往，但她一直没有读过《道德经》，也未曾有过读《道德经》的想法。

改革开放之后，新华书店开始出售传统文化的书籍，尽管很少。1987年，在一个好朋友那里，我得到了一本任继愈著的《老子新译》，从此与《道德经》正式结缘了。

出仕归隐

公元前 6 世纪，一个名叫李耳的年轻人从南方楚国一个称为苦县厉乡曲仁里的地方出发，沿着涡河水道一路向西，开始了他人生的游历，其目的地无非是王都洛阳。参与天下治理只是知识分子的本分而已，谈不上伟大的理想，除非没有读书识字受教育，知识分子的使命就是献身天下治理，所以《论语》说："不仕无义。君子之仕也，行其义也。"《中庸》也有句话叫："地道敏树，人道敏政。"况且，在古代，文字离开了王朝以文化万民及典章礼法书写，也没有什么实用价值，文人像后世一样著书拟文，是不可能的。

沿涡河溯洄而上，真可谓千里送客终将别去，李耳与涡河折柳相赠，涡河转头向北去寻找自己的源头了，李耳独自继续西行赶赴王都。数月之后，他进入了秦岭的余脉伏牛山，或许觉得伏牛山的主峰景室山有其特别之处，李耳停下了北去洛邑的步伐，在此做了数年的停留，这里满是高山与深谷，处处溪流直下。

山里边山林茂密、物类丰富；

山里边沟壑纵横、空谷成冲；

山里边泉水涓涓、汇流成溪；

山里边万物和合、负势竞上；

山里边的自然景观给那个即将继续宦游的年轻人以无穷的奇思妙想。

他知了山性、知了水性、知了物性。

他好奇山上山下各类物种的繁衍，为什么都是此物成此物、彼物成彼物；

他好奇山上山下各类物种生长，为什么自由自在无所牵挂，既无邀功者，也无报功者；

他好奇山上山下的泉水溪水河水欢快流淌，为什么都在朝着共同的方向而去；

他好奇山与山之间巨大而空旷的空间里时而透亮无物，时而又岚雾飘浮；

他好奇山谷的风不时徐徐和煦，不时怒吼疾驰，却取之不竭，用之不尽；

他好奇天地之间巨大而空旷的空间到底是有物还是无物；

他好奇天地之绝妙，好奇天地的起源和出处；

……

他思考着这些雅致奇观，这神妙的崇山峻岭、高树低流始终铭记在心里。

不承想，在数十年后的某一天，函谷关关令尹喜拦住西去的老子"强为著书"时，老子将年轻的李耳在这里的所见所闻、所思所虑信手拈来，或比喻或举例，从容而"言道德之意五千余言"①。

天地万物把它的奥妙毫无保留地展现在这位肯观察善思考的年轻人面前，天地也把它的疑惑装进了这位聪慧的宦游者心里。他欣赏了数载的紫荆花开，在又一季紫荆花花海烂漫之时，李耳再次上路了，他循着山腰那条宛若羊肠缠绕的崎岖山道，艰难地绕过峻岭渊壑，急急地赶赴王都洛阳，他相信那里有他"敏政"的舞台。

天地静默了，一言不发，只是慈祥地注视着这个承载着传播天地奥秘使命的年轻人，它相信这个年轻人已贯通天地万物、怀揣了天地宇宙奥秘，它相信他必将布道于人间。

溥博渊泉，空旷虚灵，天地静静地等待着他的归来。

春秋时期朝礼崩塌已经显而易见，所谓"周室衰，礼法堕"②。司马迁说，孔子《春秋》记载了弑君事件达三十六次，被灭国家达五十二个。③ 李耳安于做周王朝守藏室的一名公务人员，推算来看，他被招募为公务员那年，当朝周王应该是周灵王泄心，天下正处在晋楚争霸时代。灵王元年是公元前571年，他在位的27年中，天下大体安稳，虽然在他登基的前两年，也就是公元前573年，晋楚鄢陵之战后，晋国杀死了他们的君王厉，但灵王当朝期间弑君之事只发生一次，即公元前548年灵王二十四年，齐国的崔杼杀了他们的君王庄公。公元前546年宋臣向戌以二次"弭兵之盟"晋不争而楚称霸的结果，停息了晋楚争雄。

守藏室室外筑台而上，室内简牍堆积，彝器列阵。李耳忙碌于简牍卷文、钟鼎彝铭之中，整理尘封的史料，接纳当朝的文案，平王东迁以来两百年的案卷，记录着王室渐央、诸侯雄起的政治衰败脉络。当朝简牍仍在续写王室勤勉、诸侯妄作、处士横议、天下纷乱的文字。

李耳感到周王室已经失去励精图治的支柱，当时天下纷乱，王室对诸侯们的控制仅仅停留在仪轨之上，尚能苟延于京畿之地自我供养。幽王之后，王室振兴几无可能，其地位与诸侯之国相差不远，其国力还弱于诸侯国，王事谋举每每还需要依仗诸侯。诸侯们逐渐脱离了王室的管束，人人自危，个个争强，

---

① 司马迁. 史记［M］. 郑州：中州古籍出版社，1994：639.
② 班固. 颜师古注. 汉书［M］. 北京：中华书局，1962：3680.
③ 司马迁. 史记［M］. 郑州：中州古籍出版社，1994：991.

做大自己成了诸侯政治的唯一目标。天下尔虞我诈、兵戈相争。

公元前545年，在位二十七年的灵王泄心逝世，儿子贵继位，这便是周景王，公元前544年为景王元年。周景王所立的太子圣虽精明通达，不幸于公元前527年周景王十八年去世。景王喜爱子朝，可朝是庶子而非嫡生，想立他为太子本身存在礼法制度障碍，但还没有来得及正式提出立太子动议时，公元前520年，在位二十五年的景王逝世了，太子未定，便有了日后王子争位的残斗。

幼子匄（gài）的党徒和庶子朝争斗，而朝臣们却拥立在世长子猛为王，猛就是悼王。朝也倚仗着景王曾经的恩宠，有对王位势在必得的野心，反手又来攻杀朝臣们拥立的悼王猛，可惜猛不敌朝，同年十月含恨死去。此时的晋国虽非诸侯霸主，但晋国仍然是强国，晋人不服朝庶出而争王位，便攻打朝并扶立嫡子匄为王，匄就是敬王，公元前519年就是敬王元年。

晋人护送敬王回朝，却遭到已自立为王的朝拒绝，敬王不能入国都，就暂住在泽邑。一直到公元前516年敬王四年时，晋率领诸侯把敬王护送回周，朝才被迫俯首称臣。公元前504年周敬王十六年，朝的党徒们又起来作乱，敬王再次逃亡晋国。公元前503年周敬王十七年，晋定公终于把敬王护送回周王宫。王子朝之乱时间跨度长，影响恶劣，使本就衰微的王室雪上加霜。敬王在位44年，直至公元前476年周敬王逝世，儿子周元王仁登位。

老子在守藏室几十年，亲历周灵王、周景王、周悼王、周敬王朝政更替，目睹兄弟相残、王道既微，诸侯力政、天下混乱，他终于无心恋守，悄然出关西去，"道"正是隐于万物为归宿，老子遵道隐于山林了。

李耳在守藏室这个纵贯古今大事、眼通天下营作的大平台上，他更是博览典籍，思考天下之治。自周平王东迁以来，诸侯称霸，天下混战不断："从公元前六七九年到公元前六四三年，是齐桓公称霸时代；从公元前六四二年到公元前六三三年，是宋襄公图霸不成，楚人强盛时代；从公元前六三二年到公元前五四七年，是晋楚战争时代；从公元前五四六年到公元前五三〇年，是楚国独盛时代；从公元前五二九年到公元前五二七年，是晋楚皆衰，吴越尚未强盛的时代；从公元前五二八年到公元前四七六年，是吴国强盛时代。"[①]

老子恨诸侯混战，忧民不聊生。他考察了混乱的起源到王室的起源到生命的起源，直至天地的起源。他坚定地认为：天地万物，秩序井然，是谁在治理着它们呢？倘若追踪索源，一定会寻找到天下治理的良方。他常常回忆起在景室山生命葱茏的岁月，对那崇山峻岭中蕴藏的宇宙密码，细细揣摩体味，他想

---

① 吕思勉. 中国通史［M］. 北京：新世界出版社，2008：51.

到，我们的天地是从哪里来的？我们天地之前是什么？我们天地为什么是如此模样？天地间的万物为什么都如此这般各守法则？这其中必有秘密。

这秘密，李耳思考了一生，天地万物，必有一物共通，正是这一共通的无差别之物化育了万物，并规范了万物各成其象，各自生存，各守自则，非攻共生。老子给宇宙间这一共通之物取了一个名字："道"。他还认为，这"道"化育了宇宙，隐身于宇宙万物之中，其雄奇广博难以言表，如果还要形容一下，那只有一个字"大"，勉强模拟其貌，老子的这个"大"，更多的是指"道"无物不在，存在于万事万物之中。若不是"大"，如何能存于广泛之中呢？老子这样想。

"道"隐于天地之中、隐于山川之中、隐于人类之中、隐于植物之中、隐于禽兽之中、隐于瓦罐便溺之中……隐于万物之中。隐入万物种类的"道"也该有个名字，李耳鼓足了勇气，他给隐入万物的"道"给予了"德"的称谓。"德"可不是能随便使用的字眼，"德"在尧舜禹汤文武周公的传承中，是君王至高无上的品格，是君子积善自修得以冠领天下的根本，"德"字神圣不可犯。但是，老子目睹当世，从世纪初年即公元前599年夏徵舒怒杀陈灵公，到世纪末即公元前503年王子朝覆灭，一个世纪的血雨腥风无不是在证明"德"的虚妄和蒙蔽，他痛恨周王朝的朝政风气，已经没落凋敝的王朝，仍旧歌功不止。周朝先祖古公亶父是一个有远大理想的人，他顾怜周族人在豳地受狄族欺辱，苦苦探寻周族的前途方向，终于走出了迁徙西南岐山周原的路线，赢得了吉利祥和的生存发展环境。古公亶父之孙周文王姬昌励精图治，振兴了周国，并留下了《周易》这本开创性地养育了子孙万代的人伦奠基之作。武王克殷建立了周朝天下，可谓丰功伟绩、名垂千古，他们以弘扬"以德配位"思想推翻了殷商"王权神授"的信条，赢得了信任。周文王大修善德，亲善中正，民众拥戴，所以才有了周天下。李耳回想起周厉王与民争利、周平王无奈东迁，他不禁质疑：姬姓之王永远德配王位吗？如果说文王、武王是德配王位，其姬姓家族历代王皆能以德配位吗？厉王、幽王也能德配王位吗？凝思五百年来被涂炭玷污的"德"，他决心赋予"德"新的内涵。万物有道，万物皆德，"道"是宇宙间最本质的共性，是宇宙万物之间唯一的最本质的共通之物。德是物种、物类中最本质的东西，德是同类物唯一的最本质的共通之物。就人类而言，德便成了人最本原的东西，是你我他剔除一切特殊性之后的本质共性。在老子那里，德和品行没有关系，德和修养没有关系，德是人的本原本质，所谓品行修养恰恰是掩盖德、粉饰行为的外表。

老子发现了宇宙间的道德。因为宇宙间有了道德，才如此和谐有序，太阳朝出夕落，四时一元复始，人们昼作夜息，万物欣欣向荣。而天下杀戮不止，诸侯称霸不息，王朝岌岌可危，万民颠沛流离。这差距如此悬殊，无疑是天人分际、悖道违德所形成的。若是把道德观念推及天下，灌输于诸侯，让天下人信服天人合一、类推道德抚育万物之法，让周王、公侯尊道贵德，依道德无为而治，将是止争息战、天下安宁的唯一方略。"思以其学易天下"自然也是老子的内心图谋。

作为守藏使，他无力说服周王和诸侯们真正信服道德力量，无为而治的思想没有半点市场，治大国如烹小鲜、小国寡民的构想没有被任何人接受，他忧郁了。偶尔来个学者，方能展示一下其高瞻远瞩、胸怀天下的气度。

那年，著名年轻学者孔丘前往周都，想向老子请教礼的学问。《史记·列传第三·老子庄子申不害韩非》记载："老子曰：'子所言者，其人与骨皆已朽矣，独其言在耳。且君子得其时则驾，不得其时则蓬累而行。吾闻之，良贾深藏若虚，君子盛德容貌若愚。去子之骄气与多欲，态色与淫志，是皆无益于子之身。吾所以告子，若是而已。'孔子谓弟子曰：'鸟，吾知其能飞；鱼，吾知其能游；兽，吾知其能走。走者可以为罔，游者可以为纶，飞者可以为矰。至于龙吾不能知，其乘风云而上天。吾今日见老子，其犹龙邪！'"老子说："你所说的礼，倡导它的那些人其人和骨头都已经腐烂了，只有他曾经的言论还在影响着你。况且君子适逢时运就以其思想主导驾驭社会，生不逢时就像随风披靡的蓬草萎靡不振，所以君子学说举则用、废则弃。我听说，善于经商的人藏富不露，真正的君子学问家大智若愚。那些自诩葆有君子学问的人应该除去恃才傲物的傲气与怀才不遇的私欲，除去权势嚣张的霸气与好高骛远的心志，不能认识'道'的人，纵有自满的所谓学识也无益于追求真理。我能告诉您的，就这些罢了。"老子的意思是：人言如风不可信，唯有"道"永存，循"道"无为才是养身治国平天下的根本。孔子出门后，对等候在屋外的弟子们说："鸟，我知道它能飞；鱼，我知道它能游；兽，我知道它能跑。对于会跑的我能设陷阱迷惑它，会游的我能用丝线织网围捕它，会飞的我能用丝绳短箭远射它。可对于龙，我就不知道该怎么办了，要知道，龙是能腾云驾雾飞升上天的。我今天拜见的老子这个人，他就如同高飞的龙啊！"

老子一席话，为什么会令人视之如高飞之龙？因为他对人们引以为豪的满腹经纶不屑一顾，使学富五车之人，其傲气与多欲尽失、态色与淫志全无。他从容地展现了世人闻所未闻的"道"学说，为知识界立起了全新标杆，让人人耳肃然起敬，入心魂魄空灵。

孔子尽管对老子佩服有加，但对其"无为"之说颇有微词，《论语·卫灵公》："无为而治者，其舜也与？夫何为哉？恭己正南面而已矣。"孔子说："能够无为而治的人，也许只是舜帝吧？舜帝又精深笃实地做了一些什么事情呢？他只是威仪肃穆地坐在朝堂王位上而已。"孔夫子的意思是，"无为"不是每个人都能做到的，也许只有舜帝这样的大圣人才能做到。《尚书·虞书·舜典》中说：在任命二十二人的新朝廷，并令其"钦哉！惟时亮天功"，即命令他们恭谨履职，努力展现上天对人们的护佑之功之后，才能做到"无为"。因为舜帝能做到天功尽悉、事态了然于心，才可以庄坐不语，端坐不行，无为而治。

"无为"在理论上是正确的，前提是要认清事物的"道"，要正确把握事物自我发展演化的必然趋势，如同《周易·系辞》所说"自天佑之，吉无不利"，意思是按照自然法则办事是百分之百吉利的。但"无为"的前提因治理者认识水平难以企及，且社会之"道"与自然之"道"尚不可同日而语，在人世间实际操作的确是障碍重重，行之维艰。

对于孔子的学说，庄子是不以为然的，甚至对老子礼遇孔子还愤愤不平，《庄子·德充符》："孔丘之于至人，其未邪？彼何宾宾以学子为？彼且蕲以諔诡幻怪之名闻，不知至人之以是为己桎梏邪？"意思是：孔子要成为圣人，还差得远呢。他为何频频来向老子您求教？自己还宣扬仁义礼乐之类的学说，不知他是否明白仁义礼乐本身就是人生桎梏。

法家倒是接受了"无为"的理论，《管子·白心》说："名正法备，则圣人无事。"意思是：君王的各级官员名副其实、责能适岗，治理社会秩序律法齐全，那么君王就能无为而治了。《韩非子·扬权》也从人尽其用角度阐述无为境界："夫物者有所宜，材者有所施，各处其宜，故上下无为。使鸡司夜，令狸执鼠，借用其能，上乃无事。"意思是世界上万物都有其适宜的位置，人也各有其优势长处，如果都能用其所长，则可无为而治。法家对儒家以宗法治理达到天下治理的政治思路做了重大变革，强调从政权治理达到社会治理的政治路线，这是从"礼"到"法"的转变，也是从家族"私法"到政权"公法"的转变，同样也是从"祠堂私刑"到"牢狱司法"的转变。尽管法家赞同无为而治，但它同道家的无为而治是大相径庭的：道家强调道法自然，法家强调人为立法；道家追求的是求道循道而无为，法家追求的是制法为道、司法明序而无为。

"道、德"是客观实在，但又是抽象的客观实在。老子没有"抽象"这个概念，他只有直观的"有"和"无"的认识，他深深地理解了道德的抽象性质，但他的语言能力没有办法表达，他只能直观地告诉人们"道德"是虚无的。道德"治理"天下万物的精妙，时时诱惑着忧郁了的李耳，他见周王朝日渐衰微，而道德之学却不能为天下治理所用，遂毅然决定从王室公务中隐去。他深谙为而不恃、功成弗居的奥妙，他回身看了看几十年朝夕相处、磨尽了他一生光阴、带给了他无穷思索且成果丰硕的守藏室，他郑重地再次将守藏室的卷宗、彝器整放有序，他无意给周王述职表功、告老离职，便独自走出了王都。

他从洛邑出发，据说是骑着一头青牛，西行抵达了函谷关。出关时，关令尹喜向其强索治国之术，他回想起自己毕生传道布道的努力，没有拒绝，还很乐意就此整理整理自己一生的见解。老子深知，他的道德之学，不是为了立言于后世，而是为了教化于当时，倘若时君世主终究接受其学说，改变朝政国策，那便是他内心的终极追求。周王禁止兴办私学，老子也无意兴办私学，他崇尚不言之教，因为他非常清楚："概念"的确不是用语言可以表达穷尽的，而是靠人们用思维去体认，用心去领悟，才能真正抵达"概念"本体。尽管老子自己没有固定传承衣钵的学生弟子，但他一生传"道"，无数次苦口婆心向世人讲解道德之学，其"教案讲义"早已烂熟于心。

对于落笔著作，遗墨迹于汗青，老子十分虔诚。他沐浴更衣，掌灯拣简，挥毫铺陈，他洋洋洒洒地让自己的道德思想尽泻于精简之上，从容淡定地留下了恢宏磅礴的五千言，雄言道德学问，自引一端天下治理的法策，以克"天下之人各为其所欲焉以自为方"的妄为。守藏使的历练素养让老子的写作有条不紊，他环视了那些次序井然的简章，自觉已无大碍，便唤来尹喜，交与尹喜。尹喜是镇关守将，更是位智者高人，他早就知晓老子的道德学问已名扬天下了，孔子历尽艰辛、千里迢迢前去游学拜见，正是其学问影响力的佐证。尹喜深知五千言的珍贵，他恭谨地以素丝编纂，卷而捧读，传于世间，直至泽润千秋万代。这便是今人还能阅读的《道德经》或《老子》。

《道德经》本是一部天下治理著作，老子的本意和出发点是阐述自己的政见，是治理荒乱天下的政治建言。在这篇朴实的政见文稿中，老子却运用了高级别、高层次的思维水平和极其抽象、极其空灵的思维方式，他给人们呈现了闻所未闻的"道"，他深刻认识了常人无法认识的"道"，并开创性地用"道法自然"的治理原理，推及周天下治理方法，试图为日趋衰落的周王朝出谋献策，促其励精图治。然而，《道德经》面世后，在历史隧道中闪耀光辉的并不是他所推及的天下治理措施，而是他跨越时空的、独一无二的道德思维。道德思维把人类思维水平引向了认识宇宙本原、宇宙生发、万物生生不息的动力、规律和存在本质的高级思维层次，老子道德思维的运用客观上在探究和回答"我从哪里来、我为什么存在、我为什么保持了自我"等深奥的问题。老子思维方式提升了人类思维质量，展现了人类崭新的思维对象，启蒙了人类进一步深入探索。道德思维模式越是真切现实地发生作用，便越是广泛规定着"道德思维"崇高的基调，越是体现出道德思维原本根源于人类对事物本体（自然、社会、人生、人身）的追寻体悟，越是能远离纯粹的、世俗的、具体的施治措施争端，给人类以发散的、无限广阔的思想启发，《道德经》这部著作也就因此超脱了简单的政见抒发，而具有伟大的哲学意义。

千年绝响

李耳被称为老子，最少有三种说法。第一，李耳由老聃转出，参见陈鼓应《老子今注今译》① 修订版序：古代没有"李"姓，高亨先生认为"春秋二百四十年间无姓李者"，但古代确实有"老"姓，或许老子本姓老名聃，本名就是老聃，李、老古时候同音，聃是耳朵长而大的意思，所以耳、聃字义相应，在古代人传抄转述中，由老聃逐渐演变成李耳，而原姓老并没有被人们遗忘，老子就是今天对老先生的称呼，老子如同孔子、孟子、墨子、荀子、庄子等名字一样，也流传后世了。第二，老子是尊称。孔子拜会了李耳之后，对李耳先生佩服之至，其言避讳李姓，出言便称老先生，用当时的话说就是"老子"，在孔夫子的心里，老先生成了李耳的专用尊称，人们觉得孔子这样的学问家都称李耳为老子，别人谁还有资格不称老子呢？于是，老子的称呼便传于后世了。② 第三，老聃是字名合一，老是字聃是名，即字老名聃。在古代是先字后名，如孔子的父亲叔梁纥，姓孔字叔梁名纥，到了后来才变为先名后字，如三国时的人物：刘备是姓刘名备字玄德，曹操是姓曹名操字孟德。古人的"字"下可以加"子"，如孔子的学生冉求字有，称为"有子"，所以，后人称老聃也称老子。③

相传，在远古时代，天上有十个太阳，栖息于东方扶桑树。这十个太阳兄弟，若在保有理性之时，则每天有一个巡游值班、遨游太空，此等年份，天地和合，人间风调雨顺，一片安康；可当它们情迷性乱之时，则十个同出嬉戏、焦烤苍穹，此等年份，天怒人怨，人间水涸草枯，民不聊生。某日，后羿为救万民，张弓搭箭，奋力射下了九个太阳，从此，人间得以风雨和谐、阴阳有序。

不知道古人为什么要写这样的故事，是为了构建人们心目中的英雄，而编造出恶劣对手；还是宇宙历史真有恶劣气候，而虚构一个人类英雄。中国

---

① 陈鼓应. 老子今注今译［M］. 北京：商务印书馆，2003：9.
② 刘韶军，陈业新. 道家逸品［M］. 武汉：长江文艺出版社，1997：10.
③ 胡适. 中国哲学史大纲［M］. 北京：北京大学出版社，2013：43.

这类传说，诸如后羿射日、大禹治水、女娲补天、精卫填海等，都让人有这般揣测。

后羿射日的故事，若类推到公元前 2 世纪，则会让人产生非同一般的联想。

公元前 179 年，一婴堪比射日的后羿，呱呱坠地。他便是后来的西汉大儒董仲舒。

中国春秋战国时代，从《道德经》开始，可谓学说层出、学派林立，治国策略繁茂，道儒墨名法，阴阳纵横兵，百家争鸣，各树一帜，"诸子十家，其可观者九家而已。皆起于王道既微，诸侯力政，时君世主，好恶殊方。是以九家之术，蜂出而作，各引一端，崇其所善。以此驰说，取合诸侯"①。尽管班固所说的"十家九家"不完全是治国理政之学说，但也说明了那个时代学术百家争鸣的状况。胡适先生说公元前 5 世纪到前 3 世纪的三百年："这三个世纪中间，也不知灭了多少国，破了多少家，杀了多少人，留了多少血，"还说，"政治那样黑暗，社会那样纷乱，贫富那样不均，民生那样困苦。有了这种时势，自然会生出种种思想的反动。"② 如果说这些所谓圣人学说，还是学人建言，尚需要四方游说，以祈求君主认可，那么，到了秦初的《吕氏春秋》，则是从起草编纂开始，就是统治者试图树立国家治理的意识形态，吕不韦大有以《吕氏春秋》之说作为即将统一天下的大秦帝国立国之本的企图。无奈嬴政登基之后将其弃置不用，始皇帝也许在感情上厌恶吕不韦，也许以道家思想为主导的《吕氏春秋》不符合其攻城略地的气派，总之，始皇帝对吕不韦及其《吕氏春秋》不屑一顾，果决地选择了韩非的法家思想，《吕氏春秋》也只能沦为学人之见罢了。

各家学说，各家主张，有如天有十颗太阳，众出纷乱，众说纷纭。各家学派，相互交融搅扰，"及至秦汉，阴阳家之言，几乎全混入儒家。西汉经师，皆采阴阳家之言以说经。所谓今文家之经学，此其特色也。当时阴阳家之空气，弥漫于一般人思想中。'天道'人事，互相影响；西汉人深信此理。故汉儒多言灾异。君主亦多遇灾而惧"③。汉代大学者董仲舒致力于研修《公羊春秋》，得《春秋》大义，他在第一次得到皇帝刘彻的召见时，自我介绍说："臣谨案《春秋》之中，视前世已行之事，以观天人相与之际，甚可畏也。国家将有失道之败，而天乃先出灾害以遣告之，不知自省，又出怪异以惊惧之，尚不知变，而

① 班固. 颜师古注. 汉书［M］. 北京：中华书局，1962：1751.
② 胡适. 中国哲学史大纲［M］. 北京：北京大学出版社，2013：35.
③ 冯友兰. 中国哲学史（下）［M］. 重庆：重庆出版社，2009：6.

伤败乃至。以此见天心之仁爱人君而欲止其乱也。"① 董仲舒说：我通过研究《春秋》记载的历史事实，能看出自然灾异与朝廷安危的影射关系，非常可怕。当国家治理有悖天道时，上天先把小灾祸降于世，以示谴告；谴告而不知省悔，则出怪异凶事恐吓，以示惩戒；惩戒而不知悔改，则以天灾人祸、朝廷危乱予以惩罚，以示违道之后果。从上天以灾祸警示的动机来看，上天是在关爱君主并提示君主不能妄为，要防止国家动荡。

据《史记·孝武本纪第十二》记载，公元前141年景帝驾崩，武帝即位。汉武帝即位之初，曾两次举贤良文学之士征询治国策略，第一次是公元前140年建元元年，"元年，汉兴已六十余岁矣，天下乂安，荐绅之属皆望天子封禅改正度也。而上乡儒术"。这是说：建元元年，汉朝建立已有六十多年了，天下安定，朝廷大臣们都希望天子举行祭祀泰山和梁父山的封禅大典，改换确定各种制度。而皇上也崇尚儒家的学说，就通过贤良方正的科目招纳贤士。这是汉武帝即位初期的第一次招纳贤士。第二次是公元前134年元光元年，"后六年，窦太后崩。其明年，上征文学之士公孙弘等"。这句话是说：建元六年公元前135年，窦太后去世。第二年公元前134年，皇上征召贤良文学之士公孙弘等人。

公元前140年建元元年，汉武帝十七岁，那年是他登基后的第二年，尽管当时有窦太后在掌控朝廷，且"窦太后治黄老言，不好儒术"②，但年轻的皇帝还是广泛征求治国理政建议，于建元元年冬十月，要求朝中大员推荐"贤良方正直言极谏之士"③。武帝这次征召文学之士，使得仍在把控朝政的窦太后很生气，《汉书》卷六"武帝纪第六"记载：因窦太后生恨，派人私下里调查赵绾等人，于建元三年威逼武帝所招贤士赵绾、王臧自杀了。武帝第一次咨询国政行动基本失败。

公元前134年，汉武帝已经23岁，那年是他全面亲政的第二年，他再次征召贤良文学之士寻求治国之策。班固《汉书·董仲舒传》记载："武帝即位，举贤良文学之士前后百数，而仲舒以贤良对策焉。"《汉书》这里讲的"武帝即位"所指具体时间，有可能是建元元年即公元前140年，也有可能指元光元年即公元前134年。但根据《史记·孝武本纪》"上征文学之士公孙弘"及其《史记·儒林列传第六十一》公孙弘与董仲舒矛盾纠葛的人事关系推测，《汉书·董仲舒传》记载武帝召"仲舒以贤良对策焉"应该是在第二次即元光元年

---

① 班固. 颜师古注. 汉书［M］. 北京：中华书局，1962：2498.

② 司马迁. 史记［M］. 郑州：中州古籍出版社，1994：98.

③ 班固. 颜师古注. 汉书［M］. 北京：中华书局，1962：155－156.

公元前 134 年征召贤良文学之士的时候。

当满腔抱负的刘彻，第一次召见四十岁正值盛年的董仲舒，发现董仲舒能从天人之际的自然灾异察知朝廷命运的"特异功能"时，着实让这位年轻皇帝的后脊梁有些飕飕发紧。武帝虽年少，却心系社稷江山久矣，"欲治世，需改良人心"①，他深谙此道。

武帝发现董仲舒见识非凡，竟一连三次召见，以寻治国理政之道。在第三次召见时，也许董子董先生感觉到自己逐渐熟悉了皇帝，也许是自己研修"公羊春秋"情不自禁，冒着窦太后曾因好黄老言、不好儒术而逼死赵绾、王臧等人的余威，向刚刚临政的武皇帝说了这样一席话："《春秋》大一统者，天地之常经，古今之通谊也。今师异道，人异论，百家殊方，指意不同，是以上亡以持一统；法制数变，下不知所守。臣愚以为诸不在六艺之科孔子之术者，皆绝其道，勿使并进。邪辟之说灭息，然后统纪可一而法度可明，民知所从矣。"②董仲舒说：《春秋》中一以贯之的精神，是天地间恒久被尊崇的法则，是古今普遍认同的真理。而当今社会都各师其道，各学各的学说，人们各持己见，是非美恶标准各不相同，所以朝廷不能统一思想认识；只能默许依据不同学说制定法令制度，致使法令制度相互矛盾，基层百姓不知所措。我斗胆建议：凡是不在《礼》《乐》《诗》《书》《易》《春秋》六科范围之内的孔子儒家学说，都应严禁传播，在意识形态上不搞百家争鸣，任其泛滥。歪理邪说止息了，就能实现在儒家思想统一指导下，制定国家大政方针，从而，法令制度就使是非明晰、善恶有辨、纲纪统一、民心凝聚，百姓就知道怎么做了。

其实这话并不是董仲舒第一次上言，武帝第一次招纳贤士时，赵绾就向武帝建言说："所举贤良，或治申、商、韩非、苏秦、张仪之言，乱国政，请皆罢。"③赵绾说：你招纳的贤良中，凡是学习申不害、商鞅、韩非、苏秦、张仪理论学说的，都要排除出去。武帝同意了赵绾建议，"奏可"。但董仲舒的话更加清晰明白，分辨析理都合武帝心思，或许还勾起了三年前窦太后干政之事，对赵绾、王臧的死深感愧疚，又思念起那些贤士臣子。总之，董仲舒的一席话，深深地铭刻在武帝心里。

董仲舒这一席话，在中国历史中可谓雷霆万钧，从此改变了中华民族主流意识的历史走向，让儒家哲学脱颖而出，沐浴熏陶中华民族千秋万代。他关于

---

① 冯友兰. 中国哲学史（上）［M］. 重庆：重庆出版社，2009：138.

② 班固. 颜师古注. 汉书［M］. 北京：中华书局，1962：2523.

③ 班固. 颜师古注. 汉书［M］. 北京：中华书局，1962：156.

"不在六艺之科孔子之术者，皆绝其道，勿使并进"的建议，竟然与爱好儒术的武帝内心暗合，董仲舒从此便取得了武帝"寡人决疑于君"① 的倚重。武帝采纳了董仲舒的建议，班固在"武帝纪第六"结尾赞叹道："孝武初立，卓然罢黜百家，表章《六经》。"这个董仲舒建言和武帝政治文化政策，被清末民初著名思想家白沙先生提炼为"罢黜百家，独尊儒术"。从此，在中国近两千年的历史中，儒家学说及思想成了历代统治者推行的社会主导意识形态，成为凝聚中国人的精神文化家园。

对于学说昭彰、莫衷一是的政治主张，董仲舒的建议无异于匡时济世、后羿射日，恰似一举射下多余的"太阳"，仅仅留下了"孔子儒家"，并将其荐作朝廷思想主张。"独尊儒术"本为汉家一朝之作为，却成了中国封建社会历代王朝的政治信仰，让儒家学说成了中华文化的脊梁，成了中华民族辉耀天际的思想光源。尽管董仲舒只是给了武帝刘彻一个建议，他也并没有意料到他的建议会一以贯之地穿越厚重的历史，但我们客观地从两千年来的历史看，仅凭高举起在中华文化历史长河中经久不衰的儒家旗帜，董仲舒的功绩便应该彪炳史册。

老子道家学说本在汉初文景之治中，立下了头等功劳，却在国力基础逐渐厚实时，恰逢强悍帝王刘彻一展雄心壮志，道家倡导的顺势而为的无为、坚毅隐忍的无形，无法满足刚愎进取的武帝刘彻的思想需求。按照吕思勉先生的观点：武帝是一位没有经济头脑的皇帝，登基之后将汉朝立朝六十多年的国力积蓄，败散一空，从此大汉天下开始衰落。武帝被后人称颂，是因武帝朝的武功卓著，但若换上优秀的人做皇帝，其文治武功会更有功绩。② 但历史不可假设，终于，老子学说从此陨落于正统主流意识形态，开始游走于民间山林，流连于泉石茅屋，被人曲解蹂躏，满身是非……

天人合一

在中国古代，"天人合一"是人们笃信的真理，也是中国古代哲学思想的原点和基石之一。其实，这种认识非常合情合理，人们在劳动实践中，向天地自然学习，效法天地自然规律，省悟天地自然道理，然后应用于人们的社会生活之中。可以想象，倘若没有天人合一思想，就不会推天道以明人事，中国古代

① 班固. 颜师古注. 汉书［M］. 北京：中华书局，1962：2523.
② 吕思勉. 中国通史［M］. 北京：新世界出版社，2008：148.

哲学成就不会有《周易》《道德经》，中华民族原始智慧积累就不会赶上轴心时代，将会长久推迟。人们从对自然的观察中获取知识，用以获得生存技能，天人分际与天人合一是中国古人处理人与自然关系的辩证法。

中国古代天人合一思想，至少有如下两种认识，支撑了古代先民的探索。

一是天理通于人理。从古籍中考察，《周易》是最典型的领悟天理而推导人理的著作："文王姬昌遍查物象、事象、情象，拟象悟道，效法明理，著立《周易》，以启后人之智，以善德滋润天下。"① 人们的个人修养和社会生活，可以从观察天地万物得到启发，正如《四库全书》所言"易之为书，推天道以明人事也"。《周易·噬嗑》："（震下离上）噬嗑 亨。利用狱。初九 屦校灭趾，无咎。六二 噬肤灭鼻，无咎。六三 噬腊肉，遇毒，小吝，无咎。九四 噬乾胏，得金矢，利艰贞，吉。六五 噬乾肉，得黄金，贞厉，无咎。上九 何校灭耳，凶。"作者在近观诸身中，对咀嚼食物有了感悟，食物是横亘在口中的梗阻，为了使横亘之物亨通下咽，就要通过噬嗑、咬合、咀嚼。由此象感悟到咀嚼是解决问题、克服困难、畅通梗阻的好办法。一切横亘在我们前进、交往、治理中的障碍都是通过噬嗑的方法来解决的，《系辞》中"日中为市，致天下之货，交易而退，各得其所，盖取诸噬嗑"，例证了圩市交易中交易价格的最终确定就是人们相互"噬嗑"的结果。市场没有"牙齿"，它的噬嗑方式是"讨价还价"；社会没有"牙齿"，它的噬嗑方式是"争讼刑狱"。噬嗑卦讲述了解决矛盾、障碍的办法，建立礼的规范标准，噬嗑分解细化梗阻，采取合适的礼制推行措施，卦辞中点明在社会治理中噬嗑的办法就是运用"刑狱"。初九、六二要求礼制规范建设，上九指明刑法威吓的凶险后果，实际上回应了初九、六二礼制规范建设的重要性。六三、九四、六五爻针对梗阻困难的升级而采取噬嗑的态度和刑法的使用力度，对在噬嗑中必定出现的麻烦、危险做了预测和乐观自信的判断。《周易》六十四卦，均是用天理贯通于人理，奠定了周代乃至中华民族的文化基础。

二是人类融于天地。人类只是万物的一个支脉，人只是天地之中的一分子，天地自然与人生社会是相通的，不仅是相通的，而且是同一的。《道德经》的初衷，原本就是揭示宇宙间最本质的"道"，以及把"道"推演到人类社会，让王侯效法"道"并用于个人修身及天下治理。它倡导"执古之道以御今之有"修身养性，倡导"以道佐人主"施政用兵。《道德经》第七章："天长地久。天

---

① 马跃千，马慎萧．文王的嘱托——《周易》在告诉我们什么［M］．武汉：武汉出版社，2016：276.

地所以能长且久者，以其不自生，故能长生。是以圣人后其身而身先；外其身而身存。非以其无私邪，故能成其私。"老子认为：天地以其不自生故能长生，追求长生的人们应效仿天地，顺应物的自然发展趋势，做到后其身、外其身，最终达到身先、身存的目的，这种做法正是道的无私而成其私的属性。第十六章："万物并作，吾以观复。夫物芸芸，各复归其根。归根曰静，是谓复命。复命曰常，知常曰明。不知常，妄作凶。"老子认为：万物共同生养在大地上，枯荣而生、夜息日作，都是道所决定的，是德具体规定了枯荣息作，这种"道生之德畜之"由道德规定的日复一日、年复一年的生存规律就是物的常态，人们认识到了这个常态的固有存在，就称得上世事洞明，应该在人们日常生活和天下治理中，重视常态，遵守常态，不能妄自破坏常态，颠覆常态，否则，灾祸凶险就会纷至沓来，安宁全无。《庄子·大宗师》："故其好之也一，其弗好之也一。其一也一，其不一也一。其一与天为徒，其不一与人为徒。天与人不相胜也，是之谓真人。"庄子说：宇宙万物本就是一体，你理解拥护，人和天地万物是自然一体，你不赞成、不拥护，人和天地万物仍是自然一体。你认为天人合一便是一体；你不认为天人合一，人和天地万物仍是一体；赞成、拥护并理解人和天地万物是自然一体，你就顺应了天道，不赞成、不拥护、不能理解人和天地万物是自然一体，你就受到了后天所学的羁绊。天地万物与人不会相互排斥，谁也不能脱离谁，人只是万物之一，人与天地万物在本质上统一于"道"，领悟并践行天人合一的人就称得上"真人"。

比如，《易》重在研究"变"，但这个"变"不应该是一般的事变、灾变，而是社会之变、世道之变、改朝换代之变、天翻地覆之变、核心价值观之变。传说，历史上曾有"三易"：夏朝《连山易》、商朝《归藏易》、周朝《周易》。我们不妨推测：《易》本是一种格式文本，是上古社会朝代易主后，不同朝代的文化风俗约定，"三易"的精神应该是顺序传承并依次扬弃的，《连山易》是夏朝的风俗文化，是夏人崇尚的价值观、人生观、是非观、伦理观；《归藏易》是商朝的风俗文化，是殷人崇尚的价值观、人生观、是非观、伦理观；《周易》则是周朝的风俗文化，是周人崇尚的价值观、人生观、是非观、伦理观。也许周文王编撰《周易》时，就认真研读了《连山易》《归藏易》，他对夏朝《连山易》、商朝《归藏易》的内容进行了扬弃，结合周国应该弘扬的人文风俗倾向，而形成了我们现在看到的《周易》文本。正如《墨子·非命中》说："世不渝而民不改，上变政而民易教。"这句话的意思是世道不变则民众无须改变世俗，上面的政权更迭了则需要对民众更新教化。

"三易"都是在天人合一思想的指导下，从宇宙万物中领悟智慧，从辨识万物之理来充实人生之理。古代智者哲人无不仰观天文、俯察地理、远取诸物、近取诸身，求其理以用于人生，用于社会，以滋养人心，以倡导熏陶不同时期、不同统治阶层所追求的社会文化基础，以保障组成新社会所必需的统一的价值观、人生观、是非观。它是在"变"中践行"风化、化育"，正如《史记·太史公自序第七十》说"《易》长于变""《易》以道化"，"三易"是在研究"变"中形成不变，即是在世道变化中，确立相对不变的社会风尚，维护稳定统治者的统治。

《周易》之后，周王朝经历了 800 年的统治，特别是周初周公的辅政时，竭力将周文王在《周易》中倡导的文化风俗精神进行制度化的整理和发展，制定了具体的礼仪，从而使文化倡导转变成礼法典章，礼法典章体制的完善进步，为中国历史开辟了全新的发展道路。由于推行周礼，礼仪制度盛行，《易》的文本意义和社会作用衰退，无人续"易"，因而，也就没有了"秦易""汉易"。孔子志在传承和复兴文武周公文化，楼宇烈先生在《中国的品格》中指出："孔子的目的是研究怎么继承尧、舜、禹、汤、文武、周公这些古时的圣人的经验，用学术来治理国家、教育民众。""罢黜百家，独尊儒术"让儒学成为中华文化的正统，致使《周易》奠定了中华民族最基本的文化基础，确立了中华民族最原始、最核心的人伦行为大纲。

《道德经》沿用了天人合一的思想，仍是从"物"理中启发思维灵光，并用闪耀的灵光照亮人生及人类社会生活。但老子没有像周文王那样，从感悟天地万事万物的具体事物中吸取智慧，而是对天地万事万物进行抽象、分析、综合之后，发现天地万物千差万别的背后，其本质其实只是一物，这一物便是"道"。老子摒弃了天地万事万物的每事每物，却把握了天地万事万物的每事每物的终极本质，从"道"中吸取智慧，用"道"理来指导人类生活及社会治理。

道犹可道

白居易有首诗《读老子》："言者不如知者默，此语吾闻于老君。若道老君是知者，缘何自著五千言。"

白居易信佛，他对道家著作的调侃和疑问，应该首先说明他没有读懂《道德经》，他没有明白老子"道"生万物的渊博智慧和推"道"及人的宏大理想。

"言者不如知者默，此语吾闻于老君。"老子的确说过这样的话，在《道德经》第五十六章老子写道："知者不言，言者不知。"这里的"言"是"大言"，是炫耀的意思，而不是陈述，"道"需要体悟，语言文字并不能完全表达其内涵，白居易浅解了老子的"言"。老子说：领会了道德的人，理解了道的属性，他便会体悟天道之德，推"道"及人，表现得缄默悟道，无心炫耀。同时，老子还说，那些肆意大言领悟了道德的人，其实并没有真正理解道德，因为道德不只是语言，语言只是"道德"概念的语言表达，在语言与概念的差别问题上，他希望学者们以语言为路径，深入体悟概念本身。

《道德经》的深奥，首先在于老子向世人呈现了一个没有人见过、没有人听过、没有人知晓的"玄之又玄"的"道"，然后再向世人陈述"道"是什么，陈述"道"的不同属性，"道"在治理宇宙天地、万事万物时，展现出的是"天地有大美"（《庄子·知北游》），展现出的是"万物并育而不相害，道并行而不相悖"（《中庸》）。再看看人间社稷，诸侯放恣，横征暴敛，豪强争霸，满目疮痍，"争地一战，杀人盈野；争城一战，杀人盈城"（《孟子·离娄下》），"死者以国量乎泽若蕉"（《庄子·人间世》），人们"仰不足以事父母，俯不足以蓄妻子，乐岁终身苦，凶年不免于死亡"（《孟子·梁惠王上》）。人间社会如此之黑暗混乱，孟子将它归咎于"圣王不作"（《孟子·滕文公下》），庄子将它归咎于诸侯们"轻用其国、轻用民死"（《庄子·人间世》），孔子将它归咎于天子失去对礼乐征伐的决断控制，"礼乐征伐自诸侯出"（《论语·季氏》）。老子则将它归咎于统治者掠夺奢求、逆道妄为，"民之饥，以其上食税之多，是以饥；民之难治，以其上之有为，是以难治；民之轻死，以其上求生之厚，是以轻死"（《道德经》第七十五章）。

"道"生育万物相较于人治理天下，一谐一乱，孰是孰非，岂不一目了然。倘若人类社会能够尊道贵德，世人依道养身，王侯依道行政，总之，"修之于身，其德乃真；修之于家，其德乃余；修之于乡，其德乃长；修之于国，其德乃丰；修之于天下，其德乃普。故以身观身，以家观家，以乡观乡，以国观国，以天下观天下"（《道德经》第五十四章），则天下所有的人都能"甘其食，美其服，安其居，乐其俗。邻国相望，鸡犬之声相闻，民至老死不相往来"（《道德经》第八十章）。因而，老子极力言说道德，解道传道，急切地将道的属性、道的作为，引入人类生活、引入天下治理，用以平息天下纷乱，使社会回归安宁。

老子怀抱良好的愿望，企守崇高的追求，四处传道授德，欲以道德治天下，苦苦寻觅知遇之人。尽管"道"是那个时代最伟大的发现，也是老子伟大的发现，然而，他仍觉得自己是"被褐怀玉"（《道德经》第七十章），没有得到世人重视，更没有赢得王侯的践行推广。有些失望的老子在公元前6、前5世纪的世纪之交的某天清晨，终于决心结束一生劳碌，绾住毕生宣扬道德的万丈光芒，封印留笏，辞去守藏使职位，退出官宦生活，怏怏西去。

或许，在函谷关之后的归隐生活中，老子打心里感激守将尹喜，是尹喜对道的追求和敬仰，让他重新整理思想，结集了八十一章文字，使原始道学永垂不朽，使"道"这一伟大发现不至于淹没在浩瀚的历史长河之中。

老子足矣！

现在，我们姑且用现代逻辑方式来解析《道德经》的叙事、论述过程。

在李耳看来，男女生于母体，草木屯于芽胚，玄牝之门乃生命之根。任何具体的事物都有起源，天地宇宙有玄牝之门吗？由此上溯，天地宇宙有源头吗？那个源头是什么呢？人生人、马育马、树衍树……万物亿万年的繁衍，之所以仍旧保持它的原本模样，必定有一种力量主宰着这一切，必定有一种力量存在其中。

宇宙是多么美妙难解！

宇宙间存在着最本原的客观实在，它是宇宙天地、万事万物的源头，它存在于宇宙天地、万事万物之中，规定宇宙天地、万事万物繁衍变化的趋势。这力量是现实的、客观的，是人们通过感觉可以感知其存在的实在之物，它是将宇宙天地、万事万物一切特殊性抽象之后的最本质、最核心、最具共性、无差别的客观实在。这便是"道"。

"道"只是一个有读音的汉字而已，它姑且是"最本原的客观实在"的名称，"道"也无法包容"最本原的客观实在"的全部内涵和全部属性。所以，老子非常为难地说："道可道，非常道。名可名，非常名。"他为读者留下了思考：关于语言与概念、名与实的关系。在老子心目中，他是先认识了"最本原的客观实在"，然后给它一个称呼："道"。而《道德经》先要告诉人们的是语言"道"，然后逐步给人们揭示概念"道"，即那个"最本原的客观实在"。这种揣着明白而不能一下子说明白，即使说明白而少有人领悟明白的痛苦，伴随了老子的一生。

在《道德经》的第一章、第二章里，老子在抛出了"道"概念的同时，几乎让与"道"的属性相关的重要概念，如同洪波涌起一般扑向读者：常、无、有、无为、不言、作而不辞、生而不有、为而不恃、功成弗居。这些概念，对于《道德经》的读者而言，就是一只一只的拦路虎，也是极容易把读者引入歧路的路标。

人们观察到的大千世界，人们感知到的万事万物，无非一个"常"，就是

"常态"。常态恐怕不能用运动和静止来解释，常态中既有静止，也有运动，常态中的静止和运动是有趋势轨迹的。常态的背后是"道"在发挥作用，离开了"道"便没有常态。宇宙间没有离"道"的事物、宇宙间没有离"道"的时刻，万事万物皆有"道"。

认识和建立"常态"是人毕生的追求。

宇宙万物离不开常态，存在常态是人们认识万物的前提，人们认识客观世界，便是从万物的"常"开始，这种开始，便是"求道"的开始。

人的一生无论是生活还是工作，将由无数个常态组成，有的常态伴随一生，有的常态伴随一时，各种常态的交织形成或简单，或复杂，或欢喜，或悲戚的人生。新婚小夫妻组成家庭，是在各自个体常态的基础上，共同形成两人家庭的常态，在新添孩子后，还将形成多人家庭的常态，接进长辈父母时，还将形成大家庭的常态。这个常态形成的快慢，取决于当事人各自接受新常态心理预期的不同，新常态形成快，形成期短，人生幸福；新常态形成慢，形成期长，人生悲戚。形成期无论长短，都会有一个过程，这个过程用现代时尚的话说，称为"磨合"，用老子思想，称之为"求道"。

学习《道德经》，首先的意义就在于训练人们"求道"。用现代语言讲，在一定意义上，就是训练人们遇事善于抓事物"本质"，认识事物的本质，把握事物的本质。从知识论的角度讲，我们学习《道德经》，理解领会了宇宙的本原"道"这个客观实在。用史蒂芬·霍金（Stephen William Hawking）的说法："如果你相信宇宙不是任意的，而是由确定的定律所制约的，你最终必须将这些部分理论合并成一套能描述宇宙中任何东西的完整统一理论……所以，一套完整的统一理论的发现可能对我们种族的存活无助，甚至也不会影响我们的生活方式。然而自从文明开始，人们即不甘心于将事件看作互不相关而不可理解的。他们渴求理解世界的根本秩序。"[1] 中华民族在渴望理解天地根本秩序时，老子给予了"道德"学说，他只是无比简单地提出了道德存在，却没有做出任何确定的预言。老子只是提出了宇宙是有开端和极限的，宇宙（天地）的开端和极限是"道"，宇宙天地的存在依据是"道"，"道"生宇宙天地、万事万物，"道"也决定着宇宙天地、万事万物。"道"是抽象的客观实在，离开了宇宙天地、万事万物，"道"没有任何意义。因而，在宇宙的开端和极限之前，不存在抽象的"道"。老子的目的不在于此，不在于辩解这些晦涩而空洞的理论，不在

---

① 〔英〕史蒂芬·霍金. 时间简史〔M〕. 许明贤，吴忠超，译. 长沙：湖南科学技术出版社，2018：48－50.

于预言宇宙的未来，他也没有认为他关于"道"的重大发现是多么伟大和具有创世纪的意义，老子只是依据天人合一思想，将他发现的"道"这个"物"的高尚之处，介绍给人们，让人们与道合一、与道同体，即所谓"推'道'及人""推天道以明人事"，让人们生活在安宁和谐快乐幸福的天地之间，生生不息。

"道、德"是老子最核心的概念。"道"有两种表现形式——无和有。"无"表现为事物的抽象，人们是通过感觉感知的，它是客观存在，但不是看得见摸得着的形体；"有"表现为事物的实体，是人们可以通过器官知晓的，是现实的形体。所以，"无，名天地之始，有，名万物之母"。"无"和"有"是"道"的一体两面，因而是"同出而异名"。

抽象的"道"（无）表现得无处不在和无时不在，因而，对这种无处不在和无时不在的表现为"无"的"道"，老子也称为"大"，认为"天下莫能臣也"，与庄子说的"至大无外"（《庄子·天下》）同义。"道"的常态表现为"无"，故老子说"道常无名"，"常"是指常态，"名"解释为"称之为"，所以，"道常无名"就是"道常名无"，翻译为道的常态称之为无。道隐于万物之中，表现得无处不在和无时不在，这种"隐"也表现为"无"，故老子还说"道隐无名"，即"道隐名无"，翻译为道隐匿于万物称之为无。

实体的"道"（有）表现为万事万物的具体形态，当"道"表现为"有"时，老子就将"道"称为"德"，《管子·心术上》说："德者道之舍……以无为之谓道，舍之之谓德。故道之与德无间，故言之者无别也。"管子说：德是道的寓所，道表现在具体事物上就是德……用"无"为表现时称之为道，住进了（事物的）寓所就成为德，道和德在内涵上没有什么区别。所以，人们有时称之为道有时称之为德，其具体所表述的对象并没有区别。老子也直言了这个道理，他说，"孔德之容，惟道是从，"他还说，"人莫之令而自均。始制有名。"老子说：德和道是一个性质，德的性质从属于道；"德"只是"道"散落到万物时的名称。冯友兰先生指出："事物可名曰'有'；道非事物，只可谓为'无'。然道能生天地万物，故又可称为'有'。故道兼'有''无'而言；'无'言其体，'有'言其用。"又说，"道为天地万物所以生的总原理，德为一物所生之原理……德乃道之寓于物者。"①

在老子看来，"道"最少有三层意思，一是宇宙万事万物生发和生生不息的原始动力和内在力量，如老子在第四十二章说"道生一，一生二，二生三，三

---

① 冯友兰．中国哲学史（上）[M]．重庆：重庆出版社，2009：146-148.

生万物";二是形成宇宙万物的最核心最本质的东西,是不同形态的宇宙万物所共有的原始物,如老子在第三十九章说"昔之得一者:天得一以清,地得一以宁,神得一以灵,谷得一以盈,万物得一以生,侯王得一以为天下正";三是宇宙万事万物自身变化的内在趋势和规律,表现为"常"或"恒",如老子在第十六章说"复命曰常,知常曰明。不知常,妄作凶"。"道"是现实的、客观的,是人们通过感觉可以感知其存在的实在之物,它是将宇宙天地、万事万物一切特殊性抽象之后的最本质、最核心、最具共性的客观实在。人生应求道悟道,识道执道,执道明常,守常求安,心安则自在,自在即和谐安宁,这种人生状态被庄子称为逍遥。

"道"的高尚体现在"道"方方面面的属性中,这些高尚属性,都应该被人们继承和效法,成为人们治人生、治天下的无上能力,在治人生、治天下中得到完全的或是最大的应用,做到依"道"而为,为无为。

马跃千

2019.04.04

上篇 **01**

| 道　经 |

第一章

　　道可道，非常道。名可名，非常名。无，名天地之始，有，名万物之母。故常无，欲以观其妙；常有，欲以观其徼。此两者同出而异名，同谓之玄，玄之又玄，众妙之门。

　　本章是全经的主旨和灵魂，它以高度概括、极其精练的语言展现着"道"和道之"名"及其"有""无"的属性，瞬间让初入"玄门"的读者坠入云雾之中，由此完成了《道德经》理论篇的总论。虽然让人一时摸不着头脑，但当人们读完了全卷《道德经》，这个高深莫测的总论便显得异常直白而准确。

　　让我们一同经历入玄出清的美妙云游吧！

　　第一章不同的标点，历来代表注释者对《道德经》的基本哲学范畴的理解，从多种版本看，有代表性的版本有以下几种。

　　河上公版："道可道，非常道。名可名，非常名。无名，天地之始，有名，万物之母。故常无欲，以观其妙；常有欲，以观其徼。此两者同出而异名，同谓之玄，玄之又玄，众妙之门。"

　　王弼版："道可道，非常道。名可名，非常名。无，名天地之始，有，名万物之母。故常无欲，以观其妙；常有欲，以观其徼。此两者同出而异名，同谓之玄，玄之又玄，众妙之门。"

　　任继愈《老子新解》版："道可道，非常道。名可名，非常名。无名，天地之始，有名，万物之母。故常无，欲以观其妙；常有，欲以观其徼。此两者同出而异名，同谓之玄，玄之又玄，众妙之门。"

　　陈鼓应《老子注释及评介》版："道可道，非常道。名可名，非常名。无，名天地之始，有，名万物之母。故常无，欲以观其妙；常有，欲以观其徼。此两者同出而异名，同谓之玄，玄之又玄，众妙之门。"

　　可以看出，其变化就在于"有、无，有名、无名，有欲、无欲"。

在"无、有，无名、有名"上，河上公版与任继愈《老子新解》版一致，标点为"无名""有名"，王弼版与陈鼓应《老子注释及评介》版标点为"无""有"。

在"常无""常有""常无欲""常有欲"上，河上公版、王弼版一致，标点为"常无欲""常有欲"，任继愈《老子新解》版、陈鼓应《老子注释及评介》版标点为"常无""常有"。

标点"有""无"的，无疑是将"有""无"作为《道德经》的基本概念，它与"常有""常无"相合，它与"此两者同出而异名"相合，并且《道德经》多次阐述有无的概念，如有无相生、有生于无、有之以为利无之以为用。

标点"有名""无名"，《道德经》也提到了无名、有名的概念，如道常无名、无名之朴、道隐无名、始制有名，但这里的有名、无名实际也是说的有、无，是指有的状态和无的状态。

标点为"有欲""无欲"，《道德经》也多次提到无欲的概念，如常使民无知无欲、常无欲可名于小、我无欲而民自朴，但这里的无欲明显是指的具体心态，不是抽象的哲理，况且《道德经》没有出现过"有欲"。

《道德经》是善用辩证法的，从这一点看，有无是对称作辩证关系使用，而有名、无名和有欲、无欲是没有做辩证关系对称使用的。

"道可道，非常道。名可名，非常名。"这是《道德经》最气势磅礴的经句。在第七十一章中也有这样的句式："知不知，上；不知知，病。"这种句法在《孟子》中也有所体现，如"老吾老以及人之老，幼吾幼以及人之幼"，将同样的两个字做动词、名词，在同一个句子里分别使用。这句话也是极其深奥难懂的经句，其解读可谓多种多样，其中代表性的解读如下。

河上公版："谓经术政教之道也。非自然生长之道也。谓富贵尊荣，高世之名也。非自然常在之名也。"河上公注释为：可以言说的道都是经术政教之道，但不是自然生长之道；可以言说的名都是富贵尊荣、高世之名，不是自然常在的名。经术政教之道是方法、是道理，富贵尊荣、高世之名是名誉、是虚名。

王弼版："可道之道，可名之名，指事造形，非其常也。故不可道，不可名也。"王弼注释是：可以言说的道，可以叫出的名，都是指具体事物，不是恒久常在的道，也不是恒久常在的名。恒久常在的道不可言说，恒久常在的名不可称谓。

王弼版的注释比河上公的注释高了一个层次。

老子无疑是伟大的圣人，他在那个年代写成了《道德经》，夺得了多个第一次：

第一次超脱了人生界，去追寻人生界的背景空域宇宙界的本原；

第一次集中地展示了中国人的辩证思想；

第一次使得中国哲学著作符合了文德尔班说的"哲学乃是对宇宙观、人生观一般问题的科学论述"。

在中国人的哲学体系中，《道德经》仅仅是春秋战国时期百家争鸣的一家而已。而这一家在中国人的认知思想上造成了极大的混乱。其核心就是混淆了"道、德"的概念，让中国人尤其是让学人不知所措。

道只是方法、道路、真理的意思，道是古代中国思想家常常使用的词语，各家各派都用道来表示各自的主张，可以说儒家有儒家的道，墨家有墨家的道，法家有法家的道，名家有名家的道，阴阳家也有阴阳家的道……

老子将"道"概念化，他将他发现宇宙的原动力及宇宙、宇宙万物运动变化规律、世间万事的本质及趋势定义为"道"，使得后人"难分道道"。老子所说的"德"，也不是一般意义上的德，他认为道自均为德，篡改了人们一直认为的"德"是人的品行修为这个内涵，以致常常造成概念混淆，比如《道德经》六十三章说："报怨以德，图难于其易，为大于其细。"结果有人拿着"报怨以德"这句话去问孔子："以德报怨，何如？"孔子很是恼怒，还发着脾气说："何以报德？以直报怨，以德报德。"（《论语·宪问》）可见孔子是一位刚直、中正、大义凛然的人。其实他们说的"德"就不是一个意思，老子的"以德报怨"是说：主张自己的情绪哪怕是怨恨，也要按照事物"德"的规定性来决定我们的行为。老子要表达的意思用我们现在的话来讲：无论你多有意见，也要该做什么做什么，该怎么做就怎么做，不能把情绪带到工作中来，不能让情绪起伏影响事物本身的运行规律。而好事者的理解是："难道对欺辱我们的人，也要用善良品行去回应他们吗？"孔子反对屈就承奉，主张公平正直以对："如果人们用恩德来报答怨恨，那该怎样报答恩德呢？应当用正直应对怨恨，用恩德报答恩德。"所以，幸亏董仲舒倡导"罢黜百家，独尊儒术"，使得从尧舜夏商周传下的道德观念回归主流思想，形成了仁义道德的"道统"传承。

叶曼先生解释"道可道，非常道。名可名，非常名"说：道是可以说出来的，但不是"常"这个道。名是可以叫上来的，但不是"常"的名称。她认为《道德经》不是讲道，而是讲"常"。就是说，"道"这个词仍然是和诸家之道是一个意思，不是什么特定的概念上的道。按照这种说法，老子本身是否是在讲概念上的"道"，与《道德经》的传承者可能有相当大的关系。如《道德经》二十五章："吾不知其名，强字之曰道，强为名曰大。"在这里，按陈鼓应先生、任继愈先生的说法，老子实际上为他发现的那个"周行不殆的混成之物"取了两个名字，即一个字一个名，字"道"名"大"。按河上公"强为名曰大"的注释是"强曰大者"，就是勉强说它是一个大的东西，"大者"就是大的东西。那么这个"大"就不是名，而是"名状"，是对"道"的状态的形容，"道"寄生于万事万物，宇宙间无处不有、无时不在，没有例外。站在"道"的如此状态上看，将"道"称为"大"，无可质疑。

现代多数版本的解说是：可以言说的道，就不是恒久不变的道。可以叫上名的名，就不是恒久不变的名。

"道可道，非常道。""道"一旦可以言说，就不是《道德经》要谈的那个常态不变"道"了，所谓"书不尽言，言不尽意"，两千多年前的老子就已经明白了语言和概念是两个不同的范畴。

"名可名，非常名。"人们给那个常态不变的"道"取一个名字，可一旦具体称呼那个名字时，就不是《道德经》所希望的那个贴切确切的名字了。憨山大师引用了一个佛教概念"假名"来解释"名可名，非常名"："道本无名，今既强名曰道，是则凡可名者，皆假名耳，故非常名。"这种解释符合老子的本意，因为老子给"道"起名为道时，也就是"强字之曰道"，有姑且之意。在老子看来，"道"这个客观实在并不因人们是否认识、是否给它称谓而存在，给予这个客观实在以名称，只是给这个客观实在的标签而已，名称标签并不是客观实在本身。所以，名家代表人物公孙龙说："物莫非指，而指非指。天下无指，物无可以谓物。"(《公孙龙子·指物》)意思是天下万物没有一个是没有名字的，而名字本身却不是名字所指的具体物。倘若天下没有名称，则万物都分不清谁是谁了。

"无，名天地之始，有，名万物之母。故常无，欲以观其妙；常有，欲以观其徼。""道"取无的状态时，从宇宙形成角度看，是天地万物懵懂生发的初始状态，从宇宙现状角度看，是剔除了天地万物一切个性特征的抽象状态；"道"取有的状态时，从宇宙形成角度看，是天地万物形成物象的母状态，从宇宙现状角度看，是天地万物的沿袭各自特征的生生不息状态。所以(求道者)常常在无的状态下，希望觉察体悟到万物生发、运动、变化的微妙；常常在有的状态下，希望观察鉴别万物各得其所的个性和万物各自属性的边界。徼，边界。

从"常有，欲以观其徼"的方法论上看，老子为对"德"的探索留下了空间，使探究"道"的方向直接指向万物现实和人生现实，在现实中去差别性地辨析现实生活，也使《道德经》不仅仅是玄妙的道教经书，更是探究现实社会的哲学典籍。庄子的"以道观之，物无贵贱"，是在"道"无的视觉下，万物没有区分和差别，而在"道"有的视觉下，尽管万物纷扰，但"其徼"可观可鉴，由此，通畅了《道德经》的入世之路。

"此两者同出而异名，同谓之玄，玄之又玄，众妙之门。"无和有是一体两面，一同出现而称谓不同，从"道"作为逻辑概念的意义上讲，无和有可理解为概念的内涵和外延，内涵表述为"无"，外延表述为"有"。道以及道的无和有的两种状态，在悟解上都很玄妙，的确是深奥、精微、玄妙，对道以及道的无和有的两种状态的认识领悟，是理解道以及推道及人这个学说的关键法门。《庄子·齐物论》说"彼是莫得其偶，谓之道枢"，庄子的"彼、是"与"有、无"相近，他说："彼是"能不能理解为对立统一的关系，是理解"道"的枢纽。

"道"这样高度抽象的概念，在老子的时代不是睿智圣人是不可能认识到的。

公元前6世纪的人类文明还处于懵懂阶段，老子是怎样想到去思维宇宙本原的呢？是怎样"损之又损"（第四十八章）而抵达了那个恍兮惚兮的"道"的呢？确实难以想象。

老子已经认识到了有一种决定世界万物发生和变化的力量，但他不能用语言来明确地表达他所认识到的东西。这就是古代圣人的无奈。老子除了不能用现代科学语言去表述之外，其思维水平至少比他所处的年代超前2000年。由此人们甚至难以相信春秋时期的人有如此这般的思维能力，可不相信又怎么办呢？《道德经》第四十二章说："人之所教，我亦教之。"

人们不禁要问：这个"人之所教"的人是指谁人呢？于是有人便找出了一个更有名的圣人——黄帝，认为老子没有那样的智慧，老子只是复述了黄帝的哲思而已。吕思勉《中国政治思想史》说："所以我说《道德经》的大部分，该是黄帝这个民族里相传的古训，而老子把它写出来的；并不是老子自著的书。"① 即使如此，则出现的问题是一样的，无论老子还是黄帝，只要他是人，在那个文明懵懂的时代出现"道"的认识，作为今人只有佩服崇拜、五体投地了，这使我们感到跪拜圣人都没有一点过分之处，也没有一点迷信的地方。

其实，那些不知道跪拜对象是谁而在虔诚跪拜的人，才是行为过分和思想迷信。

在现代科学认识已经极具高度、人类文明已经相当发达的今天，我们用现代科学成果、科学认识方法再去认识"道"、认识老子天人合一的阐述、认识老子极尽精微地抵近"道"的过程，就显得要更准确一些。因而，历史上解说《道德经》的著作，特别是历史早期解说《道德经》的著作，除了其历史价值之外，受其知识水平和认识方法的限制，其阐释精要远远不如现代人对《道德经》的诠释了。

---

① 吕思勉.中国政治思想史［M］.北京：中华书局，2014：22.

第二章

天下皆知美之为美，斯恶已。皆知善之为善，斯不善已。故有无相生，难易相成，长短相形，高下相倾，音声相和，前后相随。是以圣人处无为之事，行不言之教；万物作焉而不辞，生而不有，为而不恃，功成而弗居。夫唯弗居，是以不去。

"道"是宇宙的本原，道性为万事万物的本性。物便是物，甲物便是甲物，乙物便是乙物。物存在于天地之间，其为"道生之，德畜之"，与所谓美丑、善恶、有无、难易、长短、高下、音声、前后等的分别，并没有关系。

张三作为一个人而存在，其出生与生活就有人的特性和独立性，这种人的特性和独立性是区别于其他如牛、羊、猪、狗及树、藤、草、竹诸物的。

至于张三的美丑、善与不善、高矮，在老子看来，这都是人们人为地给予"人"的衡量标准，这些标准都带有时代、地域、文化的烙印，说到底，诸如此类的标准都是人们特别是统治者根据自己的好恶来制定的，它属于人的感情好恶，而不属于人的本性。人的感情好恶并不影响人的道性，即人的感情好恶不影响人作为人的本性存在。

由此，我们想起了《庄子》中很多奇形怪状的人，中帝、支离疏、王骀、申徒嘉、叔山无趾、哀骀它等，庄子艺术地讲述那些形象多么丑陋、多么奇怪的人，都仍是实实在在的人，美丑好恶不影响他们具备人的原始"德"性而存在。所以，性情辨析成了《道德经》的重要内容。

老子在治情尽性中，做了大量的性情辨析，比如，《道德经》第二章、第六十三章、第六十八章、第七十九章等，都集中向人们开释了性情。物成其为物来自本性，用《道德经》的思想看，是来自道性，人们一旦给事物贴上了是非善恶美丑的标签，是非善恶美丑便接踵而至，追逐"非、恶、丑"的强盗出现了，追逐"伪是、伪善、伪美"的伪君子出现了。所以，司马迁说"故老子曰

'美好者不祥之器'"①，知道美好了，就来了伪美好，就来了丑恶，难道说，人们的混乱不就是所谓崇尚"美好"惹的祸患吗？

由美与丑、善与不善的紧密关系可以看出，有无、难易、长短、高下、音声、前后等对立的、矛盾的关系都相辅相成、相互转化，缺此则彼不能成立。钱穆先生说："此诸种对立现象，并非安居固定，而常在变动之中。对立的变动便是对流。"② 需要说明的是：本章所说的"有无"与第一章所说的"有无"不是同一概念，第一章所说的"有、无"是具有哲学意义的"具体和抽象"，而本章所说的"有、无"只是一般意义上的"存在和不在"而已。

所以，得道高人依"道"处理事务而不能自生妄为之举，就是不依据自己的是非标准、好恶标准、好坏标准、对错标准、善恶标准等规范标准，用自我标准制定礼乐仪轨衡量人、拔擢人、推崇人，那些妄为的出发点或许是扬善褒是，结果却是扬恶褒非。

"有奶便是娘"是现代人对那些只认好处、不辨是非的人的斥责之语，但若从"道"的角度来理解这句话，便不是这个意思了。母子是最能显示人类本性的关系，对于赤子孩婴而言，乳汁是生命之源，乳汁与"母亲"的社会地位、富贵卑贱没有任何关系，天下孩子因为"有奶"对母亲专一的依赖、信任和敬仰是完全一致的，母子关系单纯质朴，孩子随着成长逐渐有所习染而成为社会人，才有了贵贱、高下、富贵、美丑、前后之分别，才跳出了"有奶便是娘"的纯洁关系。

得道圣人以"无为"方式处事，以"不言"行教，依道去教化世人而不用不达意的语言妄加阐释误导民众。

"天下皆知美之为美，斯恶已。皆知善之为善，斯不善已。"王弼解释说："美者，人心之所乐进也；恶者，人心之所恶疾也。美恶，犹喜怒也；善不善，犹是非也。喜怒同根，是非同门，故不可得偏举也。"他认为美恶就是喜怒，善不善为是非，喜怒是非不可偏举，所谓"偏举"，即是指主张美和善，而看不到恶与不善接踵而至，如果偏举美善，人就会滋生趋炎附势、沽名钓誉、唯利是逐的恶习，当天下人都知道什么是善、知道善的标准时，也就知道恶了，因为有恶就有善，有善就有恶，善恶是互生的，就产生了不善装善、伪善骗善等恶行。

王弼的思想很深刻，代表了学界理解《道德经》的主要思想倾向。但从老

---

① 司马迁. 史记 [M]. 郑州：中州古籍出版社，1994：851.

② 钱穆. 中国思想史 [M]. 北京：九州出版社，2011：67.

子的思想来看，"不可偏举"的警告是不够的，老子认为，人们不应该被人为的美恶、是非思想所蒙蔽，这些思想都是一种伪装，即荀子说的"化性起伪"。而老子看到的是，人们被这些伪思想迷惑很久了，被这些伪思想束缚很久了，人们应该"复归于无物""各复归其根""复归于婴儿""复归于无极""复归于朴""复归其明"。老子在《道德经》里重复了六个"复归"，号召人们回归质朴的本原。

用老子的思想看，他不是主张人们要崇美嫌恶、尚是除非，而是主张给事物贴上美丑、善恶、是非的标签本身就是错误的，庄子说"以道观之，物无贵贱"，站在道德的立场上，美丑、善恶、是非不过是伪装而已，剥去伪装，展现其事物道性才是唯一正确的。

"故有无相生，难易相成，长短相形，高下相倾，音声相和，前后相随。"按照老子的逻辑推理，人们在伪思想迷惑和束缚下，美丑、善不善的观念便自然形成了，"天下皆知美之为美，斯恶已。皆知善之为善，斯不善已。"所以，如此而已，有无、难易、长短、高下、音声、前后便应运而成了。王弼说："此六者皆陈自然不可偏举之明数也。"王弼说，这六组概念如同上述美恶、善不善一样，不可偏举。王弼的意思是，这六组概念可以重复用"天下皆知美之为美，斯恶已。皆知善之为善，斯不善已"的句式，"故"是由此推理的意思。如天下皆知有之为有，斯无已。皆知难之为难，斯易已。天下皆知长之为长，斯短已。皆知高之为高，斯下已。天下皆知声之为声，斯音已。天下皆知前之为前，斯后已。如此等等，可以将六组概念扩展到无数多组概念。

实际上，这是矛盾分析法的具体化，是中国传统的阴阳认识论的延伸，也是给予人们方法论的启示。这里的"故有无相生，难易相成，长短相形，高下相倾，音声相和，前后相随"是老子简略和精练的说法。事实上，如同前面所分析，老子认为：如同美恶、善不善一样，有无、难易、长短、高下、声音、前后也是人为确定的标准，与"道"相悖，都是没有必要的。老子用辩证的思维陈列天下思想伪装，可谓超时代的论证方法。阴阳观及其矛盾分析方法在中国上古时代就已经形成，一切的对立统一关系皆可统称为阴阳，阴阳在具体事物中表现为具体的矛盾关系，老子在此列举了一系列阴阳的外延，将其归于人类情绪好恶，他希望人们剥去"情"回归"性"，不做想当然冲动的"有为"，而处本性使然的"无为"，施以人类本能的行为传承。

"是以圣人处无为之事，行不言之教"，一般来讲，"圣人"是指聪敏智慧的哲人，但各学派自认的"圣人"可有很大的区别。老子所说的"圣人"是认识了、领悟了道的人，是"道人"；儒家所尊称的"圣人"，却是认识和体悟了

"仁义礼智信"的人；墨家所崇尚的"圣人"自然是墨子一样的人，到墨子时代，"圣人"一词已经如同现在的"先生"一词一样普遍，墨子在世的时候，已经被人尊称为"圣人"了。那么，从上述应该废除伪思想、废除人为的对事物给予各类标签的基本认识来讲，老子说：得道的道人这样的智慧圣人，就应该以"无为"的态度对待天下万事万物，不要去人为地给天下事物贴标签，以个人好恶、个人得失去衡量天下事物，让这种"无为"之为引导教化民众，而不是用伪善言语去蛊惑民众，不是用标签化的事物去引诱民众。

老子在这里第一次提出"无为"，也是老子在还没有开始阐释"道"是什么、其特性是什么的状态下，就提出的尊道行为。可以说，这里的"无为"只能算是老子写作时的一记"伏笔"而已，没必要被这一深奥的概念所吓倒，没必要将它视同横亘在前面的高山，成为拦住我们深入解读《道德经》的去路，待后文逐渐深入延展，才能慢慢领会"无为"的真实含义。

这一幕非常耐人寻味。老子认为，天下事物人为的标准都是多余的，是"余食赘行"，老子却用"有、无"作为释解"道、德"的重要概念；老子认为，圣人处无为之事，行不言之教，老子却提出了"为无为"的概念，也留下了洋洋五千言阐释"道德"真谛。老子用《道德经》上下两篇来全面阐释道德是什么、道德的关系、道德的属性、怎样推道德以明人事，进而实现老子对天下治理政见的抒发。在老子的头脑里，应该是有客观实在和抽象实在区分的，是有着形而下和形而上区分的，是有"概念"和"言语"区分的。但春秋时期的知识储备和思维表达水平是无法达到老子的认知能力的，他没有办法将"道、德"做明确概念内涵的解释，他只能用反复比拟启发、指引人们去体悟道德的概念，认识道德的属性。正如第一章所言"道可道，非常道。名可名，非常名"。用不能准确表达道的言语、用不确切的词句去阐释道，结果将使得"道"模糊不解、混乱不堪。

因而，读者只有通过研读《道德经》全文，在全面把握老子思想的前提下，去理解老子关于《道德经》的真实表述，才不至于被那些对《道德经》浅尝辄止，解释所谓"无为"为不作为或无所作为的粗鄙陈词所迷惑。

"万物作焉而不辞，生而不有，为而不恃，功成而弗居。夫唯弗居，是以不去。""万物作焉而不辞"是不辞什么呢？是指万物不辞"道"；"生而不有"是指道生养万物而不占有万物，"道"不成为万物的所有者；"为而不恃"是指道的作为使万物成其为万物，如人成其为人，树木成其为树木，"道"从来不认为自己是辛劳付出，而认为是自然而然，也不依仗自己的作为而颐养天年；"功成而弗居"是指道生养万物可谓功高至伟，但"道"从不居功自傲，从不争抢万物生生不息的功劳。"万物作焉而不辞，生而不有，为而不恃，功成而弗居。"这是阐述了"道"的部分属性，它包括"道"存在于万事万物，"道"没有占有之欲，没有依仗之欲，没有争功之欲。道人的不言之教，就是要让人们看到兴作衰亡、生生不息的天下万物从来不背离"道"，让人们看到"道"在生养万物时而不占有万物，在规范万物以成其为物时而不自恃，在成就万物、繁衍万物时而不居功自傲。让人们看到正是因为道"万物作焉而不辞"，所以，人们认识了"道"不远人，永远存在于宇宙之中，永远存在万物之中，永远存在于人生之中。"夫唯弗居，是以不去"是说：正是因为道不居功不争功，所以"道"才不会离万物而远去，所以万物也不会去"道"而自生。"道"颐养万物，推"道"及人生，如果用"道"来规范人生，就没有仁善礼义标准，就不会出现美与恶同生、善与不善同举，就不会"难易相成，长短相形，高下相倾，音声相和，前后相随"。

　　"万物作焉而不辞"，王弼本、河上公本、憨山本都作"辞"解。河上公注"不辞谢而逆止"，憨山注"不以物多而故辞"，都表明"辞"是告别的意思。但陈鼓应先生、任继愈先生认为"辞"作"始"讲，任继愈先生考证："作焉而不辞"，马王堆本作"昔而弗始"。王弼十七及三十七章注，引用《道德经》文句都是作"不为始"。"辞"字古文作"嗣"。古代的发"司"的音和"台"的音同属"之"部，两字有许多相通的。所以"嗣"，也是"始"。"辞"（嗣）字本来也有"管理""干涉"的意义。"不辞"就是"不为始"。① 他们解释为"万物兴起而不干涉"或者道"（任凭）万物生长变化，而不替它开始"，这样的解释只有一个道理，就是与"生而不有，为而不恃，功成而弗居"保持逻辑上的一致性，即"不干涉、不占有、不依仗、不居功"。这样的解读有些牵强，因为"万物作焉而不辞"本身就是说道存于万物，正因为"不辞"，所以才有了庄子的"道在便溺"之说。所以，"辞"不能作"始"讲，不能解释为干涉，而只能作告别、离开的意思讲。

---

　　① 任继愈.老子新译［M］.上海：上海古籍出版社，1985：64.

第三章

不尚贤，使民不争；不贵难得之货，使民不为盗；不见可欲，使民心不乱。是以圣人之治，虚其心，实其腹，弱其志，强其骨。常使民无知无欲。使夫智者不敢为也。为无为，则无不治。

从哲学的角度看，可以说：天人合一的观点是中国传统哲学重要的基础和起点之一，古人坚定地认为，天理和人理是绝对一致和相通的。

凡是天理自然之理包含的，人生界治国治人也是应该能做到的；

凡是人生界需要做到的，则天理一定已经存在在那里，等待着人们去效法、借鉴；

凡是人生不能达到和满足的欲求，则一定是天理也没有的；

这成了古人所谓推道及人、推天道以明人事以及通神明之德、类万物之情……天自佑之，吉无不利的理论依据。

中国古代圣人仰观天文，俯察地理，远观诸物，近察诸身，临山川河流，摹飞禽走兽，格物于松竹花草等，无不是希望从中找出指导人生之理，使国泰民安，人民生活更加和合美好。周文王姬昌利用在羑里囚禁的日子，归纳悟象引出人生方方面面的为人之理，奠基了中华民族初始性基本的社会秩序和价值取向。老子损万物而得一道，察道悟道以教诲万民，希望丢掉人为的秩序标准，依自然道的法则，建立完全符合自然生态的人类社会。

尚贤、贵货、贪欲似乎是一眼便能知其高下。尚贤是社会美德，是鼓励社会成员崇尚贤良、见贤思齐，是唤起社会良知、淳化社会风气的优良举措；贵货是社会流俗，是对稀缺之物的趋之若鹜，是物欲的表现；贪欲则是人类私欲膨胀，是个体失去人类社会教化、缺乏社会法仪约束的妄为，是受人们鄙视的自私自利行为。

尚贤、贵货、贪欲怎么能并列而言呢？

当下，我们尚贤除贪，使人类社会风清气正。

　　但对推道及人而言，尚贤除贪的思维方式，并不符合"道治万物"的是非标准，在老子看来，价值标准、是非标准都是人们依据自己的利益和喜好而形成的，贤与恶、贵与贱、好与坏，都是人们自定的标准，以自我好恶做出的分界，站在"道"的立场上，万物生发、变化，生命繁衍生息，有什么是与贤恶贵贱好坏相关联的呢？生命有好坏之分吗？那是人们依据对自我生命利害关系而划分的。物有贵贱之别吗？那是人们按照对自我存在有利程度而划分的。人有贤恶高下吗？那是人们按照人为标注出的社会地位划分的。这些都是带有人自身利益印记的区分标准，自然就不是"道"的标准了。

　　老子所倡导的天下治理，就是要除去带有人自身利益印记的区分标准，回到自然之"道"的标准上来。

　　"不尚贤，使民不争；不贵难得之货，使民不为盗；不见可欲，使民心不乱。"老子所处的时代是公元前6世纪，距离周武王灭商分封有五百年，历史发生了巨大变化，其中在贵族繁衍中，除了嫡长子直系在不同贵族地位上传承之外，绝大多数只有贵族血统而没有贵族地位，这些人世代接受教育，在五百年的社会洗礼中，逐渐变成了一定规模的纯粹的知识分子，这个阶层便是最初的"士"的含义，在"士"中的佼佼者被尊称为"贤"，所谓贵族没士人出、士优者为贤。春秋末年的诸侯争霸战争中，"贤者以相出为道"，兜售智谋于诸侯之间，自己博得社会地位而民间灾难丛生，成了诸侯混战的火上之油。不尊崇"贤士"，则没有争宠纷争，世象不乱；所以，冯友兰先生说："盖贵族阶级倒，而士阶级兴，此儒墨提倡的尚贤之结果也。"[①] 尚贤、贵货、贪欲都是扰乱社会依道而行形成固有秩序的祸患，因而老子反对尚贤如同反对贵货、贪欲一样：统治者不尚贤，则民众不争宠不争名位；统治者不凸显稀有物品，则民众不慕名利，不生窃盗；统治者不以难得之货诱惑，则民众内心不迷惑、不生乱。所以老子将尚贤、贵货、贪欲并列而言。

　　"是以圣人之治，虚其心，实其腹，弱其志，强其骨。常使民无知无欲。"所以，懂得"道"的统治者，他的治理方法是让民众不争、不欲，从而空虚其心，让民众有足够的食物可以吃饱，让民众在不知不觉中消减对功名利禄的欲望，减少对名利的追求，让民众保持生命本能，重视强壮身体。长久让民众没有自我追求、没有自我私欲。虚其心就是使人们清心寡欲，心里透亮，不让厚重的欲望充塞在心里。

　　志指志向、希望、追求，这里主要是指人类追名逐利、对名利贪婪。

---

　　① 冯友兰．中国哲学史（上）［M］．重庆：重庆出版社，2009：259.

　　无知是指人类离开了"道"，对是非美丑善恶的认知。有"道"的圣人为什么会如此治理呢？从道德的角度看，因为道生万物，物的产生是由道决定的，物的生长变化是由道决定的，物最终成其为物，不是由于物自身的追求和志向是确定的，而是因其生命本体自主地餐风沐雨，由阳光哺育而顽强生长。比如一棵松树，它生命开始生发并长成参天大树，它永远是松树而不会长成其他的树，不会长成其他的物，这都是由松树内在的本质属性所决定的。

　　《道德经》的意思是，天下万事万物的本质属性称为"道"，具体物的本质属性称为"德"，松树的本质属性就称为松树的"德"。

　　松树是万物之一，人亦是万物之一，松树的德是如此，人的德便也是如此。

　　在老子看来，人这种物类从他生命开始繁衍到长大成人，也是由其德决定的，他长大成人也不是因为其心志高远，仍是由于充足的食物、强健的筋骨而得来的，因而，人们有知有欲对生命本体毫无意义，且人们有知有欲只能诱发纷争、强为盗贼、犯命作乱。在老子的眼里，所谓人们的有知有欲是指人们受内心杂念干预远离了本真之性、自然之性的巧智贪欲，这样的机巧之智、贪婪之欲只是在危害生命，不会有利于生命。

　　"使夫智者不敢为也。为无为，则无不治。"智者，是指懂得"道德"的人，能从道德的角度认识万事万物的人。按照上述道德对生命本体的作用看，有道之人是不会以自己好恶来制定是非贵贱好坏标准的，他永远是依据道德的法则实施天下治理。只要努力地按照道的法则实施治理，则天下没有治理不好的。无为是指没有背离道德法则以自我为标准的行为，为无为即是指做尊道贵德的行为。所以，老子是鼓励作为的，只不过是鼓励依道行事的作为，反对依个人好恶违背法则的行为。如果统治者是依道治理天下，而不是依己治理天下，则天下没有治理不好的。依道治理天下就是无为或为无为，依己治理天下则是妄为或有为。

　　老子坚定地认为得道者采取治理天下、治理国家的措施，一定是"不尚贤，使民不争；不贵难得之货，使民不为盗；不见可欲，使民心不乱。是以圣人之治，虚其心，实其腹，弱其志，强其骨。常使民无知无欲。使夫智者不敢为也。为无为，则无不治"。即空虚民众的心性，使他们没有欲望、没有好恶，只要满足民众生命本体的基本物质生活需求，使他们没有志向、没有追求，满足他们发育强健的体魄。民众永远处于无知无欲状态，社会就安定太平了。

　　其实，这只是将自然界的生存法则机械地类推于人生社会，让自然法则完全应用于人类社会，这是完全做不到的，因为人之所以脱离自然界而成其为人，便是他有了思想，正是他有了良好的精神和物质需求，人类才在追求幸福中走向更高层次的幸福。

第四章

　　道冲而用之或不盈，渊兮似万物之宗；挫其锐，解其纷，和其光，同其尘，湛兮似或存。吾不知谁之子，象帝之先。

　　两山之间的空间因其形状不同有着不一样的称呼，壑，夹有深沟的两山之间；谷，夹有流水山坡的两山之间；冲，夹有开阔平地的两山之间。盆地，夹有开阔平地的环山之间。这种山与山之间的空间，往往被老子作为虚空的代表。"道"作为物质属性和物质变化运行规律在老子看来是实实在在存在的，却是无形的，看不见摸不着，也是清净的，无声无息。所以，在老子看来，"道"是虚空的，"道"就像两山之间的虚空而能生风的空间，看上去清净无物，却是风无止息。所以老子多次将"道"喻称为"谷""冲"。

　　"道冲而用之或不盈，渊兮似万物之宗"，道冲，是形容"道"虚空的存在模式，道的虚空是因为道看不见、摸不着、听不到、闻不出，但它的存在和主宰万物是不能无视的。人分男女且代代相随，竹内虚空而节节笃实，水往下流且一往无前，物各守其象且生生不息，谁能看见是何物所指使呢？谁能否定其主宰存在呢？"而用之"是指"道"发挥作用；不盈，是不多余；渊兮是叹息渊的深不可测，用来比喻"道"所谓的玄，玄之又玄；万物之宗是指道主宰万物的核心地位。所以，"道冲而用之或不盈，渊兮似万物之宗"的意思是：道以"山冲"般虚空状态在万物中发挥作用，永远不会盈溢多余，道是万物的核心，其形影却如同深不可测的渊涝难以探究分明。

　　"挫其锐，解其纷，和其光，同其尘，湛兮似或存。"这里作者继续描写"道"无形无影、浑然同化于万物之中的状态。道在万物中是怎样表现自己的呢？在宇宙间万事万物中，"道"挫磨了锋芒，解除了纷争，柔和了光芒，混物于细微，已经和物体本身混合得无法剥离、不能化开，却能让人们感觉到"道"的真实存在。"湛兮"是一个精准得不能再精准的词汇，它形容"道"与事物浑然一体、高度交融。"道"具有生而不有、为而不恃、长而不宰的玄德，当这种玄德表现为具体生存状态时，它必定是"挫其锐，解其纷，和其光，同其尘"，收敛了一切锋芒，没有一丝引人关注的突出和炫目。

这一句是老子对"道"的陈述，但此句有些解释是从对人生教诲角度讲的。如河上公："人欲锐精进取功名，当挫止之；虽有独见之明，当知暗昧；当与众庶同垢尘，不当自别殊。"憨山大师："人刚锐之志，勇锐之气，精锐之智，此皆无物可挫。唯有道者能挫之，故曰挫其锐。"甚至有学者认为"挫其锐，解其纷，和其光，同其尘"是五十六章的错简重出，如陈鼓应先生及其《老子今注今译》列举谭献、马叙伦、陈柱等都如此认为，并以"渊兮似万物之宗"与"湛兮似或存"两句句式"正相对文"为由，否定"挫其锐，解其纷，和其光，同其尘"的存在。其实倘若没有了"挫其锐，解其纷，和其光，同其尘"，只有"湛兮似或存"是唐突的。"湛兮似或存"只能是道"挫其锐，解其纷，和其光，同其尘"存在方式的结论。

"吾不知谁之子，象帝之先。"老子说：不知道"道"是由谁所生，也就是不知道"道"由什么产生，但可以肯定的是"道"产生于天帝之前。象，现象，形状，指一切宇宙之物。象帝，造物主、天帝。"道"是一个高度抽象的概念，从"道"的内涵出发，"道"是包括宇宙在内的万物的极端的极端，是宇宙万物的太极，"道"之前不可能存在任何东西。在老子时代的人们看来，主宰天地的有"天帝"，但在老子看来，主宰天帝的是"道"，道生万物，也包括生天帝、生天地。老子"道"的革命性，最少表现在两个方面，一是将"道德"替代了周初立国之本的"善德"，老子说德是道的具体，不是善的品行；二是将天下帝王的"天子"地位从第二贬谪为第三，天下君王自我标榜是上天的儿子，是代表天帝掌管统治人间的唯一合法代表，可老子说，天帝是"道"所生，天帝是"道"的儿子，作为天帝之子的"王"也必须依道德治理天下，假天子之尊的为所欲为断然属于离道叛德的妄为。天子之王统治天下的合法性、正当性、正确性受到了极大的质疑。

第五章

　　天地不仁，以万物为刍狗；圣人不仁，以百姓为刍狗。天地之间，其犹橐龠乎？虚而不屈，动而愈出。多言数穷，不如守中。

　　"道"极其深奥，所谓"玄之又玄"，"道者，万物之奥"（第六十二章），如此深奥难懂的抽象之物，怎么能让人们理解和接受呢？老子做了很多阐述，帮助人们认识道、把握道，也就是悟道求道。认识道就是悟道，把握道就是求道。老子如何诱导人们悟道求道呢？他传授了很多的方法，比如化虚为实之法："上善若水。"他说：在万物中最可比拟"道"的实物就是水。比如删繁就简之法："不如守中。"他说：不偏私，守住自己中正公平之心基本就是遵"道"了。比如闭关塞兑之法："塞其兑，闭其门，终身不勤；开其兑，济其事，终身不救。""塞其兑"即是闭塞巧智私欲侵入人生的孔窍，"闭其门"即是关闭巧智私欲侵入人生的门户，没有了那些巧智欲望，人们的一生都不会操劳烦忧；相反，敞开巧智私欲侵入人生的孔窍，不断地去贪求巧智私欲所设定的名利情欲目标，人们就会有一生劳碌直至形成无可挽救的灾祸。

　　老子在这一章就是给出的"删繁就简"法门，让人们在对道德的理解仍然模糊不解时，直击统治者在治理天下、治理国家过程中守道的核心，那就是在悟道求道的过程中，尽管还没有到达通化道德的境界，你首先做到了"守中"，就接近守道了。

　　"天地不仁，以万物为刍狗。"天地本没有爱心情感，从不怜惜世上万物，而是对待万物为刍狗，老子首先给出了"守中"的现实感觉。《尚书·蔡仲之命》："皇天无亲，惟德是辅。民心无常，惟惠之怀。"意思是皇天不存私心，唯对品德高尚者给予辅佐。民众不存忠心，唯对施舍恩惠者才会归附。这是周公给蔡国诸侯履行诸侯职责的告诫，也是周王朝讲究修德治民的道理。皇天无亲是称颂天德中正公允，民心无常则是指责民心偏心自私，贬损诋毁人民大众，把普通老百姓说成"有奶便是娘"的劣等人。但皇天无亲的认识是有共识的，当太阳将阳光洒向大地照耀万物时，它从不偏私照顾谁。没有感情欲望的蛊惑，便能生出不偏向任何一方的中正之心。天覆盖万物，雨露滋润、和风吹拂、阳光普照；地承载万物，浩瀚博大、呵护孕育、生生不息。天地从不偏私于任何个体，始终立守中正，因而，万物各遵其德，生机勃勃。"刍狗"是祭祀仪式上枯草扎成的模具狗，只是祭祀中普通的即用即丢的祭祀用品。

"圣人不仁，以百姓为刍狗。"天地本没有情感，从不怜惜世上万物，而是对待万物为刍狗，使得天下万物和谐共生；那么，统治者在治理天下时，就应遵道而行，也不应该有情感，不应该怜惜天下万民，应该效法天德，故将万民比作刍狗。只有这样，统治者才能不偏私，保持公正治国。如果统治者对治下之民有亲疏远近，有爱恨情仇，在国家治理中必然没有公道。所以，天地没有情感，对万物一律公平；统治者也效法天地，对百姓一律公平。天地对万物公平，天下万物秩序井然、生生不息、欣欣向荣；由此类推，统治者对万民公平，社会秩序也将井然有序、和谐安宁、繁荣昌盛。

"天地之间，其犹橐籥乎？虚而不屈，动而愈出。"万物存在于天地之间，万物在天地之间自由而舒展，这是多么美妙的生命之处啊！可是，天地之间不就如同一架风箱吗？风箱里面什么也没有，却吹风不止，天地之间也是什么都看不见、摸不着，虚空无物，然而能让人们感觉到吹风，这种吹风之"气"永远不枯竭，并且一旦鼓动起来，风越是暴作，人们越是会感到"气"变得更猛烈、更庞大、更丰富、更无穷尽。"橐籥"是风箱，是手拉式的风箱，通过手动达到鼓风的作用，屈是竭尽的意思，虚而不屈说明空虚中有物且这个物不会竭尽。老子传道说：你们不是还没有完全领悟什么是"道"吗？"道"就像我们天地之间的气，你看不见，你摸不着，但你能感觉到有物存在，比如在风箱前就能非常有感觉了。"道"就像这个虚空的"气"，无处不在，无时不在，无穷无尽。老子将"道"比作天地之间虚空的说法，类似还有"谷""冲""渊"，都是虚空却有物的意思。

"多言数穷，不如守中。"天地的中正表现为对待万物无私心、无偏心、不授受、不偏袒，比如天地之间充盈着的虚空之气，这个气永远存在，永远保持取之不尽、用之不竭的状态，它从不偏私而窒息谁，从不偏私而鼓胀谁。天地对待天所覆盖的、地所承载的万物都是如此，天地之间的虚空也是如此，天地自然的"中"德可谓无处不在，万物享受中正而和合共生。天地道德，怎么言说都不会穷尽，我们去赞美它、称颂它，其目的是让人们去效法它、学习它，人们追求悟道求道、遵守道性需要多言阐述、穷究其理，这种多言穷究尚需要时间过程，如果希望人们立即行动起来，倒不如立刻效仿中正的德行，便接近

"道"了。所以，"多言数穷，不如守中"的意思是：更多地讲解道德，无限地穷究其理，还难以让人们悟解"道德"，倒不如让人们仿效"守中"来得快捷。本章要表达的结论：效法守中类似尊道贵德的捷径。

"中"的思想在中国古代哲学中尤其重要。朱熹《四书集注·中庸序》认为："其见于经，则'允执厥中'者，尧之所以授舜也；'人心惟危，道心惟微，惟精惟一，允执厥中'者，舜之所以授禹也。"朱熹说，最早见于古籍的"中"的思想是尧帝禅位于舜，是尧帝有着深厚的"允执厥中"思想，才实现了禅位；而舜帝深深体悟到了"中"的思想，也深深领受了尧帝坚定诚实地把握那个"中"的中正公平无私的做法，舜帝在其年迈时把大禹叫到身边，说："来，禹！降水儆予，成允成功，惟汝贤。克勤于邦，克俭于家，不自满假，惟汝贤。汝惟不矜，天下莫与汝争能。汝惟不伐，天下莫与汝争功。予懋乃德，嘉乃丕绩，天之历数在汝躬，汝终陟元后。人心惟危，道心惟微，惟精惟一，允执厥中。无稽之言勿听，弗询之谋勿庸。可爱非君？可畏非民？众非元后，何戴？后非众，罔与守邦？钦哉！慎乃有位，敬修其可愿，四海困穷，天禄永终。惟口出好兴戎，朕言不再。"（《尚书·虞书·大禹谟》）这段话的意思是："来，禹！降服洪水灾祸让我看到，兑现承诺治水成功，唯独你有这样的能力。你既能为公事勤勉，也能为家事操劳，做到这样还不恃功傲物，唯独你有这样的品行。你不自傲所以才没人想去与你争高下，你不自夸所以才没人想去与你争功绩。我赞赏你的品德，嘉奖你的大功。天已降大任于你了，你将承接大位。（当今天下）人心叵测，危殆不安，天道隐微，人心难明，治理天下唯有一条核心真理，即是真心诚意去坚守那个公正无私的'中'。没有核实事实的言论不要听，没有征询意见的建议不要用。可爱的不是大君吗？可畏的不是万民吗？民众若不信任大君，他们便没有皈依了。大君若不信任民众，就成孤家寡人无人护卫了。一定要恪尽职守啊！谨慎忧患才能使江山永固，努力践行自己成允成功、勤邦俭家、允执厥中的心愿，若天下民生穷困，上天对你的眷顾就永远终结了。君主一言九鼎，唯赏善罚恶不偏不倚才是正言，这便是我的全部叮嘱。"朱熹认为，尧禅位于舜，舜禅位于禹，都是忠诚地坚守了"中"的原则。

《周易》也大量宣扬"中"的思想①：

第六卦，讼　有孚。窒惕，中吉，终凶。利见大人。不利涉大川。卦说：争讼，是做有信用的事情，要警惕争讼双方沟通受到阻塞，导致议讼不通畅。

---

① 马跃千，马慎萧. 文王的嘱托——《周易》在告诉我们什么 [M]. 武汉：武汉出版社，2016：220

争讼的过程是求天理正道的过程，所以是吉利的，但酿成争讼终归凶险。争讼之中应该表现出自己的高尚德行。常起争讼者，不利于自由远行，前途必将受到遏制。注解：见，现，表现。大人，德威并重之人。

第七卦，师　九二。在师，中吉，无咎。王三锡命。释义：将帅坐镇军队中，随时就地处理军情非常吉利，没有灾祸。君王下达奖赏"三赐"之命。注解：锡，赐。三锡，帝王赏赐的一种，随赐用物为爵、车、马。最高赏赐为九赐，随赐物品分别是车马、衣服、乐县、朱户、纳陛、虎贲、斧钺、弓矢、秬鬯（jù chàng）。

第十一卦，泰　九二。包荒，用冯河，不遐遗。朋亡，得尚于中行。释义：让农作物掩饰荒野，用果断刚决、不畏强暴的勇气去开垦荒地，即使离我们较远的可垦之地也不荒废。在播种的季节暂时丢下个人的装饰物，最重要的就是不误时节播下作物的种子。注解：包，包裹、掩饰。冯河，不用工具强行渡河，引申为果断刚决、不畏强暴的勇气。遐，远处。遗，遗留，即土地撂荒。朋，用于装饰穿缀成串的贝。朋亡，即亡朋，表示放下装饰物，全力投入农作。得尚，最重要。于，在于。中行，中正之行，在春播期间中正之行就是不误农时地完成播种。

第二十四卦，复　六四。中行独复。释义：中正公行就是复道坚守的品德。注解：独，语助词，如"其"。天道中行，自强不息，天地长久，励精图治。所以人说"皇天无亲，唯德是辅"。"中行独复"是"独复中行"，意思是其复道中行。

第三十七卦，家人　六二。无攸遂，在中馈。贞吉。释义：女主人全力主政家庭事务，就会失去自己攸缓预定的未来，精心谋划家庭中的家人供养、神灵供祭、起居生活，家风中正，大吉大利。注解：遂，往也。无攸遂，表现了操持家政的责任繁重，为家庭发展将失去个人的从容生活。馈，在家人需要食物时能保障食物供给，形成正常支撑家人生存的饮食模式。在中馈，表示女主人无攸遂的原因就是操持家中饮食生活。贞，家风中正。

第四十二卦，益　六三。益之。用凶事，无咎。有孚。中行告公用圭。释义：益养自己恻隐之心，帮助别人化解凶险的事情，没有灾祸。且要坚持这种善行，以庄重的态度用自己的中正行为告诫国人公众，大家都应有帮人于危难的美德。注解：益，益之，即帮助人。有孚，有信用、有诚信，在此处表示坚持不懈地"益之。用凶事"。中行，中正行为。告，告诫或表率。公，公众。用圭，圭为庄重之物、等级之物，用圭即庄严、庄重。"圭"是周天子赐给诸侯、大臣以表示持有者身份等级和身份职责的手持标志，因材质是玉故称为玉圭。

比如，通过不同尺寸的圭，显示了上自天子、下到侯位的不同等级；同时不同尺寸的圭有着不同的名称（如镇圭、桓圭、信圭、躬圭、珍圭、谷圭、琬圭、琰圭等）。圭还是持有者职责权力的证明，如，召守臣回朝，派出传达这个使命的人必须手持珍圭作为凭证；遇自然灾害，周天子派去抚恤百姓的大臣所持的信物，也为珍圭；谷圭，持有者行使和解或婚娶的职能；琬（wǎn）圭，持有者行使嘉奖的职能；琰（yǎn）圭，持有者行使处罚的职能。

第四十二卦，益　六四。中行告公从。利用为依迁国。释义：弘扬自己中正行为去告诫公众，使公众顺利地跟从效仿，有利于用这种德行为依凭迁善家国天下。

第四十三卦，夬　九五。苋陆，夬夬中行。无咎。释义：柔软脆弱的苋菜按照它本身的规律也坚定夬然决出厚重的泥土，中道正行的力量如此强大，足以决出围困，消除灾祸。注解：苋，一年生草本植物。陆，土地。中行，中道正行，即按规律行事。

第六十一卦，中孚。释义：孚，诚信。本卦强调"中"孚，谓之适中正直的诚信。中孚卦推崇歌颂的就是适中正直的诚信，提倡在诚信上的中道之美。初九爻强调了守礼的重要，言明丧事之中孚。九二爻用《诗经》般的语言先兴后赋地讲述中孚品德具体体现为言行中正、诚实守信，强调中孚可成为人们心灵和畅、思想统一的基础。六三爻用战争后的胜利场面来说明人性善意的放纵也是中孚，是人性诚实诚信的表现。六四爻用一个比喻说明在危急时刻的中孚就是体现包容涵养之德。九五爻强调中孚美德需要持久地修养坚守，使之成为君子的本性。上九爻总结性地指出没有诚信美德的人因巧智登上高位的，会难以持久表现中孚美德，最终必定是凶险的。

《周易·象传》："讼，利见大人，尚中正也。履，刚中正，履帝位而不疚，光明也。同人，文明以健，中正而应，君子正也。观，中正以观天下。"意思是：讼卦所说的"利见大人"就是要求人们崇尚中正品德。履卦指出刚健中正的德行践履帝王之责不会愧疚，中正乃光明之德。同人卦倡导文明得以刚健，中正获得归应，是君子践祚之正道。观卦强调君王要以中正的品德成为天下人的楷模表率。

《道德经》："多言数穷，不如守中。"

《论语·雍也》："中庸之为德也，其至矣乎！民鲜久矣。"孔子说："中庸这种品德，是最高境界的品德！人们缺少它已经很长时间了。"

《论语·子路》："不得中行而与之，必也狂狷乎！狂者进取，狷者有所不为也。"孔子说："我不能和中行的人交往，只能与张狂者、拘谨者相交往了。张狂者常常鲁莽而为，拘谨者会放弃一些应该干的事情。"

　　而将"中"德集中论述的当数《中庸》，它论述了人不受情绪影响便可中正，中正处事便能适中，时时中正处事，将"中正"日常化、常态化、平常化便是中庸，做到中庸必须不断修养修炼，修养的路径就是"诚"，要求人们做一个忠诚的人，做一个忠诚本心的人，做一个忠诚于与生俱来的天命善性的人，做到如此便是教化成功。

　　如上所言，"守中"思想在中国古代哲学中一直传承，没有间断。

第六章

谷神不死，是谓玄牝。玄牝之门，是谓天地根。绵绵若存，用之不勤。

谷，山谷，山谷空灵旷达；神，不可捉摸、不可把控；在老子的认识中，"道"就如同山谷空无，如同神灵无形。王弼说："谷神，谷中央无。"谷神是老子对"道"的另外一种形象化的比拟，"谷神不死，是谓玄牝"是指虚空的道永远不会消亡，因为道生万物并决定着万物生存变化方向，所以打个比方说：如果万物都是胎生的，那么"道"就像胎生万物的产道，也就是"道"称得上没有穷竭的繁衍之门。玄牝，胎生产道之门。"玄牝之门，是谓天地根。"从胎生物生产过程看，"道"可谓玄牝。而从万物存在的角度看，这个深邃的繁衍之门，正是万物的生命之根，是万物的来源之所。"绵绵若存，用之不勤。"道绵绵不息，尽管人们看不见摸不着但其实实在在地存在着，并且天地万物无限度地受它的支配，天地万物无休止地依靠它的力量而生生不息，它永远也不会感到疲劳。

古人对抽象的实在，既感到现实，又感到神妙。能认识到这种客观存在，标志着人类智慧和人类思维能力提升到了一个新的水平，老子从众多的经验事实中，通过分析综合的方法，发现了事物中最根本的"物"，即老子所说的"万物之宗"。他给这个最根本的物取了一个名字：道。为什么要用"道"这个字作为宇宙万物中最根本的物的名字呢？也许这个"道"字在老子生活时代的知识界是使用频率最高的词汇，是人们接受度最高的词汇，所以老子只是勉强地用"道"给"最根本之物"起个名字。但如何来表述这个"最根本之物"呢？这就非常神妙了，老子似乎不知所措，他完全不能用现有的语言精确地解释"道"，或者说老子时代的语言和语言环境完全不可能合理地讲解"道"。他只能尝试着用以物喻物的方法说明"道"的真相，只能尝试着用貌似接近"道"内涵的语言表述"道"的属性。

如：用比喻方式，即用现实的人们熟悉的事物、熟悉的环境比喻人们陌生的事物。"道"，人们太陌生了，他比喻说：水与"道"类似，最像"道"的东西是水，老子的说法是"上善若水"；空谷像道，两山之间的空间，看上去是没有东西的，但其实是有物的，其间生风且从不枯竭，所以他说："谷神不死""道冲"；"道"是宇宙间最根本之物，万事万物当然都是由"道"所生，所以，"道"就像是胎生物的产道，他说是如同"玄牝之门"，亿万年来及亿万年后，生命生生不息，万物绵绵不绝，"道""是谓天地根，绵绵若存，用之不勤"。

如：用貌似接近"道"内涵的语言来表述"道"的属性。"道"看不见摸不着，他说这称为"虚无"，虚无可不是无物，而"是谓无状之状，无物之象"。"道"普遍存在于万事万物，"道"的普遍性，他称之为"大"，因为在老子的表述中，"道"无所不在，不正是"大"吗？万事万物都沿着道的规定性发展变化，但是，规律的强制性，只是表现在违背规律时，违背者受到规律的惩罚，而对于事物的发展趋势，规律却是用事物"自化"而不是强制的方式来完成的，"道"的这种"物自化"的表现形式，老子称其为"柔弱"。

所以，"谷神不死，是谓玄牝。玄牝之门，是谓天地根。绵绵若存，用之不勤"。老子是在用比喻的方式，用老子时代的语言，给予"道"一个恍惚的轮廓，引导人们体悟真道。

河上公对本章的注释太过于具体，丝毫没有老子"道"哲学的旷达恢宏。他认为：谷是谷物粮食，神是人的五脏生命，玄是用来呼吸的鼻，牝是用来进食的嘴，呼吸的气来自天空，吃进的食物来自大地。他对"谷神不死，是谓玄牝。玄牝之门，是谓天地根。绵绵若存，用之不勤"的解释是：粮食颐养着生命而生命不死，而颐养生命的通道就是鼻和嘴，鼻和嘴联系天地，鼻和嘴是滋养人生命的发端，相对人体而言，鼻和嘴就是置于天地的根系，鼻和嘴要保持缓缓的、有节律的劳作，永远不能让它"急疾勤劳"，不能让鼻和嘴损伤、患病、疲劳，因为它们相对于人的生命来说太重要了，人应该珍惜鼻和嘴的功用。

虽然河上公的注释对于《道德经》不足以为信，对人体生命本体的颐养解读，却给人特别的启发：保护好生命之根，食疗颐养五脏之神，天地庞大丰富却只是化生为"气、食"滋养人的生命，那么天地的其他化生之物都与人无关，与生命本体无关的东西就不应被人所占有。

河上公的解释也告诉我们，古代哲学经典其本身所指的"悟象"是什么。人们在解读这些经典时，如果脱离作者，则容易生成歧义。哲学经典是经典作者通过"某种事物"获得了某种理性认识，然后将自己所得的理性认识用文字词句表达出来，而其"某种事物"就是作者的"悟象"，"悟象"被掩盖在经典的文字之下，往往形成了读者对作者本意的不同解读，读者这种不同的解读，同样都启发着、滋养着历代的人们，形成了中华民族的一条条文化支脉，成为中华文化历史洪流中一道道波纹、一朵朵浪花。

"悟象"被掩盖、隐藏而造成读者不同解读的这种现象，庄子有着最精彩的阐述。

《庄子·齐物论》："天下莫大于秋毫之末，而大山为小；莫寿于殇子，而彭祖为夭。天地与我并生，而万物与我为一。既已为一矣，且得有言乎？既已谓之一矣，且得无言乎？一与一为二，二与一为三。自此以往，巧历不能得，而况其凡乎！故自无适有以至于三，而况自有适有乎！无适焉，因是已。"他说：语言对事物的称呼不过是符号而已，称巨大为小和称微小为巨大，都是语言的表达方式罢了。万物都有其本性，既然有它的本性，还需要语言阐述吗？既然有它的本性，就不需要语言去阐述吗？语言是不能完全表达事物的本性的，如果用语言去阐述事物的本性，则本性和语言就会是"两张皮"，本性是一，相对于本性，语言就是二，而另外某人在聆听或阅读阐述事物本质属性的语言文字时，又会产生新的理解，形成新的阐述，若将此新理解和新阐述相对于前面"语言"的二，就是三了。以此循环下去，没有人能算出最后的变化结果。所以，把事物本性传达到第一个人就形成了三，而由第一个人再传播下去，则人们对事物本性该有无穷无尽的理解了！事物本性（经典作者原本对悟象的理性认识）在传承过程中的解读著作之所以汗牛充栋，就是如此这般形成的。

第七章

天长地久。天地所以能长且久者，以其不自生，故能长生。是以圣人后其身而身先，外其身而身存。非以其无私邪，故能成其私。

这一章首先要弄清楚几个关键字词：

一是生和身并用的问题。"生"是什么意思呢？陈鼓应先生认为，自生即自己，长生是长久。所以，他说："以其不自生：指天地的运作不为自己。长生：长久。"[①] 按《道德经王弼注》"自生则与物争，不自生则物归也"的解释看，他认为自生是满足自我欲望的意思。而《老子道德经憨山注》是以"以其不自私其生，故能长生"为注释的，他理解的"生"是作为生命解释，从憨山注解的下文看，他所指的"生"的生命是精神生命，是流传百世的文化生命，而不是指肉体生命。从老子"复归婴儿"的思想看，"生"应该是指生长，是指肉体生命存在的过程。为此，"身"则是身体，确切地说，是指的某一时点的肉体。现在，我们这样理解"生、身"："生"是生命存在过程，"身"是生命时点状态。

二是后身和身先的问题。河上公认为："身先"是"天下敬之，先以为长"。他解释身先是受到人们尊敬敬仰的意思。王弼认为"身先"是"无私者，无为于身也"。他解释身先是放任身体自化而不以人间巧智私念干扰。任继愈先生认为"身先"是"自己占先"[②]，他解释为自己得到便宜。按照老子"无为"的思想看，王弼的解释更加符合老子原意。"后其身而身先"和"外其身而身存"表达的是一个意思，就是重视尊重身体自化是保存身体的法门，身体和心志私欲分离，让心志放任身体依道自由生长才能最好地保存生命。什么是"后其身"？就是让人们的所谓"智慧"即巧智私欲不去事前干预生命成长本身，让身体获得在人为之前无为的自由成长，《庄子》将其设定为"真人"的三大品

① 　陈鼓应．老子今注今译［M］．北京：商务印书馆，2003：100.
② 　任继愈．老子新译［M］．上海：上海古籍出版社，1985：74.

行之一——"不谟士"，意思是不人为谋划将来。不以人的私欲巧智扰乱事物发展变化的"道"性。

三是外身和身存的问题。憨山说："道存则千古如生，即身存也。故曰外其身而身存。"意思是：人的思想永垂不朽，就是身存，"外身"就是不留恋肉体。河上公认为："外其身：薄己而厚人也。"意思是严于律己、宽以待人，"身存"则是"百姓爱之如父母，神明佑之若赤子，故身常存"，指身体不受毁伤。陈鼓应先生认为，"外身"是"把自己置之度外"，"身存"则是保全生命。按照老子重视生命体本身和天长地久的思想看，"外身"应该是指无私无智，将身体生命成长置于人们私智之外，"身存"则是让自身与万物同在，人们的身体与天地万物一样，只是道德"有"的实体，自身只是天地万事万物的一物一事而已。

"天长地久。"这是一个基本事实呈现，天地存在的时间非常长久。在这个基本事实面前，人们会有怎样的思考呢？即是思索天地长久的"道"是什么，希望能求得天长地久的内在力量和规律。

"天地所以能长且久者，以其不自生，故能长生。"老子对天长地久之"道"回答得简洁而干脆，那就是"不自生"。他说：天地之所以能够长久存在，是凭借它自己本质上的"不自生"，因为有了"不自生"，所以天地能长久存在。那么，"不自生"是什么意思？如前文分析，"生是生命过程"，"自生"是以自己的欲望干预生命过程，"不自生"便是不以自己的欲望干预生命过程。王弼说："自生则与物争，不自生则物归也。"他认为：以自己意愿去生事作为，是在改变物本身的属性规律所决定的物的自然发展趋势；不以自己的意愿而生事作为，物的自然发展趋势就回归到了物本身的属性规律上。天地之所以能长久永存，就是因为天地在其生命过程中，按照它永恒的"道"周而复始地运行，从不生出自己的欲望，从不衍生自己的意愿，以自己的离道私意妄作为、乱生事，所以，天地能实现长久生存。"不自生"和"无为"表达的是同一个意思，老子认为：宇宙万物在"道"的条件下，只能循道而行，而不能悖道而行。人们反观"内省"这种道性，便是不自生，人们不生出私欲杂念干预生命过程，而让生命过程依道自化；人们直观"外显"这种道性，便是无为，没有叛道离道的一切作为，没有离开事物自在规律的任何外在行为。

"是以圣人后其身而身先，外其身而身存"。得道的智慧圣人从天地长久之道中，获得了怎样的启发呢？他们获得了人生的长生智慧，这种智慧便是"后其身而身先，外其身而身存"。它的意思是：在自己生命过程中，不自生私欲，不依个人欲望和自身主观要求，不依自身私利诱惑行事，对生命不施加任何主观作为，任凭人生生命的每一个时点都依道自化，依照自身生存法则自然作为，让人的主观意念滞后于身体自化，让身体自化优先于生命过程的任何非生命作为；天，覆盖万物、阳光雨露，地，承载万物、滋养发育，天地是生命摇篮。让人生类比天地，效法天地，将人生寄生于身外，而不是抑郁于身内，当身体与万物秩序和谐、欣欣向荣之时，作为天地万物一员的人类生命，也必将自然生存。

"非以其无私邪，故能成其私。"之所以天长地久，是因为天地不自生，反之，不自生成就了天长地久；人生若要长久，必须在生命每个时间点上确保生命依道自化，反之，确保生命依道自化，才能成就人生的长久。不自生和生命自化不是以其本身为目的，而是以成就天长地久和生命终寿为目的，天地存在和生命体存在便是一切智慧的立足点和起始点，没有对天地存在和生命体存在的真实追求，人类哲学便失去了意义。所以，老子说：不是因为天地绝对无私而"不自生"，也不是因为圣人绝对无私而"身先、外身"，恰恰是因为他们不自生和身先、外身，才成了天长地久之私，才成就了生命久存之私。

自身存在与发展是人生的终极欲望，《道德经》第十三章正是说到了这一点："吾所以有大患者，为吾有身，及吾无身，吾有何患？"如果没有身体，人生就不存在，不存在人生，还会有恐惧和灾难吗？正是有身体、有生命，人才害怕灾祸，才会趋利避害。而趋利避害远离灾祸的根本方法就是"不自生"，不自生就是不折腾，就是尊重人生的自然发展，不以一己私利违背人生公序良俗、违背职业岗位规范、违背精神追求法则，妄为生事、妄生事端，保持人生平安幸福。《道德经》第十六章严厉地警告世人："不知常，妄作凶。"老子用占断谶语表明：人生若不按规律办事，自生妄为，一定会有灾祸的。

中国人的自身不仅仅是一个人的自身，中国人的自身包含个人自身、血亲自身、家族自身、民族自身、国家自身。中国人从来不认为，人是个人孤立地存在于世，中国人有浓郁的广义意义上的自身情结。《易经·文言》："积善之家必有余庆，积不善之家必有余殃。"它是以家族为积善主体，它的余庆或余殃也均由家族这个主体来承载，这个"家"从空间上是开放可扩充的，从时间上是延续可持久的。所以，知常守常以无私成其私将荫及家族子孙，自生妄作致害，也将连累家族子孙。中国人的自身观孕育了他们中规中矩的行为准则，对守常和妄作有了明确的是非善恶标准。中国人自身观的思想也决定了他们以和为贵的行为，"和"在万物之中，是各自守则、和合共生的意思，推及人类的"和"是中正调和，所以《国语·郑语》说："以他平他谓之和。""和合万物"便是"和"深刻的内涵，不生乱、不生战是在遵循"和"的常道，不怕乱、不怕战是在履行广义自身观的守护责任。

第八章

上善若水。水善利万物而不争，处众人之所恶，故几于道。居善地，心善渊，与善仁，言善信，政善治，事善能，动善时。夫唯不争，故无尤。

河上公注"上善"为上善之人，说"上善之人，如水之性"。陈鼓应继承了河上公解说之意："上善的人好像水一样。"任继愈先生认为"上善"是最高等级的善，解释上善若水为"最高的善像水那样"。

其实不应如上述般理解，老子讲道论德，绝不会脱离道德而言它。有人在阅读《周易》《道德经》这样的经典时，往往走入了"格言"解读的误区。有人如果选用经典章句，赋予它新含意，应用于其他需要其新含意的地方，应该表示理解和尊重，不应该死守经典原意，视经典为古董，倘若如此则经典便成了尘封死句。但是，在经典原文中诠释经典，则不可断章取义、望文生义。若在诠释经典原文时将经典视为格言集锦，对其某一句话解释得非常精辟启发人，但在经典原著中缺乏上下文的联系，这种解经是不可取的。经典的魅力在于其具有无穷的开放性，有放之四海皆准的格言性质，将经典章句脱离原文，它仍有很丰富的现实意义，这种所谓的现实意义，其实只是阅读者的心理感受，可以归类于"格物明理"的范畴。这种理解并没有走进经典作者内心与经典作者本心相通，形成呼应。《道德经》中很多看似脱离原文的表述，其实与原文宗旨紧紧联系在一起。如："知其雄，守其雌。知其白，守其黑。知其荣，守其辱。""小国寡民。""信言不美，美言不信。"善读书者，读通篇，得书之精要；次之读一章，得其论点；再次读一句，断章取义以自用；再次读文字，只作训诂文本；若更有次者，则是文盲。

所以，老子讲"上善若水"时，不会是讲上善之人，也不会是讲最高等级的善。而是作者仍然要带领众读者去接近道、认识道、体察道，在老子当时的认知水平上，最大限度地去逼近其已经认识到的"道"，用语言、形象去解说"道"。

　　"上善若水。水善利万物而不争，处众人之所恶，故几于道。"老子讲"道"困难重重，他如何将"道"开释给听众知晓呢？他只有不断地举例说明，让人们从体会身边现实的物的属性去体悟"道"的属性，正如河上公所说："天道暗昧，举物类以为喻也。"（《道德经》河上公注第七十七章）老子对水有深刻的体会，也许在他发现"道"时，水这种现实的物给了他极大的灵感。上是指上德，也就是指道。善是擅长的意思，上善若水是指"道"所擅长的行事风格与水的特性好有一比。反过来说，"上善若水"就是指最接近道的属性的是水。水有什么特性呢？"水善利万物而不争，处众人之所恶"，水擅长静静地滋养万物而不与万物争功争利，能够沉静地处在众人不愿意驻留之地，潜隐而不尚关注，从水的这种特性来看，"故几于道"，"几"是几乎、接近的意思，所以，水的属性非常接近于道的属性。用"水善利万物而不争，处众人之所恶，故几于道"来论证和支撑"上善若水"，老子再次将看不见的"道"形象化，让人们从水的属性中领会万物中虚灵的"道"。

　　"居善地，心善渊，与善仁，言善信，政善治，事善能，动善时"是对得道者的赞美，为世人树立起了得道者令人效法的形象，老子十分期待人们能成为得道者，尤其是诸侯们、天下国家的统治者能懂得道的本性，能按"道"的法则行事理政，摒弃称霸争雄、生灵涂炭之国策，还民众安宁有序的生活。老子认为领会到"道"并能实践"道"的人，也就是得道者或道者、道人，应该就是"居善地，心善渊，与善仁，言善信，政善治，事善能，动善时"的人。这句话中的"善"仍然不是善恶的善，仍然是善于的善，是擅长的意思。老子如此这般地勾画着领会了"道"的得道者形象：居，擅长择地，因为拥有"处众人之所恶"的胸怀；心，擅长沉静，因为拥有渊深笃实的性修；交往，擅长仁和，因为拥有不争有序之心；说话，擅长诚信，因为拥有物道一体、湛然不分的修行；国政，擅长治理，因为拥有遵"道"而为的为无为之法；事业，擅长发挥专长，因为拥有德畜万物的坚韧不拔；行动，擅长应时，因为拥有择识时务的判断力。有道的人"居、思、交、言、政、事、动"等诸事所擅长，都来自"道"的启发，都是尊道贵德的结果。所以，王弼在解释这一句时，只有一句话："言人皆应于治道也。"意思是说，老子的目的就在于通过对得道者的赞美描述，劝说天下所有的人悟道求道，成为自在而得心应手的有道人。

　　"夫唯不争，故无尤。"人们不争功、不争利，剔除个人私欲，则天下没有什么忧愁了。尤，同忧。《道德经》其根本目的在于改变春秋争霸的状况，止战停战，停止纷争，让民众生活平安，安居乐业。这一章说明水性与道的相仿，将道性类推于人，其核心在于张扬天地之间永不泯灭的"不争"的自然法则，道，生而不有，为而不恃，长而不宰；天覆盖着大地，让生命得安；地承载着万物，让生命得存；日照万物生长，水润生命绵延，地承天盖、阳光雨露，对于生命体而言，是何等的功勋伟业啊！可它们谁何时何地为此争功索利，谁何时何地为此居功妄为。正是在效法自然的过程中，老子在本章结尾时，点明了主题："夫唯不争，故无尤。""道"告诉我们：人们只有摒弃私欲，不争私利，才不会有过失，才不会有怨咎。用现在的话说："冲动是魔鬼。"

第九章

持而盈之，不如其已。揣而锐之，不可长保；金玉满堂，莫之能守；富贵而骄，自遗其咎。功遂身退，天之道也。

这一章，可分为三段，第一段是"持而盈之，不如其已"。第二段是"揣而锐之，不可长保；金玉满堂，莫之能守；富贵而骄，自遗其咎"。第三段是"功遂身退，天之道也"。

"持而盈之，不如其已。"我们在生活中常常有这样的感受：手中之物越拿越多时，就会溢出，用老子的话说是"持而盈之"，用河上公的话说是"持满必倾"，在这种持握所能的极限时，不如停止下来，不去拿更多的东西，就是上文说的"不如其已"。如果直观地解释则是：当自己的手拿不了更多的东西时，不如立即停止下来。

但是，老子的《道德经》可不会用这样的语句来浪费他布道的精力，来占用他珍贵的简牍空间，老子一定是在宣讲道德而不是谬议俗物。张凌的《老子想尔注》对"持而盈之"提出了疑问，他说：如果将"道"理解为"结精成神"，那么是不会盈溢的，之所以持而盈之，那是因为有人"伪伎诈称道"。这个"伪伎诈称道"的责骂可谓铿锵有力，把自己想当然的虚伪伎俩谎称为事物之"道"，蒙蔽世人，也把浅解老子"道"论充斥为真道，欺瞒世人。

"持而盈之，不如其已"貌似对世俗之物的议论遭到了质疑。"持而盈之，不如其已"，他在力求说明什么呢？王弼解为："持，谓不失德也。既不失其德又盈之，势必倾危。故不如其已者，谓乃更不如无德无功者也。"他的意思是说：过多地守德还不如无德。过多是什么意思呢？就是超过自己生活状态、生活要求、职业所需的德，再次说明的是，王弼所说的德是"类物的属性"即具体物的"道"。王弼的注解已经很接近老子的原意，但不确切。

其实第九章是第八章的续解，两章紧紧联系在一起，在内容上不可分开，它仍然在讲上善若水。在第八章讲解了水利万物、水不争、水谦下的特性，认为这些特性与"道"极为神似，可以用我们看得见摸得着的水，来类比理解"道"这个抽象之物。在第九章则是延续水的上善特性，讲解水不可手持的特性。水，能手持抓住吗？抓必盈溢。除了第八章列举的水属性"几于道"之外，老子"持而盈之，不如其已"是说明：水的这个不可手持的属性也是"几于道"的。"道"也是不可手持的东西，你如果要强行将"道"抓在手上摆弄把玩，那还不如立即打消这样的想法，不如立即停止即"不如其已"，因为"道"是空虚的、形而上的，不是形而下的实体。所以，"持而盈之，不如其已"是用水的属性来说明"道"的属性，用以纠正人们迫切要求直观地看见"道"、直白地讲清"道"的疑惑，用现在的话来说，老子告诉人们要打消那种满世界寻宝般求"道"的错误想法，而应该用抽象思维的方法去把握"道"、感知"道"。

"揣而锐之，不可长保；金玉满堂，莫之能守；富贵而骄，自遗其咎。"老子继续为求道者释疑解惑：倘若把"道"看作具体之物来宝贝它、占有它，"道"便不是"道"了，就不是主宰宇宙万物的"道"了。老子连续用了几个被人视为宝贝的物品，来比喻说明"道"持久不灭的原因，"道"不是锋利的锐器，其性柔弱，如果"道"锋利袭人，人们是不能持久怀揣保持的，因为锐利的器具会揣而自伤。"道"不是荣耀的财富，因为"道隐无名"，如果"道"是金玉财富那么光耀毕露，它是不能持久的，因为黄金美玉堆积满堂，没有人能将它守藏万世；"道"不是显赫的地位，其性"致虚极，守静笃"，富贵而骄是不能持久的，因为富贵而骄就会遗留灾祸。

"功遂身退，天之道也。""道"不可手持而赏玩，它的存在，只是得道者在天地万物中能感觉感知的永恒存在，"道"是宇宙万事万物中无差别的物的存在，它成就了万物的千姿百态，生发了万事的林林总总，却在这些有形的实体中隐没自己，在宇宙实体中表现为繁衍万物、规定万物的无形自然法则。"功遂身退"是道"不争"属性的尽美表现，是自然中最完美的法则，也是"生而不有，为而不恃，长而不宰，是谓玄德"的现实写照，所以，老子赞叹地说"天之道也"，这就是自然之道啊。老子对"功遂身退"之美倍加赞赏，他还有一句反过来说的话，就是"大成若缺"，"功遂身退"与"大成若缺"同义而只是站在不同立场上，当从"道"本身角度讲便是"功遂身退"，当从事物成功角度讲便是"大成若缺"。在后学者推"道"及人时，人们便把"功遂身退"作为高尚的人生哲学和处世智慧，激励着君子汲汲于践行的美好品行，也给中华民族崇尚无名英雄、崇尚做好事不留名提供了价值标准。

第十章

　　载营魄抱一，能无离乎？专气致柔，能婴儿乎？涤除玄览，能无疵乎？爱民治国，能无为乎？天门开阖，能无雌乎？明白四达，能无知乎？生之畜之。生而不有，为而不恃，长而不宰，是谓玄德。

　　"载营魄抱一，能无离乎？"载营魄抱一，按照逐字翻译可以是：（我们人）承载灵魂、体魄凝结于"道"。这里要特别说明的是"能无"是一个词组，意思是"能不能"。在老子的年代人们还是认为魂魄不可分，只是在特殊情况下可以短暂分离，这种特殊情况是指强壮的人在因事故意外死亡后，鬼魂还能离开肉体独自存留一段时间。《左传·昭公七年》子产说："人生始化为魄，既生魄，阳生魂，用物精多则魂魄强，是以有精爽，至于神明。匹夫匹妇强死，其魂魄犹能冯依于人为淫厉。"子产说：人刚刚胎成时，只是形成身体，出生之后便有了灵魂，吃的东西营养充足则身体灵魂强壮，所以精神振奋，智慧超群。只有这样强悍的人突然死了，他的灵魂还会短暂地在其身体之外显示其威力。子产与老子几乎是同时代的人，都生活在公元前 6 世纪，他们的认识应该是接近的，认为人的灵魂与身体是不能分开的。而老子进而认为世上万物包括活着的人们都是由"道"凝聚而成的。"载营魄抱一，能无离乎？"以其意翻译为：承载身体魂魄合抱于"道"，能不能分离呢？回答是否定的：不能。营，可驻留的居所，指躯体。魄，精神，指灵魂。一，万物的唯一，即"道"。营魄便是指躯体和精神灵魂，躯体不过是精神灵魂的寄居之所。

　　"营魄"思想在《庄子》中已经成为一个特别突出的思想，在此思想指导下，庄子用不同语言在不同环境下表述。《齐物论》中"形固可使如槁木，而心固可使如死灰乎"的"吾丧我"，"吾"便是"营"，"我"便是"魄"。《大宗师》"堕肢体，黜聪明，离形去知，同于大通"的"坐忘"，"形"便是"营"，"知"便是"魄"。《人间世》"无门无毒，一宅而寓于不得已"的"心斋"，"斋"便是"营"，"心"便是"魄"。用当今的语言，躯体便是"营"，精神便是"魄"。庄子不仅有浓烈的"营魄"思想，还进一步认为，不只魄是虚的，"营"本身也是虚的，"气也者，虚而待物者也。唯道集虚。虚者，心斋也"。古人认为，天地之间在万物存在之前，只是虚气，"道"若要形成某物，便凝结虚气形成某物，虚气只是宇宙间有形物的"原材料"而已，这种虚气等待着"道"的力量凝结成任一物体，故，唯"道"集结虚气成物，包括人体也是如此。从人的肉身躯体"唯道集虚"形成过程来看，人体本身也是虚的，这个虚的躯体便是安放"魄"的居所，名曰"心斋"。如此等等便是庄子直接描述的"营魄"客体。但《庄子》的字里行间并不仅仅满足于对"营魄"客体的描述，而是在进一步启发现实中的人们，即已经具备完整营魄的当世人们，如何在当下环境中，将营魄、吾我、坐忘、心斋等思想应用于忘形与忘情的物我两忘修炼，以期达到人生逍遥的崇高境界。庄子的努力便在于此。老子的"道"在于安天下，庄子的"道"则在于安人生。

"专气致柔，能婴儿乎？"专气是专注于，或者专心于、凝神聚力于的意思。柔，即柔弱，老子的柔弱不是衰弱、懦弱、无能、无力，老子崇尚的柔弱是生命内部那种坚毅韧劲、摧折不灭、生命力旺盛的本体属性，也就是道德。《中庸》对这种柔弱进行具体描述，认为是"强哉矫"，是坚强而有韧劲。老子追求的柔弱来自对道、德规定着事物存在、变化和生生不息的力量中获得的深刻认识。《中庸》认为这种柔弱之强才是真正的君子之强，《中庸》第十章："子路问强。子曰：'南方之强与？北方之强与？抑而强与？宽柔以教，不报无道，南方之强也，君子居之。衽金革，死而不厌，北方之强也，而强者居之。故君子和而不流，强哉矫！中立而不倚，强哉矫！国有道，不变塞焉，强哉矫！国无道，至死不变，强哉矫！'"意思是：子路问什么是强。孔子说："是南方的强？是北方的强？抑或其他什么强？用宽容柔和去感化人，包容对方的粗鄙无礼，这是南方的强，尚德之人具有这种强。夜不卸甲枕戈待旦，暴虎冯河，这是北方的强，孔武之人就具有这种强。所以，尚德之人性情温和却意志坚定，这是强大而坚忍！尚德之人保持中正而不偏不倚，这是强大而坚忍！国政清明，尚德之人能顺应国家治理，这是强大而坚忍！国政黑暗，尚德之人独善自身保持清白不变，这是强大而坚忍！""专气致柔，能婴儿乎？"其意思是：人们一心一意修炼柔弱品行，能不能做到婴儿那样无欲而质朴平和呢？回答是否定的。

"涤除玄览，能无疵乎？"览，有的《道德经》版本是鉴，指的是镜，玄览，指能反映外部世界事物的内心，现代哲学是作为认识论来论述，如佛家著名的神秀、慧能偈语之争。神秀偈语说："身是菩提树，心如明镜台。时时勤拂拭，莫使惹尘埃。"慧能和尚偈语说："菩提本无树，明镜亦非台。本来无一物，何处惹尘埃?"认识是物吗?佛家认为,认识中没有真实的物,认识中的主体、客体都是空。慧能的观点契合了佛教的认识观,所以慧能胜出。事实上,认识是人的机能通过对实践活动的感性认识到理性认识的过程,也就是古人把内心认识视为能反射外物的镜子。涤除就是擦拭,就是神秀说的"时时勤拂拭,莫使惹尘埃",尘埃和拂拭永远是一对矛盾,拂拭可以一时赶去尘埃,但不可根除尘埃。"涤除玄览,能无疵乎?"就可翻译为:经常像擦拭明镜一样端正认识,能不能做到镜子从此洁净无垢、求道人悟道就从此清净呢?回答是否定的:不能。

"爱民治国,能无为乎?"其中"能无为"不能理解为能够无为,这样理解本句使人费解,且前后句式不合。如前所说,"能无"本是一个词,意思是能否或能不能,能无为乎应该理解为能不能(主观)作为呢?"爱民治国,能无为乎?"就翻译为,维护国民利益、治理国家政权,能不能以私智违道、胡妄作为呢?回答是否定的:不能。

"天门开阖,能无雌乎?"天门是指雌性动物繁衍生殖器官,天门开合就是讲生命体生生不息。老子用胎生生命体的孕育,演示"道"生万物的过程,将"道"看作天地万物生育的天门。有的版本作"能为雌乎?","为"是对"无"的谬用,违背了上下文"能无"的结构和用词规则。"雌"是母体,是生命生育传承的唯一通道。"能无雌乎"是对母体生育传承生命的质疑,而对母体生育传承生命的质疑,也是对"道"生万物、发育万物、传承万物的质疑。老子时代的常识告诉人们:母体生育传承生命是毋庸置疑的。所以,"天门开阖,能无雌乎?"的意思是:在生命繁衍过程中,能不能质疑母体呢?回答是否定的:不能。

"明白四达,能无知乎?"四达是指四面八方,泛指天下万事万物。知是智,是老子十分鄙夷的巧智,甚至恼怒到要"绝圣弃智"。"明白四达,能无知乎?"就翻译为:人要弄懂掌握天下道德,能不能以巧智获取呢?回答是否定的:不能。

老子连续用了"载营魄抱一,能无离乎?专气致柔,能婴儿乎?涤除玄览,能无疵乎?爱民治国,能无为乎?天门开阖,能为雌乎?明白四达,能无知乎?"六个反问句式,其回答是不言而喻的,必然都是否定的回答——"不能",这种反问加强了人们对"道德"追寻的关注和理解,也澄清和纠正了人们一系列的认识。这六个反问有着严密的逻辑关联:人与"道"不能分离,人性接受了社会意识浸染再也不能回到婴儿般纯真,灵魂接受了社会意识浸染再也不能全部剔除回到本真,治理国家要依道治理而不可孤意妄为,"道"是生养万事万物的唯一起始和母体，追寻道德要从真朴中感悟而不可以巧智获得。

"生之畜之。"所以，天下万物的存在、生长、变化、生生不息，都是由事物本身的属性即道德自主管束着的，万物遵道守德，顺应事物本身的规律属性，不可任意为之，更不可逆道妄为。人之所以为人，由婴儿而后成人，由成人而后繁衍，由繁衍而后婴儿；物之所以为物，年复一年枯荣循环；日月之所以为日月，阴阳日转、盈亏月变等，都是其本身的德性所畜生畜养，无一例外。"生之畜之"是说天下万物包括道物合一、有无合一、魂魄合一、不争守柔、清净内心、治理天下、繁衍生命、求德悟道等，都是万物本身的属性，都是生之畜之即道生之、德畜之，也就是皆由道德的规定性、规律性来规范着的。与第五十一章"道生之，德畜之，物形之，势成之。是以万物莫不尊道而贵德"相吻合。

"生而不有，为而不恃，长而不宰，是谓玄德。"这句话直接的意思便是：生育万物而不占有，畜养万物而不恃功，君临万物而不主宰，这就是所说的事物中蕴含的深藏的"道"啊！《周易·乾》："乾，元亨利贞。"这句话的意思是说：天地有元、亨、利、贞的属性。"元"表示天地是生命万物的开始；"亨"表示天地是生命存在亨通的保证；"利"表示天地总是无私地照耀养育着万物，给世上万物最根本、最无私、最有力的滋养和利益；"贞"表示天地运行亘古不变的秩序，其运行规律坚定、贞固而绝无随意。尽管如此，天地颐养万物从没有占有万物，天地给予万物一切从没有恃功傲物，天地任凭天下万物依其本性自由生长从不干涉主宰物性变化。道德生养万物正是如此。所以，"生而不有，为而不恃，长而不宰"是深奥无穷的德性即玄德。德性是类物体获得道的表现，德是事物内在的本质的属性，人们只能发现发掘自身的德性，而不能塑造德性、修养德行。德性是事物与生俱来的，所以我们应当以一生的功夫领悟道德。

第十一章

三十辐共一毂，当其无，有车之用。埏埴以为器，当其无，有器之用。凿户牖以为室，当其无，有室之用。故有之以为利，无之以为用。

无和有是极其抽象的概念，按照《道德经》第一章的说法，无和有是"同出而异名"，既然是"同出"，无和有当然就是一体的了。那么怎么表现为一体呢？"有"指物的形态、形制、颜色、声音、气味、质感等，"无"指去除了实体物一切具体特征的属性、联系和决定物为此物而不是他物的力量，以及决定物发生发展变化的常态的规律规则后的存在。这种对无和有的理解是哲学的、辩证的、客观的，也是《道德经》的本意。但无和有如此这般抽象的概念，注定了《道德经》在古代是难以完全被人理解和领悟的。《道德经》作者多次通过举例、比喻等方式将抽象概念具体化、实在化，让人们现实地看到无和有的存在，理解无和有的现实意义。但实际上，当不可以现实化的概念现实化了之后，现实化了的东西也就不是原有的概念了，这便是"道可道，非常道"的千古困惑。没有两千多年来人类社会的进步和认知水平的跃升，在老子那个时代，很难将"无和有"普及开来。从"无和有"阐述的极端困难来看，想要实现传道、推道及人，构建没有诸侯纷争、和谐的社会，的确难为了思维水平超前的老子。

老子用了现实中的有形物和空间进一步强调了"无和有"的存在和意义，《道德经》经常将空间作为"无"的比喻，如用"冲"作喻："道冲而用之或不盈。"（第四章）用"风箱"作喻："天地之间，其犹橐籥乎？"（第五章）；用"谷"作喻："上德若谷。"（第四十一章）在本章，老子连续用了三个空间实例做比喻，来具体说明"无"。

第一，老子说："三十辐共一毂，当其无，有车之用。"他说：车轮由三十根辐条共同安装在车轴的车毂上支起了着地的车辋，让悬空的车舆供人们使用，正因为有了车辐、车毂、车辋、车轴、车舆等这些"有"，才形成了车与大地之间虚空的这个"无",车轮方可以轻松地滚动起来,也形成了车舆即车厢的虚空,车厢方可以被人使用。正因为车的"有"发挥了"无"的作用,才有了可供人们使用的车。

第二,老子说:"埏埴以为器,当其无,有器之用。"埏是用水撮合揉捏的动作,埴就是土,是可以制陶的土,埏埴就是用手搅拌土坯准备制作陶器。"埏埴以为器"是将陶土加水,用搅拌好的泥土胎坯做出"有"这个有形制的器具,这个器具正是有了里面"无"的空间,才让人们拥有了可以用来盛放东西的器具。

第三,老子说:"凿户牖以为室,当其无,有室之用。"我们在山坡上挖出一个窑洞,给它安装上窗户和大门。正因为在外是"有"的有形洞壁和里面掏空泥土形成了"无"的空间,人们才能住进去,使它成为遮风避雨的居室。

老子用这三个实例让人们理解无和有的关系,老子说:"故有之以为利,无之以为用。"他说:所以啊!"有"对人们的好处是直接的,它保证了"无"的存在,形成了实际的空间,"无"给人们以实际用处,有和无是一体的。老子用这三个比喻,是万般无奈的下策,他没有办法用语言讲明白形而上的有和无,只能形象地用现实中的实例,牵强附会地向人们说明有和无的关系。但这种比喻,混淆了现实"空间"和理性"感知"的关系,将事物存在状态下的空间如"冲、谷、风箱、空隙、陶罐、室内"等的"无"替代了人脑对客观事物本质反映的思维活动结果的"无"。由此却误导了人们对"无,名天地之始,有,名万物之母"的"道"的有、无属性的理解,混乱了人们对无和有是"道"存在的两种形态的正确把握。这是《道德经》著作文本的历史局限。

《道德经》中,"无"出现了101次,"有"出现了82次,"有无"同出只有一次,"无"和"有"出现的次数比"道"还多,是《道德经》中重复出现次数最多的概念。这只说明一个问题:"无"和"有"十分重要,是理解"道、德"的最重要概念,却又非常难讲明白,便只有反反复复地旁敲侧击,诱人领悟。

第十二章

　　五色令人目盲，五音令人耳聋，五味令人口爽，驰骋畋猎令人心发狂，难得之货令人行妨。是以圣人为腹不为目，故去彼取此。

　　"道"的存在形式是无和有的状态，其发生作用是稳定具有常态的。人们在理性的状态下能够坚守常态，归道守常，但在感情起伏波动时，人们往往冲击着、挑战着常态，所以在中国古代哲学中，"性善情恶"成了人们的普遍认识，控制情绪、抑制情感成了君子士大夫修养修炼的基本功夫，所谓泰山崩于前而不惊，所谓不动声色，所谓喜怒不形于色，等等。中国古人在控制情感的研究上有一些很知名的方式方法。《中庸》本是《礼记》中普通的一篇文章，后被朱熹归入《四书集注》，成了中国人家喻户晓的经典著作，《中庸》就是一篇研究控制情感、心性修养的文章。《中庸》认为，情绪控制有两种状态，一是使情绪处于不发生状态，二是使情绪发生处于合适的状态，第一种状态称为"中"，即"喜怒哀乐之未发谓之中"，第二种状态称为"和"，即"发而皆中节谓之和"，"中和"是两种上好的状态，即"中也者，天下之大本也；和也者，天下之达道也。致中和，天地位焉，万物育焉"。但还有更高的境界，那便是使第一种即"中"的状态成为人生的常态，保持这种"中的常态"就是"中庸"。中庸者不是对情绪的自我克制和忍耐，而是人们生活的自然状态、本来状态。达到这种自然状态即中庸状态必须通过修炼，修炼的道行和法门是"修道"，就是认识人性，认识人性运行规律，遵循人性和规律为人处世，这种自觉遵循人的本性、顺应人性运行规律的修养过程便是"教"，其修养的法门在《中庸》里是"诚"，这种诚是忠诚、诚实，那么，忠诚、诚实的对象是什么呢？忠诚本性、忠诚初心，不忘本性、不忘初心。本性、本心、初心又是什么呢？是道、是善、是仁，仁的发端是孝。《中庸》通过复杂阐述和严密推理教诲人们保持"中庸"。但在老子这里，控制情绪的方法就没有《中庸》的逻辑那么复杂，要来得简单多了。老子的方法是效仿道的"虚静"属性，将道的"虚静"属性推及人，即"致虚极，守静笃"（《道德经》第十六章）。一切不利于人们情感控制，甚至挑动、刺激情感失控的行为，都是要远离和拒绝的，人们要自觉地进入虚静状态。信道者求道法门的传承历史变迁中，导入虚静之法，衍化成了归隐山林的做法。在老子看来，控制好个人情感是求道遵道的仪轨。

《道德经》连续用几章的篇幅来讲解远离情和拒绝情的道理。

这一章的文字很单一，就是拒绝一切狂情举动，回归到人性本能需求之上，只有在人性的平台上，才能认识"道"，在癫狂情绪蛊惑中，人们不可能求道遵道。

老子说："五色令人目盲，五音令人耳聋，五味令人口爽，驰骋畋猎令人心发狂，难得之货令人行妨。"意思是：五色炫目使人"看"不清道，五音使人听觉紊乱"听"不见道，五味使人痴迷口味"尝"不到道，骑马驰骋追击猎物使人内心浮狂感觉不到道，稀有贵重财货使人心智迷惑不能认识道。这些虚华浮躁的刺激人们难道不应该远离和拒绝吗？当然必须远离和拒绝，"是以圣人为腹不为目，故去彼取此"。彼，指诱惑；此，指真道。这句话即是，得道的圣人只是为了饱腹追求生命的能量，而摒弃馋目的颜色和令人痴迷的口味，因而做到除去身体本体存在必需物之外的诱惑而领悟真"道"。

平王东迁之后，周王朝的威仪逐渐消除，诸侯私欲膨胀，失去了人的本性而视法则为无物，尽情享乐声色美食。

有两则公元前7世纪的故事。

第一，公元前7世纪初的故事，《论语·八佾》载，孔子谓季氏："八佾舞于庭，是可忍，孰不可忍也！"佾指行列，周时一佾八人，八佾就是六十四人，据《周礼》规定，只有周天子才可以享用八佾，诸侯为六佾，卿大夫为四佾，士用二佾。季氏是正卿，只能用四佾。其意思是，孔子谈到季氏时说："他用六十四人在自己的庭院中奏乐舞蹈，这样僭越的事他都忍心去做，还有什么事情不可狠心做出来呢？"又载："三家者以《雍》彻。子曰：'"相维辟公，天子穆穆"，奚取于三家之堂？'"意思是：孟孙氏、叔孙氏、季孙氏三家在祭祖完毕撤去祭品时，也命乐工唱《周颂·雍》这篇诗。孔子说："'相维辟公，天子穆穆'的颂诗，其意思是'诸侯虔诚地助祭，天子肃穆地主祭。'这种颂诗怎么能用在你三家的庙堂里呢？"

第二，公元前7世纪末的故事，《左传·文公四年》载："卫宁武子来聘，公与之宴，为赋《湛露》及《彤弓》。不辞，又不答赋。使行人私焉。对曰：'臣以为肄业及之也。昔诸侯朝正于王，王宴乐之，于是乎赋《湛露》，则天子当阳，诸侯用命也。诸侯敌王所忾而献其功，王于是乎赐之彤弓一，彤矢百，彤弓矢千，以觉报宴。今陪臣来继旧好，君辱贶之，其敢干大礼以自取戾。'"

故事的意思是：鲁文公四年，即公元前 623 年，卫国的宁武子出使到鲁国，鲁文公设宴招待他，还为他举办音乐会，隆重地演奏周天子赏赐功臣的著名雅乐《湛露》及《彤弓》。

《湛露》《彤弓》雅诗如下：

《小雅·湛露》：
湛湛露斯，匪阳不晞。厌厌夜饮，不醉无归。
湛湛露斯，在彼丰草。厌厌夜饮，在宗载考。
湛湛露斯，在彼杞棘。显允君子，莫不令德。
其桐其椅，其实离离。岂弟君子，莫不令仪。

意思是：
清晨露珠重又浓，太阳不出湿无穷。欢乐夜宴盛又乐，不醉不归宴不终。
清晨露珠重又浓，晶垂滴滴见草中。欢乐夜宴盛又乐，祖宗护佑我辈荣。
清晨露珠重又浓，挂在枸杞酸枣丛。高德君子诚又信，无不崇尚善德风。
梧桐椅树绿又浓，果实累累枝叶葱。高德君子悌又孝，无不高扬美仪容。

《小雅·彤弓》：
彤弓弨（chāo）兮，受言藏之。我有嘉宾，中心贶（kuàng）之。钟鼓既设，一朝飨之。
彤弓弨兮，受言载之。我有嘉宾，中心喜之。钟鼓既设，一朝右之。
彤弓弨兮，受言櫜（gāo）之。我有嘉宾，中心好之。钟鼓既设，一朝酬之。

意思是：
红弓弦未张，受者喜收藏。赏赐我诸侯，心中满欢畅。钟鼓已备好，即刻宴食飨。
红弓弦未张，受者置于箱。嘉美我诸侯，心中喜过望。钟鼓已备好，即刻劝酒尝。
红弓弦未张，受者裹在囊。端详我诸侯，心中喜洋洋。钟鼓已备好，即刻敬酒香。

宁武子是春秋时期卫国的大夫，名俞，武是他的谥号。宁武子是个极其智慧的人，孔子曾说："宁武子，邦有道则知，邦无道则愚；其知可及也，其愚不可及也。"（《论语·公冶长》）他说，宁武子这个人，当国家政治开明的时候，他就发挥聪明才智，为国效力。当国家政治黑暗的时候，他便装傻犯糊涂。宁武子的聪明别人是可以做到的，可他那种装傻却是一般人无法企及的。

听完《湛露》及《彤弓》演奏之后，宁武子既不致谢，也未和诗作答。鲁文公不能理解，便派人私下征询意见，宁武子回答说："我以为鲁文公是在搞节目彩排哪。过去诸侯给周王拜年时，周王设宴款待，宴席上演奏的才是《湛露》，高歌《湛露》是在把天子比作太阳，诸侯随时听命于周王。诸侯与周王同心，把惹周王恼怒的人当作自己的敌人，并奋不顾身杀敌立功。周王于是就以红弓一把、红箭百支，黑弓十把、黑箭千支赏赐他们，演奏《彤弓》是在表达周王赏赐功臣后的喜悦心情。而今天我来访问是在于巩固卫鲁两国的传统友好关系，你竟敢演奏天子赏赐功臣的诗乐，我岂敢僭越大礼且自取其辱呢？"

在老子看来，人若能求"道"，按照"道"的法则行事，必须克制私欲、控制情绪、抑制情感，"是以圣人为腹不为目，故去彼取此"。贪名利、图僭越、食货迷心，便是与"道"甚远。

性善情恶已经不是现代人的认识，现代人认为情也是性的一部分，人不可能只是保持自然需求的本性，人还有感情需求与宣泄的需求，感情也是人自然属性的一部分。因而，古人制情纵性的倡议和法门，已经不适宜现代人的要求。但是，人认识了感情存在的现实性，却不可纵欲，否则便陷入了所谓西方存在主义的窠臼，追求人的极度的个性化情感，这也是十分危险的。如果说道家重性，倡导视万物为刍狗；儒家则对情有更多的研究，儒家承认以"仁"为核心的"情"的存在，在满足人的感情需求和感情宣泄上，儒家提倡"乐"和"礼"，它希望人们以"乐"为感情宣泄的出口，以"礼"为感情管控的闸门，从而达到泄而有口，制而有门，厉行并举，这便是儒家倡导的"礼、乐"文化。以"乐"宣泄情感，感物形声，手舞足蹈；让"礼"成为人欲的红线，成为人欲的闸门，也成为人欲的中正路径。

第十三章

宠辱若惊，贵大患若身。何谓宠辱若惊？宠为下，得之若惊，失之若惊，是谓宠辱若惊。何谓贵大患若身？吾所以有大患者，为吾有身，及吾无身，吾有何患？故贵以身为天下，若可寄天下；爱以身为天下，若可托天下。

宠辱是说宠和辱，还是说宠本身就是辱，一直有两种看法，陈鼓应先生与河上公说法一样，说是"得宠和受辱"；王弼说是"宠必有辱"，意思是宠本身就是辱，宠辱相伴而生。形成这种不同的理解，可能与王弼、河上公的版本有关系。

王弼本是："宠辱若惊，贵大患若身。何谓宠辱若惊？宠为下，得之若惊，失之若惊，是谓宠辱若惊。"

河上公本是："宠辱若惊，贵大患若身。何谓宠辱若惊？宠为上，辱为下，得之若惊，失之若惊，是谓宠辱若惊。"

其中明显有"宠为下"和"宠为上，辱为下"的区别。

其实，宠辱合一还是宠辱分辨对《道德经》第十三章的主旨没有影响，本章只是说明："把自己的作为系于他人的人，是不可能担当天下之责的。"用现代的话讲：为自己行为找依附的人，不可能独当一面。为什么这样说呢？因为这种人没有悟道，不知"道"，将"道"系于别的有道之人，不知"道"的人如何能身膺重寄。说到底，老子仍然是鼓励、激发人们求道、悟道、把握道。

本书觉得王弼本"靠谱"，如果按河上公本的说法，则应该在"得之若惊，失之若惊"之后续上"受之若惊，弃之若惊"，王弼认为宠辱是"宠必有辱"即宠辱相依，则与"宠为下"其义相符，即宠本身是卑下的、下等的。在世人眼里，得宠的人从来就不被人尊重，得宠的人只能是投机未遂者艳羡的对象；在人们看来，得宠本来就是屈辱，得宠的人是系于他人手指的人偶，所以"宠为下"，只有受宠者自身惊讶而获，暗自欢喜，甚至有些受宠者的本心也羞于面对获宠的真实缘由；受宠者的不安往往还来源于受宠机制的不公正，正因为缺乏公正的基础，就提高了失宠的概率，受宠者风光虚荣的外表之下，始终怀揣着惴惴悸动的内心。

"宠辱若惊，贵大患若身。"如果受宠这种卑下的赏识也足以让自己惊喜，那么，这种人无异于希望降灾祸于自身。"宠辱若惊，贵大患若身"是老子对受宠的鄙夷，也是对争宠、受宠、觊觎宠的人的提醒。"宠辱若惊，贵大患若身"用大白话说就是这样的意思：受宠这种下等的事都能让你惊喜，你就是在寻祸找死！

"何谓宠辱若惊？宠为下，得之若惊，失之若惊，是谓宠辱若惊。"那么什么叫作"宠辱若惊"呢？受宠是卑下的，却表现为得到也惊讶，因求之若渴，失去也惊讶，如丧家之犬。这种没有荣辱是非的惊恐，视辱为荣，执着虚荣，就是"宠辱若惊"。

"何谓贵大患若身？吾所以有大患者，为吾有身，及吾无身，吾有何患？"什么叫作"贵大患若身"呢？我们之所以担心祸患加身，就是因为我们的身体容易受到祸患的伤害，假如人们没有身体，祸患也就没有危害的对象了，我们还担心什么祸患呢？老子认为：所有的灾祸都是相对于身体伤害而言的，离开了身体伤害也就没有灾祸可言，可人不可能没有身体，宠辱若惊就是在给自然的生命本体招引灾祸，追求宠幸就是在追求灾祸，就是人在满足欲望中残害身体，误视得宠为避祸，其实是引祸上身，这种争宠恰恰是与珍惜生命本末倒置。

"故贵以身为天下，若可寄天下；爱以身为天下，若可托天下。"这句话的解释为：像珍惜自己身体一样呵护天下，这个人才可以寄予天下；像尊重自己身体一样敬畏天下，这个人才可以托付天下。贵是看重、宝贵的意思；爱是敬爱、尊重的意思；寄天下、托天下无论是委托者还是受托者都是天下治理的责任担当者。老子是一位心忧天下的担当者，他传道布道、宣扬道德的目的是解救天下，老子推道及人，就是要达到社会安宁、万民安居的愿望，老子《道德经》的核心在于灭诸侯之逞强称霸，兴人民之怡然自得，老子思想作为治国安邦之策，是进取的，是无不为的。

一直有人认为，道家思想是逍遥的，实际上逍遥的道家思想是庄子及庄子之后的道家思想，他们格外强调个体生命的自由自在。什么是真正的自由自在，即真正的逍遥？《庄子·逍遥游》做了一番辨析："故夫知效一官、行比一乡、德合一君、而征一国者，其自视也亦若此矣。而宋荣子犹然笑之。且举世而誉之而不加劝，举世而非之而不加沮，定乎内外之分，辩乎荣辱之境，斯已矣。彼其于世，未数数然也。虽然，犹有未树也。夫列子御风而行，泠然善也，旬有五日而后反。彼于致福者，未数数然也。此虽免乎行，犹有所待者也。若夫乘天地之正，而御六气之辩，以游无穷者，彼且恶乎待哉？故曰：至人无己，神人无功，圣人无名。"其意思是：所以，那些才智胜任官职标准的人，品行符合乡人期待的人，德行得到国君重用的人，能力得到国人信赖的人，他们汲汲于现实回报，看待自己也像（斥鷃囿于蓬蒿）这样啊，他们离逍遥太远。宋荣子藐笑着他们。宋荣子认为，即使世上的人都赞誉自己，他也不会因被赞誉而越发努力，即使世上的人都诋毁自己，他也不会因被诋毁而越加沮丧，他清楚自己是谁，能辨别真正的荣辱，名利荣辱不过如此而已。宋荣子生活在世上已经很超脱了，他对待名利荣辱没有像数数字一样精明计较于心，虽然他不对俗事私欲孜孜以求，但仍然不劝、不沮，踏实笃行地践行着世俗之事。由此看来，宋荣子虽然不受外界荣辱影响，但他未能摆脱尘世事务，相对于逍遥者差距甚远。列子能驾风而行，那真是潇洒飘逸，可还是在一段时间后返回了（"旬有五日"不知是指十五天还是指五十天，总之是一段有限的时间）。列子对于逍遥的真谛，也没有搞明白。他超脱了世俗生活，能腾云驾雾，完全没有像数数字一样将追逐世间吉福，可他却往而知返，仍牵挂着要回来。仍有着系累牵挂，也不能算作逍遥者。庄子认为，如果有个人懂得天地的根本规律，掌握了东西南北上下六合这个独立空间内的运气（气流走势），随意乘风遨游于无终无止、无穷无尽的境地，随遇而安、随性而行，这个人还有什么约束、什么牵挂呢？完全彻底地无牵挂无约束，这样的人才是逍遥者。所以说，"至人"没有私心，"神人"没有执着，"圣人"不求虚名。"至人""神人""圣人"便是逍遥者。在这段话中，庄子列举了事务者、宋荣子、列子、逍遥者四类人，事务者受俗事所累，宋荣子只是不屑荣辱的俗人，列子能腾云驾雾却要返回，庄子想让人们理解他所说的"逍遥"是什么呢？庄子所说的逍遥者是没有"私心、功利、名声"等任何俗事羁绊且愿意去哪儿就能去哪儿的绝对自由人。所以，鲲鹏和斥鷃、学鸠一样，不管它们志向大小，都是有牵挂的，都不是逍遥者，而所谓逍遥者则是毫无牵挂、无所缧绁的人。唐代诗人王维的《终南别业》便图如此逍遥之一刻："中岁颇好道，晚家南山陲。兴来每独往，胜事空自知。行到水穷处，坐看云起时。偶然值林叟，谈笑无还期。"

为什么贵以身为天下者，爱以身为天下，能够寄天下、托天下呢？在老子看来，因为他们不仅有躬身奉献于天下、倾心尽力为天下的责任担当，还能做到不寄情于宠辱之间，拒绝人誉之而加劝、人非之而加沮，以别人的标准为标准，以人为的规则为规则，通达求道守道、循道而为的道理。

这一章是谈"贵身"吗？若人们从养身的角度吸收《道德经》的教诲，仍然可以去领会贵身的妙处。但从"道德"的角度讲,这一章确是在谈"弃宠",在说明争宠是有危害的,老子谈"弃宠"的目的,仍然是在启发人们"求道守道"。"道"是绝对客观的,得道守道的人,不期望他人的眼神,不依赖他人的颐指,不以"宠"的得失左右自己的行为。受宠是一种虚幻的自我满足,人们的争宠行为,其本质是放弃求道,毁弃守道,不能坚持以道纪约束自己行为,不能做到依道作为,循道而为,而是将自身作为寄于宠辱情念之间,这是违道的行为,也是一种屈辱和卑贱的行为。

第十四章

　　视之不见名曰夷，听之不闻名曰希，搏之不得名曰微。此三者，不可致诘，故混而为一。其上不皦，其下不昧。绳绳不可名，复归于无物。是谓无状之状，无物之象，是谓惚恍。迎之不见其首，随之不见其后。执古之道，以御今之有。能知古始，是谓道纪。

　　老子以他高超的智慧，清晰地认识了"道"，在天地间发现"道"，这是一项十分了不起的成就，它的意义在于：人类的思维开始触及宇宙的发端，人类的思维水平从实体认识飞跃到抽象认识。我们把老子这种极抽象、极空灵的思维方式姑且称为道德思维。道德思维把人类思维水平引向了认识宇宙本原、宇宙生发、万物生生不息的动力、规律和存在本质的高级思维层次，它客观上在探究和回答我从哪里来、我为什么存在、我为什么保持了自我等深奥的问题。

　　老子发现了"道"这个神奇的东西，他终究是中国人的思维模式，在天人合一观念影响下，他迫不及待地将"道"推及人们的生活，迫不及待地鼓励人们效法"道"。

　　因而，老子的使命不仅仅是发现"道"，而发现"道"的目的是传"道"，是让天下人领悟道、接受道、效法道。

　　他完全相信，人们效法"道"，便能解决人生最重要的问题，也能从根本上找到解决人生问题的办法。对于中国古代哲学家来说，从自然中悟出的人生智慧，其意义在于教化民众，这便是他们自身的使命和责任担当。

　　老子发现了"道"，从"道"中悟出了智慧，他便要用这最伟大的智慧去启发人、帮助人、教化人。可是，老子的问题是，他该怎样来告诉人们呢？这一章的言语，呈现了老子在表述解释"道"时的无奈，也呈现了他对法"道"之意义寄予了很高的期待。

　　"视之不见名曰夷，听之不闻名曰希，搏之不得名曰微。"当人们希望弄清楚一个东西时，往往或发挥视觉的作用，用眼睛看物；或发挥听觉的作用，用耳朵听声；或发挥触觉的作用，用双手摸形。眼睛看不见观察之物，称为"夷"；耳朵听不到发声之物，称为"希"；双手摸不着探查之物，称为"微"。

"此三者，不可致诘，故混而为一。"对于"道"这个特殊物，人们凭借视觉、听觉、触觉这三个感觉器官，是不可能认识到"道"的，也就是仅仅用视、听、摸的方法是"不可致诘"的。

致诘是深究、审问、探究的意思。

无论你怎么样去用眼睛观察，也不会看到"道"；无论你怎么样去用耳朵辨别，也不会听到"道"；无论你怎么样去用双手探摸，也不会触碰到"道"。要研究"道"，只是使用视觉、听觉、触觉是不可能深入探究下去的，因为感觉器官不是发现和研究"道"的方法。

那么，怎样的方法可以认识到"道"呢？正确的方法是，将我们的感觉器官"混而为一"，综合起来应用。这个综合起来应用的"混而为一"，用现代的语言表述，就是要发挥思维的功能，在想象的空间中，用抽象思维，用分析判断方法认知"道"、把握"道"。

在人们还没有认识抽象思维，还没有抽象思维的概念的认知阶段，老子本人虽然有抽象思维的智慧，但他如何表达这种思维模式，如何向人们介绍这种思维方法，如何引导人们使用和训练抽象思维呢？真是太难了。

他只能说一句离抽象思维的科学定义相差十万八千里的话：（将人的感觉器官）混而为一。

一只蚂蚁永远不会知道大象长什么模样，因为蚂蚁没有抽象思维，而天文学家却能知道太阳系乃至宇宙，知道它们的距离和运行轨迹，因为他们有非凡的抽象思维能力。

"其上不皦，其下不昧。"即使我们发现了"道"，认识了"道"，"道"是否清晰可见呢？不是的。

"其上不皦"，我们沿着时间上溯到"有物混成，先天地生。寂兮寥兮，独立而不改，周行而不殆，可以为天下母"的过去，也不知"道"是怎样生成的，"不知谁之子"，其起始点也不清晰明显。皦，清晰。

"其下不昧"，往下观察我们身边，"道"无所不在，尽管它没有隐藏自己却仍然显得暧昧不清。昧，不明。观察我们身边万物，人们都会发现"道"的踪迹随处可见：万物各式各样，万物各自葆有各自的形态；草木年年凋敝、年年新生，人类日日安息、日日新生；水总是自上而下由泉的涓流汇聚成浩荡的江河，游气总是由山间升腾弥漫在山谷之中，天地相合如同巨大风箱其间飘风源源不断……"道"有这些清晰的踪迹，却又是不可示人、不可言状的。

"道"是个什么物呢?

面对一脸茫然的听众,面对渴求"一睹为快"的求道者,老子真是悲恸欲绝,其无奈之态溢于言表,他说:"绳绳不可名,复归于无物。是谓无状之状,无物之象,是谓惚恍。"王弼解释他这话时,说:"欲言无邪,而物由以成。欲言有邪,而不见其形,故曰,无状之状,无物之象也。"王弼说:想说"道"是虚无的吧,而万物都是由它形成的;想说"道"是现实的吧,而又看不见它的形态,所以说,"道"是没有形状的形状、没有物象的物象。王弼何其聪明,也被难倒了,他们的为难,不是因智慧欠缺而是因时代局限,是没有科学知识的时代的为难。

"绳绳不可名,复归于无物。"道究竟是什么形状的?绳绳,形容绵绵不断。"道"从亘古而来无时不在,表现为绵绵不绝,尽管"道"在时间长河中绵绵不绝,可人们还是不能清楚明白地讲解说明它,只得又将"道"归类于"无物"。老子用"无物"表明:"道"是物,因为天地间随时随处都有它存在的印记;"道"也是无,即无色、无声、无形。老子把只能用感觉感知的抽象的"道"称为"无",把"道"的具体形态如万事万物称为"有"。老子只是用"无"表达了现代哲学"抽象"的意思。

"是谓无状之状,无物之象,是谓惚恍。"所以,老子说:我们就将"道"称为没有形状的形状,没有物象的物象吧,就是所谓的恍恍惚惚、虚虚实实吧。

"迎之不见其首,随之不见其后。"时间无休无止,"道"无时不在,凡是时间存在的时候,"道"就是存在的。在时间的长河中,我们"溯洄从之,道阻且长。溯游从之,宛在水中央"(《诗经·秦风·蒹葭》)。当人们沿着时间上游去探究"道"时,不知道它的起点;当人们沿着时间下游去探究"道"时,也不知道它的终点。"道"真乃"绳绳"绵绵不绝啊!

"其上不曒,其下不昧。绳绳不可名,复归于无物。是谓无状之状,无物之象,是谓惚恍。迎之不见其首,随之不见其后。"这一段,是《道德经》最接近和最直接的关于"道"的描述之一,对"道"如此接近和直接的描述还有第二十一章、第二十五章。然而,时代的发展,没有办法填平老子的智慧水平与语言表达之间的鸿沟,他只能全面释解"道"的属性,来引导人们自己去体悟,而不是从他的讲解中得到完整的答案。

"执古之道,以御今之有。能知古始,是谓道纪。"老子对"道"的自信和崇拜,完全来自"道"对现实的意义。他认为,把握自古就存在的"道",能够让人们认清今天的万物,把握万事万物的发展变化趋势。把握自古就存在的"道",还能知晓远古的开始,自古而今的"道"决定着万物各自的过去和将来，这就是"道纪"，呈现着"道"的规律性。执，握执，把握。古之道，久远古代就存在的道。御，驾驭、把控、认定。有，天地间所有的客观实在，万事万物。古始，宇宙的开始，道生一的时候。道纪，道的纲纪，道的法则，也是道的规律。

第十五章

　　古之善为士者，微妙玄通，深不可识。夫唯不可识，故强为之容：豫兮若冬涉川，犹兮若畏四邻，俨兮其若客，涣兮若冰之将释，敦兮其若朴，旷兮其若谷，浑兮其若浊。孰能浊以静之徐清？孰能安以久动之徐生？保此道者不欲盈，夫唯不盈，故能蔽而新成。

　　上一章说明了对深奥的"道"的体悟方法，本章向人们描摹了为道之士的模样容貌，在求道者面前树立了一个形象楷模。

　　"古之善为士者，微妙玄通，深不可识。夫唯不可识，故强为之容：豫兮若冬涉川，犹兮若畏四邻，俨兮其若客，涣兮若冰之将释，敦兮其若朴，旷兮其若谷，浑兮其若浊。"老子说：自古以来善于为"道"的道士，学识渊博、知识深奥、见识通达，其思维精深使常人不可辨识。就是因为那些求道者深不可识，要准确描述他们的模样就非常困难，所以，以我悟道的体验，勉强表述一下求道者的样子，他们迟疑，就像在寒冷冬天临河涉水一样；他们谨慎，如同担心自己的行为惊扰了四邻；他们庄重，如同前去拜访陌生贵人的访客；他们安泰，好比寒冰初融时的清水涣流；他们敦实，宛若厚重未雕琢塑型的原木；他们旷达，心胸犹如山谷空虚浩瀚；他们融入自然，有如物我皆亡，与天地万物浑然一体。

　　老子用"豫、犹、俨、涣、敦、旷、浑"七个特征描摹求道者，让人们感受到了迟疑谨慎、谦恭庄重、安泰深沉、敦厚朴实、心胸旷达、物我浑然的求道者形象。老子所描述的求道者形象是智慧、虔诚、力行且物欲单纯的治世之士，而庄子所理解的求道者却是完全由道主宰的一味沉溺于自化的逍遥者，庄子说真人有四大特点：不主事、不操心、不妄为、不固执。不主事体现为"不逆寡，不雄成，不谟士"。不操心体现在"其寝不梦，其觉无忧，其食不甘，其息深深"。不妄为体现在"不知说生，不知恶死；其出不䜣，其入不距；翛然而往，翛然而来而已矣"。不固执体现在"其好之也一，其弗好之也一。其一也

一，其不一也一。其一与天为徒，其不一与人为徒。天与人不相胜也"。(《庄子·大宗师》)

老子和庄子对修道者的不同理解，也许与他们所处的时代密切相关。老子生活在春秋末年，尽管诸侯争霸，天下混乱，但周王室还在，诸侯对周王虽有不服，但礼敬尚在，老子高举其依道治天下的大旗，前提是希望周王室振作朝纲，恢复王朝统领国家的权力而治理天下，实施在王室主导下的小国寡民政策，也寄希望于诸侯国君效仿道法，尊道贵德，顺道而行，在周王室的天下里安宁共处。但是，老子失败了。

老子之后的二百多年，王室分封诸侯的封建体制的弊端进一步恶化，到了公元前3世纪，周天下已经混乱不堪，公元前256年，最后一位周王周赧王姬延死去，秦人便从历史中顺势抹去了周王室，周王室是否存续？周天子是否存在？周天下是否有存在必要？已经没有人去关心了。"天地君亲师"中的"君"，在人们认识中已经发生了根本变化，诸侯之君已经足足可以替代天下之君，周天子的消失显得顺理顺势，甚至没有在天下泛起一圈涟漪，周王室的西周公毫无不妥地融入了秦人。那年，庄子刚刚死去三十年。

庄子在世的时候，天下已经没有"天下"，周天下只是蜷缩在洛阳箭矢之地，对诸侯国早就失去了影响力。人们的生活中，只有诸侯国，人们的心态已经麻木无奈到了极点，在周赧王姬延即位时，庄子已经过了知天命的年龄，他五十四岁，在这样的世道里，诸侯杀伐，动荡不安，庄子这位伟大的修道者其脱世逍遥之情溢于言表，他知道，当今世上纵有惊世之治才，也难理世事，他逃避纷乱，崇尚闲散自由逍遥，在山林野村中极尽调侃之鼓说，再也不把尊道贵德作为治世的策略，而只是用道德鞭挞混沌世道，追求心灵驰骋。道家的"道德"大旗自庄子起，便注定了不可能高扬在朝堂之上。

然而，面对时下极度混乱的世道，人们对天下治理仍在议论纷纷，孟子说那是"处士横议"。庄子心情悲愤至极，其口气斥责而又讥讽。

《庄子·齐物论》："大知闲闲，小知閒閒；大言炎炎，小言詹詹。其寐也魂交，其觉也形开；与接为构，日以心斗：缦者，窖者，密者。小恐惴惴，大恐缦缦。其发若机栝，其司是非之谓也；其留如诅盟，其守胜之谓也。其杀若秋冬，以言其日消也；其溺之所为之，不可使复之也；其厌也如缄，以言其老洫也；近死之心，莫使复阳也。"庄子说：那些议世竞上、怨天尤人者，自诩大智慧的人安泰闲适，小聪明的人苛察狡黠；振振有词者气势凌人，街谈巷议者争辩不休。他们睡觉也梦思神索治世谟策，醒来目睹世道崩裂而心灰意冷放任散漫；他们各自的主张相互弥合，相互争斗。他们中有闲散倦怠的人，有阴沉隐秘的人，有守密不宣的人。然而这些人却遇事懦弱、少有担当，遇上风吹草动的威吓便惴惴不安，遇上情势突变的危险便惊魂落魄。那些自立主张的人，他们有时慷慨激昂其言辞若箭镞般尖利刻薄，那是在自以为是地鼓吹治世是非；有时保留观点有如信守诺言一样谨言不告，那是在窥察对方辩者漏洞伺机博取制胜良机。他们的主张犹如秋冬衰草毫无生气，这宣示他们的主张日渐消亡或被抛弃；周王朝奄奄一息，他们所谓的主张完全被淹没在世道乱象之中，完全失去了力挽狂澜的可能；他们怏怏不快、心情压抑、情绪惆怅，整个人像被绳索捆绑。这验证了他们的主张在世上根本行不通；他们自知王室既倒，已是穷途末日，无力回天了。

庄子的逍遥，之所以处处荡漾着不思进取、不问世事，也许这正是他对世道无奈和对治世箴言所不屑而产生的极度消极颓废所致。

"孰能浊以静之徐清？孰能安以久动之徐生？"这是多么伟大的提问啊！这句中的"浊"好像是上句"浑兮其若浊"的延续，但实际上这两处"浊"不同义，"浑兮其若浊"只是在描述道士的精神状态，而"孰能浊以静之徐清？孰能安以久动之徐生？"的提问，已经远远超越了现世狭隘的视野，当目睹现实世道混乱不堪而得不到清净太平时，老子却希望在"道"上找到解答。

他在思索天地混沌之时的状态，在思索宇宙极端的状态，宇宙混沌之初是谁化混沌为清明安定的呢？是谁在安定下来的世界里开始繁衍万物的呢？也许老子一切学问的原点，都由这一问题产生：宇宙还是混沌一团，是谁让混沌的宇宙慢慢地清浊分离的呢？宇宙还是寂寥无息，是谁让死寂的宇宙发动起来并有序运转而万物生育、成长呢？

老子虽然在这里没有正面回答，但其答案是肯定的，那便是"道"。

也许老子完全不屑于混沌之初盘古开天地的传说，因为他笃信"无为"而无不为，用现代的话讲，他是笃信客观规律的力量，非常坚决地否定了"人为"的因素："保此道者不欲盈，夫唯不盈，故能蔽而新成。"

如果说"孰能浊以静之徐清？孰能安以久动之徐生？"是老子伟大的思考，其实庄子也有两个伟大的问题，在《齐物论》中，庄子提的两个问题，一是"怒者其谁邪？"，二是"其所由以生乎？"。这两个问题在"吾丧我"的基础上提出，掀开了庄子"齐物""齐论"的重大论述。"怒者其谁邪？"为人们撩开了万物本性的宫闱，当有人还在觊觎天籁之时，庄子解开万物背后的力量者；"其所由以生乎？"为人们高挂起了探究引发学说冲突原因的课题。当有人还在苦思庄子为什么说这样一段话时，庄子却开始揭示语言与概念的关系问题，即名和实的关系问题。

如果说老子是追寻宇宙的起源，则庄子就在探究事物现象背后的本质；老子的问题在谈"道"，则庄子的问题在谈"德"；老子在谈理论，庄子则在谈应用。从这种文风气势看，《道德经》成书时间也不可能在《庄子》之后。

"保此道者不欲盈，夫唯不盈，故能蔽而新成。"老子说：深通"道"的人不会刻意地去追求圆满，如同宇宙天地混沌之初，从没有人为的力量促使"静之徐清"、催生"动之徐生"，正是由于天地没有人为追求和催生人们自我期待的圆满目标，所以，宇宙才能从混沌不清、清浊遮蔽（一说"蔽"是"敝"笔误，"蔽"和"敝"都是表示宇宙不完整不清明的状态。如第二十二章"敝则新"）的状态中，客观自然地完成了"静之徐清""动之徐生"的漫长过程，演变成如此美好、适宜、生机勃发的世界。

老子之所以一以贯之地反对"有为"，提倡"无为"，就是对"道"这个自然法则的客观性有了极深的体悟和理解。在自然规律面前，人类的"有为"就只能算作违逆，而"无为"恰恰是尊重规律的唯一作为。

老子的"道"家学说是进取的，它十分希望为春秋时期混乱的社会治理提供一剂良方妙药，它对天地自然之美做出了系统的研究，发现了"道"是保全万物并育、四季和谐的根本，如果把"道"理应用于周天下的治理，天下哪能不和谐呢？

道家和儒家、法家等学派一样，无非是希望王室振兴、天下太平。

在中华民族繁衍生息的过程中，天人合一是古人笃信的法则，简单地解释就是，自然法则与社会法则是一体的，天地自然法则完全适用于人类自身，人类生存法则必须符合天地自然法则，否则就会遭受报应。

一部《周易》就是仰观于天，俯察于地，远取诸物，近取诸身获得自然之理，继而应用于人类规范引导社会秩序的古老著作：在太阳还隐没在地平线以下时，得出了"潜龙勿用"的提醒；在太阳蓬勃而出、冉冉升起时，得出了"君子终日乾乾，夕惕若厉，无咎"的警示；在太阳运行天际、驰骋天空时，得出了"利见（xiàn）大人"的告诫；在太阳日复一日、周行不息的启发下，得出了"天行健，君子以自强不息"民族精神；在雷霆万钧之力的启示下，得出了"大壮利贞"即"权力必当公正"的千古法理①；《周易》通过吸取自然之理应用于人类自身，成就了中华民族社会人伦开创性、奠基性的行为大纲。

---

① 马跃千，马慎萧．文王的嘱托——《周易》在告诉我们什么 [M]．武汉：武汉出版社，2016：124.

第十六章

致虚极，守静笃。万物并作，吾以观复。夫物芸芸，各复归其根。归根曰静，是谓复命。复命曰常，知常曰明。不知常，妄作凶。知常容，容乃公，公乃全，全乃天，天乃道，道乃久，没身不殆。

"致虚极，守静笃。万物并作，吾以观复。"这是说把自己推致虚灵之极，保持虚静的状态，在这种极致的精神状态下，去观察天地间万物的生存，去观察万物的生长轮回。

"夫物芸芸，各复归其根。"啊！芸芸万物，各自回归到其本原。这种"复归"就是剔除事物的个性特征，用老子的话说是"损之又损，以至于无为"（第四十八章），"归根曰静，是谓复命"。这种剔除事物个性或对事物个性损之又损之后得到的本质属性就叫作"静"，因为它是在人们无限度地克服看上去纷乱无序的天下万物的困扰，进入高度虚静即抽象状态下，进行分析得到的认识结果。按照《道德经》的精神，可以这样来理解"静、道、德"：静若是体现为宇宙的根本，它便是"道"；静若是体现为类物的根本，它便是"德"。这种剔除事物个性或损之又损最终还复本性以求得"静"的过程就是"复命"。复是回复、还复，命是天命、本性，即事物的内在本质属性。

"复命曰常"，人通过复命求静的过程，认识到了事物的本性，认清了决定事物生长、变化的本质规律，这个本质规律就叫作"常"，即事物变化的常态、事物运行的常态、事物生长的常态。有了"常"，世界万物便可以认知，知道甲物为甲物而非乙物，乙物为乙物而非甲物。在道家看来，以道观之，物无贵贱，是从事物的本质属性"道"而言，它并不否定物的差别，因为物各有常。这与佛家的"无分别心"不同，"无分别心"的法门仅仅在于将物的最后归结到地水火风中去。就其思维智慧而论，道家的抽象思维能力更彻底，更体现形而上的思维水平。道家认识了物的这个常态，便有"德"这个道家概念的需求，在《道德经》看来，"德"便是决定物的常态的本质属性。"知常曰明"是表示懂得了"常"的存在，认清了物的"常"态，这便是认识通透的"明白人"即"明"。尽管佛教的传入和中国人接纳理解它的过程中，用了很多道家的思维方式和道家的概念变形、变义，如道家的"无、有"变形为佛家"空、色"①，如道家的"有为、无为"变为佛家的"有为法、无为法"，还有这里所说的"明"，道家的"知常曰明"与佛家的"明心见性"几乎是具体与抽象的关系，道家原本是把认识了事物的现实常态、确立了事物的具体差别、把握了事物的变化规律称为"明"；而佛家却是把思维高度抽象，对事物进行无分别的认识，认识到事物的"空"性称为"明"。通过以上的分析，我们能很清晰地认识"常"和"明"这对概念。"不知常，妄作凶。"人们如果不知道、不能掌握"常"即事物的常态、规律性，违背事物客观规律的胡乱妄作，必定导致凶险灾难。在《道德经》看来，一切有为都是妄作，无为才是知常之作，但《道德经》又说："道常无为而无不为。"（第三十七章）"损之又损，以至于无为。"（第四十八章）"为无为。"（第六十三章）无不为是强调作为，损之又损本身就是作为，为无为也是作为。所以这里都是在表明，无为是作为的一种方式，即尊道贵德、顺道合德的作为都称为无为，"道"被干预、被违逆的作为是有为，"道"没有被干预、没有被违逆的作为就是无为，这种无为是相对于"道"是否被干预、被违逆而言的，不是相对于人们是否行动而言的。心怀叵测者、无所用心者往往别有用心地曲解"无为"的概念，无非是为诋毁道家学说、掩盖治理腐败、藏匿行为慵懒。

"知常容，容乃公，公乃全，全乃天，天乃道，道乃久，没身不殆。"人们知晓事物常态、把握事物规律就能舒泰从容，禾苗耕种有其常，因为有其常，人们便不会要求幼苗一夜便结出果实，妄想即刻下种即刻收获。只有不知常者，才会萌生自以为是的期许，才会拔苗助长。

《孟子》记录了这起不知常的故事："宋人有闵其苗之不长而揠之者，芒芒然归，谓其人曰：'今日病矣！予助苗长矣！'其子趋而注视之，苗则槁矣。"战国时，有个宋国人嫌他种的禾苗长得慢，便到地里用手一株株地把苗拔高，最终疲惫不堪地回家，对家里人说："我今天很累啊！我帮助我家的禾苗长高了！"他儿子跑到地里一看，禾苗全部枯萎了。

《孟子》还评价说："天下之不助苗长者寡矣。"天下人不犯拔苗助长错误的人很少啊。

所以，要实施尊重规律的作为，必须先掌握事物的规律，知道了规律即知

---

① 杨国荣. 简明中国哲学史（修订本）［M］. 北京：人民出版社，1973：148.

"常"了，就能知道禾苗生长规律，就能从容预测禾苗的生长周期，就能包容所有由"道"决定的常态。不知常而随心而为、蛮干的拔苗助长者，往往会得到急功近利的掌权者青睐、拔擢。

"知常容，容乃公，公乃全，全乃天，天乃道，道乃久，没身不殆。"这句话的意思便是：人知道事物常态、把握事物规律了，就能心生从容，不急不躁；从容理性就会萌生公正客观之心，形成符合"道"的法则的认识能力；公正之心将如太阳普照覆盖全天下、周遍宇宙；周全天地万物的公正，正是上天（自然）无私的孕育之功；天地孕育的内在动力是"道"；而"道"是永久存在，是永恒的，万物遵"道"必将终生消除危险。常，事物常态，事物遵从规律的状态。容，从容、包容。公，公正、公道。全，完全、周全。天，上天、自然。道，事物的本质、原始动力和发展变化规律。久，长久、永恒。不殆，没有危险，没有违背规律的意外。没身，终生、整个生命过程。

老子通过一系列并不严格的逻辑推理，经过"静、常、容、公、全、天、道、久、不殆"的推导过程，完成了"知常保身"命题的论证。

在人生中，"常"也表现为稳定的性格，表现为有规则的人生。对这种有规则的人生，孔子也做过一番评说。

《论语·子路》："子曰：'南人有言曰："人而无恒，不可以作巫医。"善夫！'不恒其德，或承之羞。'子曰：'不占而已矣。'"这里是《论语》中唯一一次引用《周易》的句子："不恒其德，或承之羞。"这是《周易》恒卦九三爻爻辞，原文是："九三　不恒其德，或承之羞。贞吝。"意思是：不能坚守常态的本德，不做一个真实的自己，而采取见机行事、投其所好、缺乏原则准绳的投机行为，或许使自己承受羞辱，一定会有麻烦。[①] 孔子以此来说明恒常人生的重要性。孔子说，南方人有句俗语：没有理解事物具有恒常属性的人，不可以担任通天预事、医治人伦的职责。这句话说得真对啊！《周易·恒》说："不持守德性之常，时常会承受由无常带来的失意和危险。"孔子接着说：对没有常性的人而言，占卜是没有用的。

是啊！没有"常"性的人，怎么能预测其未来呢？叶曼先生所说的《道德经》不是讲"道"，而是讲"常"，或许正是对"常"的特别关注。

古人心思缜密，常常以一些体验的细微差别来步步深入地完成一些推导过程。如《诗大序》："诗者，志之所之也。在心为志，发言为诗，情动于中而形

---

① 马跃千，马慎萧. 文王的嘱托——《周易》在告诉我们什么［M］. 武汉：武汉出版社，2016：118.

于言。言之不足，故嗟叹之。嗟叹之不足，故咏歌之。咏歌之不足，不知手之舞之，足之蹈之。"这句话的意思是说，诗这东西，是心意的感受，把这种感受说出来就是诗了，诗就是表现心中感受的语言。语言不足以表达心中感受时，人们就发出高音的感叹声，感叹声还不足以表达心中的感受时，人们就放声歌唱以咏叹心中情感。而放声高歌仍不足以表达心中感受时，不知不觉地、本能地、无意地便手舞足蹈起来。这种"志、言、诗、叹、咏、歌、舞、蹈"的描述，表现了人内心感受的渐进表达方式，其手法与"静、常、容、公、全、天、道、久、不殆"的推导过程相当。

古代人心思缜密，才有了这种"志、言、诗、叹、咏、歌、舞、蹈"和"静、常、容、公、全、天、道、久、不殆"的极致分类。这种丝丝入扣的分明也表现在古代汉字上，如土地开垦过程中，未开垦的为"荒"地，开垦一年的为"菑"地，开垦两年的为"畬"地，开垦三年的为"熟"地。如对男人胡须的描述，上唇生者为髭，下唇生者为须，下巴生者为䰅，颐颊生者为胡。为此胡适先生在20世纪20年代"国语运动"时，极为恼怒地说："文言里有许多极无道理的区别。《说文》豕部说，豕生三月叫做'豯'，一岁叫做'豵'，二岁叫做'豝'，三岁叫做'豜'；又牝豕叫做'豝'，牡豕叫做'豭'。马部说，马二岁叫做'驹'，三岁叫做'駣'；又，马高六尺为'骄'，七尺为'騋'，八尺为'龙'；牡马为'骘'，牝马为'騇'。羊部说，牡羊为'羝'，牝羊为'牂'；又夏羊牝曰'羭'，夏羊牡曰'羖'。牛部说，三岁牛为'犙'，四岁牛为'牭'。这些区别都是没有用处的区别。"①

---

① 胡适. 胡适自选集［M］. 合肥：安徽人民出版社，2013：199.

第十七章

太上，下知有之，其次亲而誉之，其次畏之，其次侮之。信不足焉，有不信焉。悠兮其贵言，功成事遂，百姓皆谓我自然。

任何违背事物规律、事物常态的作为都是妄作，而妄作凶险。作为天下的统治者，掌握天下治理大权，是破坏常态还是顺应常态往往系其一念。社会由无穷无尽、无限多的常态组成，所有的常态都密切关系着民众生活，其不同的是不同事物的常态因不同民众的敏感程度而存在差别。《道德经》认为，统治者是天下至高无上的权威，统治者应该是一个明"道"之人、循"道"之人、遵"道"之人，他必须明了所有事物的常态，知道所有事物的发展趋势和规律，是一个"知常容，容乃公，公乃全，全乃天，天乃道"的人，是一个通晓常态、守常包容、中正公心、荫及万物、无私勤奋、明道遵道的神明统治者。

老子熟知王朝历史、明察天下现状，同样客观地看到统治者并不能都达到人们理想的状态，在老子看来，统治者在是否遵道治理上，可分为四个等级。最高的是"下知有之"。在人们的生活中，寒来暑往、春播秋收，日出而作、日落而息，花开叶落、岁岁荣枯，履霜冰至、风调雨顺，一切都是自然而然的，一切都是在常态下生活，人们无所讳忌，自由自在地劳作生活，只是知道王朝尚在。其次是"亲而誉之"。统治者顺应常态，却功成而居，歌功颂德，树信立誉，让民众感受到统治者亲善爱民、遵道有为的圣人形象，招揽人们的朝圣和赞誉，贪求名誉。再次是"畏之"，人们生活的秩序常常被统治者的淫威扰乱，人们不能享有自由舒适的生活，统治者运用政治强权，压制、胁迫民众，人们不得不忍气吞声，畏惧统治者。最差的是"侮之"，统治者骄奢淫逸、肆无忌惮，私欲膨胀、逆道而为，天下战乱、民不聊生，"民不畏死，奈何以死惧之"，民众唾骂统治者、憎恨统治者，甚至如厉王时的国人暴动，聚众暴力反抗统治者。

之所以会这样，老子认为是"信不足焉，有不信焉"。信不足是什么意思，信不足是统治者对"道"即自然规律、社会规律、人伦规律等的敬畏信服上存在差距，当统治者对"常"缺乏诚信、缺乏敬畏之时，民众当然就不会信任他了，统治者离道而恣肆权力，民众对其就会畏之、侮之。这一思想对儒家也有极大的启发，子思也借鉴了这一思想来丰富他的逻辑。《中庸》是《礼记》中的一篇普通文章，后来被唐代大家韩愈发现了它的潜在价值，把它作为载道之文重点注释，成为他建立儒家道统的重要环节，宋代大儒朱熹更是亲拟章句、详加注解，使之成为儒家核心典籍。《中庸》的逻辑是一贯而顺畅的，子思的宗旨是要求人们将"中"即中正、不偏不过作为人伦的核心，并保持"中"于毕生的时时事事处处，使之成为人们行为的常态即"庸"，如果达不到"中庸"，则"中和"也是可以的。"中"是天命所赋予的，影响"中"的是情，是人们因个人情感诱发的喜、怒、哀、乐、忧、惊、惧等情绪，因而要做到"中"，必须控制情绪，把毫无控制的情绪修养成不萌发的境界，就是"中"；把没有控制的情绪修养成抒发适度，就是"和"。情感不萌生和情感萌生而不失控属于两个层次的修养，前者为"中"，后者为"和"。"泰山崩于前而色不变，麋鹿兴于左而目不瞬"（宋·苏洵《心术》）是"中"，"风力掀天浪打头，只须一笑不须愁"（宋·杨万里《闷歌行》）是"和"。子思认为修养成"中和"这种境界的路径是"诚"，诚于什么呢？诚于人的本性，人的本性用老子的话说就是人类的"德"，孟子认为人的本性是"善"。《中庸》认为诚于本性，就不会有私人的情绪、就不会有一己之念，就能保持理性，实现"中"，人在长期修养磨炼改造中，完全彻底时时刻刻、分分秒秒做到了诚于"性"，就能做到时时事事处处的"中"，就做到了"中"平常化、常态化、日常化，这种平常化、常态化、日常化的"中"就是"中庸"。孔子认为人们可以一次、两次、多次做到"中"，但达到"中庸"的境界是困难的。子思认为虽难还是可行的，就看你能不能理解"诚"，这种理解，无论是天生就能理解还是后天通过学习才能理解都可以，重要的是时时处处事事想到人独具的仁善本性，不忘人性本源。子思的逻辑简单清晰：要"中"则控"情"，控"情"则"诚"明或明"诚"，明"诚"则弘"性"，弘"性"则守仁善，如此而已。那种把《中庸》说成错简成册，是两篇文章甚至是《中庸》和《诚明》合订本的考证者，要么是没有贯通文章，要么是故作深奥。

"悠兮其贵言，功成事遂，百姓皆谓我自然。"悠兮是目光深远，行为安泰的样子，一个知"道"的统治者，仿佛悠闲自在，其实是他能思虑前瞻，能把握事物趋势和事物变化过程。"贵言"表面看是珍惜言辞，好像是"讷于言"，实际上是对事物自然常态遭破坏的强烈忧患意识，是一种"夕惕若厉"

的紧张状态，对干预常态的言行和主张极为谨慎。统治者循道且悠然，在"道"的作用下，人们仍旧照常生活劳作、守土戍边，事物在人们期待之中发展顺利，结果圆满，百姓民众的感受是：没有什么特别之处啊！事物本该如此这样。

这大概是老子的一种期待和给予统治者的一种标准。

第十八章

大道废，有仁义；慧智出，有大伪；六亲不和，有孝慈；国家昏乱，有忠臣。

推"道"及政，希望统治者求道悟道，遵道施治，使统治者治下的人们和谐安宁地生活，是老子《道德经》的主旨和基本出发点，也是老子道学的初衷。

本章同样是谈论治理，这一章谈论了统治者治理思想的选择。《老子憨山注》说："此老子因见世道衰微，思复太古之治，殆非愤世励俗之谈也。"憨山认为：此章是老子想念远古氏族时期那样的松散治理方法，大概不是对"仁义、智慧、孝慈、忠臣"这类世俗作为的愤慨吧！陈鼓应先生说："大道兴隆，仁义行于其中，自然不觉得有倡导仁义的必要。"① 他们都是认为老子并不反对仁义等社会伦理品行，否则容易诱使社会成员践踏仁义忠孝。

从《道德经》看，老子崇尚"自化"，反对"造化"，追求人本能的自主变化，认为人们在后天社会中的学习修养致使人们行为的变化，那是妄为的"造化"，老子是不赞成的，所以，他鼓动人们"不尚贤、不贵难得之货、不见可欲"，凡是人类知识性改变行为的，他就反对，冯友兰先生也说："《道德经》反对知识。"② 而所谓"仁义、智慧、孝慈、忠臣"等，在老子看来，它就是统治者改变自身、造化人生的人为知识，老子不是不反对，而是坚决反对，并对其予以辛辣讥讽。

"仁义"并举起于什么时候，学界没有定论。梁启超说"仁义"并举起自《孟子》，张岱年说《墨子》早就是"仁义"并举了。如果《道德经》成书于公元前6世纪末是真，那么，在《墨子》之前就是仁义连用了。《道德经》提仁义忠孝乃是信手拈来，可见老子对仁义并举并不陌生。那么，要么《道德经》真

---

① 陈鼓应. 老子今注今译 [M]. 北京：商务印书馆，2003：145.
② 冯友兰. 中国哲学史（上）[M]. 重庆：重庆出版社，2009：157.

是成书于战国或"仁义"章句是在战国时混入，要么在老子孔子时代就有了仁义并举，二者必居其一。钱穆先生说"《道德经》是战国一部晚出书，不仅在《论语》后，还应在《庄子》后。"①冯友兰先生说："《道德经》之文体、学说，及各方面之旁证，皆指明其为战国时之作品"②，但认为在《庄子》之前。

从思想内容看，战国中晚期不可能形成《道德经》这样以"道"为核心的进取思想，只能有《庄子》那样以"道"为核心的脱世逍遥之说，老子思想应该不会是对庄子思想的提炼，《道德经》也不会出自《庄子》之后，《道德经》的刚毅、进取思想出自春秋末年有其社会基础，那就是周王朝尚在，致力于在周王室治理下实施"小国寡民"治理模式是老子志向，也只有在周王室的治理下，才可能提出"小国寡民"的策略。那么，《道德经》的"仁义"章句是否是战国人混入的？这个可能性是存在的，尤其是对仁义礼等社会规范的批判，很有庄子之后逍遥思想的烙印，他们憎恶封建礼仪规范的约束。

通行本《道德经》中仁义并举的有三章。

第十八章："大道废，有仁义；慧智出，有大伪；六亲不和，有孝慈；国家昏乱，有忠臣。"

第十九章："绝圣弃智，民利百倍；绝仁弃义，民复孝慈；绝巧弃利，盗贼无有。此三者以为文不足，故令有所属。见素抱朴，少私寡欲。"

第三十八章："上德不德，是以有德；下德不失德，是以无德。上德无为，而无以为；下德无为，而有以为。上仁为之，而无以为；上义为之，而有以为。上礼为之，而莫之应，则攘臂而扔之。故失道而后德，失德而后仁，失仁而后义，失义而后礼。夫礼者，忠信之薄，而乱之首。前识者，道之华，而愚之始。是以大丈夫处其厚，不居其薄；处其实，不居其华。故去彼取此。"

若是后人于战国时将"仁义"词句混入，则把设想为后人混入的章句剔除，只保留老子的语言，这三章可能的原文是：

第十八章："慧智出，有大伪。六亲不和，有孝慈。"

第十九章："绝圣弃智，民利百倍；绝巧弃利，盗贼无有。此二者以为文不足，故令有所属。见素抱朴，少私寡欲。"

第三十八章："上德不德，是以有德；下德不失德，是以无德。上德无

---

① 钱穆. 中国哲学史［M］. 北京：九州出版社，2011：64.
② 冯友兰. 中国哲学史（上）［M］. 重庆：重庆出版社，2009：140–142.

为，而无以为；下德无为，而有以为。"

但通行本《道德经》是符合老子思想的，如前所述，老子崇尚"自化"，反对"造化"，追求人本能的自主变化，认为人们在后天社会中的学习修养致使人们行为的非自然变化，是妄为的"造化"，老子是不赞成的，因而老子抨击那些"造化"思想是情理之中的。既然他要抨击仁义忠孝，那么我们大概能推断仁义并举在老子时代就已经形成。而"仁"是春秋时代孔子之前就有的词。郭沫若说："'仁'字是春秋时代的新名词，我们在春秋以前的真正古书里面找不出这个字，在金文和甲骨文里也找不出这个字。"① 白奚认为："'仁'的观念到春秋时期逐渐流行，成为人们修己待人处世的一个普遍的道德原则，并成为孔子仁学的直接思想来源。"②《诗经》中两次提到"仁"。《郑风·叔于田》："叔于田，巷无居人，岂无居人？不如叔也，洵美且仁。"《齐风·卢令》："卢令令，其人美且仁。"有人认为《郑风·叔于田》是记录《春秋·隐公元年》"夏五月，郑伯克段于鄢"中的共叔段，若果真如此，"仁"字的出现便是在公元前722 年之前了，相距老子著作《道德经》有二百年左右时间。

"大道废，有仁义"，"道"是宇宙万物本质实在，没有"道"便没有了万物，"道"怎么会废除呢？谁又能废除"道"呢？老子说的"大道废"是指人们漠视道和背离道的法则，荒废了对"道"的追求，面对诸侯争霸杀戮、人们混乱妄为，社会意识不去重新认识道、追寻道、回归道，反而宣扬所谓仁义，如果说理智冷静的思维是性，冲动激情的情绪是情，则彰显仁义便是舍性寄情的主张，人们不从行为的本源去寻求人类行为的规范，却舍本求末，用仁义巧智来约束人们的行为。"故失道而后德，失德而后仁，失仁而后义，失义而后礼。"（第三十八章）

"慧智出，有大伪"，老子所说的慧智，是指人的自然行为被社会行为所替代，人类自然属性被社会知识所浸染改造，"大伪"是指各种各类"取合诸侯"的治世主张。老子说：人们抛弃道的法则，放弃了道的无为自化，反而蛊惑种种智谋之术，社会充斥着人为营造的假象，人们百般粉饰利益追逐，用礼制伪装妄为。但是，老子之后二百多年的荀子，则以化性起伪完全颠覆了老子的是非观，大张旗鼓为"慧智出，有大伪"歌功颂德，他说："性者，本始材朴也；伪者，文礼隆盛也。无性则伪之无所加，无伪则性不能自美。"（《荀子·礼论》）又说："礼义之道，然后出于辞让，合于文理，而归于治。"（《荀子·性

---

① 郭沫若. 十批判书［M］. 北京：东方出版社，1996：87.

② 白奚. 先秦哲学沉思录［M］. 北京：中国社会科学出版社，2007：4.

恶》）荀子认为：所谓伪，实际上文明礼义发达的象征，文明礼义发达便是慧智的结果，人不能完全质朴本能地生活在人间社会，必须用礼义文饰人们自然粗鄙的行为，礼义制度是符合人的自然本性的，能规范人伦行为，所以，荀子认为人为的"伪"是必要的。

"六亲不和，有孝慈"，社会崩裂，人人自危，邻里相争，亲人反目，在如此为难之时，社会才意识到正本清源，匡正"孝慈"之德，力图用孝慈的力量恢复社会秩序，弥合人际裂隙。孝和慈是血缘人的本德，父母和子女是人类最本质的关系，孝和慈是父母和子女最本质的情感体现，是人德本能的真道，认识、领悟道和合万物，创建和谐秩序的作为，人们才能重新回归孝慈道的法则，从而弥合六亲分裂。

"国家昏乱，有忠臣"，国家是天下的国家，国家统治者本是天下的忠臣，然而，当下国家昏乱，他们早已忘记了五百年前周武王立国、周公分封诸侯国的初衷，心中有国而无天下，有侯而无君王。人的血亲关系中孝慈是最核心的，人的社会关系中忠君是最核心的，忠是维系君臣关系的核心法则，人们有了忠的思想，与君王保持一致，就会安分守己，社会和谐；诸侯有了忠的思想，国家就明白了治理之道，诚心替君王分忧，就会俯首称臣，不生内乱，天下太平了，这便是社会组织的"道德"。只有人们重新找回道的法则，尊道贵德，循道而为，才会建立真正和谐的社会秩序，百利于天下。

"大道废，有仁义；慧智出，有大伪"是对兴仁义而废大道、行慧智而作巧伪的斥责，是对仁义替代大道、慧智乔装劣性国家治理行为的厌恶唾弃。而"六亲不和，有孝慈；国家昏乱，有忠臣"则是对人类社会中呈现的自然属性的肯定，看上去上下文的句式接近，陈述的含意却是老子的"扬弃"，"扬"孝慈忠臣的自然属性，"弃"仁义伪智的人为标签。

第十九章

　　绝圣弃智，民利百倍；绝仁弃义，民复孝慈；绝巧弃利，盗贼无有。此三者以为文不足，故令有所属。见素抱朴，少私寡欲。

　　投机取巧是最为不齿的行为，是老子最厌恶的行为，因为投机取巧违背了"道"的作用机制，违背了万物生存变化的自然法则。王弼解曰："圣智，才之善也。仁义，人之善也。巧利，用之善也。"王弼说，圣智，是才智的极致。仁义，是人情的极致。巧利，是功用的极致。尽管是极致，但这些都是人们脱离自然本能而在社会中学习到的知识，它是依人欲设定目标之后积累的经验教训，是在人类社会心理感受基础上趋利避害的人为本领。这种本领的高低将进一步加剧人与人之间的相互掠夺、相互欺诈，人们追逐本领、争锋角逐，直接违背了"不尚贤，使民不争"的基本原理。所以，从道的角度讲，万事万物都有其固有的运行法则，这是受道制约而决定的。因而，坚守道法而少个人私欲角逐才是社会安宁的唯一出路。

　　"绝圣弃智，民利百倍"，诸侯之争中诡计多端、阴谋毕出，以取胜为唯一标准，不择手段，这些所谓的谋略和手段都出自大智显圣之手，都是引发战乱攻伐的罪魁祸首。所以老子认为统治者杜绝、放弃所谓的圣智，回归质朴，则天下太平，民众会有百倍的获利。

　　"绝仁弃义，民复孝慈"，化性起伪张扬仁义，掩盖了人的真性。统治者若能拒绝仁抛弃义，才是遵循"道"的法则，民众就会恢复血缘本德：孝和慈。

　　"绝巧弃利，盗贼无有"，巧取与豪夺只是手法不同，其私欲贪心侵占是一样的。人们往往讨厌憎恨那些武力抢劫者，而往往看不到阴谋策划、秘密窃取的巧取者，因为那些人精心伪装了自己。可无论巧取者如何隐瞒蒙混其行为，其私欲和贪婪却如芒刺外露，招惹诱惑了民间盗贼之心，河上公说："上化公正，下无邪私。"所以老子说"绝巧弃利，盗贼无有"，意思是统治者断绝巧取贪占，人们不受利诱不生盗心，盗贼也就没有了。

"此三者以为文不足，故令有所属。见素抱朴，少私寡欲。"仅仅靠绝圣弃智、绝仁弃义、绝巧弃利这三条措施是不足以治理天下、教化民众的。这是因为治理国家除了有坚决否定的对象之外，与之同时，还必须有坚定赞成和拥护的措施，使得人们的行为有所附属和皈依。破除"圣智、仁义、巧利"之后，必定要有所主张，老子主张治理措施就是"见素抱朴，少私寡欲"。素，没有染色的丝；朴，没有雕琢的木；朴素的本义是指原木、原丝。各种木制品无论艺术雅品还是民用俗物，就其材料本质而言，仍是木质，原木便是木质的原始状态。各类丝织品，无论颜色多么五彩缤纷、无论织物用途如何，其材料本质，仍是丝，原丝便是丝物的原始状态。同此理，宇宙万物无论是植物、动物、自然物还是生命体、非生命体，其存在形态的本质，便是"道"。宇宙万物中某一物如树、如竹、如山、如水、如人等，其存在的本质，便是"德"。老子用"见素抱朴"四个字，引导了人们直观理解宇宙本原，直观理解如何认识事物的本质。他用"见素抱朴，少私寡欲"的教导，让人们树立抓住事物本质、全心遵道，按照道德法则行事的观念，并给予了人们求道悟道的法门，倘若要有效地抓住事物的本质，其法门便是"少私寡欲"，减少个人私心干预，减少个人欲望侵扰，就能直抵事物的本质。

这一章告诉我们一条管理方法：只破而不立是不足的。在破除错误做法的同时，必须树立正确的标准，否则，人们会无所适从，引起新的混乱。老子要求见素抱朴，万物中最朴素之物便是"道"，因而必须按"道"行事不妄作为，即无为，更指导人们要不断"求道"，只有明悟了各种事物的道即事物的本质和事物变化规律，才能做到尊道贵德，遵道无为。读《道德经》最大的收益，莫过于懂得遇事求"道"，力求抓住事物的本质，把握事物规律，顺应事物发展走向，从而能收获最大的人生业绩。"故令有所属"后面的"。"应该改为"："，更符合老子原意。

第二十章

　　绝学无忧。唯之与阿，相去几何？善之与恶，相去若何？人之所畏，不可不畏。荒兮其未央哉！众人熙熙，如享太牢，如春登台。我独泊兮其未兆，如婴儿之未孩；累累兮，若无所归。众人皆有余，而我独若遗。我愚人之心也哉！沌沌兮，俗人昭昭，我独昏昏。俗人察察，我独闷闷。澹兮其若海，飂兮若无止。众人皆有以，而我独顽似鄙。我独异于人，而贵食母。

　　在一些注释《道德经》的著作之中，仍时有就文句注释文句，上下句的注释缺乏内在衔接，全章中不见主旨的格言化注释。那么，这一章到底在说什么呢？

　　本章是老子关于认识论的讲解。人们的认识是有立场的，站在不同的角度，对对象的认识就会有不同的认识结果。为了清楚地解释老子在这一章所阐述的认识立场和角度，《庄子·秋水》做了最明白无误的论述："以道观之，物无贵贱。以物观之，自贵而相贱。以俗观之，贵贱不在己。以差观之，因其所大而大之，则万物莫不大；因其所小而小之，则万物莫不小；知天地之为稊米也，知毫末之为丘山也，则差数睹矣。以功观之，因其所有而有之，则万物莫不有；因其所无而无之，则万物莫不无；知东西之相反而不可以相无，则功分定矣。以趣观之，因其所然而然之，则万物莫不然；因其所非而非之，则万物莫不非。知尧、桀之自然而相非，则趣操睹矣。"其大意是："站在道的角度来认识，万物本来没有贵贱的区别。站在万物各自角度来认识，物自身为贵而以他物为贱。站在世俗眼光来认识，哪个贵哪个贱不在于该事物自身。站在物物差别来认识，因其认识的参照物和表达的语言不同，若称该物为大就可称其为大，那么万物都可称为大；若称该物为小就可称其为小，那么万物都可称为小；从天地之外的更大空间看天地，天地如同米粒，从显微之内的更微小处看毫末，毫末犹如高山，那么物物差距就看得出是在相对之中得来的。从功用来认识万物，顺着万物具备功用去观察便会认为万物都是有用的，那么万物就没有无用的了；顺着万物没有功用去观察便会认为万物都是无用的，那么万物就都没有功用；从理解东和西这对方向相反却又相互依存的关系就能知道，万物有用和无用也是在相对中得以确定的。站在事物趋向来认识，顺着事物已具备的趋势去观察，便认为事物具备该趋势是必定的，那么万物没有不具备该趋势的；顺着事物不具备的趋势去观察，便认为事物不应该具备该趋势是必定的，那么万物就不能具备该趋势。从世人褒尧贬桀的是非观来看，人们的节操取向就看得很清楚了。"这一段话列举了"道、物、俗、差、功、趣（趋）、人"七个不同的认识立场和角度来引导人们对比分析，唯有站在"道"的立场来认识事物才是绝对的、客观的，其他的认识结论皆是相对的、主观的，启发人们最终归于"以道观之"的认识方法中。

"绝学无忧"的句式与上章的"绝圣弃智、绝仁弃义、绝巧弃利"有一致性，好像是紧紧连接着上一章，其实其命题已有更改。绝学无忧的理解关键不是断绝学习知识，老子自己是知识分子，难道还鼓励人们都成文盲不成，这不符合他布道的初衷。他希望人们都理解"道"，都按照"道"的法则行事，这本身就是引导人们去探究去学习。从这一章的下文可以读出，这个"绝学"是让人们断绝学习那种貌似精明的事事处处计较、分别的认识方法，摒弃相对的、主观的认识论，引导人们从敏感精微的差别认识中走出来，文中还讥讽了那种汲汲于精明巧计的盲目跟风、趋之若鹜的社会风气。所以老子第一句话就断言：绝学无忧。断绝学习"计较、分别"的认识方法，人们就没有忧虑，没有烦恼，远离焦愁。

"唯之与阿，相去几何？善之与恶，相去若何？"这是老子的举例说明，他说：轻声慢语、和颜悦色与厉声呵斥、怒目圆睁，无非是意思表示罢了，又到底有多大差别呢？善良之人与恶行之人，善与恶，无非是转瞬即逝的行为罢了，相差又有多大呢？庄子进一步说明了这个道理，《庄子·大宗师》言："与其誉尧而非桀也，不如两忘而化其道。"这是说，与其去赞美尧、贬损桀，还不如忘记这两个人的具体是非而去领悟两人共同的本质：道。站在"道"的立场上考察尧桀两人，那还不如微尘毫末。还如《庄子·知北游》："生者，喑醷（yīn yì）物也。虽有寿夭，相去几何？须臾之说也。奚足以为尧桀之是非！"从"道"的观点来看，人的诞生，乃是气的聚合，虽然有长寿与短命，相差又有多少呢？说起来只不过是须臾瞬间，又哪里用得着区分唐尧和夏桀的是非呢！

"善之与恶"，陈鼓应本作"美之与恶"，取自《道德经》第二章是美与恶相对。王弼本、河上公本、任继愈本都是"善之与恶"，本书取"善之与恶"。

其实《道德经》第二章的美恶与本章的善恶不是一回事，第二章是指出人们掌握了美的标准，就会出现不择手段追求伪美的恶行；本章指出的是善行与恶行的区别。

"人之所畏，不可不畏。荒兮其未央哉！众人熙熙，如享太牢，如春登台。"意思是：有人担心自己不够精明，所有人都跟着担心畏惧起来，这种趋之若鹜的风气从洪荒以来直到今天也不见停息啊！众人纷纷学着"计较、分别"状若精明的认识方法，如同赶赴天子大祭，如同拥登眺景高台，痴迷而去，毫不反顾。畏，担心。荒，时间上很久远的蛮荒时期。未央，没有停息，尚未停歇。熙熙，人多热闹的样子。享，享受。太牢，一种用牛、羊、猪为牺牲的最高等级的社稷祭祀仪式。春，春天，春景。台，高台，可远眺。就如同庄子所言："因其所大而大之，则万物莫不大；因其所小而小之，则万物莫不小。因其所有而有之，则万物莫不有；因其所无而无之，则万物莫不无。因其所然而然之，则万物莫不然；因其所非而非之，则万物莫不非。"庄子认为，精明人按主观意志确定的大小标准、功过标准、是非标准，一直束缚了众人的认识，而回到"以道观之"的认识标准上来才是正确的。但老子比庄子早，老子说得没有庄子那么具体细致。老子在这里所说的是，"计较、分别"的认识方法应该绝弃，但时下社会大众不仅没有绝弃，反而没有停息追逐的迹象，还愈演愈烈："众人熙熙，如享太牢，如春登台。"

"我独泊兮其未兆，如婴儿之未孩；累累兮，若无所归。众人皆有余，而我独若遗。"这是指：在众人都按照"计较、分别"的世俗认识去分别"唯、呵"，去分别"善、恶"，而内心起伏不平、宠辱皆惊时，我不跟风而独自不动，对事物间的差别不产生任何反应的征兆，如同还不能笑出声的婴儿看待事物的样子，无动于衷；因为我独独与众不同，显得另类，好像很不合群。众人视自己精明聪慧、满腹巧智时，而我独自一人就像被众人所遗弃。"累累兮"是指落单的样子（见陈鼓应注解），是多余的人；"若无所归"是累累兮的结果，好像没有了归属。余，本义是饱足，足食得饱，引申为满足。遗，遗弃。众人斤斤计较、逐利争名的认识方法一致，大家都是一样的，所以众人如有所获很满足，我与众不同地依道而行显得被遗弃、很孤单。

"我愚人之心也哉！沌沌兮，俗人昭昭，我独昏昏。俗人察察，我独闷闷。"依照"道"认识万物的我啊，像愚人一样，混混沌沌。俗世众人好像精明清醒，而只有我昏昏懵懵。俗世众人好像明察毫末、严苛不恕，而只有我毫无感应、毫不在乎。依"道"认识万物并不是愚人之心混混沌沌，而是以"道"的立场来认识万物本就没有贵贱高低的分别，庄子说得非常透彻——"以道观之，物无贵贱"，真是言简意赅。庄子为此讲述了一个生动的故事："南海之帝为儵，北海之帝为忽，中央之帝为浑沌。儵与忽时相与遇于浑沌之地，浑沌待之甚善。儵与忽谋报浑沌之德，曰：'人皆有七窍以视听食息，此独无有，尝试凿之。'日凿一窍，七日而浑沌死。"故事说，南海之帝名儵，北海之帝名忽，中央之帝名浑沌。儵与忽常常相会于浑沌之处，浑沌总是热情款待他们，儵和忽商量报答浑沌，说："人人都有眼、耳、口、鼻七窍用来视、听、吃和呼吸，唯独浑沌没有，我们帮他凿开七窍吧。"儵和忽帮浑沌每天凿出一个孔窍，凿了七天浑沌却死去了。

"澹兮其若海，飂兮若无止。"按李学勤教授的研究，这两句属于错简，就是说这两句话不应该在这个位置。如果强说在此处，其意思可理解为：看起来我是沌沌、昏昏、闷闷，其实，与"道"同体的我，安然深沉如同大海，飘然疾去无所牵绊。澹，恬静、安然。飂，风疾速。"飂兮若无止"，王弼说是"无所系縻"，庄子说是"逍遥游"。

"众人皆有以，而我独顽似鄙。我独异于人，而贵食母。"众人都以为"计较、分别"精明苛察的认识方法都是现实的、实用的，而我独自坚守自然。我独独不去昭昭、察察而是昏昏、闷闷地与众人不同，这是为什么呢？是因为我特别看重万物本原。王弼注："食母，生之本也。"生之本即是万物之本、宇宙之本，就是"道"。顽，顽固，坚守。"鄙"本义是粗俗，但这里所说的"鄙"是指不加修饰，实际是自然而然。在这通篇之中，老子在不断强调"婴儿、落单、遗弃、愚人、沌沌、昏昏、闷闷、顽鄙"，有人认为这是老子自我嘲讽、自我贬低、说自己无能、糊涂，其实不是如此，而是老子在不断地解说"道"人的认识论，在描摹人们以"道"去认识万物的样子。试问，没有了分别心，人还会去锱铢必较、斤斤计较、寸寸分明、寸长尺短吗？"以道观之，物无贵贱"还需要权衡利弊、分星擘两、毫不饶人吗？依"道"认识事物就是人心宽容不去计较，也没有什么可计较的，倘若如此，还需要心累神伤、瞠目防备吗？所以，老子用"绝学无忧"来统领全篇。

第二十一章

孔德之容，惟道是从。道之为物，惟恍惟惚。惚兮恍兮，其中有象；恍兮惚兮，其中有物。窈兮冥兮，其中有精；其精甚真，其中有信。自古及今，其名不去，以阅众甫。吾何以知众甫之然哉？以此。

周王朝的衰落导致天下动荡不安，民众疾苦、怨声载道，人皆求定，举世求安，所以，改造民不聊生的天下，智者圣人纷纷提出治理天下的策略，形成了中国的"轴心时代"。老子所代表的道家无疑是开启中国"轴心时代"最伟大的揭幕人，《道德经》也成了中国"轴心时代"的开篇之作。

《道德经》的道德对文武周公之德有"革命"性的改造，这种革命性的改造从本质上是对周王朝"以德配位"的所谓天道提出疑问。周武王继承文王之志，通过孟津观兵针对性极强的军事演练，于公元前1046年一举灭商成功，建立了周王朝，周武王也成就了自己一代明君的历史地位，公元前1043年年轻的周王朝实现了王位更迭，武王驾崩，周公旦摄政、成王践祚，在这开朝之际，武王周公尤其是周公旦为周王朝国体、政体、礼制风俗等社会治理打下了体制性的基础，形成了一时期的国泰民安、欣欣向荣的景象，周王朝借势大肆鼓吹，正是历代周王崇高善德符合了天意，才有了如此美好生活，也只有周邦天子才是伐纣灭殷之后的正统继位者，为周代殷商合法性作注，以此巩固自身的统治。有诗为证：

《诗经·大雅·下武》
下武维周，世有哲王。三后在天，王配于京。
王配于京，世德作求。永言配命，成王之孚。
成王之孚，下土之式。永言孝思，孝思维则。
媚兹一人，应侯顺德。永言孝思，昭哉嗣服。
昭兹来许，绳其祖武。于万斯年，受天之祜。

受天之祜，四方来贺。于万斯年，不遐有佐。

意思是：

殷后承天必周王，世代皆是圣明王。三位先王有天德，武王德配君京堂。
武王德配君京堂，代代君王德行广。上德永远配天位，成王信誉响周邦。
成王信誉响周邦，树立天下好榜样。永远孝顺祖宗德，恪守法则天下昌。
衷心维护我周邦，恰合天时德不忘。永远孝顺祖宗德，子孙顺服永明光。
光耀万世后来王，继承祖训不走样。周邦天下万千代，都是承天接福祥。
都是承天接福祥，四方诸侯朝贺忙。周邦天下万千代，何必忧患不兴邦。

德配王位既是武王推翻殷商的旗帜，也是宣明自身正统的理论基础，是统一天下万民的制胜法宝。但是，经过四百年的腥风血雨，这种德配王位的思想已经被人深深质疑。如果说文王、武王具有高尚的品德，足以德配王位，那么，"以德配位"的天道在其姬姓家族历代诸王皆能以德配位吗？厉王、幽王也能德配王位吗？《道德经》多次赞赏厚德如无知无欲的纯朴婴儿赤子，如《道德经》第十章"专气致柔，能婴儿乎"，第二十章"我独泊兮，其未兆，如婴儿之未孩"，第二十八章"常德不离，复归婴儿"，第五十五章"含德之厚，比于赤子"，将他们视为真正的、没被贪婪蒙蔽的、本性质朴的人。在此基础上，庄子提出了真人的概念，《庄子·大宗师》进一步刻画出了"真人"的形象，以其"不逆寡、不雄成、不谟士"纯粹顺乎自然来表达人的德性。道家的人德在一定意义上是反对姬王德贵、万民德贱的政治魔咒，倡导万民平等、君民平等的政治理想。① 因而《道德经》的"德"从德的概念上改变了周人之德，为了言之有理，道家改造了"道"的概念，"道"本是春秋时期的一个流行语言，它具有策略、方法、道路、措施、道理等含义。但老子将"道"概念化，使其成为一个明确的思维形式而不是简单的语言单位。他认为，"道"是宇宙间最本质的东西，道是宇宙万物之间唯一的最本质的共性，它是宇宙生发的原始动力和决定宇宙及宇宙万物各自形态、各自发展变化趋势的规律，它无形却是客观真实且是现实的。"德"是个体对"道"的获得，获得了"道"就是德。"德"和"得"在《道德经》里同时出现，都是得到的意思，但因获得的"对象"不同而分"德""得"，得"道"即为德，得非道之物才是得。《道德经》第三十二章说："人莫之令而自均。""道"自然均分到万物形成万物个体内在的力量和规律，万物获得的"自均"之道便是"德"了。

---

① 马跃千，马慎萧. 文王的嘱托——《周易》在告诉我们什么 [M]. 武汉：武汉出版社，2016：4.

由此可见，万物有道，万物皆德，"道"是宇宙最本质的东西，道是宇宙间唯一的最本质的共性。德是物种、物类、个体物中最本质的东西，"德"是同类物唯一的最本质的共性。陈鼓应先生说："道的显现与作用为德。"① 就人类而言，德便成了人最本原的东西，是你我他剔除一切特殊性之后的共有本质属性。《道德经》认为"赤子婴儿"的自然状态才是人德，而所谓作为"成人之学"的人德、道德就是一个伪善的东西，一个成人要得到大德，就是要剥去伪善，认识本原，认识德而寻回道。

"孔德之容，惟道是从。"所以，本章一开始就说明了道和德的关系，即大德的形态容貌属性，是从属于道的。孔德，大德。容，样子，形态。从，从属。那么，把"道"搞清楚了，"德"便也就理解了。

老子的那个时代，他不可能有今天的人这样的表达能力，老子以及当时社会的知识储备和语言能力极大地制约了圣人抽象思维能力的表达，相对于老子而言，人类语言远远落后了他的思维能力，老子不可能将他的认识完整地表达出来。这种困惑并不只是老子存在，所有古代哲人都有这样的困惑。《易经·系辞》就表达了这一苦衷："书不尽言，言不尽意；然则圣人之意，其不可见乎？圣人立象以尽意，设卦以尽情伪，系辞焉以尽其言，变而通之以尽利，鼓之舞之以尽神。"意思是：书面文字不能全面地表达圣人所要说的语言，而语言又难以完整表达已有的认识；如果如此，圣人的认识，难道就不能传播给世人分享了吗？圣人便用打比方、用类比、举实例的方式来表明认识，设立图解符号力求完备地表现万物所要表达的真实含义，编注说明文字来进一步表达与圣人认识接近的意思，将万物之理推理到人们社会生活中来，使人们获得便利和智慧，民众获得了指导而欢欣鼓舞，体会到了宇宙万物的天理神妙。《道德经》除了没有采用图解说明，也是采取打比方、用类比、举实例的方式来表明它对道德的认识，并将道德的道理类推到社会。

"道之为物，惟恍惟惚。惚兮恍兮，其中有象；恍兮惚兮，其中有物。窈兮冥兮，其中有精；其精甚真，其中有信。"那么，"道"是个什么模样呢？老子为"道"编注的说明文字是这样的：道之为物说明道是一个物，而其存在不是虚空，尽管它是看不见摸不着的无形，其表现为"无"那种像"谷、冲"的虚空，但它本身确实是实在的、真实的、客观的，在宇宙间实实在在地存在着，"道"这种客观实在却又是恍恍惚惚的，恍恍惚惚当中确实是有存在的；恍恍惚惚的当中确实是有东西；"道"藏身在幽深暗昧之中啊，幽深暗昧之中有种精要

---

① 陈鼓应．老子今注今译［M］．北京：商务印书馆，2003：156.

本质的存在，陈鼓应先生解释"精"为"最微小的原质"。"其精甚真"是说这种本质存在非常真实，在老子长期观察和思索中，对于别人体会不到的"道"，他却体会得如此真切，犹有举手见指地近在眼前。而"其中有信"是用古语表达的现代思维方式，"其中"是"其精甚真"的认识之中，这个"信"本义是诚实，它是指在老子的认识中得到了绝无虚假的证实和应验。这个"信"用现在的哲学语言来说，就是能让人们在眼睛看不到的地方去提炼事物的本质和共性形成抽象概念，老子形成的概念就是道、德。在老子看来，万物之所以成其为万物，甲物之所以成为甲物而不是乙物，其中一定有一个起决定作用的物，这个物尽管是看不见摸不着的、无形的，但这个物确实是可以感觉感知到的，一旦感觉感知了，就能感觉到它存在的真实性，这个真实性便是"信"。老子称这个物为"道"，"道"具体到某物时便称为"德"。

"自古及今，其名不去，以阅众甫。"老子用最切近"道"的表述给世人描绘了"道"的状态，让人们从感觉感知中体会到了"道"这个精微的东西，理解了"道"存在的现实性。为此，他继而强调"道"的历史客观性：从古至今，万物之中存在着深隐暧昧的"道"这种信念从来就没有消去，用以考证万物的初始。"自古及今"有的版本是"自今至古"，两种说法没有理解上的本质区别；"其名"是指"窈兮冥兮，其中有精；其精甚真，其中有信"。这种对"道"的认识，"名"是称说、说出的意思，河上公对"自今及古，其名不去"的注解是"自古至今，道常在不去"。具体一点是自古至今，"道"的"精、真"所表述的"信"，即"精、真"表述毋庸置疑的真实性，没有消去；人们对"道"暧昧、精微、真实的性质深信不疑，正是对"道"的存在深信不疑，所以才用"道"的认识审阅、考证了万物的始生。阅，审阅、考证。众，是指万物。甫，指初始，也有解释为"甫"通"父"，帛书甲乙本中"众甫"直接就写为"众父"，亦指万物的始祖。

"吾何以知众甫之然哉？以此。"我是怎样获知万物初始发生的样子呢？就是用"以阅众甫"的方法。"以阅众甫"就是引导人们用精、真之"道"去认识、考证万物的始生，认识万物始生状态，就能进一步认识"道"作为万物本原的属性。

这一章非常重要，它讲了道德的关系，讲了"道"的现实客观性和历史客观性，讲了进一步认识"道"的方式方法，讲了老子自己在追寻"道"的过程中的个人体验。这一章是《道德经》悟"道"方法论之一，如同佛家所说的"法门"。

第二十二章

　　曲则全，枉则直，洼则盈，敝则新，少则得，多则惑。是以圣人抱一为天下式。不自见故明，不自是故彰，不自伐故有功，不自矜故长。夫唯不争，故天下莫能与之争。古之所谓曲则全者，岂虚言哉！诚全而归之。

　　根据老子的观察，"道"作用于万物常常是表现为对立互变的状态，现代哲学认为的对立统一规律是宇宙万物生存状态的重要表现形式，这一点，老子已经有了很深刻的体会和很细致的观察，尽管"老子的辩证法，仍是带有原始朴素性质"①。当我们学习现代辩证唯物论哲学时，对立统一作为辩证法的三大规律之一，让我们认识了矛盾，认识了矛盾的双方和矛盾主要方面、矛盾次要方面，认识了主要矛盾和次要矛盾，体现了对立统一规律的高度的辩证思维水平。老子虽然不懂对立统一规律，但他为我们朴素地揭示了对立统一规律认识的起点，"道"是万物的原点，是一切生命的起源，又决定着生命走向和生命状态。

　　老子在观察生命过程中，发现了"道"在万物成长变化中呈现出的对立统一景象："曲则全，枉则直，洼则盈，敝则新，少则得，多则惑。"这一段话，是老子模拟陈述万物在保全自己生长过程中所采取的最基本的对立统一状态：当物的生长受到阻挡时，它会委曲避让继续成全它的生命历程；当物的生长受到挤压时，它会枉屈盘旋越过挤压径直走向生命未来；当地面出现坑洼时，水才能积聚其中，没有坑洼的土地从来就不能留驻积水；生命的循环往复、岁岁枯荣，都是在凋敝的生命之后呈现出生命的新生；生命只有在外物缺少时，才有取得外物的必要和可能；当生命因多欲而忘却自己所需，忘记了生命初衷，茫然地面对世间万物呈现出的诱惑时，往往会质疑自己本来的需要，疑惑中分辨不清到底需要什么，疑惑中不明白与世间万物相处的是非错对。

　　所有这些现象无不是"道"所呈现的，当人们质疑"曲则全，枉则直，洼

---

　　① 任继愈. 老子新译［M］. 上海：上海古籍出版社，1985：54.

则盈，敝则新，少则得，多则惑"，鄙夷其为"阴谋论"时，却并没有理解老子关于"道"的法则的描述。正因为"曲则全，枉则直，洼则盈，敝则新，少则得，多则惑"是"道"寄予万物所呈现的法则，人们才将其作为指导和启发自己生活的指南。

"是以圣人抱一为天下式。"所以，得道的圣人就会坚守"道"这一本质法则作为治理天下的基本方式。抱一，抱持万物的根本"道"。在社会动荡的春秋中晚期，人们对硬碰硬的对抗、血腥无道的战争、残酷的生命灭绝，早已厌倦和痛恨，迫切希望社会能得到温和的治理，老子的学说也就在这样的背景下诞生了。老子用人们普遍能够认识的"曲则全，枉则直，洼则盈，敝则新，少则得，多则惑"的自然现象，类推社会治理方式，呼吁、教育统治者"依道行事"，营造社会的和谐安宁。

"抱一"可谓《道德经》的谆谆教诲。第十章："载营魄抱一。"第二十二章："是以圣人抱一为天下式。"第三十九章："昔之得一者：天得一以清，地得一以宁，神得一以灵，谷得一以盈，万物得一以生，侯王得一以为天下正。"第四十二章："道生一，一生二，二生三，三生万物。"对于"抱一"的认识，庄子对人生现实有进一步思考，他称"抱一"为"齐"，从万物本质"道"来看，宇宙是"齐平"的，万物没有差别。《齐物论》的核心就是阐明"抱一"。他认为，人亦有"一"，这个"一"便是"本我"，庄子称之为"我"（吾丧我）；人的言语亦有"一"，这个"一"便是"概念"，庄子称之为"彼"（彼出于是，是亦因彼。彼是，方生之说也）。相对于"我"便是"物"，相对"彼"便是"是"。"庄周梦蝶"故事先设疑后解答："昔者庄周梦为胡蝶，栩栩然胡蝶也，自喻适志与！不知周也。俄然觉，则蘧蘧然周也。不知周之梦为胡蝶与，胡蝶之梦为周与？周与胡蝶，则必有分矣。此之谓物化。"庄子说：那天我做梦变成了蝴蝶，是一只悠闲自在的蝴蝶，感到那便是我向往的状态！我完全忘记了自己是庄周。一会儿梦醒，我看到身体还在，方知是我庄周。这个现象让人生疑了：到底是庄周做梦变成蝴蝶，还是蝴蝶做梦成了庄周呢？唯一清晰而肯定的是：庄周和蝴蝶是两个有区别的物种，不是同一个东西。而要解读这个疑惑，就要认识这种现象叫作"物化"。庄子的物化思想延展了"抱一"，使"抱一"更容易在现实中印证："本我"的存在表现在任何形态的物中，"我"的存在不因是庄周或是蝴蝶而发生变化，庄周与蝴蝶只是"我"的表现形态而已，"我"可以表现为任何"物"存在的方式；同理，言语言论的"概念"也就是"彼"，"彼"的存在表现在"是"中，"是"指言论的任何表达方式，人们相互言语交流时，已然明白了对方所表达的意思和内涵这个"一"，而还像惠施、公孙龙那样去苛察搅扰、喋喋不休地争论词语差别，又有什么意义呢？可见，庄子的"抱一"比老子的"抱一"又往具体现实前进了一步。"不自见故明，不自是故彰，不自伐故有功，不自矜故长。"老子仍在继续劝说统治者，尤其对那些在强权诸侯们身上所表现出来的"突显自己、自以为是、自我鼓吹、自我拔擢"等引发诸侯战争的丑恶行径进行拨乱反正。老子说，不去自己刻意突显自己才能显明自己，不自以为是、顽固强硬才能得到真正彰显，不去自我夸耀、自我鼓吹才能让人们看清功业，不自我矜持、装模作样才能真正成为有号召力、有地位的人。

老子一席话为狂妄横蛮的诸侯泼了一盆冷水，刺激他们清醒自己的所作所为。

老子时代，周王朝已经丧失治理天下的能力，各诸侯国纷纷做大做强自己，扩张地盘，增加民众，试图以自己的实力和势力来压倒其他一切诸侯成就霸业，为了蛊惑人心，他们不得不突显自己，把自己说成正宗和显赫，不得不自以为是，极力推广强化自己的主张，不得不自我鼓吹，努力夸大自己的治理功绩，他们还恬不知耻地以霸主自居，自居于高位长者，自我膨胀地取代周王室来处理调停小诸侯国的纠纷。从老子的劝导言辞中可以看出，老子本人对此类诸侯深恶绝，但他没有采取斥责和谩骂的方式去批驳诸侯们，而是"抱一为天下式"，以"道"的方式理性柔和地指出什么是正确的、什么是人们所崇尚的"明、彰、功、长"，以矫正诸侯们糊涂迷惑的给天下带来灾难的"明、彰、功、长"。因为老子认为"夫唯不争，故天下莫能与之争"，意思是只要诸侯国君自己不去争夺名利地位，就没有其他诸侯去和他争夺了，只有所有的诸侯都不去争夺名利地位，天下也就没有诸侯之争了，没有诸侯之争，天下便能太平。

"古之所谓曲则全者，岂虚言哉！诚全而归之。"自古至今的"曲则全"的法则，哪能是虚假空话呢！它能实实在在全部落实到人们的社会行为之中，落实到诸侯的国家治理当中，实施理性柔和的管理。"曲则全"是"道"的法则，是人们每天在自然界能见到的现实，人们效法它便是"尊道循道"。归，回归到社会之中。

第二十三章

希言自然。飘风不终朝，骤雨不终日。孰为此者？天地。天地尚不能久，而况于人乎？故从事于道者同于道，德者同于德，失者同于失。同于道者，道亦乐得之；同于德者，德亦乐得之；同于失者，失亦乐得之。信不足焉，有不信焉。

当我们读到"希言自然"便会产生两种理解，一种是"希言"为"稀言"的意思。《老子道德经憨山注》："希，少也。希言，犹寡言也。"将"希言自然"理解为少言寡语是自然而然的。任继愈先生解释为："少说话是合乎自然的。"① 还有另外一种理解，什么是"希言"呢？第十四章说"听之不闻名曰希"，对认识对象发挥听觉的作用，用耳朵听声辨物，当人们用耳朵去辨别对象物却听不到任何声音时，称为"希"。很显然，"希言"便是不能被耳朵所侦测的语言。这种不能被耳朵听见的语言来自哪里呢？而且这种不知来自哪里的言语还是自然而然的，一种言语不能被耳朵听到，它本身不仅不表现出气短理亏，倒还显得如此理直气壮。"自然"在《道德经》里出现过五次。

第十七章："悠兮其贵言，功成事遂，百姓皆谓我自然。"

第二十三章："希言自然。"

第二十五章："人法地，地法天，天法道，道法自然。"

第五十一章："道之尊，德之贵，夫莫之命而常自然。"

第六十四章："是以圣人欲不欲，不贵难得之货；学不学，复众人之所过，以辅万物之自然，而不敢为。"

其自然是自然而然、顺理成章、怡然自得的意思。

"道"成济万物，将世界变得多姿多彩、美不胜收，可是，有谁听到过

---

① 任继愈. 老子新译 ［M］. 上海：上海古籍出版社，1985：109.

"道"的自伐之言呢？有谁听到过"道"的说教之言呢？《庄子·知北游》："天地有大美而不言，四时有明法而不议，万物有成理而不说。"意思是说：天地造化极其壮美却从不夸耀，四时运行极具规律却从不议谈，万物变化极具定则却从不宣说。这些"大美、明法、成理"极其深奥，仍任凭人们去观察体悟，而不自我妄加说教。王弼说："道以无形无为成济万物，故从事于道者，以无为为君，不言为教，绵绵若存而物得其真。"这是说"道"本身的"不言"属性，当然就是"希言自然"啊！

所以，老子说"希言自然"，他不是说"少言"，而是说不言，或者是对万物没有任何说教的言语，是万物只能领会而不能耳闻的言语。"不言"和"希言"的区别只是言者与听者的感受角度不同而已，对言者而言是"希言"，对听者而言是"不言"。言者说：我说了，你听不见。听者说：我没听见，你没说。"希言自然"与第二十七章"善言无瑕谪"、第四十三章"不言之教"是同一含意，"希言自然"是"道"没有声音的教诲，自然而然地教化着万物；"善言无瑕谪"是从言者的角度，表示高水平言语教诲是流畅无瑕、自然入物的；"不言之教"是从听者的角度，表示"道"尽管没有言说，万物却仍能有效接受教化。

有些是不能用耳朵听的，即使用耳朵听也是不知其然的。庄子在讲解"心斋"时，他希望听者不用耳朵听，要用"心"体会，乃至用"心"体会都不够，需要用身体去感受。在解答什么是"心斋"时，庄子指导听者说："若一志，无听之以耳而听之以心，无听之以心而听之以气！听止于耳，心止于符。气也者，虚而待物者也。唯道集虚。虚者，心斋也。"意思是：你要专心于我的讲解，（所谓专心是指）不仅仅用耳朵听还要用心去理解，不仅仅用心去理解还要用身体去感受！用耳朵听到我说的话只是言语，用心去理解我的话便能应验我真实的内在意思，我所说的"气"是指万物生成前的虚无。天地之间是"道"作用下凝集虚气而成为万物，人也是万物之一，人的躯体也是"道"集虚气而成，这个本身就是虚气集聚而成的躯体便是"心斋"，是安放心的居所。用身体感受精神存在并通过修炼达到忘形、忘情、坐忘、坐驰的境界，便是"心斋"的妙用。

"飘风不终朝，骤雨不终日。孰为此者？天地。天地尚不能久，而况于人乎？"老子在赞美了"道"希言自然之后，又用一个比喻进一步让人们理解不言之教的确是符合自然的：狂风肆虐不能长久，暴雨大作不能持续。谁是这种"刷存在感"极端天象的操作者呢？当然是天地了。如果将"飘风""骤雨"视为天地的语言，那么，天地极端的"宣教言说"，尚不能持久，人的说教又怎么能持久呢？

"道"希言自然，便是道者所要效法的。《道德经》第二章说："是以圣人处无为之事，行不言之教。"所以，修道修德便是道者的毕生追求。

"故从事于道者同于道，德者同于德，失者同于失。同于道者，道亦乐得之；同于德者，德亦乐得之；同于失者，失亦乐得之。"由此可知，求道者应该与"道"理趋同，求德者应该与"德"理趋同，求失者应该与"失"理趋同，而不是逆反其理。趋同于道的人们，快乐地得到了"道"的回报；趋同于德的人们，快乐地得到了"德"的回报；趋同于失的人们，快乐地得到了"失"的回报。得道者是领悟了天地万物核心真理的人，其顺应道的规律获得了万物并育、生生不息；得德者是掌握了"类物"核心真理的人，《中庸》将"类物"称为"致曲"，即一方面、一个事物的真理，这样的人们顺应了德的规律获得了物类繁茂、繁衍新生。

"失"是什么意思呢？《老子道德经憨山注》："失者，指世俗无道德者。谓至于世俗庸人，亦同于俗。"陈鼓应《老子今注今译》继承了这一说法，"失：指失道失德"，这样解释"失"不符合逻辑前后矛盾。实际上，"失"不是失道、失德，而是失不道、失不德。"失"是人们丢弃非道悖道的思想行为，是人们主动放弃、丢失自己身上非道非德的思想行为。"失"是求道求德的必经路径，不能丢弃糊涂认识，就不可以获得宇宙道德的真理；"失"是一种修炼和改造，是理性回归实践的一种修行，它要求人们学会"失"，理解怎样去"失"，明白"失"的内容。《道德经》第四十八章："为学日益，为道日损，损之又损，以至于无为，无为而无不为。"这是在阐述"失"的功夫，"损"是"失"的又一种表述，"失"到了无所能失的时候，便自然接近了"道"，这便是"失"的回报。所以，"同于失者，失亦乐得之"，领会了"失"的道理，如果人们仍去珍惜应该损失的东西，就不可能是"同于失者"，而只能是悖于失者，其不能"同于失者"即不能同于"失"的人也不可能得到"道"，更不可能体悟到"失亦乐得之"的奥妙。人们通过失、损的方法，越来越接近道德并乐得道德，成为一个知道知德、有道有德、遵道守德的人。

"信不足焉，有不信焉。"通过上文对同于道、同于德、同于失的道者乐得之的阐述，可知老子对"求道修道"得出的结论是：对道德没有足够信念的人，也就是不能做到同于道、同于德、同于失而乐得之的求道人，人们就会不相信他。没有"道德"信仰，也就不能对"道德"真心相信和虔诚仰视，天下治理不可能达到道德真谛，治理者不能做到遵道循德、顺势而作，反而促使暴政专制绵延不绝。进而，面对违道叛德的专权残暴的统治者，民众对他也信不足了，就有不信服他的人了，统治者也就危急了。

第二十四章

　　企者不立，跨者不行，自见者不明，自是者不彰，自伐者无功，自矜者不长。其于道也，曰余食赘行，物或恶之，故有道者不处也。

　　老子列举了一系列不能守常的行为。"常"是道最基本的表现形式，不能守常的行为都是违道的，因而，王弼说"其唯于道而论之"。王弼说，"企、跨、自见、自是、自伐、自矜"这些行为之所以"不立、不行、不明、不彰、无功、不长"，是因为其都是以道德的标准来衡量的。

　　"企者不立，跨者不行，自见者不明，自是者不彰，自伐者无功，自矜者不长。""企"是什么行为？是踮起脚跟，人的常态是全脚掌着地站着，"企者不立"是指人踮起脚尖不能算作正常站着，他不能久立。"跨"是什么行为？是跨步跳跃，人的行走常态是步行，如此才能行以致远，跨步跳跃者不能久行。"跨者不行"是指人跳跃跨步不能算作正常行走，他不能久行。"自见"是什么行为？是自我表现，见，读 xiàn，是现的意思。《周易·乾》"九二：见龙在田，利见大人"中的"见"字，都读 xiàn，也是现的意思。道的属性是"隐"而不是"现"，道隐于万事万物之中，才营造了天地间的和合景象。"自见者不明"是指人通过自我表现是不能明耀天下的。"自是"是什么行为？陈鼓应先生解释"自见"为自逞己见，其实，"自是"才是自逞己见、自以为是，统治者的自是就是独裁专制，老百姓的自是就是固执己见，"自是者不彰"是指人凭据自己成见、固执专制是不能让自己名扬于世的，不能赢得真正的名望。用现代观念来看，"自是者不彰"体现了老子反对独裁专制的民主思想。"自伐"是什么行为？是自我夸赞。老子认为：道"功成而弗居"，道有无上之功，却从未自夸自耀。"自伐者无功"是指没有真功实绩的人却热衷自吹自擂、自我夸赞。"自矜"是什么行为？是自高自大，自矜的目的就是强索人们的尊重，觊觎自己成为人们的尊长，而老子警告说"自矜者不长"，意思是自我膨胀的人不能成为人们真心钦佩的长者，自高自大的人不会真正成为人们心目中的尊者。

"其于道也，曰余食赘行，物或恶之，故有道者不处也。"所谓"企、跨、自见、自是、自伐、自矜"的种种行为，它们相对于"道"而言，都属于多余的废物，按老子的话说，这些行为都是残羹剩饭和无用废行，天地万物都会厌恶嫌弃这些行为，所以，"企、跨、自见、自是、自伐、自矜"这种种非"常"行为，得"道"的人是不会作为的。

一切非本能状态都是不能持久的。非本能状态只是适用于竞技之中、求生与避险之时、表演展示之境。一位背部佝偻的老人，在要求身体振奋精神时，他会挺拔其佝偻的脊背，但一定会在之后的不经意间，仍旧恢复自己也不愿意看到的佝偻脊背。在此状况下，人们是应该尊重他的佝偻脊背，还是要批评其懈怠不振呢？其尊重者懂得"有道者不处"的道理；而批评者则是将异常当作了常态，认为老人刚刚还挺拔着。所以清代《老残游记》就有了这样一句令人刻骨铭心的话："大凡酷吏的政治，外面都是好看的。"在现代社会里，强制人们始终保持"企立、跨行"，本应是资本及资本人格化的资本家的偏好，却被一些自伐自矜、投机钻营者视为泥塑的贴金。

相对于"道"的余食赘行，当然远不止老子所列举的"企、跨、自见、自是、自伐、自矜"六类，现代市场经济条件下被资本家头脑演绎的"余食赘行，物或恶之"的作为，涉及领域之广、切入事态之深、所处水平之高，可谓与时俱进、时刻刷新高度。在革除"余食赘行，物或恶之"的作为上，儒家希望"我"从思想观念的德育上，教导人人拒绝、人人不为；道家认为当以"道"为准绳去衡量人们的行为，入静求"道"。

第二十五章

　　有物混成，先天地生。寂兮寥兮，独立而不改，周行而不殆，可以为天下母。吾不知其名，强字之曰道，强为之名曰大。大曰逝，逝曰远，远曰反。故道大，天大，地大，人亦大。域中有四大，而人居其一焉。人法地，地法天，天法道，道法自然。

　　老子用他超强的思维穿越能力，描述了天地之前"道生一"的景象。可见老子的气魄和眼界：那是多么浩瀚无垠啊！天地犹如眼前来回飘动的气泡，小小的，好像可以揽入手中而不盈于外。在老子的想象中，一定有个真实空间，在天地一覆一载这个如同气泡的小小空间之前，有一个可以任"道"周行的空间。什么是空间呢？按照老子"埏埴以为器，当其无，有器之用。凿户牖以为室，当其无，有室之用。故有之以为利，无之以为用"的理论，空间是有边界的腔体，这个腔体在《庄子》里被形象地称为"六合"。那么，用现在弗里德曼宇宙大爆炸假设来看，"在过去100亿年至200亿年前的某一时候，相邻星系间的距离必然为零。这便是宇宙大爆炸奇点，时间便始于大爆炸瞬间"①。这里仍然没有说空间，那就是说，在相邻星系间的距离趋于零，宇宙大爆炸奇点前的瞬间，奇点是存在于哪里的？在老子提供的想象中，那里有着一个浩瀚的空间。

　　"有物混成，先天地生。寂兮寥兮，独立而不改，周行而不殆，可以为天下母。"有一个混合之物，它生成于天地生成之前。在辽远空旷、浩瀚寂寥的空域里，别无他伴，独自一物，在无比孤寂中仍不改自己的性状，循环周行而不知疲倦，这个混成物可以称为宇宙万物的母体，是一切事物的根源。混成，混合生成，在老子的时代，他所知道的构成天地万物的元素很少，少得只有木、火、土、金、水五种，混成的意思就是不能断定它是由何种元素构成，只能推测其

---

　　① 〔英〕斯蒂芬·霍金. 宇宙简史［M］. 赵君亮，译. 南京：译林出版社，2012：22.

为木、火、土、金、水混合而成。先天地生，表示混合之物在天地形成之前便是存在的，这便是"道生一"，道是形成的最先的一物，天地是由这一物衍生。寂寥是指在混成物循环运动的空域里没有任何声音，没有任何其他异物，寂是无声，寥是空旷无物。独立是指在空旷浩瀚的空域里只有混成物在运行。不改是指混成物的坚定、忍耐。周行，按照陈鼓应先生解释，"周行"有两种解释。第一，全面运行。"周"作周遍讲。王弼注："周行，无所不至。"第二，循环运行。"周"作环绕讲。① 陈鼓应先生自己将"周行"作循环运行讲。从下文"大曰逝，逝曰远，远曰反"来看，老子所说的"周行"必定是循环运行，只有循环运行才可能"反（返）"。在老子的认知世界里，循环运行是常态：日月周行、四季周行、星空周行、树木周行、生命周行，它们的运行模式都是循环往复的。但又从万物均为"道生之，德畜之"来看，老子所说的"周行"也必定是在寂寥空域中无所不至地周遍运行，只有周遍运行才可能"为天下母"，才可能"强为之名曰大"。所以，"周行"既是循环运行，也是周遍运行，是在永不停止地循环运行。不殆是不知疲倦、不会懈怠的意思。可，作许可或能够来解释。以为是成为、作为的意思。天下母，有人认为"天下"应为"天地"，这样理解狭隘了老子的视域，老子认为，混成物周行的空域浩大无比却是有边界的，这个边界类似于人类所能看见的"天"，这个空域里还没有天地，因而老子说的天下是指宇宙空域而不是天地空域，它包括人们已经知晓了头顶之天外面的天外之物。天下母便是包括天地万物在内的宇宙万物的母体，这与"道生一，一生二，二生三，三生万物"的描述相吻合。

人们应该极其佩服老子的空间想象能力，一位两千五百多年前的古人，他为何能有如此奇妙的思考？他为什么要做如此的想象？老子的脑海里，一定浮现着这样的一幅场景：一个浩渺的空间里，寂静虚无，一个无声无形的浑然之物在循环运行，这个浑然之物怎么描述呢？第十四章说是"混而为一。其上不皦，其下不昧。绳绳不可名，复归于无物。是谓无状之状，无物之象，是谓惚恍。迎之不见其首，随之不见其后"。这样一个浑然物毫无疲倦地运行了没有时间的时间长度，逐渐化育了万物的形态。在现代人眼里，宇宙或许是更大空域的"天地"，未来有一天人类突破太阳系、银河系乃至现有宇宙的边界，可能就像今天的地球人穿越大气层一样轻松自如，而我们现阶段畅想人类突破太阳系、银河系乃至现有宇宙边界的感觉，可能就像老子时代设想"登天"（突破地球大气层）一样痴人说梦。

---

① 陈鼓应. 老子今注今译［M］. 北京：商务印书馆，2003：170.

"吾不知其名，强字之曰道，强为之名曰大。"在那个无穷且久远的混合物生成时，没有人知道它是什么，叫什么名字，我也不知它的名字，现在就勉强给它起名为"道"，也可以称之为"大"。

"大曰逝，逝曰远，远曰反。"老子说："大"表现为"逝"，"逝"就是周行，周行是运动；周行表现为"远"，即广大、久远；广大久远表现为"反"，即持之以恒的循环反复。老子"强为之名曰大"，为什么将"道"又描述为"大"呢？"大"包括三项含义：一是"道"的存在形态是"逝"，是运动的；二是"道"的运动空域是"远"，是久远无边的；三是"道"的运动方式是"反"，是"周行"反复的。将"大"所指"道"的存在形态、运行空域、运行方式归纳在一起，意思是"道"的运行包括周遍运行和循环运行。

之所以可以称之为"大"，就是因为它周遍地、无所不至地运行，它无所不包、无所不在、大方无隅，没有任何疏漏之事物。之所以可以称之为"大"，在于它是循环运行，生生不息，永不止歇。

之所以可以称之为"大"，还在于它是可以认知的、有常态的、循环重复可以验证的。

所以，老子之所以给"道"进一步"强为之名曰大"，正是因为"道"在空域中无处不有，在时间上无时不在。"远"的意思是溥博永远，表示在空间里不遗漏任何事物、任何空域，在时间上永存久远。"反"是返的意思，是指循环往复，是指日出日落、月缺月圆、四季轮回、冷暖交替，等等。

"故道大，天大，地大，人亦大。"这一句看似十分简单浅显，因为它直白地说明道大，天大，地大，人亦大，它似乎只是一句陈述句。但这一句又太深奥难懂。"故"是所以的意思，有所以就应有因为，那是因为什么呢？因为道有"逝、远、反"的特性，所以称"道"为大，谓之"故道大"。而天地人是凭什么可与"道"齐名被称为大呢？是由于什么才得出了"天大，地大，人亦大"的结论呢？要理解这样的问题，我们不妨读一读佛教《心经》的句式："色不异空，空不异色，色即是空，空即是色，受想行识，亦复如是。"《心经》给人们讲，人有五蕴：色、受、想、行、识。色空不相离，色就是空，空就是色，这和《道德经》所说的有无同出而异名是一个意思，《心经》说完"色空不相离，色就是空，空就是色"之后，紧接着说"受想行识，亦复如是"。就是说，因为色是如此，所以受、想、行、识也是这样的。由此类比，我们认识到"故道大，天大，地大，人亦大"。它与《心经》句式一样，"道"因为逝、远、反，因而为"大"，所以天、地、人也是一样的，同样具有逝、远、反属性，只不过"天、地、人"各自的"逝、远、反"属性有各自的具体表现形式，但它们仍与"道"一样可称为"大"。

"人亦大",河上公版、王弼版是"王亦大"。老子这部书,是对其"道德"思想的汇集,也是他对一生传道经历的文字陈述,但老子不是为了传道而传道,他是要解决实际问题的。老子传道的核心目的是说服周王及各诸侯国君等统治者明道守道,遵道循道,尊道贵德,让他们效仿道德实施统治,使战乱停止、和合共生、天下安宁,老子这本书的读者是王公诸侯,王公诸侯也是贯彻落实《道德经》要义的主要承担者,所谓"溥天之下,莫非王土;率土之滨,莫非王臣"(《诗经·小雅·北山》)。普天之下的土地,没有一寸不是周王的辖治;守护土地的诸侯,没有一人不是周王的封臣。这样才是诸侯拱卫王室、分封护卫国土的封建王权制度下天下治理的初衷。同时,尽管老子不遗余力地呼吁天下安宁,甚至不惜提出小国寡民、削弱诸侯国国力的措施,以维持天下太平,但在公元前6世纪人、民分称的时代,老子不大可能产生把王侯民众统称为人的思想,老子为民众呼吁只能是怜悯之心所使,还不能算是民本思想或人人平等思想,王和民均是平等的"人"在那个年代是不可思议的事情。因而,在"王"是天子、是上天的儿子这样的认识基础上,老子称"王亦大",将天、地、王平等统称为"大"应该是符合《道德经》原意的。但是,《道德经》流传到今天,人的概念和人人平等的思想早已被人们接受,"人"毫无争议地成了万物之灵、天下之王,因而,本书仍保持"人亦大"的表述。

"域中有四大,而人居其一焉。人法地,地法天,天法道,道法自然。"上文已经证明,道、天、地、人(王)为宇宙空域中之"大",在"四大"之中,人是其中之一"大"。《道德经》的"大"如同《道德经》的"道、德",是有其特定内涵的,它与我们现代流行的字义有区别,不可望文生义。老子在这里特别强调"而人居其一焉",特别强调人(王)在宇宙中与道、天、地承担着同样的职责,因而,天下和谐太平、万民衣食无忧,便成了道、天、地、人(王)的共同责任和使命,这无疑也是老子传道的重大意义之所在。那么,在共同维护其使命过程中,"人(王)"应该如何作为呢?怎么做呢?老子给出了其作为原则:"人法地,地法天,天法道,道法自然。"这几句话是塑造了中国人人格的话语,深深地浸润着中国人的骨髓,因而,对它的理解,本书引用几位大家长者的解说。

河上公、陈鼓应解"法"为效法,王弼、任继愈解"法"为法则。

河上公的解词说:"人法地,人当法地安静和柔也,种之得五谷,掘之得甘泉,劳而不怨也,有功而不置也。地法天,天澹泊不动,施而不求报,生长万物,无所收取。天法道,道清静不言,阴行精气,万物自成也。道法自然。道性自然，无所法也。"意思是：人当效法大地的安静柔和，种粮引水，任劳任怨、不求有功。地当效法天淡泊持重，给予不求回报，有收成不思索取。天当效法道清静不言，默默规范万物，万物自生自成。道来自大自然且其本性自然而然，对万物没有人为强制法则，任凭万物自由成长，生生不息。

王弼的解词说："人不违地，乃得全安，法地也。地不违天，乃得全载，法天也。天不违道，乃得全覆，法道也。道不违自然，乃得其性，法自然者。"意思是：人以地为法则不敢违犯，就能获得天下万民安泰；地以天为法则不敢违犯，就能获得承载万物之力；天以道为法则不敢违犯，就能获得完整，覆盖大地；道不违背自然法则，就能让万物舒展其本性，自由生长。

陈鼓应先生的解词说："人取法地，地取法天，天取法道，道纯任自然。"

任继愈先生的解词说："人以地为法则，地以天为法则，天以道为法则，道以它自己的样子为法则。"

对"人法地，地法天，天法道，道法自然"的理解，总的看来都是师从、效法关系，但每个人的关注点各有偏重：河上公认为是从品行、精神上去效法，是一种师从榜样的关系；王弼则是强调自然法则的强制性，违反了则会受到惩罚，是一种因敬畏而效法的关系；陈鼓应先生着重突出了"下"适应、遵循"上"的关系；任继愈先生则是强调了"上"制约、规范"下"的关系。那么，在具体的现实中是如何理解这种效法的呢？我们可以这样理解：人的吃、穿、住、用、行生活方式都是依照不同地域特性而确定的，人的审美取向、精神追求也受到地域的严重影响；大地的生物生命皆因四季时令而变，大地的冷暖险峻与太阳黄道紧密依存；宇宙、太阳、月亮的诞生和运转都受到"道"的决定，即受到宇宙的原始力量和运动规则决定；"道"除了给予宇宙万物诞生并保持自我且生生不息的力量和规则之外，对于具体物的生老病死、生住异灭从来就是自然而然的，从来就是无为的。

从"人法地，地法天，天法道，道法自然"中，我们也能体会到，老子所说的无为绝不是无所作为的意思，老子是鼓励人们有作为的，"人法地"便是对人们作为加以规范，违反法地、法天、法道的原则和不效法道、天、地的作为方式，那便是老子坚决反对的有为和妄为，坚持法地、法天、法道原则和效法道、天、地的作为便是无为或为无为。一些人将懒政行为解释为道家无为的教导，把脑不思、心不想、四体不勤的愚昧视为对道家无为的实践，这才是千错万错、"大逆不道"的。

现在，我们来看看老子是如何来表达他自己的发现成果的。老子说：有一个混成之物，"其上不皦，其下不昧。绳绳不可名，复归于无物。是谓无状之状，无物之象，是谓惚恍"。它在天地诞生之前就已生成。这个混成之物没有声音、没有形状，自由自在地，没有改变它自身的形态，不知疲倦、没有停歇地运行在虚空之中，这个东西就是天地万物的始祖。我不知道它的名字，勉强给它一个字号叫"道"。"道"本无形无声无象，但如果非得名其性状不可，其性状只能用"大"来表示，这个"大"有三个特征，即"逝、远、反"。这个"大"称得上浩瀚中奔泻而来，是"逝"中之大，是运动周行中的大。这个"大"称得上远大，"远"是混成物在空间上的无边无际。因为它运行了没有时间的时间长度，"迎之不见其首，随之不见其后"，这个混成之物周流不止，这里的"逝"是混成物在时间上的无始无终；这个"大"也称得上覆盖了所有，它无所不包、无所不在、无所例外。"反"是什么呢？老子说"反者，道之动"。"反"是"道"的运动方式，"道"不是一风吹过，不是一水流过，在"道"曰逝、曰远的过程中，它并不是逝去不归，也不会远去不回，它仍将停留在宇宙间万事万物上，被人们所感知、所认识，成为万事万物存在的根本元素，成为万事万物变化的最基本规律，也是万事万物生生不息原始的本能的内在动力。"道法自然"既表明"道"源于宇宙自然以区分于人为设置，也表明其作用形式是自然而然以区分于人为设定。

第二十六章

　　重为轻根，静为躁君。是以圣人终日行，不离辎重。虽有荣观，燕处超然。奈何万乘之主，而以身轻天下？轻则失根，躁则失君。

　　"重为轻根，静为躁君。"这只是天下常理。王弼说："凡物轻不能载重，小不能镇大。不行者使行，不动者制动，是以重必为轻根，静必为躁君也。"意思是说，轻的东西是不能承载重物的，小的东西不能稳定大的东西，思谋者指使行动者，静止物体可以控制运动物体，所以，重一定是轻的根基，静一定是浮躁的主宰。王弼之言无非是说"重为轻根，静为躁君"的道理很简单，凡有生活经验的人都能体会和理解。本章就是以这样的公理为大前提，推导出治理者应该自重、自静，不可轻率、浮躁。其核心仍旧是宣扬老子的"道"，鼓励天下国家的治理者静虑重道，把握治理的"道"。

　　"是以圣人终日行"，有版本作"是以君子终日行"，如帛书甲本、陈鼓应本。而王弼本、河上公本、任继愈本都是作"是以圣人终日行"。如此这般，我们可以这样理解，圣人、君子都是对"道、德"有深刻体悟的人士，是社会中认识层次高于常人的人，圣人、君子本没有什么严格的区分，是对道者的尊称而已。另外据陈鼓应《老子今注今译》介绍：蒋锡昌认为"圣人乃理想之主，应深居简出"，君子才是做具体事的。这里只是关注了圣人的一般形态"是以圣人处无为之事，行不言之教"（第二章）；其实不然，《道德经》多次提到天下国家的治理者就应该是得道的圣人，如第三章"圣人之治"，第二十二章"圣人抱一为天下式"，第二十九章"圣人无为，故无败"，第七十七章"圣人为而不恃，功成而不处"等，这些都是圣人作为治理者形象出现的。《老子想尔注》就突出了帝王以得道圣人的作为教化天下，说"王者执正法，像大道，天下归往，旷塞重驿，向风而至"。本章的"圣人"也是称谓治理者的。

　　"是以圣人终日行，不离辎重。虽有荣观，燕处超然。"辎重，河上公认为是静重。其实辎重就是辎重，任继愈先生说是"载着粮秣的辎重"。在老子看来，得道者和未得道者一样，也是活生生的人，其身体保全是人的基本要求，没有身体存在就没有一切，所以即使圣人终日行，即终日行道、终日传道、终日周游列国游说，总是必须带足辎重，不可因传播道德治国学说而枉费了性命，倘若如此，得道、悟道、传道、行道又有什么意义呢？我们可以清晰地感觉到，老子所讲的圣人在生活上仍旧是一个普通的人，没有飘忽不定的神仙气，也没有仙风道骨的超凡气，而只是一个悟到了"道"而急切希望将尊道贵德理念应用于国家治理，使得天下太平和谐的思想家。在道家的发展历史上，有三个最关键的人物，老子是以"道"成就一家之说，是严肃的治国方略；庄子将道神秘化，为道人增添仙气，将严肃的治国学说转变为个人修身之术，丢弃了老子道家的进取精神，让灵魂超脱身体存在，将灵魂的逍遥自在形象化、具体化；张陵、张鲁爷孙俩塑造了"道"的人格化、神格化，把老子抽象的"道"具体为有欲、有言、有情感的人格神，他对人有教导、遣使、诫禁，且主宰人的生死、赏善惩恶、镇邪制顽，大幅度地脱离了老子"道"本身的意义。

"是以圣人终日行，不离辎重。虽有荣观，燕处超然。"不难看出，"圣人终日行，不离辎重"是在阐述辎重是生命存在的根基，是具体阐述"重为轻根"的道理。"荣"是荣耀光鲜的意思，"观"有表率的意思，"荣观"是荣誉而受敬仰，所以，"虽有荣观，燕处超然"是指得道的帝王虽然身处荣耀而受人仰视的环境中，却也不能沉沦其中，要摆脱虚荣的掣肘，精心于道法的推行。

"奈何万乘之主，而以身轻天下？轻则失根，躁则失君。"奈何是"为什么"的意思，万乘是指"万乘之国"，万乘本指万辆兵车，这里泛指国力强大的大国，很多质疑老子为春秋人的学者，都以此"万乘之国"为根据之一，说春秋时期没有也不可能有万乘的强国出现，而出现万乘之国时，已是战国晚期的事情，所以老子应该是战国后期的人物。如钱穆先生《中国思想史》就认为老子在庄子之后，但从"道"认识的思想脉络看，这几乎是不可能的。其实，"万乘"只是形容词而已，不必将它看作数量词去较真。老子喜欢用具体的数量词去形容比附其他事物，如"道生一，一生二，二生三，三生万物"，如"生之徒十有三，死之徒十有三。人之生，动之死地，十有三"。"奈何万乘之主，而以身轻天下？"是老子面对诸侯国相互争霸、天下战乱不断，愤懑而不解地质问，意思是：为什么作为大国治理的君主，却不懂得"重、静"的道理，而轻蔑自己在天下的身份去制造战乱纷争呢？

春秋战国是人民生活极度黑暗、极度混乱的时期，"战国"本义就是悍战之国、强霸之国的意思，《战国策·燕策》记录苏秦之弟苏代说"凡天下之战国七，而燕处弱焉"，意思是：天下有七个"战国"，齐、秦、燕、楚、赵、魏、韩，而燕国相对弱小。而《战国策》问世之后，"战国"才成为特定历史时期名称。诸侯混战，人心思安，人们期盼怀念周天子治下诸侯各得其所的安宁生活，在这种怀念和期盼之中，知识分子阶层纷纷为社会安定出谋划策，儒家认为应该恢复旧的治国制度、克己复礼；法家鼓励诸侯奋发图强、争霸取代周天子创造安宁；墨家赞成人人平等、博爱无争共享太平；杨朱则鼓吹各自管好自己、不求人也不被人求，熄灭欲望各自安好；老子则主张推"道"及人、推"道"及社会、推"道"及天下国家治理，致力于推动废弃人为而由"道"决定社会万物的发展变化。无奈地发出了质问之声的老子，用坚定而低沉的声音郑重地警示天下诸位统治者："轻则失根，躁则失君。"轻即不慎重，不慎重即草率，草率就是无视"道"的存在而失去了处事根本；躁即不沉着，不沉着即妄动，妄动就是无视"道"的存在而失去了理政主宰。

第二十七章

　　善行无辙迹，善言无瑕谪，善数不用筹策，善闭无关楗而不可开，善结无绳约而不可解。是以圣人常善救人，故无弃人；常善救物，故无弃物，是谓袭明。故善人者，不善人之师；不善人者，善人之资。不贵其师，不爱其资，虽智大迷，是谓要妙。

　　在老子思想中，"道"最少有三层意思，一是宇宙万事万物生发开始和生生不息的原始动力和内在力量，如老子在第四十二章说："道生一，一生二，二生三，三生万物。"一是形成宇宙万物的最核心最本质的东西，是不同形态的宇宙万物所共有的原始物，如老子在第三十九章说："昔之得一者：天得一以清，地得一以宁，神得一以灵，谷得一以盈，万物得一以生，侯王得一以为天下正。"三是宇宙万事万物自身变化的内在趋势和规律，表现为"常"或"恒"，如老子在第十六章说："复命曰常，知常曰明。不知常，妄作凶。"

　　这一章所讲述的"道"，是事物内在规律的意思。虽然本章中没有出现一个"道"字，但处处体现着"道"的力量。为正确理解老子所说的"行、言、数、闭、结"种种行为中"道"的力量，我们不妨先体会一下庄子名篇"庖丁解牛"。《庄子·养生主》说："庖丁为文惠君解牛，手之所触，肩之所倚，足之所履，膝之所踦，砉然向然，奏刀騞然，莫不中音，合于桑林之舞，乃中经首之会。"庄子描写庖丁的解牛操作：（庖丁分解牛体时）手抓肩顶，脚踩膝抵，动作精准利索，并伴有砉砉的圆融之音以及騞騞的和缓行刀声，无不契合音乐旋律，其身形如"桑林"之舞，其声音若合"经首"乐曲。在庄子的描写中，我们似乎听到了庄子"啧啧"的赞美声，也看到了那个厨师娴熟、专注、用心眼而不是用肉眼观察事物的神态。庖丁为何有如此功力呢？庖丁曰："臣之所好者道也，进乎技矣。"庖丁解释说：我善于体悟事物之道，把握了解牛规律，使得解牛过程中，刀走有间游刃有余，这比起一般掌握解牛技术和用刀技巧是具有更高层次的。文惠君听了之后，恍然大悟，曰："善哉！吾闻庖丁之言，得养生焉。"文惠君悟到了什么呢？是从厨师不学解牛技巧，而追求解牛内在规律中获得了体悟，得到养生不在于吃喝拉撒睡的技巧，而在于对生命之道的把握，让自己在生命规律中自由畅快地生活。

不仅庖丁从解牛这种卑俗事务中，体悟了"道"的原理，文惠君也体悟到了养生之"道"的原理，所以，可由此理解老子诱导人们如何在"行、言、数、闭、结、救"这些具体过程中，体悟"道"的存在。

何为"行、言、数、闭、结"？就是指行走、言说、计算、关闭、绑扎诸如此类人们在日常生活中时时处处都在从事的具体事务。而这些具体过程中，如果仅仅是学习技巧，那便是简单得不能再简单的行为。但什么是"善行、善言、善数、善闭、善结"呢？那即是庖丁所言："臣之所好者道也，进乎技矣。"要做到"善行、善言、善数、善闭、善结"，就必须在"行、言、数、闭、结"这些生活具体过程中，体悟"道"的道理，让"行、言、数、闭、结"不再是蝼蚁般的机械行为，而是求道的过程和悟道的修炼。体悟到了"道"，一切粗鄙简单的过程也就高尚起来了，庖丁将一个血腥的杀牛过程，演绎成了"桑林"之舞和"经首"之乐；圣人从日常简单生活过程中，提炼出了体悟"道"的方法和路径，使得圣人将"道"传播于世间，诱导和引导人们求道悟道，救赎万民于盲目之中，救赎万民于混沌之中，救赎万民于迷茫之中。

"善行无辙迹，善言无瑕谪，善数不用筹策，善闭无关楗而不可开，善结无绳约而不可解。"辙迹，轮印足迹。瑕谪，破绽。筹策，计数工具。关楗，门闩。绳约，绳索捆扎。这句话完整的解释是：善行可以做到根本上没有车辙、足迹，善言能自然流畅地完整地表达内心，善数可以不借助筹策木棍完成计算，善闭能做到不要闩销完成闭锁功能，善结能做到不用绳索捆扎仍让人不能解脱。

"是以圣人常善救人，故无弃人；常善救物，故无弃物，是谓袭明。"因此，掌握了道的圣人常常善于解救世人，在得道圣人眼里，世上没有不可以救赎的人，没有不可以求道的人，没有可以放弃解救的人；掌握了道的圣人常常善于解救万物，在得道者眼里，世上没有不可以救赎的蠢物，没有冥顽不化的、无道的愚物，没有使得道者失去信心而放弃点化的死物；这样善用道法救赎世人、点化万物的做法就是让"道"的光辉照亮宇宙万物。什么是"袭"？就是承袭，是一人得道而将道引向他人他物的过程，是将道深入茫然混沌的领域。什么是"明"？老子讲"知常曰明"，是指把握了"道"才可以称之为"明"。"袭明"就是通过圣人的引导让"道"的光辉照亮求道的广域，让世上万事万物、千人万众都能悟道、得道、传道。

"故善人者，不善人之师；不善人者，善人之资。"所以善于以"道"解救世人的人，就是不懂道、没悟道的人的老师和先行者；而没有悟道的人又将成为得道者的借鉴。老子在这一章介绍讲解了求道的法门：在生活行为和日常事物中求道，在"行、言、数、闭、结"等具体行为过程中求道悟道，在具体事物中获得道的真理。其实，这种法门在佛教中也有，并以此常常教化信众，如禅宗语录中"青青翠竹，尽是真如；郁郁黄花，无非般若"，《金刚经》说"一切法皆是佛法"，还有佛家谚语"担水劈柴，无非妙道；行住坐卧，皆为道场"，等，认为体悟生活点滴都是人们接近真理必须经历的旅程。

第二十八章

　　知其雄，守其雌，为天下溪。为天下溪，常德不离，复归于婴儿。知其白，守其黑，为天下式。为天下式，常德不忒，复归于无极。知其荣，守其辱，为天下谷。为天下谷，常德乃足，复归于朴。朴散则为器，圣人用之，则为官长，故大制不割。

　　"道"有很多特征，一方面，它坚毅雄强，表现在万物生存、变化、消亡的全过程全部由道决定和控制；另一方面它很低调柔雌，在如树、竹、人、鸟兽等"道"的具体形态物被外界残害时，它难以抵御争斗。一方面它有耀眼光芒，它生育万物、养育万物、决定万物的千姿百态，离开了它，宇宙就没有万物，宇宙就没有宇宙，它是多么伟大、光彩照人啊！可是你一眼就看到了存在的万物、看到了世界，可曾看到了"道"？可曾摸到了"道"？可曾闻到了"道"？可曾尝到了"道"？所以，另一方面道又无形无影，暗昧而生，不在世间张扬。一方面生育万物、繁荣万物受到了各种赞誉、赢得了各种殊荣、获得了人间的崇拜；另一方面却存于一切事物之中，包括在蝼蚁、在稊稗、在瓦甓、在屎溺等各种被人羞辱之所。《道德经》第二十八章继续要求我们辩证地看待问题，看到"道"的一方面，也要看到"道"的另一方面。

　　"知其雄，守其雌，为天下溪。为天下溪，常德不离，复归于婴儿。"他说：人们在理解"道"的坚毅雄强时，也要看到"道"的柔雌，并效法"道"，让自己在人世间保持柔雌的状态，就像天下所有的涓涓水溪一样，归流合聚在奔腾汹涌的大江大河之中，成为水体源头和水流核心。个体事物中最核心的属性就是德，人们体会到溪水归流的属性，就离理解领悟事物的恒德不远了。相对于人生长河，赤子婴儿便犹如涓涓小溪水，也构成了人生的源头和核心；人们体悟到了人的自然属性之德，就如同褪去了纷乱世间的繁华，回到了婴儿时期的单纯本源。

　　"知其白，守其黑，为天下式。为天下式，常德不忒，复归于无极。"《道德经》又说：既要告诉人们理解"道"有耀眼光彩的一面，但也要看到"道"无形无影、暗昧而生的一面，并效法"道"无形无影、暗昧而生的存在方式，就像不被关注、淡然处世的特性成为人们为人处世的基本方式。人们在处世处事中容易出现偏差就是因为缺乏应有的模式、范式，人们领悟了天下式的重要，就在领悟恒久之德过程中不会出现差错，相对于事物生生不息，事物的发端构成了事物的本质属性，决定了事物的发展变化规律，人们体验万物初始的状态，就如同看到了生命在暗昧中那种单纯和勃发，没有任何虚妄追求。白，光彩。黑，暗昧。式，方式、模式。忒，差错。无极，初衷，物的始生。

"知其荣，守其辱，为天下谷。为天下谷，常德乃足，复归于朴。"它说：人们一方面要知晓理解"道"生养万物、带来宇宙繁华的荣耀，另一方面要看到"道"能安生于被世人鄙夷的羞辱之所，并效法"道"能寄生于低下卑贱的状态之中，就像大山深处山谷的博大宽阔、空灵虚静。人们借鉴了"道"的溥博，成为忍辱负重、心胸宽广的人，就会有足够的能力践行恒久不变的德，相对于事物的跌宕传承、发展变化，就如同那个未经文饰、未经浸染的原始状态"朴"，正因为它的虚怀若谷，不争名利，才有了最终的玲珑和光彩。重新回到质朴状态，方能享受演变的精妙；永远保持质朴状态，才会有不断的玲珑和光彩。

"朴散则为器，圣人用之，则为官长，故大制不割。"质朴的"道"性散落便成就了宇宙及宇宙万物，成为畜养万物的动力，得道之人尊重和顺应物的德性，则能成为人们拥戴的首领和引导者，所以，尽管"道"分散于万物之中，但"道"生养万物的博大力量、"道"畜养万物的坚毅和规范万物发展变化的基本方向、"道"的属性等却不会被分割成零碎。荣，光荣。辱，羞辱。谷，山谷，空灵虚无。常德，物守常的规定性。朴，质朴的道。朴散，道分散。器，道的具体生存形态即具体个体事物。用之，借鉴效法。大制，规范万物的根本规定。不割，不被割裂和肢解。

"朴散则为器"是说"道"的属性分散表现在万物本体之上，化作了"道"的具体物器，这个物器仍旧能决定万物发展变化的基本方向，能够预示万物运动变化轨迹，这个物器便称为"德"，"德"承接了"道"的全部属性而不是部分，即"大制不割"，是"道"表现为"有"时的完整状态。老子在阐述"道、德"的关系上，在《道德经》中有几句非常重要和非常关键的判断，分别为，第二十一章："孔德之容，惟道是从。"第二十八章："朴散则为器，圣人用之，则为官长，故大制不割。"第三十二章："人莫之令而自均，始制有名。"这几句话分别表达了"德"承袭了"道"的一切属性、关系，德是道分散在万事万物中的道，道自我均分隐于事物之中便有了德的名称。

这种"道""德"的关系，传至宋明理学时，便在此基础上，有了"存天理灭人欲""理一分殊""格物求理"的思想论述。

人是天地之灵，人是万物之主，人已经有如此崇高的地位了，难道还不应该约束自己吗？当然应该约束内敛一些，否则就会成为万物肆无忌惮的霸主，对万物为所欲为、随心所欲、专横霸道，最后就会毁灭自己。所以，人们就要"知其雄，守其雌，为天下溪。知其白，守其黑，为天下式。知其荣，守其辱，为天下谷"。这是老子理想的"人法道"的举措。

第二十九章

将欲取天下，而为之，吾见弗得已。夫天下神器不可为也。为者败之，执者失之。是以圣人无为，故无败。无执，故无失。故物或行或随，或觑或吹，或强或羸，或培或隳。是以圣人去甚去奢去泰。

"将欲取天下，而为之，吾见弗得已。"将欲，这里是预备、预想、希望、觊觎的意思。取天下，是指取得天下、夺取天下、企图霸占天下。"将欲取天下"是指觊觎夺取天下，"而为之"是指将自己"取天下"的意志诉诸行动，"吾见弗得已"是说依我看是不可能成功的。"将欲取天下，而为之，吾见弗得已"这句话老子希望表达什么意思呢？老子看到了个个跃跃欲试企图称霸的诸侯，其"宏图大略"暴涨，而老子更看到了跃跃欲试尽展志向的诸侯们背后，是不停不息的战乱正在蹂躏着民众。如何劝导自私而暴虐的诸侯息争止战呢？老子说：你们希望夺取天下没有人能够阻止，可我要告诉诸侯们的是，你们若要实现你们的治理大略，我可以断定是不可能的。为什么呢？因为"夫天下神器不可为也。为者败之，执者失之"。

"夫天下神器不可为也。为者败之，执者失之。"老子说：天下是个不可捉摸的东西，这个不可捉摸的东西有其自身固有的"道"，不是诸侯们可以妄为而治的，谁决意妄为，谁必落下败局，谁想把握霸主权柄，谁必终将失去。王弼解释"神器"非常到位，王弼说："神，无形无方也。器，合成也。无形以合，故谓之神器也。"他说：神就是没有固定的形态，器就是组合而成的物品，用一个不知什么形状的东西去组合成一个物件，那会成为什么东西呢？在此，我们要提到老子、王弼各自的时代局限性，无论是老子说天下是神器，还是王弼解释天下神器，其实他们都不知道一个词——"人类社会"，人类社会是在特定环境下共同生活的人们通过各种关系联合起来的集合，但他们心里、脑子里都意识到了这个事实、这个集合体的存在，老子所说的神器，其玄妙神奇的地方，不是天下国土、大好山河，而是"民治"。"为者败之，执者失之。是以圣人无为，故无败。无执，故无失"，被第六十四章重复引用，在那里进一步用以说明自然属性的万物必须遵从其本性，不可妄为和强执。

"是以圣人无为，故无败。无执，故无失。"所以，深刻理解"道"的得道者总是尊道贵德，不妄为、不固执的，因为他们能效法"主而不宰，为而不恃"，所以没有所谓败落，也就无所失去。

老子说了天下是神器，这个神器的治理可不是好玩儿的，更不能执着于自己的志向而妄为生事，以无事生事当作天下治理，那必将是以失败告终的。老子的"神器"说，基础就是人类社会是物质运动的最高级形态，是人们在特定的物质资料生产基础上，相互交往共同活动形成的各种关系的有机系统，同时，也是宇宙万物的一个特殊部分，人类社会中共同生活的个体以及个体与特定环境的联系是千差万别的。老子时代的人是说不出这样的话的，但他知道这个道理，老子抽象概括，但他采取了分类列举、举例说明的办法来解释其之所以言称"神器"的理由。所以《道德经》说："故物或行或随，或嘘或吹，或强或羸，或培或隳。"

"故物或行或随，或嘘或吹，或强或羸，或培或隳。"这里的"物"就是指由人组成的、人类组合的集合体，这个集合体若用现代语言表达，就是"人类社会"。这个集合体里面的人、物、事，那可真是千差万别的，其千差万别表现为"或行或随，或嘘或吹，或强或羸，或培或隳"。王弼解释这一句非常概括，说是"凡此诸或，言物事逆顺反复，不施为执割也"。他说：老子说的这些"或"啊，无非是说人、物、事各有各样、各有各求罢了，不能采取一刀切的治理办法。王弼的概括非常准确，但老子具体是怎样说的呢？他说的中心意思就是：人类社会太复杂了。他说：天下的人物事，有的愿意前行引领而有的只愿意追随跟从，有的轻声柔气而有的暴烈呼吼，有的雄强健施而有的羸弱多病，有的注重培植自己而有的只知自甘堕落。正因为社会成员各有所需、各有其性，统治者就不应该将自己的喜好忧烦作为标准用于天下治理，而要去掉自己特别喜好的、自己特别享受的、自己认为特别适应的种种个人感觉，不能将个人好恶强加于其他社会成员，自己认为美好的不一定是别人认为美好的，所以老子说："是以圣人去甚去奢去泰。"

"是以圣人去甚去奢去泰。"甚，特别喜好的感觉。奢，特别享受的感觉；泰，特别舒坦的感觉。甚、奢、泰都有超常态的含义。得道的天下治理者不宜以个人好恶置于治理，而应该按照"道"的要求，无为而治。这便是朱熹的"存天理灭人欲"之所指，也具体地说明了老子所谓无为而治的思想。

第三十章

以道佐人主者，不以兵强天下。其事好还：师之所处，荆棘生焉；大军之后，必有凶年。善者，果而已，不敢以取强。果而勿矜，果而勿伐，果而勿骄，果而不得已，果而勿强。物壮则老，是谓不道。不道早已。

这一章，内容诠释分歧很多，各家注释皆有所别，对理解其中关键概念的内涵更是莫衷一是。

"以道佐人主者，不以兵强天下。"从句式来看，可以理解为以"道"辅佐人主的人，从来不怂恿人主以雄兵利器、强悍武力称霸天下。王弼就是这样理解的，但王弼认为，老子如此说，是要表达一个反问：以道佐人主的谋士尚且如此，何况自己信仰"道"的人主呢？人主不是更加懂得不以兵强天下的道理吗？王弼的解释是在原句上的延展，有发挥的嫌疑。其实这样解释失去了老子的道德意义，无端地拉扯出一位谋士来，也不符合《道德经》语言简练的行文风格。河上公是这样解释的："以道佐人主者，谓人主能以道自辅佐也。"意思是，以道佐人主者是说人主能以道辅佐自己。憨山大师也认为是指人主自己，他站在上一章"圣人去甚"的角度理解，不可以兵强天下。因而，这一句的解释应该是：以"道"辅佐自己事业的那些担任人主的人，从来不以暴兵利器、强悍武力雄霸天下。以更简单的语言注释：依"道"治国者，从不逞强斗狠。

"其事好还：师之所处，荆棘生焉；大军之后，必有凶年。""好还"，王弼认为，既然不以兵强天下，其治理之事就应该返还到无为。河上公认为，既然懂得"以道自辅佐"，其内省之事就应该还于自责，人主自己的行为是否符合"道"。憨山认为，既然兵强天下是过甚，其兵强之事必定势极必反，返还到适中的状态。陈鼓应、任继愈先生认为，之所以不以兵强天下，那是因为明白兵强天下的报应。陈鼓应、任继愈先生的注释符合上下文衔接。其事，指兵强天下之事；好还，指容易还报、会有报应。老子还列举了兵强天下很快就会得到的报应：经历战争之地，必定人烟稀少、土地荒芜、荆棘丛生。经历战争之后，必定是凶年迹象：饥荒穷困、匪盗四起、民不聊生。

"善者，果而已，不敢以取强。"河上公本、任继愈本、陈鼓应本都是"善有果而已，不敢以取强"。本书采用王弼本原文。关于"善者，果而已"的理解成为这一句乃至这一章解释的难点、重点和关键点。善者，大多认为是继续了"师之所处，荆棘生焉；大军之后，必有凶年"，是指善用兵者。其实，善者是继续"以道佐人主者，不以兵强天下"，是指善"道"的人，懂得遵德循道的人。因为主句是"以道佐人主者，不以兵强天下"，"其事好还：师之所处，荆棘生焉；大军之后，必有凶年"只是对主句的补充和展开，所以，善者是善道者。"果"，王弼解为"救济、拯救"；河上公解为"果敢、果决而勇敢"；憨山解为"结果"；任继愈先生继承并发展了结果的说法，认为"果"作"成功"解释；陈鼓应先生折中了"救济"和"结果"的解释，将"果而已"的"果"解释为"救济"，将下文的"果"解释为"达到目的"。综合上下文及"果"的字义，"果"应该解释为果真、真实、本真。这句话的意思解释为：善道者，保持本真而已，不敢以强硬标榜自己。鼓励天下坚守"道"的和合本真，不以强争恶霸为崇尚。这与《道德经》尊道卑战、贵柔贱强思想相吻合。

"果而勿矜，果而勿伐，果而勿骄，果而不得已，果而勿强。"果，本真。勿，不。矜，自贵。伐，自夸。骄，自大。不得已，不受私智主观控制。强，强力。保持了本真则不自贵，保持了本真则不自夸，保持了本真则不自大，保持了本真则顺应"道"而不注入主观意志，保持了本真则不逞强好战。这段话是对"善者，果而已，不敢以取强"的补充，继续强调了"善者果而已"的论述，回答了"为什么善道的人不过是在保持本真罢了"的问题。

"物壮则老，是谓不道。不道早已。"壮，强壮，王弼解"壮"为武力暴兴。老，衰败、颓势。已，结束。王弼解"壮"为暴兴，这个"暴"字解释得非常贴切，物壮应是由小变大，由弱变强，由少变壮，然后逐渐老去，直至消亡，这是符合"道"的法则的。但离开了物的成长法则而"暴兴"，无异于拔苗助长，这种拔苗助长的结果必定是衰颓。无怪乎没有物壮则强，强而盛，盛而衰的过程，"物壮则老"是违反"道"的法则的。所以，老子说兵强天下的矜、伐、骄、强就是武力暴兴，如同物的暴长暴壮暴衰暴亡，是不符合"道"的。不符合"道"会有什么结果呢？老子说"不道早已"，万事万物不符合"道"就会早早地完蛋。

本章说明圣人当以"道"治天下，不应以兵强天下，兵强天下只能带来天下凶祸，以"道"治天下不过是保持本真而已，保持本真是顺应"道"的法则，就会贵柔无为，不敢逞强，保持本真的人不会自贵、自大、自夸、自强，一切都会顺应"道",失去本真的兵强天下如同物的暴兴暴衰,是不符合"道"的作为,治理不符合"道",国家便会早早衰亡。老子警告天下争霸的诸侯凭借兵强暴兴之后必定会出现灭亡后果。在春秋末期,东周王朝的控制能力已经大大削弱,诸侯各国明争暗斗、相互攻伐,一时争得霸主地位的诸侯国,更是应对各方挑衅、战争不断,民众陷入兵燹之中,家无宁日,国泰民安只能成为天下人的希望和追求,春秋争霸战争没有一点革命性质,战争主体在主观上没有一点推动社会进步的动机,在客观上没有一点改革制度的迹象,只是满足霸主个人的狂妄私欲,穷奢极侈地追求天子礼仪,享用僭越带来的快感。在这样的时代背景下,老子警告诸侯各国守本真、弃征伐、不争霸,自觉拥护周王权威,维护周王朝统治的秩序,应该是春秋时期最直接有效的治国方略了。所以,老子特别看重"善者,果而已,不敢以取强",也特别警告"物壮则老,是谓不道。不道早已"。

第三十一章

　　夫佳兵，不祥之器，物或恶之，故有道者不处。君子居则贵左，用兵则贵右。兵者，不祥之器，非君子之器，不得已而用之，恬淡为上，胜而不美。而美之者，是乐杀人。夫乐杀人者，则不可以得志于天下矣。吉事尚左，凶事尚右。偏将军居左，上将军居右。言以丧礼处之，杀人之众，以哀悲泣之。战胜，以丧礼处之。

　　《道德经》不是《周礼》，它不是在规范社会行为该怎样或不该怎样，尽管本章中多次分以"左、右"，但绝不是在告诉人们仪式礼仪该怎么站位的俗事。《道德经》是哲学，老子无时无刻不是在阐述"道"。所以，任继愈先生说：本章"文字有点错乱，汉魏以来已经是这样子了"。上一章谈到"不以兵强天下"，本章进一步继续阐述不以兵强天下的理由，阐述兵强天下是最凶悍的违道之举。兵，即兵器、士兵、军队、战争的总称，凡用兵者，势必都会有杀戮、人员伤亡、土地焦荒等情况。第三十章说："大军之后，必有凶年。"这是战争的必然结果，但恰恰这个必然结果才是对违"道"行为最残忍的处罚，以回归到"道"的规则和秩序上。

　　"夫佳兵，不祥之器，物或恶之，故有道者不处。"本章第三十一章的开篇有一重要的潜在语，那就是"以道观之"，老子认为依道来研究考察兵器、士兵、军队、战争等战争力量，这些都是凶险之器、凶险之力。普通的征战力量都是凶器，不吉利，何况精良战力呢？佳兵，指精良战力。憨山大师说："佳兵，乃用兵之最精巧者，"又说，"兵益佳而祸益深。"战争力量越是强大，则致祸越深。战争打乱了"道"的常性，世上万物都厌恶战争，尊"道"的人更是不会信奉佳兵强力，依赖战争、发起战争的。这是老子对春秋无义战评价的高度概括："物或恶之，故有道者不处。"万物都厌恶战争，求道者更不能容忍战争破坏"常"态。老子所看到的战争是天下的战争，用现在的话来讲，属于国内战争，老子呼唤的和平，是周天下的和平，是焦急于周室无力、周天子无能。

东周诸侯的征战是为一己私利而罔顾天下大局、罔顾天子威仪的战争。在老子看来，这不符合天下（王朝）之道，是不能接受的。所以，他对战争既深恶痛绝，又万般无奈。

"君子居则贵左，用兵则贵右。兵者，不祥之器，非君子之器，不得已而用之，恬淡为上，胜而不美。而美之者，是乐杀人。夫乐杀人者，则不可以得志于天下矣。"君子是古人对有修养人士的尊称，各家学派的君子观是不完全一样的，在老子看来，君子只能是知"道"的人，是懂得"不知常，妄作凶"的人，能够做到尊道贵德的人。君子尚柔，武人尚刚。河上公认为：从人体左右手功能看，"左柔弱，右刚强"，所以古人价值观中就有文官居左、武将居右的认知。老子在这里仍是表明类似的价值观，君子温文崇尚左，武人刚健崇尚右。尽管"兵者，不祥之器，非君子之器"，即兵器、士兵、军队、战争等战争力量都是凶险之器、凶险之力，这些绝对不是有道君子所依仗的东西，但"不得已而用之，恬淡为上，胜而不美"，是说在抑制战争、平息战乱、抵御战祸、求得民安而不得不动用战争力量的时候，君子要做到恬淡为上，胜不自誉。憨山大师说："恬淡者，言其心和平。"作战胜利了也不要以其为美，总之，不以战争胜利为荣誉，更不得显摆战争功业。因为战争无论是正义或非正义都会带来兵燹战乱，纷扰"道"性。君子在济难救人中不得不采用战争之力时，也必须认识到战争的危害。因为"而美之者，是乐杀人。夫乐杀人者，则不可以得志于天下矣"。如果对战争胜利进行炫耀，这样的人其实是乐意杀人的，而在"道"看来，视杀人为乐事的人，不可能实现其赢得天下的野心。老子认为：有志向赢得天下的人，只能是符合道行、尊道贵德的人。

"吉事尚左，凶事尚右。偏将军居左，上将军居右。言以丧礼处之，杀人之众，以哀悲泣之。战胜，以丧礼处之。"老子进一步推广了柔弱胜刚强的道理，只是比其他章节显得隐晦一些，没有直接出现"刚柔"的字眼，在"君子居则贵左，用兵则贵右"的基础上，拓展到了吉事、凶事，认为不仅君子贵左、用兵贵右，而且吉事尚左、凶事尚右。吉事就是顺应道的事情和作为，凶事都是违逆道的事情和作为，左右不过是所谓柔弱刚强的代名词而已，在军队里偏将军是柔弱顺从的，上将军是刚强主导的。如果说到用丧礼来套用战争结果是一点都不过分的，战争的胜利是以无数战死的将士换来的，换句话说，战争的胜利是以杀死众人赢得的，使得敌人、友人、亲人、无辜的人、怙恶之人，人人不得好死，人人不得寿终，人人不得其所。站在生命的立场上，在死者面前，战争的胜利就当以悲哀哭泣的心境、以追悼逝者葬礼的仪式来对待。这一段话，是作者对造乱天下的战争的诅咒，是作者对背离天子的诸侯的诅咒。老子千方百计以"道"的道理来昭示人们，引导人们理解战争是违逆"道"的最极端的手段和方式，是戕害民众的最残酷的手段和方式，和谐生存和道常秩序是多么值得维护和崇尚！可见，老子作为守藏使，遍阅诸侯争霸历史，亲历诸侯争夺现实，他是何等痛心疾首而又无能为力啊！他只有毫不懈怠地去宣扬他的"道、德"思想，以唤醒天下人的自律和自觉。

第三十二章

　　道常无名。朴虽小，天下莫能臣也。侯王若能守之，万物将自宾。天地相合，以降甘露。人莫之令而自均，始制有名。名亦既有，夫亦将知之，知之所以不殆。譬道之在天下，犹川谷之于江海。

　　"道常无名"，是容易被误解的经句，这里需要特别强调的是"无名"是"无"和"名"，是以"无"命名的意思，"名"在这里可理解为名分，一种状态，"无名"是指"无"的那种状态。"常"指常态，指固有的秩序，"常"在《道德经》里是一个非常重要的概念，它是指"常态"，对其重要性最精准的表达是"不知常，妄作凶"。所以，叶曼先生甚至说"老子不是讲'道'而是讲'常'。'常'作本体讲。'无、有'两者玄之又玄，而它们同出于'常'"。所以，"道常无名"是指"道"的常态是以"无"的状态表现的。

　　"道"存在于一切事物之中，从不炫耀、不张扬，《庄子·知北游》记载："东郭子问于庄子曰：'所谓道，恶乎在?'庄子曰：'无所不在。'东郭子曰：'期而后可。'庄子曰：'在蝼蚁。'曰：'何其下邪?'曰：'在稊稗。'曰：'何其愈下邪?'曰：'在瓦甓。'曰：'何其愈甚邪?'曰：'在屎溺。'东郭子不应。"这段故事的意思是，东郭子请教庄子说："人们所说的道，究竟存在于什么地方呢?"庄子说："道无所不在。"东郭子曰："请指出道存在的具体地方我才认可。"庄子说："在蝼蚁之中。"东郭子说："怎么存在于这样低下卑微的地方?"庄子说："在稻田的稊草里。"东郭子说："怎么越发低下了呢?"庄子说："在瓦块砖头中。"东郭子说："怎么越来越低下呢?"庄子说："在大小便里。"东郭子听了后不再吭声。东郭子也许觉得庄子在戏弄他，在他"不应"的态度中，可以看出东郭子还没有理解道的真谛。

　　正如庄子所说"道无处不在"，遇高贵则高贵、遇卑贱则卑贱，其性朴实敦厚。道也是看不见摸不着的，树木花草"不见其增，日有所长"却是看得见摸得着的，这是道生德畜的状态和过程。道存于精微，所以说"道"的常态是以

"无"的状态表现的。

"朴虽小"就是指"道"朴实而细微。尽管"道"朴实而微小，但天下万物所有的形态、所有的变化都是听命于"道"的，没有什么东西能使"道"臣服。用现代科学来思考认识"道"，"道"包含了太多的基础科学知识。凡是涉及科学知识，古人津津乐道。

"侯王若能守之，万物将自宾。天地相合，以降甘露。"老子希望将"道"作为方式方法，原原本本、完全地移植到治理天下、治理国家中，且对效法"道"生养万物的方式治理天下、实现社会治理的前景充满了美好的理想，充满了无尽的期待。他认为如果侯王这些权贵理解悟得了"道"，遵从"道"的规范、顺从"道"的规范，天下万物、社会民众都会自动拥戴他，那样的天下一定天地和合、风调雨顺，那样的天下一定是作物大有、国泰民安。

"人莫之令而自均，始制有名。""道"存在于一切事物之中，这种过程是自然的、客观的，"道"不用得到人的命令就体现在一切事物之中，没有人指挥"道"、没有人给"道"下命令，"道"便自然而然地均分给万物，与万物同在。从这里我们可以理解，在老子的脑海里，"道"的存在和运动，是没有任何人决定的，没有一个所谓的先天之主、上帝决定着"道"，所以他说"吾不知谁之子，象帝之先"（《道德经》第四章）。正因为如此才"人莫之令而自均"。"均分"于万物之时，"道"便"始制有名"，也就是开始有了"有"的状态，这种"有"的状态就是万物的状态，就是"道生一，一生二，二生三"中"三"的状态，是天下物的母体状态，是"物以类聚"的那个类物的状态。"道"经过"自均"之后，便成为"德"，所以在《道德经》看来，得"道"者谓之"德"，"德"是承接了"道"的一切属性而将"道"表现在类物、个体物的状态。

"名亦既有，夫亦将知之，知之所以不殆。""道"化为物德，其状态也便确定下来了，成为"有"，天下万物就知"道"了，这里的"亦将知之"便是指宇宙万物知"道"了、获"德"了，也就成就了万物。万物知"道"承接了"道"，获得的、化育的原始动力和生生不息的规律，所以万物没有危险了，这便是"知之所以不殆"。王弼本、憨山本、任继愈本、陈鼓应本皆是"夫亦将知之"，河上公本是"天亦将知之"，本书采用此种表述。

老子是伟大的，但他还没有伟大到能认识绝对性与相对性的关系，在他看来"道常"是绝对的，是永恒不变的。其实"道常"是相对的，只是在一定条件下是绝对的，离开存在的条件，便没有"常道"了。斯蒂芬·霍金就预言宇宙在膨胀之中，也许有朝一日开始坍缩。"道"也无"道"，"德"也终绝，物种灭绝、沧海桑田、河海干涸等"知之也殆"了。如果说"殆"也是"道",可那只是我们现代人在科学家引导下认识的"道",而不是老子所能认识的"道",非常道也！

"譬道之在天下，犹川谷之于江海。"早在老子年代，"道"的深奥，的确不是常人所能理解，对一般人而言，讲道德如谈天书，不知所云、不知何物。但老子心里如明镜一样，异常清楚，他认识水平之高当然不是普通人能企及的，甚至连去拜访求学的孔子都怔住了，孔子说："吾今日见老子，其犹龙邪！"①老子也成为孔子最敬佩的人之一："孔子之所严事：于周则老子。"② 翻译成现在的话就是：孔子能够礼敬侍奉的人，在周天子的京畿之地就只有老子了。为了讲清楚"道"，老子用了不少的比喻，如水、婴、孩、谷、冲等，在这里老子同样用了"譬道之在天下，犹川谷之于江海"的比喻来尽量使得虚空的"道、德"具体化："道"在我们看得见的现实世界里，就如同川谷的水没有任何人去指挥干预就能自然地流向江海。老子的这个比喻，可以用老子不曾懂得的、现在的科学语言来讲：川谷之水为什么会汇入江海，那是由水往下流的"道"决定的，而水往下流的"道"是什么呢？水往下流的"道"是万有引力。

---

① 司马迁．史记［M］．郑州：中州古籍出版社，1994：639.
② 司马迁．史记［M］．郑州：中州古籍出版社，1994：654.

第三十三章

知人者智，自知者明。胜人者有力，自胜者强。知足者富，强行者有志。不失其所者久，死而不亡者寿。

这一章看似直白、浅显，因为这里的词句在我们今天生活中仍耳熟能详、朗朗上口，它已经成为中国人非常重要的人生格言。比如，我们可以将其解释为：认识别人的人是智，认识自己的人是明。战胜别人的人有力量，战胜自己的人是强大。知道满足的人富有，努力前行的人志坚。不忘初衷、不失目标的人能坚持不懈、追寻长久，身死而被人缅怀的人才称得上长寿。

如果仅仅如上解释，那只能说明老子讲的是人生格言，虽有教诲，虽对我们人生有着重要的指导意义，有着花有开时、得意由人的启发，但与老子立说初衷似有不合。就凭鼓舞众人的这几句格言，老子也当属进取派，又怎么会落得被人评价为"不见其伸，只见其屈"的退隐派呢？如果这一章只是格言，那确实难知其言之所衷。他说这么一段格言做什么呢？有何目的呢？他把一段人生格言作为《道德经》的一章，应该不符合《道德经》讲道论德、促人尊道贵德的本意。

细细体悟《道德经》，这一章其实非常深奥，其深奥之处在于，需要正确解读如下问题：知人什么？自知何物？胜人什么是威力？自胜什么能自强？知什么才是足？强行什么才是志？不失其所的"所"指什么？死而不亡的"亡"指什么？在这些貌似格言的语言背后，体现着老子什么深刻的思想？

"知人者智。"人生活在天地之间，核心只有两种关系：我和我的关系，我和环境的关系。在人与人之间，人除自己而外的，就只有我与众他的关系，人与人的关系便是我与环境的关系之一。"知人"是指自己与环境的关系中，不断求知的本领。人要了解、掌握万事万物的德性须有高超智慧，求一物之德、求万物之道唯圣人之智方可实现，而老子教给世人的方法，用庄子的话说，就是"旁礴万物以为一"（《庄子·逍遥游》），要懂得在复杂的事物和事物复杂的表象中求索出最朴素、最广泛的内在的"一"，懂得抓本质，就是"道"。人们的通常认为知人只是"察贤愚，辨是非，司黜陟，明赏罚，指瑕摘疵"①，其实，这只是对个体差异的辨识，而不是处理我和环境的关系，不是平齐万物、以道观之的做法。"知人"可不是简单事，非劳其毕生不可求得。知人者的智慧在于，知人方可容人，知环境方可融入环境，能做到"容、融"方可与万物共生，与万物和合，相互没有攻伐。要达此目标，人们就应该不断地领悟"道"生万物的原意，领悟这"道生之，德畜之"，所以《道德经》说"知人者智"。

"自知者明。"即看透了自身存在本质的人称得上"洞明"，自知就是认识自己，自身个体是复杂丰富的，认识自己什么呢？自知什么呢？自知自身存在的根本价值。人们在探究"知人"时，理解了知人方可容人，知环境方可融入环境，容融方可与万物共生不相互攻伐。道生万物，自身也是万物的一员，人与他（她、它）相互成为生存环境。因而，"自知者明"是指自己懂得了自身存在的本质，懂得生命的使命：人只是宇宙万物中的一物，他与万物组成相存共生的世界，人是为和谐共生、万物并育而来，也为安生立世、寿终正寝而去。因为"强梁者不得其死"，所以，人绝不能是相互杀戮的发起者、参与者，绝不能是蹂躏自身生存环境的野蛮者、愚昧者，也不能是损害自身本体生命的强梁者、无知者。

"胜人者有力，自胜者强。"力是强力，是蛮狠武力。强，是"犟"的意思，和第五十二章"守柔曰强"的"强"属于同一字义，"柔"是"道"生养万物的状态，"道"生养万物的力量从来是日见其生、不见其长，没有任何困难和阻力能压制"道"的作为，"道"的这种强大被老子赋予"强"字称呼，这个"强"用人的表现来看，指的是那种坚忍、耐力、自信，机敏、沉着、坚定。老子所说的胜人者是指称霸者、攻伐者，他们只是横行威力，是悖道而为。自胜者才是按照"道"的行事方式作为的。"胜人者有力，自胜者强"这句话的意思是战胜别人的人只是以强悍之力战胜了人体蛮力、战胜了外在的物力，这是违背"道"生万物初衷的行为；而自我胜利的人是战胜贪欲邪念、战胜了逞强任性，维护了和谐共生的原道。所以，这句话表明，悖道胜人只是强悍武力，其生命不会有好归宿，是没有好下场的；尊道自胜是守柔之强，彰显了循"道"的强大。

"知足者富。"知足不应该是相对于贪得无厌者而言的，也不是指福禄适宜而知足的人。在老子看来，唯有领悟了"道"、懂得天地万物的法则的得道人才是知足者，领悟获得了"道"的人才是富足的，他们不为过去后悔，不为未来

---

① 憨山，著．梅愚，点校．老子道德经解［M］．武汉：崇文书局有限公司，2015：72.

担忧，因为他们通彻既往和将来，无畏灾祸突发，无畏旋踵即灭。得道的人就该称为知足富有。庄子后来根据"知足者富"演绎了经典名篇《大宗师》，描写了知足者富有的形象。

"强行者有志。"强行，是指坚忍而不半途废止。强行者有志是指不屈不挠、坚持不懈的人是有志向驱使，无志向不可"犟"行。那么什么是老子所指的"志向"呢？老子希望人们立志于求道悟道，通透人生真谛，成为知人的智者、自知的明者。所以，强行者是指坚忍地努力前行的人，是指在不断求"道"路上的努力前行者。站在人类群体的角度，人生也许需要行善者，需要修养仁爱者，需要勤勉劳作者，需要治国安邦者……这些努力都需要坚持，都是志向所为。然而，老子认为，天地间终极的志向只能是求"道"，是认识宇宙间的规律、奥妙，人们只有知其道，懂其理，才可循"道"而为，循"道"之志方可持续久远，循"道"之人方称为有志，循"道"之志方能真正造福万世。

"不失其所者久。"久是持久、久远，这句的核心是"其所"，不失其所是不失去什么呢？河上公说"其所"是指"不失其所受天之精气"，即人的身体生命延续所需要的自然所赐，这只是从自然养身角度讲的。王弼说"其所"是指"以明自察，量力而行"，意思是知道自己身体能力大小，不负累、不超负荷作为，是从身心健康角度讲的。憨山大师说"其所"是指"德光终古，泽流无穷"，意思是人要保持高尚的品质不能丢，这是从人的精神追求角度讲的。陈鼓应先生将"其所"解为"根基"，任继愈先生将"其所"解为"根据"。而按照《道德经》的主旨，"不失其所者久"应该是指不失去"道、德"的人长久，把握了道德法则的人才能久远，如果将"其所"理解成根据，那么，道德便是人生命存在的根据，理解道生之、德畜之是生命的本原，自觉地维护道德法则，顺应道德规律，便真切理解了不违道者、不失道者久的含意。

"死而不亡者寿。"人已死去而仍不能被后人遗忘才是长寿。马王堆出土《道德经乙本》的此句是"死而不忘者寿也"。按照"道"的法则，人的生命必是生死之间，生合自然，死亦自然，其人生过程载道归道，遵道而为。但是，有的人即死即亡，其生命如一阵风吹过，无痕无迹，人死即寿终，人死如灯灭。比如，强梁之人不得其死。也有人万古不朽，其毕生求道得道，布道弘道，生命终结却思想如炬，其熠熠光辉照亮了黑暗幽深的历史隧道，为后人铭记称颂、供奉敬仰。老子虽死，《道德经》谆谆如人，其生命仍葱绿如茵、青春自来。《庄子·养生主》将这种现象称为"指穷于为薪，火传也，不知其尽也"。意思是，燃烧之物可以穷尽，"火"却不会终结，它会永远延续下去。有好事者杜撰了老子长命数百岁，必当出自此句。

第三十四章

　　大道氾兮，其可左右。万物恃之而生而不辞。功成不名有。衣养万物而不为主。常无欲，可名于小；万物归焉而不为主，可名为大。以其终不自为大，故能成其大。

　　道，无处不在；道，无时不在。天下万事万物皆由"道"生，其发展变化皆由"道"决定，任何事物都离不开"道"，没有离开了"道"而存在的事物。所以，"大道氾兮，其可左右"。

　　"大道氾兮，其可左右。"氾，同泛，是广泛的意思。这句话是说，大道广泛存在啊！它存在于万事万物，它就在人们身边，就在人的左右。所以庄子说，"道"在瓦罐、在便溺。

　　"万物恃之而生而不辞。"恃，依赖。辞，本义是告辞、推辞，这里是离开的意思。万物依赖"道"而生存变化，万物从来不可能离开"道"。

　　"功成不名有。""功成"，什么是功成呢？万物成就了自己便是功成，万物使自己成为自己便是功成。比如，一谷粒，从发芽为禾苗，长成抽穗饱粒，实现了成为人们食物主粮的结果，这便是功成；比如，一团泥，工匠遵其"道"将其搅和、制坯、晾干、烧制，最后成为人们的生活用具，成为祭祀祖宗的礼器，这便是功成；比如，一年气候，春生、夏长、秋收、冬藏，年复一年地运行，从来没有违反节律，这便是功成，如此等等。这些功成，都是事物之"道"永远贯串始终，违逆其"道"，谷物便会夭折，不会功成；违逆其道，黄泥不会烧成缶罐用具，没有功成。"名"是"说出"的意思，因为"道"从不表露其功、从不居功占有，所以，"功成不名有"是指"道"使万物成就自己而大功告成之时，却还无法说出"道"的作用在哪里。河上公本、王弼本、憨山大师本、任继愈本作"功成不名有"，陈鼓应本作"功成而不有"。

　　"衣养万物而不为主。""衣养"，任继愈先生解释为"护养"，陈鼓应先生说"衣养"如同第五十一章的"养之覆之"，衣，即覆盖，所以"衣养"就是

"护养"。"主"是指"主宰、主人、主导、主功","不为主"是指不居功自以为大、不自作为万物的主宰、不自立为物的主人、不自我标榜为万物成就的主要功绩者。这句话是指,"道"护养万物而不自立为物的主人。

"常无欲,可名于小;万物归焉而不为主,可名为大。"陈鼓应先生认为,若是去掉"常无欲",则句式成为"衣养万物而不为主,可名于小;万物归焉而不为主,可名为大",形成对文,并列举有的版本没有"常无欲"三字,仿佛"常无欲"是多余的。但老子似乎不是这个意思,老子认为,"道"有时可称为"小",有时可称为"大",那是因为人们依据的理由不同而已,当从道"常无欲"的角度看,因为"道"不彰显自己,万物功成甚至不能说出其功绩作用时,"道"可称为"小";当从道"万物归"的角度看,因为"道"无处不在、无时不在,道生万物、万物均归属于"道"时,"道"就必定可称为"大"。从"衣养万物而不为主,可名于小;万物归焉而不为主,可名为大"的对文句式来分析,"衣养万物而不为主"不仅不能名于小,因为衣养万物功劳巨大,反而应名于大。"常无欲,可名于小"是符合老子逻辑的,只有从道德常无欲,即永恒无占有之欲、永恒无居功之欲的角度,才是"道"名于小的依据。

"以其终不自为大,故能成其大。"道常无欲,"道"不谋求凸显自己成为主宰、主人、主要功绩者,永远不会自以为大,永远不会居功傲物。正因为"道"无私欲、低调谦下,却成就了自己天下绝对的"大"。这是老子对"道"的感悟,是将"道"推物及人的亮点。将"道"人格化"自谦",推及人间社会,发出了做人谦下,终会成其高大人格品行的召唤。所以,他认为:"太上,下知有之。"真正上等的统治者,尽管保持了社会进步、人民安宁,自己却只是默默奉献,正因为有其默默奉献,人们在享受其恩泽福音时,才能永远崇敬他,终究成就了他的伟大。

第三十五章

　　执大象，天下往。往而不害，安平太。乐与饵，过客止。道之出口，淡乎其无味，视之不足见，听之不足闻，用之不可既。

　　人掌握了"道"，该是什么情景呢？在上一章从"道"的一个侧面进行展示和阐述的基础上，老子紧接着阐述了人们求道修道的意义，他勾勒了遵"道"治理人世间的美好前景。也批评了人们对"道"的追求不能抵御物欲的诱惑，再次剖析了"道"的认识难度。

　　"执大象，天下往。往而不害，安平太。"道，万物归焉而不为主，可名为大。象，指形象、物象。大象，"道"隐于万事万物之中，它能被人们感觉感知。因其无处不在、无时不在，所以为大；因其能被人们感觉感知，所以有象；道，在老子脑海里的形象是那么清晰深刻，他甚至激动得有些颤抖地称之为"大象"。执，抓住、把握。往，归附、对"道"的向往。不害，没有伤害、没有妨害。老子说：人们立志认识"道"、把握"道"、遵循"道"，本应成为天下共同的期盼，上自公侯官长，下至百姓平民，都应该对"道"自发地依附归顺，天下归于"道"，百利而无一害，依附了道德对万物没有任何伤害，不仅没有伤害，而且遵道守德将使天下安定平和舒泰，人们将享受和谐安宁，天下治理将政通人旺，实现人们理想的生活状态。"安平太"的生活离春秋战国时的人们是那么遥远，成了生活在当时的所有人孜孜以求的梦想，是老子传"道"，宣扬推"道"及人思想直接的社会基础，是招贤纳众的一面醒目的大旗。老子的"道"论指导人们，万事有"道"，人们应当遇事懂得求其"道"，不能被事物的表象所迷惑，而要深入细致地把握事物的"道"，用今天的话讲，就是要善于抓住事物的本质，把握了事物的本质规律，就把握了事物的必然趋势，其作为便能做到顺应客观趋势而为无为，不是违道妄为。统治者遵道守德方可赢得万民拥戴、天下追随，由此，道者就能颐若从容，尽享天健地顺、人和物荣的美好世界。

春秋战国数百年的乱世，激发了思想文化的百家争鸣，在老子提出把握事物自然本质推道及人，方能实现社会治理和求得社会安宁的主张之后，学者圣人救世济民之情不可遏制，纷纷提出各自的治世主张。

儒家认为人的行为应当自我约束，自觉符合社会规范。《论语·子路》说："上好礼，则民莫敢不敬，上好义，则民莫敢不服；上好信，则民莫敢不用情。夫如是，则四方之民襁负其子而至矣。"统治者只要重视礼，老百姓就会敬重他；统治者只要重视义，老百姓就会信服他；统治者只要重视信，老百姓就会敬仰他。如果这样，四面八方的老百姓就会举家投奔而来。孔子认为，统治者只有践行礼、义、信，便有召感力。这种符合社会规范的行为，若是发自内心就是圣人君子，若自我约束则是"化性起伪"，无论是发自内心自觉，还是迫于外在桎梏，符合规范就能获得天下号召力。

墨子则是十分看重通过统治者统一认识，《墨子·尚同》说："古者民始生未有刑政之时，盖其语人异之，是以一人则一义，二人则二义，十人则十义，其人兹众，其所为义者义者亦兹众，是以人是其义，以非人之义，故交相非也……夫明乎天下之所以乱者，生于无政长。是故选天下之贤可者，立为天子……天子发政于天下之百姓，言曰：'闻善而不善，皆以告其上，上之所是，必皆是之；上之所非，必皆非之。'……天子得善人而赏之，得暴人而罚之，善人赏而暴人罚，天下必治矣。"墨子是说，天下没有统治者时，人们对同一个问题各说各话，人们相互交往总是不在一个频道上，这便是天下混乱的根源，因而，统治者要用刑政的手段，明确天下是非标准，保证人们对同一问题在理解上是一致的，天下就归心了。《尚书》上的一段话也是墨子的这个意思，《尚书》说："无有作好，遵王之道；无有作恶，遵王之路。"天下人的作为是作好还是作恶，以王的意志来确定，也就是以王的是非观、价值观决定社会万民的行为取向。

还有被孟子骂得狗血喷头的杨朱，他的见解很独特，他认为天下人都应该绝对地自食其力，互不关心照应。孟子将他的自食其力理解为自私自利。杨朱的核心思想是，自己一毛不拔利他人，也不拔别人一毛利自己，自己不给别人一毛，也拒接别人给自己一毛。《列子·杨朱》说："古之人损一毫利天下不与也，悉天下奉一身不取也。人人不损一毫，人人不利天下，天下治矣。"杨朱的意思是：古代的人是这样的，你让他拔下自己的一根毫毛来有利于天下他不会给，但你让天下人来奉养他、给予他不劳而获他也不同意。人人都不拔下一根毫毛，人人都不刻意做有利于天下的事，那么天下就治理好了。

在公元前6世纪到前3世纪，东周社会可谓混乱到了极点，天下正义的知识分子无不焦虑，纷纷建言献策，希望统治者采纳，以恢复天下太平、民众安宁。《汉书·艺文志》说："诸子十家，其可观者，九家而已。皆起于王道既微，诸侯力政，时君世主，好恶殊方。是以九家之术，蜂出并作，各引一端，崇其所善，以此驰说，取合诸侯。"道儒墨名法，阴阳纵横兵，可谓百家争鸣，各树一帜。而老子从时间上点燃了那个时代思想激越的引线，《道德经》便成了中国"轴心时代"的重要起点。

"乐与饵，过客止。道之出口，淡乎其无味，视之不足见，听之不足闻，用之不可既。"然而，老子在无比荣光地称颂求道行道时，同样看到了诸侯统治者对物欲的贪婪，他们对歌舞盛宴的追逐远远胜过对"道"的追求，他提醒人们，"道"是没有感官刺激的，相对于有感官刺激的"乐与饵"，"道"显得空虚飘忽。老子的意思是说：远处响起悦耳的音乐之声，会让行色匆匆的人们驻足观赏；近前飘来馋嘴的饵食清香，会让来往的过客寻味止步。但是，传道人所宣讲的"道"，用言语表达出来时，却没有乐与饵那样的感官诱惑力，对于"道"，口舌不能尝其味，眼见不能观其实，耳听不能闻其音，却取之不尽、用之不竭。乐，音乐。饵，食物。过客，过路人。止，停止。出口，宣讲。既，结束、竭尽。

以当时人们的知识水平，老子没有办法说明，"道"的学说是世界观，是思维方法，是谓之大用的无用之用，其深远意义何止是满足人欲的乐与饵可以比拟的呢？所以，老子苦口婆心地传道释道，启发人们用感觉感知"道"存在的客观性；用"心"去领悟"道"各种可贵的属性，并应用于社会实践之中。

第三十六章

　　将欲歙之，必固张之；将欲弱之，必固强之；将欲废之，必固兴之；将欲夺之，必固与之。是谓微明。柔弱胜刚强。鱼不可脱于渊，国之利器不可以示人。

　　"飘风不终朝，骤雨不终日。"一切逞强、偾张的现象都是短暂的，天地之间万事万物平淡、柔弱才是常态。在这一章，老子用一系列例证，极力向人们陈述应当谨慎炫耀力量、恃强威吓的道理，因为，从"道"的角度看，种种逞强都是衰弱的征兆，柔弱胜刚强不是说柔弱战胜刚强，而是说刚强是短暂的，刚强过后必归常态，事物柔弱形态代替事物刚强形态是事物存在的客观必然趋势。国之利器不可以示人，示人即是在无力维护自身利益时的威吓逞强，逞强就是衰废的前兆，逞强之后必是衰败。纵观春秋时代诸侯称霸争战的现实，老子试图用理性的论述，劝导争霸者安于柔弱，崇尚和平共处，让天下归于安宁。老子《道德经》通篇主旨，就是希望通过传播他的道德学说，让天下太平，人民康泰。

　　"将欲歙之，必固张之；将欲弱之，必固强之；将欲废之，必固兴之；将欲夺之，必固与之。是谓微明。"有很多读《道德经》的人认为这些话语正是老子的阴谋论所在。任继愈先生也说，这是"老子的利用权术的思想"。唐代著名画家吴道子画老子像：秃顶阔额，身形猥琐，目露凶光，俨然一副阴谋家歹毒的嘴脸。让人们看上去就认为老子是一个猥猥琐琐往后退，不愿吃亏的人。其实这只是吴道子的误读。《荀子·天论》说："老子有见于诎，无见于信（伸）。……有诎而无信（伸），则贵贱不分。"荀子认为，老子认识到了委屈忍让，但没有认识到积极进取。……只追求委屈忍让而远离积极进取，那么，人就可能甘愿居于下层社会，而不进取于上流社会，自我模糊了高贵和卑贱的分别。荀子对老子的这种看法，是因为他俩对人的认识不一样，老子认为人、天、地不过一物而已，荀子则认为人不仅仅是天地一物，而更是社会成员。立场不同，当然就有所诋毁。老子所列举的这四个例证——"将欲歙之，必固张之；将欲弱之，必固强之；将欲废之，必固兴之；将欲夺之，必固与之"，只是老子所描绘的自然现象，这种自然现象都是由道德所决定的，没有任何人可以改变，这其中便是"道"性。陈列出如此"道"性，其目的就是得出一结论：逞强是短暂的、临时的，逞强只是衰弱的征兆，是消亡前的回光返照，是油干灯枯时的乍然一炫。所以，冯友兰先生说："此非《道德经》之尚阴谋，《道德经》不过叙述了其所发现耳。反之，则将欲张之，必固歙之；将欲强之，必固弱之。"① 老子是思想家，更像是科学家，正是他善于观察发现，因而他发现了宇宙间最原始本质的"道"，正因为他善于观察发现，他也就留心观察到了自然界"歙、张，弱、强、废、兴、夺、与"的转化规律，这些规律趋势，只是"道"的强弱、兴衰转换征兆而已。他列举实例说：比如，希望将其收拢，那是因为它伸张着；希望使其柔弱，那是因为它强硬着；希望将其废除，那是因为它兴盛着；希望将其收获，那是因为它投入着。这便是歙中知张、弱中知强、废中知兴、夺中知予的征兆。"微明"是指迹象的细微初见，是征兆的意思。陈鼓应先生说：这一段"乃是老子对于事态发展的一个分析，亦即是道家'物极必反''势强必弱'观念的一种说明"。由于有以上例证，老子便推导出了下文的"柔弱胜刚强"。尽管在逻辑上，这种推导是不充分的，缺乏科学的严密性，他甚至武断地认为："人之生也柔弱，其死也坚强。"（第七十六章）但老子的意思很明确，人生中柔弱是常态，刚强只是一时的。

"柔弱胜刚强。"由"微明"可知：刚强是短暂的，刚强只是逞一时之快，刚强过后必归柔弱这样的常态，柔弱终将取代刚强。

"鱼不可脱于渊，国之利器不可以示人。"鱼生活在水中，它不可能脱离水渊，这是鱼生活的常态，离开了鱼水关系，鱼便没有活路。"人之生也柔弱"，柔弱是人的生命常态，孔武刚强只是临时一逞，"国之利器"是指欲行霸道展示强悍的威力，它并非指具体的一物一权。本该是柔弱的人生、宁静的国家，突然间肆意彰显国之利器以恃强逞能时，它便临近衰弱的边缘。老子的逻辑是：人生常态是柔弱，国家常态是安宁，突然炫耀利器以示强硬，是背离常态的，依照"将欲歙之，必固张之；将欲弱之，必固强之；将欲废之，必固兴之；将欲夺之，必固与之。是谓微明"的理论，张后便是歙，强后便是弱，兴后便是废，予后便是夺，国之利器示于人便是国家衰微时的故作强势，是国力衰败的征兆。所以他告诫诸侯们：不可逞强好斗，不可以国之利器恐吓示人。倘若将

---

① 冯友兰. 中国哲学史（上）[M]. 重庆：重庆出版社，2009：152.

国之利器示于人，便是在释放自己力量衰弱迹象，必定招致灾祸。时下有句流行话，"要让他灭亡，就让他疯狂"，反过来说，"他若疯狂，他将灭亡"。其实，这与老子提醒的"国之利器不可以示人"是一个道理。所以，《道德经》第四十二章说："强梁者不得其死。"

第三十七章

　　道常无为而无不为。侯王若能守之，万物将自化。化而欲作，吾将镇之以无名之朴。无名之朴，亦将不欲。不欲以静，天下将自定。

　　"执大象，天下往。"对求道尊道者以莫大的鼓励和信任，让人们对信道循道给予了最现实的期盼。老子细分"道"的属性，逐一给予了解析，"无为"是《道德经》中最先提出的"道"的属性，《道德经》第二章就提出了"是以圣人处无为之事"，老子对"道"的阐述还是刚刚展开，人们在朦胧中就接受了"无为"这个与常人思维相悖的概念。人们一般都是认为：人必须有作为啊！相对于老子的年代，按照后来的《荀子·天论》说法，人生没有作为就是"不分贵贱"，不思进取。按照先行的《周易·乾》说法"九二　见龙在田，利见大人。九三　君子终日乾乾"，乾卦说：君子一经出仕，便应表现出"大人"的高尚品行，并要勤勉奋发、精进不怠。老子大力倡导无为，很是让人不能接受。"无为"在几千年的《道德经》后学中，发生了很多误解，尤其是庄子道学的传播，更让无为思想成为人们对远离社会、超脱人世、流连山林者的行为注释。

　　"无为"一词在《道德经》中出现了十四处，也是老子道德思想中最重要的概念之一，老子提出"无为"既是效法自然之道，也是倡导人们遵道而为。在老子看来，违背事物道德法则的行为是妄为，顺应事物道德法则的行为就是无为，遵循事物道德法则的作为就是为无为。老子从来就没有反对作为，而是坚决反对妄为，老子的无为是指事物依凭"道"的原始动力自发作为，老子的"为无为"或"无为而无不为"是指人们顺应"道"的趋势规律因势利导的作为。

　　事物有"道"是老子的重大发现，推"道"及人，推"道"理以阐明社会人事道理，更是老子对于人类的巨大贡献和不朽功勋。但"道"太抽象，是非常形而上的认识，在老子时代能够用通常语言讲清楚"道"的内涵是极其困难的，老子自己也没用语言讲清楚，他也明白自己讲不清楚，所以，他开篇就说

"道可道，非常道"；而同时，在老子时代的人们，其知识储备远远还没有到达接受如此抽象之物的水平，因而，能完全理解老子学说的，在当时的人世间恐怕也是微乎其微。老子学说被误解，甚至在后世形成了所谓无为放任的政治哲学，也是情理之中的事情了。

这一章，包含着老子丰富的思想，他提出了"道"的无为而无不为，"道"对万事万物的自化功能，万事万物在道德的作用下，除去人的干扰，它们自身也能够自我化育，老子还纠正了人们认为应该在事物自由变化不加干预的误解，这种误解就是将"无为"视为懒政惰行。老子认为，事物毫无干预地自由发展，就会生成欲望，欲望是情绪脱离理智本性的冲动，《道德经》多次表达了必须对人的情绪进行抑制，如第十九章、第三十七章、第四十六章、第五十七章、第六十四章，等等。在人们的自化中，人会滋生欲望，而欲望是乱性之本，必须加以控制，老子提出以"道"镇压，用现代的话说，这便是以理性规范加强管理，因而老子并不赞成完全的自然，还时时提醒在社会中化育的人们，不忘"道"性初衷。老子是赞成控制和管理的，这种控制和管理的目标，就是镇压人的欲望。

"道常无为而无不为。侯王若能守之，万物将自化。""道"的常态是无为无不为的，"道"永恒是无为无不为的。一方面是无为，人们可以遍观万事万物，生命体的生老病死，无生命物的生存消亡，在那里看到"道"在指挥教导着它们该怎样、不该怎样。看上去宇宙间的万事万物都在自然而然地自由变化，这种不见"道"作为的现象便是"道"的无为。另一方面，"道"是无所不为的，遍观万事万物，有哪种事物能脱离"道"而生存呢？甲物是甲物，乙物是乙物，杨树是杨树、柳树是柳树，人是人、牛是牛、马是马……这便是"道"的规定性，"道"对于任何事物都有这种规定性，这种规定性，便是"道"的无不为。老子认为：侯王作为国家社会的管理者，如果领会了"道"的这种无为无不为的属性，并将它应用于国家管理实践中，万物都会按照自身道性、自我法则顺利健康成长发展、万事万物都自然而然地进行自我化育。所以他还说："故圣人云：我无为而民自化，我好静而民自正，我无事而民自富，我无欲而民自朴。"（《道德经》第五十七章）

"化而欲作，吾将镇之以无名之朴。"事物在自我化育之中，会有欲望的兴作。这种认识，可能来自老子对人发育成长过程的考察，他常常提醒人要保持"婴儿之未孩"状态，还十分希望"常德不离，复归于婴儿"。他发现会笑的孩子就有了情绪，在还不会笑的婴儿期才是道性天真的体现，有了情绪就有了欲望。所以，人在发育成长中会有欲望的产生，他认为"罪莫大于可欲"（《道德经》第四十六章），欲望是最大的罪过。怎么控制欲望呢？老子说：我将用"道"安守以镇压欲望膨胀。老子认为："见素抱朴，少私寡欲。"（《道德经》第十九章）他还说："是以圣人欲不欲。"（《道德经》第六十四章）无名之朴的完整解释是：事物中那个虚无的可称之为原始纯一的东西，这个东西便是"道"。道生万物，道虚于无形，"道"是万事万物最核心、最根本、最客观的不受欲望影响的抽象之物。所以，"化而欲作，吾将镇之以无名之朴"的意思是：对于事物自化中的主观欲望兴作，我将用"道"这个纯客观之物去约束控制它。

"无名之朴，亦将不欲。不欲以静，天下将自定。"那个虚无可称为万事万物中最本质淳朴的"道"，其本身是没有欲望的，没有欲望就能笃静，常常用"道"性安守自己，用"道"性镇压欲念，使人们除去欲望、不生欲望，让天下回归笃静，天下也就自然而然地安定不争，回归太平。

老子坚定地认为："道"可以镇妄想，安静人心，安定社会，如若统治者以"道"治国，努力依"道"作为，天下定将依"道"自化，万古常青。

下篇

02

德 经

第三十八章

　　上德不德，是以有德；下德不失德，是以无德。上德无为，而无以为；下德无为，而有以为。上仁为之，而无以为；上义为之，而有以为。上礼为之，而莫之应，则攘臂而仍之。故失道而后德，失德而后仁，失仁而后义，失义而后礼。夫礼者，忠信之薄，而乱之首。前识者，道之华，而愚之始。是以大丈夫处其厚，不居其薄；处其实，不居其华。故去彼取此。

"道"是天地万物"德"的总和，体现了天地万物的最根本的属性，是天地万物剔除了各自个性特征之后唯一同质性的客观实在。但"道"又同时存在于天地万物之中，呈现出天地万物的差别性。老子认为，当"道"为同质性时是"无"，为差别性时是"有"；当"道"为差别性的具体事物时，即具体事物承袭了道性，表现为同类之物即类物的最根本属性和类物的同质性时，"道"的名称转化为"德"。换句话说："德"是类物的总和，体现了类物的最根本的属性，是类物剔除了个体自有特征之后唯一同质性的客观实在。《道德经》的伟大还在于它告诉我们"求道思维"，就是通过损之又损的方法抓住事物的本质和主旨。读书越读越"薄"、工作越做越"精"、管理越抓越"深"。读书越读越"薄"终成大师，工作越做越"精"终为大匠，管理越抓越"深"终有大权。抓主要矛盾和矛盾主要方面、差别思维和大道至"简"等行为方式和思维方法是求"道"思维的内涵和精髓，"求道"就成了人生的必修事务，不懂"求道思维"难以成为真正有智慧的人。求"道"行为被后人迷信化之后，求"道"思维便远离了人们求道的初衷，逐渐被边缘化、异化。原始佛教的求佛含义，已经被大众信徒所淡忘，香客少有从内在追求对"空"的觉悟的，却企图从外缘中求得菩萨的护佑。

　　本章是"德"论的总纲，是"道"应用在人这个物种上的开篇，也即"道"应用篇的起始。哲学离开了人类社会、离开了人生实际的需要便毫无意义，研究"道"的目的是探究"德"，研究"德"是将玄妙的"道"引入社会人生之中，"德"便使"道"接地气了。这一章，重点阐述了"上"以何种方式治理天下，文中通过辨析"德、仁、义、礼"等治理路径在周王朝统治中的合理选择，明确了"去彼取此"结论，也为《道德经》居后各章专题阐述以"德"治政、以"德"修身提供了理论基础。

● "上"具体指什么？在《道德经》里大体有三种含义。

一是指统治者。如：

> 第十七章："太上，下知有之。"

> 第六十六章："是以圣人欲上民，必以言下之。……是以圣人处上而民不重，处前而民不害。"

> 第七十五章："民之饥，以其上食税之多，是以饥……民之轻死，以其上求生之厚，是以轻死。"

另如《论语·子路》："上好礼，上好义，上好信。"

二是指上等。如：

> 第八章："上善若水。"

> 第三十一章："恬淡为上，胜而不美。……上将军居右。"

> 第四十一章："上士闻道，勤而行之……上德若谷，大白若辱。"

> 第七十一章："知不知，上。"

> 第七十六章："强大处下，柔弱处上。"

三是指上方。如：

> 第十四章："其上不皦，其下不昧。"

● "下"在《道德经》里大体也有四种含义。

一是指民众。如：

> 第十七章："太上，下知有之。"

二是指下等。如：

> 第十三章："宠为下。"

> 第四十一章："下士闻道，大笑之。"

三是指下方。如：

> 第二章："长短相形，高下相倾。"

> 第十四章："其下不昧。"

第三十九章："高以下为基。"

第六十四章："千里之行，始于足下。"

第六十六章："以善下之，故能为百谷王。"

第七十七章："下者举之。"

四是谦下。如：

第六十一章："大国者下流，天下之交；天下之牝，牝常以静胜牡。以静为下，故大国以下小国，则取小国；小国以下大国，则取大国。故或下以取，或下而取。"

第六十六章："是以圣人欲上民，必以言下之。"

第六十八章："善用人者为下。"

第七十六章："强大处下。"

● 那么本章中的"上""下"是什么含义呢？

河上公以为："上德，谓太古无名号之君，德大无上，故言上德也。……下德，谓号谥之君，德不及上德，故言下德也。"（《道德经河上公注解》）河上公认为上德和下德只是指示代词，分别代表远古大德圣人和德不及大德圣人的当世获得谥号的君主。

王弼解上德下德为："上德之人，唯道是用。……凡不能无为而为之者，皆下德也。"（《道德经王弼注》）王弼用是否能无为而为之来判明上德下德。

任继愈的解释可理解为：上德是高尚之德，是层次较高的德性；下德是卑下的德，是层次较低的德性。他说："'上德'不在于表现为形式上的'德'，'下德'死守着形式上的'德'。"[1] 任继愈先生用是否只是拘泥于形式上的德来判明上德下德。

陈鼓应将"上德、下德"解释为"上德的人、下德的人"[2]，上德即为上德者，下德即为下德者。陈鼓应先生认为上德下德是将求道修德的人做了区分。

这些解释都深刻地阐明"德"修为的内含，即受于"道"，行于有，用于人。

如前所言，德是道的体现，是道表现为有的状态；"有"便是表现为具体事物，张载《正蒙·乾称篇》："凡可状，皆有也。凡有，皆象也。凡象，皆气也。"意思是：凡是可以描述临摹的事物，都是"有"的状态。凡是处于"有"

① 任继愈. 老子新译［M］. 上海：上海古籍出版社，1985：141.

② 陈鼓应. 老子今注今译［M］. 北京：商务印书馆，2003：215.

的状态的事物，都是具有具体的形象的。凡是有形象的具体事物，都是由气凝聚而成的。老子说万物生于道，道表现在具体事物中便是德，道是德的本体、本质，是浩瀚宇宙万物以为"一"的抽象。从这个意义上讲，道没有上等、下等之分，德也必定没有上等、下等的主次分别，将上德、下德理解为上等之德、下等之德，将上仁理解为上等的仁，将上义理解为上等的义，将上礼理解为上等的礼，难与"道、德"本义相合。但若将上德、下德、上仁、上义、上礼理解为行德、行仁、行义、行礼的人的修养程度高下时，似乎说得过去，然而将上德、下德、上仁、上义、上礼理解为上德、下德、上仁、上义、上礼之人时，明显变换了原文中上德、下德、上仁、上义、上礼的主体。因而，应该舍弃这种诠释。《道德经》第五十四章说："修之于身，其德乃真；修之于家，其德乃余；修之于乡，其德乃长；修之于国，其德乃丰；修之于天下，其德乃普。"意思是：修德有修之于天下、国、乡、家、身等不同层次，所以，上、下就只有一种解释，就是"上"是指统治者，如同"太上"；"下"是指人、民，如同"下知有之"。

若此，"上德不德，是以有德；下德不失德，是以无德。上德无为，而无以为；下德为之，而有以为。上仁为之，而无以为；上义为之，而有以为。上礼为之，而莫之应，则攘臂而仍之"一句标点应该为"上，德不德，是以有德；下，德不失德，是以无德。上，德无为而无以为；下，德为之而有以为。上，仁为之而无以为；上，义为之而有以为。上，礼为之而莫之应，则攘臂而仍之"。

那么，其中"德不德，是以有德……德不失德，是以无德"的句式，与"道可道，非常道；名可名，非常名"的句式有着惊人的一致。"德不德"和"德不失德"两句的前一个"德"是道德的德，指同类事物中的客观实在，具体指周天下人们淳朴的本质属性，后一个"德"是"得到"的"得"。站在"得到"的词义上，"德"和"得"是一个意思，都是"得到"，其区别在于其得到的对象不同，"德"是得到"道"，而"得"是得到非"道"之物。

"上德不德，是以有德"指统治者的德行不自诩为得道之德，不是将自己的德行以自己的偏好出发，用循道遵德的名义去标榜自己、束缚他人，这种循德便是效法自然的"有"德，表现为天下治理过程中一切被人民接受赞许的具体德行、具体施为；"下德不失德，是以无德"是指人民的德行就是不放弃事物本身的法则规律，也就是人民劳作不逆时令、不违道妄为，这种德行便是自然法则的"无"德，表现为人们劳作中对事物发展变化规律的遵循和把握。

"上德无为，而无以为；下德为之，而有以为。"王弼本为传世本、通行本，本书姑且沿用它。但帛书《道德经》就没有"下德为之，而有以为"，陈鼓应先生的《道德经》本，吸收了考古成果，他也删去了"下德为之，而有以为"，认为符合上德、上仁、上义、上礼四分法，他说："当从《韩非》及帛书作四分法，即'上德……上仁……上义……上礼……'，'下德无为，而有以为'为汉帛书之后所衍入。"① 其也符合"太上，下知有之，其次亲而誉之，其次畏之，其次侮之"（第十七章）四层分法。陈鼓应先生所说的衍入的"下德无为，而有以为"也与河上公本、王弼本、憨山本、任继愈本"下德为之，而有以为"有别。本书继续沿用王弼本，因为更早的郭店竹简本与今本在文字上相差一半，且没有本章文字，也就不能完全依照考古发现的古本来矫正今本。文中所说的"无以为和有以为"，陈鼓应先生引用冯友兰《中国哲学史新编》认为，有模拟造作就是"有以为"，没有模拟造作就是"无以为"，用有没有模拟造作区分"无以为和有以为"，陈鼓应先生解释为："'以'，有心，故意。"②

因而，"无以为"解释为"无心作为"，直接解释就是（心里认为）没有可以作为，也可理解为没有必要作为；这与《庄子·达生》所说的无以为意思一致："达生之情者，不务生之所无以为；达命之情者，不务知之所无奈何。"意思是说：通晓生命实情的人，不会去努力追求对于生命没有必要的东西；通晓命运实情的人，不会去劳力追求命运无可奈何的事情。

"有以为"解释为"刻意作为"，直接解释就是（心里认为）必定可以作为，也可理解为有意义的作为。

"上德无为，而无以为；下德为之，而有以为。"这句话的意思是：统治者遵德无为而任由天下事物自育自化，民众的德行表现为勤劳作为只是在刻意追求劳作收成。"下德为之，而有以为"是在说明，民众的有为是"为无为"的性质，而不是违德妄为的那种"有为"。

"上仁为之，而无以为"，统治者实施仁爱，一定是仁爱万民而没有偏心，是"圣人不仁，以百姓为刍狗"（第五章）的公平不带私心的仁爱。

"上义为之，而有以为"，统治者主张正义，对非正义行为必定予以纠正。但这里所谓的正义，只是以人类社会"是非"标准判定的正义，而不是客观道德所实现的自然的公正。站在道德正义的角度，人类的正义与非正义都沾染着人们自身的好恶，因而，统治者所谓的举正纠非就不一定是顺应道德的作为。

"上礼为之，而莫之应，则攘臂而扔之。"统治者推行礼制是不得人心的，

① 陈鼓应. 老子今注今译［M］. 北京：商务印书馆，2003：217.

② 陈鼓应. 老子今注今译［M］. 北京：商务印书馆，2003：215.

应坚决舍弃，要奋力挥臂将其抛弃。莫之应，没有响应，没人拥护和执行。攘臂，高高挽起衣袖，《庄子·人间世》"上征武士，则支离攘臂而游于其间"，意思是在官家征兵时，名叫支离的这个人高高挽起衣袖，大摇大摆、自由自在、逍遥不羁地在征兵现场游走，不用躲避逃兵役。扔，甩出。

德、仁、义、礼是统治者治理天下、治理国家的实施方略，孰是孰非呢？老子说："故失道而后德，失德而后仁，失仁而后义，失义而后礼。"所以，统治者的统治法术，最根本是依道治理，其次是以德治理，复次是仁爱治天下，再次是主张正义，最差等是礼法管束。在《道德经》看来：统治者的德治、仁治、义治、礼治均有其特定的准则，这个准则表现为德以自化、仁以无私、义以求正、礼以合情。然而，从德、仁、义、礼本身的比较看，道德治理是道法自然、公平公正，仁治便有私欲生偏好，主张正义便有是非生偏为，礼治约束便生强权失忠信。私欲、是非、强权兴起，争夺、争辩、争斗便随之兴起，统治者的治理方式由道、德、仁、义、礼的推移，不仅是治理法术越加低贱，更重要的是治理环境、社会人心越加混乱。

"夫礼者，忠信之薄，而乱之首。""礼"这个东西是对人们行为的硬约束、强控制，人们内心本有的忠诚、守信等自我约束力量被漠视，礼制下的行为难有忠信可言，礼制下人们的行为是一致的，内心活动却千差万别，内心乱便万事乱，这也便附和为"无中生有"，有什么样的思想，便有什么样的行为。在老子看来，礼制强化了对人们的行为管控，却放弃了对人们以道德为本的意识形态教育，违背了"有无相生"的道理。所以他认为，"礼"就是导致人心混乱、社会动荡的罪魁祸首。老子反对礼制，并不是仅仅反对礼制约束，恰恰相反，老子不反对约束，他所倡导的"尊道贵德"本身就是接受"道德"法则的约束和规范，所不同的是，道德法则是自然法则，而礼制则是人为法则。老子的"为无为"反映了其鼓励作为的思想，只是是在"无为"基础上的作为，即是不违逆"道德"自然法则上的作为，在"道德"自然法则上无为，在顺应"道德"自然法则上有为。所谓"在道德自然法则上无为"实际是完全彻底地维护自然法则对宇宙万物的约束，而不是反对它的约束。从这个角度上理解，"道法自然"便是遵从自然规律、顺应自然规律、绝不背离自然规律。所以，老子反对仁、义、礼，其根本即是反对人私心所为。

"前识者，道之华，而愚之始。"前识者，是指为事物谋划未来的人。对天下治理有着谋划主张的人，模拟"道生之、德畜之"的外表，以为自己得到了"道"的精华，自我主张地强制推行"仁、义、礼"，企望达到他们自己设想的目标，而忘记了"上德不德，是以有德"的道法自然的道理，试图用人为主张改变道法自然，这才是愚笨、愚昧、愚蠢的开端。所以，《庄子》说"不谟士"，就是不谋事。谟，《尔雅·释诂》为"谋也"，《说文》为"议谋也"。"不谟士"即不做事物趋势的前识者和谋划者。

"是以大丈夫处其厚，不居其薄；处其实，不居其华。故去彼取此。"大丈夫，指有道德担当的统治者。老子说：所以，大丈夫应该回归于内心忠道信德、践行自然法则、人性本原的敦厚，摈弃制礼规范指引下有着表演性质的浅薄的强制行为；要回归道德畜养万物的客观实在，摈弃"仁、义、礼"带有偏爱、是非、强制的虚华。所以，综上所述，天下治理要除去"仁、义、礼"的治理措施，而采取依"道德"而治的治理方略。

第三十九章

　　昔之得一者：天得一以清，地得一以宁，神得一以灵，谷得一以盈，万物得一以生，侯王得一以为天下正。其致之，天无以清将恐裂，地无以宁将恐废，神无以灵将恐歇，谷无以盈将恐竭，万物无以生将恐灭，侯王无以贵高将恐蹶。故贵以贱为本，高以下为基。是以侯王自称孤、寡、不谷。此非以贱为本邪？非乎？故致数舆无舆，不欲琭琭如玉，珞珞如石。

　　《道德经》为什么将"一"代表"道"？因为老子将"一"作为事物的本原和本质理解。孔子也将"一"作为事物的本原和本质理解。《论语·卫灵公》："子曰：'赐也！女以予为多学而识之者与？'对曰：'然，非与？'曰：'非也。予一以贯之。'"意思是，孔子说："子贡啊！你以为我是学习得多了才全部记住的吗？"子贡答道："是啊，难道不是这样吗？"孔子说："不是的。我是理解掌握了贯串于这些知识的根本和核心。"

　　如果我们用一个数学语言来做比方，或许可以更好地理解。自然数是数学中最基本的概念，也是人类最古老的运算知识，从原始人结绳记事，人们就开始认识自然数，并将自然数应用于生活计数。自然数是无穷无尽的，假如我们用所有大于0的自然数逐一代表宇宙间的万事万物，并且把万事万物看成在1基础上的积累，1便是所有大于0的自然数的公因数，便成为宇宙间万事万物的公因数，这个公因数"1"便是"道"。1存在于非0的一切自然数之中，正如同"道"存在于宇宙间万事万物中一样，"道"即是万事万物的公因数。

　　道德之于天下万物非常重要，得到它、领悟它是弥足珍贵的。"一"即是"道"，天下万物抽象为本质的一物时，就是"道"，得"一"就是得"道"，得"道"就是在认识"道"的基础上，自然地顺应"道"、遵循"道"、效法

"道"。得"道"则天下美好，所谓"天清、地宁、神灵、谷盈、万物生、天下正"，而失"道"则天下乱，所谓"天裂、地废、神歇、谷竭、万物灭、天下倾"。这里，老子提出了一个重要思想：人本是自然之物，只是天地万物之一员，所谓人的贵贱、尊卑、高下、前后，不过是有了社会组织之后，被社会组织所标记的等级分类，是"仁、义、礼"给予人们的约束。站在道德的状态下，人是宇宙间的一平凡自然物，没有高低贵贱之别，社会给予的一切所谓高贵也都是建立在这一自然体之上，所以，老子认为，"贵以贱为本，高以下为基"。社会给人赋予高下、贵贱分别之后，相对于贱就有了贵，相对于下就有了高。

"昔之得一者：天得一以清，地得一以宁，神得一以灵，谷得一以盈，万物得一以生，侯王得一以为天下正。"得一，指得到了"道"，遵守了"道"。得"道"即是"德"，得"道"者即是"德"者，所以，得一者也便是德者。这句话的意思是，古往今来的得"道"者各得其所：天得"道"展现了清明，地得"道"获得了安宁，神灵得"道"显现了灵验，空谷得"道"实现了充盈，万物得"道"得以生生不息，侯王得"道"匡扶天下正义。从上述"得一者也便是德者"的角度看，这段经文可理解为，"昔之德者：天德以清，地德以宁，神德以灵，谷德以盈，万物德以生，侯王德以为天下正"。

"其致之，天无以清将恐裂，地无以宁将恐废，神无以灵将恐歇，谷无以盈将恐竭，万物无以生将恐灭，侯王无以贵高将恐蹶。"与上文相反，若万物失去了"道"、离开了"道"、违逆了"道"，则完全是另一幅景象，天若失去清明或可崩裂，地若失去安宁或可覆没，神灵若失去灵验或可遗弃，空谷若失去充盈或可虚竭，万物若失去生命或可灭绝，侯王若失去尊位或可政亡。换成前述"天得一以清……"句型，这段经文可理解为："其致之，天无德将恐裂，地无德将恐废，神无德将恐歇，谷无德将恐竭，万物无德将恐灭，侯王无德将恐蹶。"

"故贵以贱为本，高以下为基。是以侯王自称孤、寡、不谷。此非以贱为本邪？非乎？故致数舆无舆，不欲琭琭如玉，珞珞如石。"所以，从侯王脱去高贵的社会外表，回归到万物之一的普通的自然人来看，尊贵社会身份必定是以卑贱自然人的存在为基础，所以"贵以贱为本，高以下为基"表述为，尊贵以卑贱为企立之本，高尚以低下为成就之基。没有卑贱之躯何来尊贵之位，没有低下自然之体也就没有高尚之仪。倘若人们离开了人类社会环境，回归"道"的自然环境中，便没有了所谓高贵，人人都只是自然一物，所以侯王们总是自称孤、寡、不谷，这不正是以天地万物中极为贱下的一员自居吗？不是吗？所以贪求名利地位究其根本也就不存在名利地位、无所谓名利地位，不要觊觎去做高高闪耀的玉，现实地充当坚硬朴实的铺路石吧。舆，车。致数舆无舆，追求千乘国君本质上仍是普通一人而已。琭琭，光泽闪耀的样子。珞珞，石头坚硬的样子。

高贵和卑贱只是在人类社会范畴中存在的对应分类，若是没有社会组织这种形态，人便如同任何一只动物、任何一棵植物、任何单个物体一样，没有贵贱、没有高下、没有美丑、没有前后，人只是一物而已，人便是自然而然地来、自然而然地去、自然而然地生、自然而然地长。老子认为，侯王自称孤、寡、不谷，本身就是将自己置于“道”的作用下，剔除了人类修饰和人类熏陶的自然一物。如果不是站在“道德”的立场上，前呼后拥的侯王怎么会自称孤、寡、不谷呢？

“致数舆无舆”是一句有着浓郁历史印记的句子，有必要将其进行专题解析。

“致数舆无舆”，陈鼓应先生综合多家之说，认为“舆”应该是“誉”；任继愈先生将“致数舆无舆”直接解读为“追求过多的荣誉就没有荣誉”；河上公解“舆”为其本义“车”，“车”既是财富，也是地位，如果作“车”讲，“致数舆无舆”可解释为人即使追求到很多车，而其本质上还是一人而已，无论是财富或是地位都是自然人的附加之物，财富地位都是虚名假誉，站在此角度上理解，将“舆”解释为“誉”还是解释为“车”都能讲通。

河上公将“舆”解释为“车”，却不是将“车”作为千乘之国的财富地位来解释的。他对“致数舆无舆”的注解是：“言人就车数之为辐、为轮、为毂、为衡、为轝（yú，车斗），无有名为车者，故成为车，以喻侯王不以尊号自名，故能成其贵。”其意思是：人乘坐的车，都是由辐、轮、毂、衡、轝组成的，这些部件没有一个是可称为车的，但组合起来就是车，老子用这样的事例来比喻侯王之所以不以尊贵地位来自称，便是认为王朝如同车一样，这些部位没有一个尊贵却最终仍成就了尊贵的侯王。河上公这种解释与佛家“诸法无我”相通，言一切有为法都是因缘聚合而成。河上公将“致数舆无舆”作为“侯王自称孤、寡、不谷”的注脚，以为侯王不是实在的“舆”，只是“舆”的部件之一，所以才自称卑贱之名。从中可以看出，河上公已经认识到了侯王的权威尊贵并不是由于侯王孤立的一个人，而是一个侯庭王朝这样的集团成就的，是一架统治之“舆”。

本书认为，“舆”应解释为“车”，但“车”是财富地位国力的代表，它是在规劝王侯们追求“强霸”之力获取“称霸”地位到头来仍不过是一人罢了，拥有“千乘”（数舆）国力的侯王，不还是一个小小躯体短暂生命吗？这种思想与"小国寡民"构想是一脉相承、相互呼应的。"致数舆无舆"不应该像河上公所言因缘聚之说成为"侯王自称孤、寡、不谷"的注脚，而应该是放弃虚名虚位作为"不欲琭琭如玉，珞珞如石"的引言。"故致数舆无舆，不欲琭琭如玉，珞珞如石"是说：贪求强霸终是一己，不要去谋求做耀眼高贵的宝玉，踏实地充当平实卑贱的石头吧。

第四十章

　　反者，道之动；弱者，道之用。天下万物生于有，有生于无。

　　"道"是什么呢？老子时代的知识水平不能给"道"规范完整的定义，但老子的抽象思维能力足以使其成为当时世界上最伟大的科学家，他在宇宙间发现了"道、德"的存在，并发现道德决定了宇宙的和谐秩序。道，"事物变化自然之通则，《道德经》特发现而叙述之，并非故为奇论异说。而一般人视之，则以为非常可怪之论"①，当时的人们要理解他所说的道德，是多么不容易！在《道德经》中，老子不厌其烦地从各方面去逼近道，以各种形象语言去描述"道"，试图将他心目中的那个"道"真实地呈现在人们面前。

　　道德是实实在在存在的，它是运动的、无形的。但它是如何运动的呢？它是怎么样无形的呢？老子从"道"的运动方式和表现形式上解释了宇宙间的"道"。老子说："反者，道之动；弱者，道之用。"

　　"反者，道之动"意思是说："循环反复"是"道"的运动方式。老子还说："周行而不殆。"（第二十五章）人们看到：天地昼夜更替是循环往复，春夏秋冬周而复始是循环往复，花草树木岁岁枯荣是循环往复，人类日兴夜眠是循环往复，这些循环往复就是"道"运动的方式。

　　"弱者，道之用"意思是说："道"的运动很柔弱，让人看不见摸不着。人类由婴儿成长为成人，树木由幼苗成长为合抱之木，山泉归流大海，这是什么力量主宰的呢？从没有人看见过、听见过，"道"就是无形地融入万物之内，"骨弱筋柔而握固"（第五十五章），"道"在无声无息中坚定地主宰着一切。然而，人们可以随意砍伐树木，可以纵火毁灭山林野草，甚至恣肆地猎杀禽兽、夺人性命，面对这些违道行为的威胁、挑衅、残害，"道"的坚忍、执着、强势荡然无存，柔弱得完全没有力量抗拒，只能听之任之、逆来顺受。但"野火烧

---

　　①　冯友兰. 中国哲学史（上）[M]. 重庆：重庆出版社，2009：151.

不尽，春风吹又生"的循环往复，"生生不息"的生命繁荣，天下万物仍依道而行，"柔弱"再度展示了坚忍、执着和强势，成了"道"发挥作用的具体表现。道行无形和生生不息，在老子看来，这就是"道"的柔弱，是"道"最重要的特征，这种柔弱特征正是"道"发挥作用的表现形式，天地间的万物正是在"道"的这种柔弱之下，繁衍生息，连绵不绝。

这样的柔弱特质，使老子赞叹不已、钦佩不已，他认为人们应该"专气致柔"，因为柔弱的优势比比皆是，他教诲人们"柔弱胜刚强，守柔曰强，柔弱者生之徒，柔弱处上"等，赞美之心溢于言表。老子认为，柔弱对治理天下完全是一件法宝，他拼命地将柔弱类推到人类社会，应用于人生修炼和治国策略。

"天下万物生于有，有生于无。"在一般人看来，天下万物生于天下万物，人由人所生，兽由兽所生，飞禽由其卵孵出，树木由其种子所长，一切自然而然。然而圣人就能以"道"观之，能俯瞰万物，天下万物是什么呢？无论它们是飞、走、爬、定、味、香、声、色，还是翅、足、鳍、枝，无论它们是什么形状和姿态，用"道"的眼光来看，它们无非是"有形"而已。"道"是有无相生的，相对于"道"而言，有无是同出而异名的。"道"一方面表现"有"，使人们能看到摸到听到，比如世间万物，鼠牛虎兔人、杨柳桂松竹、金木水火土，这都是人们熟知的，它们能各自成为各自，便是道表现为有的结果。"道"另一方面也表现"无"，而宇宙万物各自由小变大、由弱变强、聚少成多、生住异灭，便是道表现为无的结果。"天下万物生于有"可以说成"有生于有"。所以，天下万物生于有，是具体概念抽象化之后所表达的结果，我们可以设想，这是何等的能力和眼光才能获得这样的抽象，尤其是在距今2500年前的思智初开的年代。而"有生于无"呢？我们知道了天下万物代代繁衍有形状态，如上所说，有形的物是由"无"决定的，也就是说，有形的万物生发自身、繁衍生息、由小而大、由少而多，是谁决定其变化呢？是生命动力、运行规律、变化趋势、自然法则，而这些便是"无"。万物从无到有，站在这样的角度，我们便能理解"有生于无"了。

"天下万物生于有，有生于无。"这是圣人说出的极其深奥而又极其浅显的话，因为圣人的高度和视野不同寻常，他能看到万物浓缩为"有"的奇妙转换，他能分辨"有无"相生的辩证运动。这一章篇幅短小，却演绎了道家关于道的运动、静止、有、无等极其抽象的概念，给人们展示了"道"的又一个重要的侧面。

倘若我们能将"有生于无"演绎开来，便觉得人的内心修炼可谓极其珍贵，用现代的语言描述：人的思想意识教育是何等重要。"有生于无、无中生有"就演绎了新含意，有什么样的内心便有什么样的行为；有什么样的思想意识便有什么样的人生道路。帮助一个刚刚成长的人树立正确的世界观、人生观、价值观，一定是人生教育的根本。如果将人分成自然人和职业人，那么这种有意义的教育，除了书本教育之外，更多的是包括家庭、单位在内的社会环境浸润，而铸就这种环境的却是当下社会的成人。因而，社会心理修炼应是文化正能量的世代传承，每一代人都有传承文明的历史责任和现实担当。重视人的内心忠信培植，也是老子"夫礼者，忠信之薄，而乱之首"的含意。

第四十一章

上士闻道，勤而行之；中士闻道，若存若亡；下士闻道，大笑之。不笑不足以为道。故建言有之：明道若昧，进道若退，夷道若纇。上德若谷，大白若辱，广德若不足，建德若偷，质真若渝，大方无隅，大器晚成，大音希声，大象无形，道隐无名。夫唯道，善贷且成。

老子自从发现了"道"，便视若珍宝，耗毕生精力，努力地传道布道，希望能让人们知道用道，尊道行道，以期稳定社会秩序，达到天下治理有序、人民安居乐业的目的。然而，传道中的人生百味，唯有老子自己方能真切体会。

老子回顾了他一生的传道经历，将他传道的对象大体分为三个层次，即所谓上士、中士和下士，这三类人的区分就在于对"道"的悟性。悟性高的为上士，悟性次之为中士，悟性差的为下士。他对这三类人是如此评价的。

"上士闻道，勤而行之"，悟性高的人士听说了"道"，就勤勉地感知修行。他们力图从纷乱的宇宙万物中，追寻宇宙的极端，乃至极端之极端，即后人所谓的"太极"，求取事物的本质；从一事一物中把握其变化趋势，然后顺应事物的趋势，因势利导，无为而为，谋求天下万物和合共生，归天下以安宁。他们如同雕刻家，在朴木原石中，用雕凿镂琢之法，损去多余，沿着内心的感悟找到其中的精髓。

"中士闻道，若存若亡"，悟性次之的人士听说了"道"，对"道"的感知时有时无，对"道"的存在将信将疑。他们感知到"道"的存在时，便身心兼备地全心全力体悟世界万物存在的真谛；他们被私欲迷惑时，完全置求道于身外脑后，对有道无道、有德无德全然无知无觉，迷茫于世俗生活物质利益的争斗之中；他们在求道中，用情不用性，情发而道生，情息而道去，冷热交替，不能力行之。

"下士闻道，大笑之。不笑不足以为道。"悟性差的人士听说了"道"，对"道"毫无感知，对所谓的"道"高声讥笑，嘲笑传道者言说着世间没有的东西蛊惑民众。面对他们的讥笑嘲弄，老子显示出极度的自信：让他们笑去吧，如果没有他的讥笑，就真的体现不出"道"的深奥。他向世人讲述了一个道理，"道"不是所有人都能领悟的，传道也不是可以传给所有人的，下士就不能领悟"道"。

所以，憨山大师说：《道德经》的这几句话说出了人间常情，道，"非下愚小智之所能知，必欲上根利智可能入也"。意思是，道可不是愚痴的人所能领悟的，能悟道的必定是有灵性高智商的人。

老子没有对上士的褒扬，没有对下士的贬抑，他只是如实地描写了上士、中士和下士在求道悟道中的表现。在对传道的人们做了划分分类之后，老子进一步分析了不同悟性的三类人产生的原因，在于"道"本身的"隐"和"无"的特性，因为"道隐无名"极其容易迷惑求"道"的人们，使得人们在求道悟道的过程中容易迷惑不解。

"故建言有之"，因而，他还是再次重申了"道"的属性。诠释《道德经》以来，对"建言"就有多种解释，有的版本将"建言"写作"《建言》"，认为古代有本《建言》的书，如同《庄子·逍遥游》"齐谐者，志怪者也"，将"齐谐"作"《齐谐》"，解释为：《齐谐》这本书是记录怪异事物的。那么"建言有之"也是"《建言》有之"吗？任继愈先生说："《道德经》从未征引过古书，此说恐难成立。"① 陈鼓应先生说："建言"是指古时候人的立言，他将"故建言有之"解释为"所以古时候立言的人说过这样的话"。② 我们知道，紧接着的下文的话是极其深奥的解道释道的话，在老子之前没有人发现"道"，没有人知"道"，可以说，老子之前的古人对老子的"道"闻所未闻，他们不可能说出解道释道的话，老子之前的古人没有释道的能力。而作为"道"的发现者，老子完全应该是自己开示"道"的玄妙，在老子认为，正是因为"道"有如此奥妙，才会出现对"道"悟性的上、中、下差别。"故建言有之"只能解释为：所以，我曾经说过这样的话。

"明道若昧"，人们看清了"道"，但在其试图端详"道"的时候，"道"似乎又非常暗昧。一个抽象物，在我们意识之中，非常清晰、非常明朗，但在现实之中，这个抽象物又在哪里呢？暗昧万分。

"进道若退"，进，是精进的意思，是指人们在领会"道"的过程中，有所进步，不断精进，求道者领会了很多"德"，然而，所领会事物个体的"德"

---

① 任继愈. 老子新译［M］. 上海：上海古籍出版社，1985：150.
② 陈鼓应. 老子今注今译［M］. 北京：商务印书馆，2003：231.

较之于宇宙事物的无穷无尽，所领会的事物只是微不足道的。求道过程中，越是精进越是感觉到自己的卑微，相对于需要不断知晓的事物的广大无边，随着人们对未知领域的了解，仿佛自己所修道行，在求道的进程中越来越退缩、落后，不值一提。在老子说"进道若退"时，并没有明说要采取求德而后求道的方法步骤，他只是说"道"的广大，至大无边，在广大之中，在越加延展的广大之中，人们的那丁点所得，是何等渺小，这种感觉即是"若退"。

"夷道若纇"，夷，本义为平坦，也是《道德经》解读中传统的解释。纇，《说文》："丝节也。"《广雅》："纇，节也。"纇，就是丝上有疙瘩结节，表示不平整。夷道，不是指平坦的"道"，"道"也不可能是平坦的。"夷道"的"道"如果是指道路，则可以用平坦形容。如果"夷道"的"道"是指道路，则"夷道若纇"可以解释为平坦的道路好像是不平整的。但事实上"夷道"的"道"只能是指"道"，老子"建言有之"旨在说明"道"的玄奥和求道的艰难，因而，"夷"，不能见字识字地释为平坦，老子本身有自己的解释，他说："视之不见名曰夷。"按照老子的解释，夷，是"道"不能被眼睛所观察的属性。"夷道若纇"解释为：在追寻看不见的"道"的过程中，非常艰难，阻力重重，好似平滑蚕丝上仍有疙瘩结节不平坦。也许正是因为"夷道若纇"，才有一些求道者对"道"产生若存若亡的幻觉。

"上德若谷"，上德，是对"德"的褒义赞许，形容"德"的高尚。而谷、冲是老子专门形容虚空的比喻，上德若谷是指"德"虚空、包容、博大，其句式可变换为虚道若谷，如同"道冲"。老子在理解道德时，对道德的抽象性质无法用现在通用的语言表述，他所说的虚空、无以及用谷、冲作喻，都是含有当今哲学词汇中的"抽象"意思。老子所说的"上德若谷"是表示道德不是具体物象，而是抽象之物。

"大白若辱"，此句从句式上看，似乎应该排在"质真若渝"之后更合适，但郭店楚简已经是通行本的排列了。这一系列的"大"字开头的"建言"，都是比喻之言。大白，指非常白、非常光亮。辱，指黑暗。为什么非常白的东西象征黑暗呢？老子用了一个巧妙的比喻，推测他将太阳称为"大白"，当人们用眼睛去真实地看明亮的太阳时，眼前便是黑暗的。老子试图指导人们在领悟"道"时，不可直接地去观察"道"，如是那样，则眼前一片黑暗，什么也看不见。

"广德若不足"，在一物一德的求索之中，尽管已经有很丰富的求道经历，有了广博的德性修为，但自己越是修炼求索，越是感到自己的德行只是沧海一粟罢了。"广德若不足"与"进道若退"基本类同，都是面对无穷尽的物质世界，面对倍数增长的未知领域，在以求德为起点，进而求道的过程中，大有前路茫茫之感，二者只是感觉程度的差异。学术领域，大多谦卑低调，因为他的学识已经让他看到了其学术领域的博大精深，深感自己只是移山的愚公而已。相反，那些尚未入门、不知深浅的人，倒总是信心满满，自认为学识皆在掌握之中，始终处于把酒临风的豪迈状态。

"建德若偷"，憨山大师将德理解为品行，所以解"偷"为暗做好事善事，用今天的话说就是做无名英雄，做好事不留名。憨山解释说："圣人潜行密用，凡有所施于人者，惟恐人之知己也。如泰伯三让，民无德而称。"意思是：圣人暗自作为，凡是给予了他人帮助，总是担心受助人知道是自己。如周太王古公亶父的长子泰伯，为实现父亲愿望，三次辞让王位，后来的民众都无法用合适的德性来称颂他的高尚。这种解释是把道家的"德"与儒家的"德"发生了混淆，而从上文"进道若退、广德若不足"分析，建德，应该是指积累"德"，即构建德性，"建德"在郭店楚简中是"健德"，可理解为"使德强健"，与积累德近义。"建德"表示求道者在一物一德中求索，也在一物一德中积累。偷，其核心意思是乘人不知，引申为谨慎而小心。老子的意思是说：积累德性的每一点进展都是非常恭敬慎重，谨慎小心，不可疏忽大意的。求道的过程如此精细而小心翼翼，无法一蹴而就，因此求道时会有无穷困难。

"质真若渝"，人们在一物一德的求索之中，明了了其中的本质规律，那是值得无上珍惜的，在老子看来，事物的"德"便是事物的"质真"，即事物最质朴本真的东西。渝，改变的意思。若渝，是担心其改变。"质真若渝"是指：当求道人明了事物之德时，仍要执着求索圆满自己的领悟，珍视备至，对"德"保持敬畏之心。

"大方无隅"，如前所说，以"大"字开头的"建言"，都是比喻之言。方，不应是指方形，而应该是指方舆、地方，比喻在非常大的区域里，不会出现棱角旮旯，用以说明无穷大的"道"包含在宇宙万事万物之中，没有任何事物会因为藏在某个旮旯，被"道"遗忘。"大方无隅"指"道"无所不包、无所不在、无时不有，宇宙中不存在没有"道"的事物，也不存在任何事物没有"道"。

"大器晚成"，这是一句在社会生活中被人们经常引用的格言，是对还没有成功者的鼓励之言，也是对大龄成功者的安慰之言。任继愈先生解释为"贵重的器物总是最后制成"。但老子的原意会是如此吗？肯定不是。老子的《道德经》只能是言道德释道德传播道德，从老子"建言"的一系列思想看，"大器晚成"是指老子所认为的求道步骤，大器是指"道"，是指玄道的体悟是在最后。那什么在之前呢？一定是简单的。什么是简单的呢？在老子看来就是一事一物之一德。从我们身边具体事物之德开始钻研，用儒家思想家曾参曾子的话说，叫作"格物"，格物而致无穷便能得"道"。《周易·系辞》也有类似认识："知周乎万物，而道济天下，故不过。"将万物格至周全，就能体悟知晓其道，然后用其道治理天下，就不会犯错。

在求真理的步骤问题上，宋明理学家朱熹、王阳明之间就发生过很大分歧，他们都认为"理一分殊"，有一本之理，有万殊之理或分殊之理。但朱熹认为"理在物中"，即物而穷理，一日格一物，得万殊之理，"一"理晚成，但终将近理。王阳明龙场顿悟：如此求理，格物就没有尽头。他认为"理在心中"。按照朱熹的格物之法求理，永远都会在"进道若退、广德若不足"的感觉之中。王阳明的理在心中，在一定意义上讲，他朦胧中懂得了"归纳"的逻辑方法。换句话讲，"格"是抵达、到达的意思，如《尚书·尧典》："帝尧曰放勋，钦明文思安安，允恭克让，光被四表，格于上下。"意思是：上古的尧帝是一位庄恭、明辨、文雅、思智、温和敦厚的人，具有忠于职守、见贤让贤的履职品德，他的影响力传遍了四面八方，抵达了天地之间。"光被四表，格于上下"是说，尧帝的德性光辉普照寰宇，在抵达天地东南西北边际的"六合"之内，宇宙这个六面闭合的空间内都是他的影响。格物便是抵达事物的"理"，要求人们去揭示事物本质，为"修齐治平"提供基础指导，由此"格"的意思又可引申为"探究"。话说到这里，曾子"格至诚正"的意思就已经表达完了，朱熹、王阳明却不止于此，他们研究得更深入，他们除了要明确探究"理"之外，还要探寻"理"在哪里，为此追寻而去。朱熹基本的认识是，"理"是客观的，藏在事物之中，人必须去认识事物而得到"理"，只有在事物中去寻找"理"；王阳明则认为，事物是客观的，每个人的感悟却不同，"理"在心里，需要人去领悟事物、推物及己获得"理"，所以他说了那著名的四句教——"无善无恶心之体，有善有恶意之动，知善知恶是良知，为善去恶是格物"。从一定意义上说，朱王异说在于：朱熹重在思维对象，即有利于启发人生智慧的事物属性特征等；王阳明重在思维本体，即有利于启发人生智慧的对事物认识思维方法的认识路径。

对于"大器晚成"的求道步骤，庄子最早发现了问题，他认为从探求事物个体的一德，进而求取万物之道，这样的求道方法存在着天大的问题。《庄子·养生主》："吾生也有涯，而知也无涯。以有涯随无涯，殆已！已而为知者，殆而已矣！"庄子说：人生命是有限的，而需要追寻"德"的事物却是无限的。以有限的生命去追求无限事物之"德"，势必精力不济、危殆伤身，既然如此，还要采取逐一求"德"的方式追求"道"，那可真是很危险了！

但在老子时代，他并没有认识这样的道理，他只是认为"报怨以德。图难于其易，为大于其细。天下难事必作于易，天下大事必作于细。是以圣人终不为大，故能成其大"（第六十三章）。大意是：不管人们有怎样的情绪好恶，都应该按既定路线图去做，那就是先易后难，先细后大，搞清楚了简单的、细小的原理，真理自然就搞清楚了。老子的方法步骤看似简单容易，实则难以实现，庄子对此"求道法门"以一般人的观点明确地表示了失去信心。庄子所陈述的担心无疑是有道理的，因为这就是人的现实。但庄子所陈述的道理只是一般人的担忧而已，因为这种担忧一方面是建立在"吾生"基础上的，而不是建立在"众生"的基础上；另一方面是建立在"吾生有涯"基础上的，而不是建立在"生命无涯"的基础上。然而，庄子的认识却不止于此，他在《养生主》结尾突然来了一句惊天动地的生命观："指穷于为薪，火传也，不知其尽也。"意思是：照明的膏脂可以燃烧干净，但"火"会流传下去，没有穷尽的时候。中国人有了薪火相传的生命观。由此可以看出，在人们还不能理解生生不息的生命观及人类集体生命观，也还不能意识到"分科之学"的科学方法时，人们只能看到孤立的个人面对无穷的世界，显得无能为力。而存在于空间和时间中的人类，采取分科之学的求知方式，逼近一切知识的尽头都将成为可能，由此便理解和赞同了"宇宙是可知的"的论断。

"大音希声"，希，听之不闻名曰希。真正的大音是听不见的，换句话说，真理的教诲从来就不是用耳朵听到的。"道"在规范万物行为时，从来没有厉声呵斥、大喊大叫，人们从来就没有听到它的声音，万物却无不服从它的指令。王弼解说："听之不闻名曰希，不可得闻之音也。有声则有分，有分则不宫而商矣，分则不能统众，故有声者非大音也。"意思是：大音希声是指听不见的声音，听得见的声音是有分别的，声音有分别就不会将"宫商角徵羽"的宫音混淆为商音，不会将"哆来咪发唆拉西"的哆音混淆为来音，但有分别的声音是不能同时表达所有人心愿的，所以听得见的声音就不是大音。王弼重点说了"有声者非大音"，而他没有说大音是什么。《庄子·齐物论》："子游曰：'地籁则众窍是已，人籁则比竹是已，敢问天籁。'子綦曰：'夫吹万不同，而使其自己也，咸其自取，怒者其谁邪？'"子游问：风吹众窍是地籁，人吹竹孔是人籁，啥是天籁呢？子綦反问说：吹不同的孔窍，各有各自的声音，可谁让孔窍发声呢？一句"怒者其谁邪？"可谓是神妙之言：那个使其发声的无声者才是天籁啊！那个使其发声的便是"道"，所以，天籁是听不见的，这就是大音希声。

"大象无形"，老子对大象无形给予了充分的表述。他说："搏之不得名曰微。"（第十四章）还说，"道之出口，淡乎其无味，视之不足见，听之不足闻，用之不可既。"（第三十五章）老子的意思是："道"的呈现，用手，摸不着物；用舌，尝不到味；用眼，看不到形；用耳，听不见声。但万物用之不竭，如风箱里的风越用越多。道，无处不在、无时不有，老子还对其"强为之名曰大"，"道"是一个物，它是有形象的，用现代的话讲，"道"是一个抽象的形象，所以，大象无形，最大物的形象却是没有形象的。

"道隐无名。"王弼解为："物以之成而不见其成形，故隐而无名也。"万物生成万物各自的形态，却不见"道"本身的形态，所以说道隐而无名。陈鼓应先生解释为："道幽隐而没有名称。"这种解释几乎是没有解释。问题就出在如何理解"无名"。无名绝对不是没有名称，道隐于万物之中，表现得无处不在和无时不在，这种"隐"也是有名称的，它的名称仍然是"道"。

老子《道德经》中出现了三次"无名"，即第三十二章"道常无名"，第三十七章"无名之朴"，本章"道隐无名"，这里的"名"应解释为"称为"。所以，"道常无名"翻译为：道的常态被称为无，也表现为"无"，"道"同出而异名两种形态有和无，有和无同时存在但称呼相异。"道隐无名"，解释为："道"隐匿于万物被称为无。实体的"道"（有）表现的万事万物的具体形态，当"道"表现为"有"时，理解为"德"之物，《管子·心术上》说："德者道之舍……以无为之谓道，舍之之谓德。故道之与德无间，故言之者无别也。"管子说：德是道的寓所，道表现在具体事物上是就是德……用"无"为表现时被称为道，住进了（事物的）寓所就成为德。道和德在本质上没有什么区别，所以，人们有时称之为道有时称之为德。

"夫唯道，善贷且成。"贷，《说文》解为"施也"，《广雅》解为"予也"，李学勤教授解释为"施以，辅助"。老子通过以上分析，由衷地赞叹说：宇宙间唯独"道"这个东西，善于无私地扶助万物，对万物施以帮助，使得万物生生不息，各自成就自身。

173

第四十二章

　　道生一，一生二，二生三，三生万物。万物负阴而抱阳，冲气以为和。人之所恶，唯孤寡不谷，而王公以为称。故物或损之而益，或益之而损。人之所教，我亦教之。强梁者不得其死，吾将以为教父。

　　宇宙生命的生发过程深奥复杂，怎样将这一过程体现"大道至简"的求道精髓，这可不是一般人能够做到的。

　　宇宙万事异彩纷呈、难觅其宗，宇宙万物各领风骚、不见其同。但无论多么庞杂紊乱，其发生、发展、变化却是共同的。那么应该如何概括这个共同的过程呢？智慧的老子用极其简洁的语言使其一览无余："道生一，一生二，二生三，三生万物。"这就是宇宙衍生过程的终极表述，不管人们如何理解解说其表述的具体所指，但所有读到此句话的人都懂得了道生万物的过程和关系。这就是"道"的魅力，不论你如何解说都万变不离其宗，不论你如何解说，其表达的含意已渗透人心。

　　河上公解为：道使所生者一也。一生阴与阳也。阴、阳生和、清、浊三气，分为天、地、人也。天地人共生万物也，天施地化，人长养之也。河上公说：道直接所生成的就是一，这个"一"生成阴和阳，阴、阳生清浊混合之气、清阳之气、阴浊之气，清阳之气上升形成天，阴浊之气下沉形成地，阴阳混合之气形成人。天、地、人共同作用形成万物，天给予阳光雨露，地给予水土滋养，人引领着万物生养。河上公的解读基本是沿用了《易传》的天地形成的观点。

　　《易传·象·泰》："天地交而万物通也。"意为天地和谐风调雨顺，万物就能生生不息。

　　《易传·象·泰》："天地交，泰。"意思是天清地浊之气交通和合，是泰卦卦象：安泰。

　　陈鼓应《老子今注今译》详尽地介绍了古今对"一、二、三"具有代表性的解读，尤其是对"二"的解读，多以阴阳、天地为解。

"道生一，一生二，二生三，三生万物。"老子分别在静态和动态两条思路上表达了宇宙的演化：静态角度，它表达了宇宙从初生到现世各环节的状态是什么；动态角度，它阐述了万物从初生到现世各环节的过程怎么样。

从静态看，"道、一、二、三、万物"五环节之间，不是谁生产谁，先有谁、后有谁，而是表达相互"是什么"，《道德经》没有离开事物去谈道德，离开了事物去谈论道德，实际上是在谈论飘忽游荡的幽灵。老子说道德的虚空，是指"道"处于无状态下的形态，"道"在无的状态下是虚空的，因为物的属性、联系、关系看不见摸不着，但离开了物的"有"就不存在物的"无"了，所以，"道"是原始，"道之为物，惟恍惟惚"（第二十一章）。"道"就是一，"道"形成一，一就是道，一就是宇宙万物中最根本之物，"道"成为原始的那个"一"，那个"万物之宗"，那个万物共有的最根本的物。

"二"由"一"生成，"一"生成了"二"，"二"表述了"一"的存在状态，有"一"便有了"二"，"二"便是无和有，老子说，（无有）"此两者同出而异名"。如前所述，"有"指物的形态、形制、颜色、声音、气味、质感等，"无"是指物的属性、联系、关系、规律、法则，是指决定物为此物而不是他物的那种力量，是指决定物发生发展变化的常态的规律规则。有了形制和规则，物便成其为物了，反过来，物的终极属性还是"道"。

"二"便是"有无"相合的统一体的物，"二"的具体化便是"三"，"三"就是"有无相生"（第二章）之物，"三"便是确定了形制和规则的物种。但这个物种仍是抽象的物而不是实体的物，如人是物种，可人是抽象的不是实体的，只有说某某人时才是实体的。物种的终极属性便是"德"，德承接了"道"在该物种的属性，所谓"孔德之容，惟道是从"。体现该种类属性的"德"的这个抽象物，便被称为物种或类物，比如，生命体、非生命体，动物、植物，人、牛、马、松、竹、梅……

"三"生万物，类物的具体形态便是万物，"万物"便是形成物种或类物的具体物了，如在人这个类物即人类内有张三、李四、王五、赵六等，在梅花这个物种内有我家院内的那棵梅花、驿外断桥边的那棵梅花、前村深雪里的那枝梅花，等等。

从动态看，"道、一、二、三、万物"五环节之间有着递延传承关系，当"有物混成，先天地生"（第二十五章）时，是宇宙万物生成的原动力，称其为"道"。当"道"自化万物"似万物之宗"（第四章）时，"道"便是宇宙万物在存在状态下的内在本质公因数，假定万物分别对应"大于 0 的一切自然数"，则相对于"大于 0 的一切自然数"的万物而言，"道"便是一，故而道生一。

　　"二"便是当"一"为"天地之始""万物之母"（第一章）时，使宇宙万物变化形成差别的决定力，表明万物形成了有形和属性的统一体，故而一生二，也是下文说的"万物负阴而抱阳"，"二"便是阴阳相耦，阴阳是中国古代哲学中矛盾分析法的统称，是对矛盾双方的称谓，任何统一体内的矛盾双方皆可称为阴阳，"阴阳"在具体事物、具体分析中的具体形态各不相同，在老子对"道"的阐述中，"阴阳"的静态便是指"无有"两状态，"阴阳"的动态却是指"浊清"两气，老子说："孰能浊以静之徐清？孰能安以久动之徐生？保此道者不欲盈，夫唯不盈，故能蔽而新成。"（第十五章）这是说，宇宙混沌之初化混沌为清气与浊气，为"二生三"即万物生成做好了"原材料"准备。

　　"二生三"便成就了有无之物。"二"和"三"的衔接问题，即"二"是如何变成"三"的，按陈鼓应先生的说法，中间缺少一个中介。而古人将这个中介，依据"冲气以为和"理解为"和"，这是非常智慧的解释，也展现了老子不仅有事物静态的"有无"阴阳思想，还有事物动态的"清浊"量变质变思想。清气与浊气凝聚成物，"二气"不同比例结构的调整便凝结成不同的物种，用现代哲学的观点看，之所以说古人用"和"解释万物生，充满了智慧，是因为清气浊气不同"量"的调和迸发着"和"思想的光辉，这种"和"预示着老子隐约意识到了事物发展过程中，量变和质变的两种状态，"二"通过内部清浊之气不同量变的"和"而形成了不同质的物种或类物的"三"。换言之，随着表现为清气浊气的"二"在各自"量"的结构变化中，通过糅合、掺和的"和"的过程，形成了物种或类物这种"三"，"三"便是类物，故曰"二生三"。

　　"三"生生不息，其具体化为宇宙间万事万物，如这棵树、那只羊、那头牛，乃至张三、李四等现实的物。"道"以万物为刍狗，断绝人为的是非、优劣、好恶、美丑……任清浊之气自由繁衍，任世间万物自由化育，它们实实在在，和合共处，怒放繁荣在宇宙之间，故而"三生万物"。

　　从静态和动态两方面来分析，更加能理解"道生一，一生二，二生三，三生万物"这曲千古绝唱，如此复杂的宇宙，如此玄妙的过程，竟能形成如此简单的表述，这展现了老子极高的智慧思维和绝顶的概括能力。

　　"万物负阴而抱阳，冲气以为和。"这是《道德经》中唯一一次提及阴阳两个字，阴阳之说是中国传统文化中重要的认识概念，阴阳是中国最古老的哲学方法，是中国古人指导人们形成规范思维方式的世界观和方法论。从已知文献看，八卦是最早的阴阳学说，只不过八卦不是文字，而是图形、图画。人类先有思想，然后将思想借助图画表达出来，继而形成了文字，用文字记录思想、阐述思想，这是符合人类思想传承规律的。我们目前能见到的最早记录八卦的典籍是《周易》。翻开《周易》，首先映入眼帘的就是由时断时连的横画组成的六画简易图案，这个简易图案就叫"六画卦"。据传，以六画卦结集成册的有三种易书。以"夏商周断代工程"为依据，夏朝为公元前 2070—前 1600 年，禹为夏朝第一位王；商朝为公元前 1600—前 1046 年，汤为商朝第一位王；周朝为公元前 1046 年建立王朝，姬发为周朝第一位王。所谓"三易"便是指夏王朝的《连山易》，商王朝的《归藏易》，周王朝的《周易》。"六画卦"图案是由"三画卦"重叠而成，三画卦便是表述阴阳思想最古老的八卦。由此可以推测，八卦必在夏之前，即在公元前 2070 年之前便有八卦，便有阴阳之说。相传，八卦是伏羲所作，而伏羲所处的时代则是远古，可见八卦之古老。

　　所谓八卦是指乾☰，兑☱，离☲，震☳，巽☴，坎☵，艮☶，坤☷。将三画卦拆解开来看，八卦又是由独立的时断时连的横画组成，这个时断时连的横画就是代表阴阳的符号。断开的横画"‑‑"代表"阴"，连续的横画"—"代表"阳"。"‑‑、—"作为阴阳思维概念的符号元素，可能起源于古人仰观天象所得的启示，天象最明显的变化莫过于夜昼阴阳，阳为阳光直射的状态，阴为阳光被物体所阻隔的状态。阳光直射即为阳，阳光截断便是阴。所以先民确定了摹阳光直射状"—"以为阳，摹阳光截断状"‑‑"以为阴。阴阳理论认为一切事物皆由阴阳组成，一切事物皆是一个"‑‑、—"阴阳的矛盾统一体，这个矛盾统一体用图形有四种表现形式，即"阴阴、阴阳、阳阴、阳阳"分别为老阴、少阴、少阳、老阳。老阴、少阴、少阳、老阳分别又会有"‑‑、—"阴阳之分，便形成了老阴阴☷（坤）、老阴阳☳（震）、少阴阴☵（坎）、少阴阳☱（兑），少阳阴☶（艮）、少阳阳☲（离）、老阳阴☴（巽）、老阳阳☰（乾），即原始的八卦，八卦是阴阳的图示。①

　　任何事物都是"‑‑、—"阴阳的矛盾统一体，阴阳平衡、阴阳和合、阴阳协调了，事物便是稳定的，这是古人所传承的极其抽象的思维模式。阴阳思维表现在具体事物中，其具体表现是不同的，其阴阳矛盾表现也是具体而直观的，《道德经》就列举了阴阳所表现的刚柔、美恶、有无、难易、长短、高下、音声、前后等具体形态；太极拳讲阴阳，具体要求在讲形意、动静、虚实、内外、开合、浮沉等；中医讲阴阳，其具体形态则是湿燥、寒热、表里、虚实等，同时也将人体及人体各器官症候分别为阴阳两类，以正常状态衡量，分辨诊断其

---

①　马跃千，马慎萧．文王的嘱托——《周易》在告诉我们什么［M］．武汉：武汉出版社，2016：7－9．

平衡状况，其可统称为阴阳平衡。

由此可见，阴阳之说不是封建迷信的代名词，阴阳八卦图是古代中国人思维方式的运行模型，是最古老的中国式表述的对立统一矛盾规律，阴阳是一切事物内部对立双方的总称，阴阳分析法在现实生活中仍有极其强大的生命力，如果一个人只是谈阴阳，就如同只是谈矛盾，他一定没有做好具体问题具体分析的功课，没有发现具体事物中阴阳或矛盾的具体形态，他纵有分析事物的正确方法，而不能具体问题具体分析，投身于实践之中，也找不到事物的问题症结，是没有意义的。

"万物负阴而抱阳，冲气以为和。"这就是指万事万物都是阴阳的统一体，但万事万物的阴阳面并非壁立相对，互不关联，而是统一于一体。陈鼓应先生解释"冲气以为和"的冲为"交冲、激荡"，其实是误解，这里的冲是指山冲，什么是山冲？字典上解释为"山区的平地，如冲田，韶山冲"，山冲和山谷同义，都是指两山之间的空旷空域。王弼说："虽有万形，冲气一焉。"意思是物虽然有千万形状，但其统一的、共有的仍然是虚无的一。任继愈老先生解释为：冲气，冲虚的气，肉眼看不见的气。"冲气"是什么呢？用现在的话讲，就是山间的空气，就是山风，就是山谷里吹来的风，形色虚无而永不枯竭。《道德经》只是借用"冲气"这个无形的形象来比喻虚灵的"道"，"道"决定着万物的存在特性。老子说"冲气以为和"是什么意思呢？实际上，这里要插叙古人所谓"气论"，"气论"在中国哲学几千年的传承中，逐步发展成了一个特别重要、复杂多义的概念，"中国古人解释'宇宙的起源'，以'气'为万物的原质"①，古人认为天地之间只是"气"，老子自己也说"天地之间，其犹橐龠乎？虚而不屈，动而愈出"。天地之间的万物只是由"气"凝结而成，离开了天地之气，也就无所谓"有"，无所谓"无"，万物将不复存在。"和"是掺和、搅和、糅合、杂糅、授和的意思，"冲气以为和"是说天地万物都是以"道"固有的法则搓揉搅和虚灵之气而形成的。周敦颐《太极图说》："二气交感，化生万物，万物生生，而变化无穷焉。"

"道生一，一生二，二生三，三生万物。万物负阴而抱阳，冲气以为和。"老子用极简朴的表述，给人们描述了一个极厚重的宇宙创生的过程。

"人之所恶，唯孤寡不谷，而王公以为称。"人，世人，有共识的人们。恶，厌恶、不悦。孤，孤单。寡，少缺。不谷，谷是指虚空，不谷即是不虚空，也就是世俗。社会标准所忌恨的人生处境，世人所厌恶的孤单、少缺、低俗等

---

① 吕思勉．中国通史［M］．北京：新世界出版社，2008：103.

"孤、寡、不谷"的称谓，却被王公侯爷们引为自称。难道王公不知道"人之所恶"吗？当然知道。那为什么以此令人不悦的字眼来自称呢？河上公说："处谦卑，法空虚和柔。"那就是王公为了自己的统治，为了安抚下民，故意使自己谦下，处于卑贱状态，抹杀社会阶层分际，淡化阶级矛盾。也把自己装扮成心胸豁达、亲民和善、尊民为本的圣王君主，表示自己也只是万物一分子、万民一分子而已。

"故物或损之而益，或益之而损。人之所教，我亦教之。强梁者不得其死，吾将以为教父。"老子认为：以"道"谦下而并育万物"主而不宰"的作用机制看，万物也会在自损中获得益处，并在受益中进一步自损。这里有可能老子用了一个不恰当的类比，用王公以不为世人所喜的称呼自称，反而得到民众接纳，实现了统治一时和谐，以其来说明"损"的可行性。那么老子所谓的"损益"是什么意思呢？河上公认为：益是个人得到的利益，损是对利益的拒绝，他认为"损之而益、益之而损"只是一种技巧手段，要获得利益，若做适当拒绝反而获得利益更大，相反，要贪求利益，却会引来祸患而失去更多。王弼认为：益是求道成果，损是求道方式，用现在的话讲，损是抽象的过程，是将天下万物的个性——剥除，得到唯一的共性"道"。他认为"损之而益、益之而损"是"损之至尽，乃得其极"，即通过抽象再抽象，就可以得到极致共性所在。所以，"故物或损之而益，或益之而损"是不断进步、不断精进的求"道"过程。王弼解读《道德经》的境界比河上公要高出一个层次，在这里再次体现出来，如果说王弼是哲学解读，那么河上公只能是格言教诲。从《道德经》所要解答的问题看，王弼的解释无疑更接近老子本人的思想。老子是用王公不雅自称而获益的事例来类比推论"损物求道"，其欠缺是混淆了损的"贬损谦卑与剔除剥离"的含义，王公的损与求道的损不是一个概念，这便是《周易·系辞》"书不尽言，言不尽意"的道理。

老子的损和王弼理解的损，极有可能得到了《周易·损卦》的精要。《周易》讲损益是传授君子提升修养的品行，损是"损不足"，即损恶益善，损浊益清，损己益友，损臣益君。不断发现自己的缺点，努力改正缺点，使自己修养成为高尚的人。益便是讲弘扬自身优势，便是见善则迁；损便是除去自身污点，便是有过则改。损益之法是君子改过自新、不断提升自己的方法。《道德经》引进了《周易》的损，改换了《周易》损"不足"的内容，用于自己损"万物万形"而归一。在老子看来，损（抽象）是求道的最好方法，所以，《道德经》才说："人之所教，我亦教之。"这句话的意思是：圣人是用损这种方法传授于人，我也应该用这种损的方法教诲人。

　　"道"以虚无柔和之体，生发万物，无声无形地规定万事万物发展变化趋势。"道"正是以其虚无柔和之体为存在方式，永无止境地存在，天下以"道"为主宰，不可舍弃。世间那些逞强任力的人从来就没有寿终正寝，我传授人们求道之法时，将以他们为讲义教案的原始案例，以说明强梁者违道，而顺道必吉、违道必凶的道理。"强梁者不得其死，吾将以为教父"便是传授这样的道理。强梁者就是逞强好斗、尚势任力的人。不得其死，是不得好死的意思，断定其生命得不到寿终，必是事故夭折或意外而亡。教父，教化人的典型事例。

第四十三章

天下之至柔，驰骋天下之至坚，无有入无间。吾是以知无为之有益。不言之教，无为之益，天下稀及之。

老子对于生命生生不息的力量以及单个生命体的生长规律，有着超乎常人的体悟和崇拜，在《道德经》的"德"篇，作者已经将眼光聚焦于具体物体，以发现和解说具体物体中的规律来启发人类的社会生活。

"天下之至柔，驰骋天下之至坚，无有入无间。"天下之至柔是什么呢？第七十八章："天下柔弱，莫过于水。"老子看来，在天下的物体之中，水是最柔弱的，却在坚硬的岩石、峭壁、深潭、沟壑中，跌宕起伏，扬长而去，有什么坚硬的东西可以挡住水的前行吗？水不正是驰骋于天下最坚硬的物体之中吗？

水的柔弱还不过是老子的比喻而已，第八章："上善若水。……故几于道。"水的德性也就是水的属性，很接近于"道"，为便于理解"道"，老子让人们从认识身边最熟悉的"水"开始，逐步体会到"道、德"的存在和存在方式。世间万事万物的生死消亡，其中是有严肃的规律的，在21世纪人类的头脑里，这只不过是常识而已，但在两千五百年以前，除了像对神鬼一样的崇拜，谁还有别的理解，只有老子是个例外。不管老子是否是无神论者，他的"道、德"理论应该是向鬼神掌控万物的迷信之巫，照入了无与伦比的理性阳光。但在老子所处的年代，有多少人有如此理解能力去接受呢？他让人们去理解柔弱的力量，去无限地接近柔弱的力量，规律是虚无柔弱看不见的，但人们对事物发展趋势是习以为常的。

老子认为"道德"是天下万物中最最柔弱的东西，谓之"天下之至柔"。

"驰骋天下之至坚，无有入无间。""道、德"这种虚无柔弱的东西，也正是老子所说的"无有"状态，"无有"是没有形态的形态，这种"无有"恰恰隐身于世间万事万物之中。第四章："道冲……湛兮似或存。""道"像"山冲"的空虚一样，与万物湛然混合，并驾驭决定着事物的发展趋势。所以，这里的

"驰骋"一词，任继愈先生解释为"穿来穿去"，而陈鼓应先生解释为"驾驭"，就全面解释了柔弱之于至坚的力量，总之，是事物发展变化的内在力量。即使是天下最坚硬、最密实无缝之物，道德仍置身其中。在我们阅读"无有入无间"的句子时，耳边犹有"无厚入有间"的声音，这声音来自庄子，他在渲染庖丁解牛时，说庖丁用锋利的刀刃能准确无误地游走于牛的骨肉间隙及肌体筋腱之间，是感叹庖丁不在于对牛肉的贪求，而是"意在"创立牛体解剖学，在每次掌握并实践了正常牛体结构时，他便备感满足。他用的刀十九年了还像新的一样，有的人眼里只有牛肉，却费力费刀，屠户而已。可以说，"无有入无间"是描述"道"、赞美"道"，也就是描述和赞美事物中的"德"；而"无厚入有间"则是意喻寻求"道"、悟知"道"，也就是寻求具体事物的"德"。

"吾是以知无为之有益。"通过以上的分析，老子认为，从这里即从世间万事万物皆有其本质规律性——德性的角度出发，便能获知："无为"是何等有益，是何等有益于人世间的治理。其逻辑非常明显，既然万物的德性决定了其发展趋势，人们若要改变事物的发展趋势，就是不知常的妄作、胡乱作为；人们若要去顺应事物的发展趋势，就是无为无不为。老子无非试图再次强调："为"和"无为"的区分不是在是否有行为上，而是在违逆或顺应事物德性规定的趋势上。

"不言之教，无为之益，天下稀及之。"万物的道性，事物的德性，从来就不高声喧哗，从来就是不言之教，坚定以自身的存在和事物的发展变化趋势，表明自己所要表达的意涵；人们的作为顺应了事物的发展趋势，则事态安康，事半功倍，当人们违逆事物的发展趋势妄为之时，则灾至祸来，劳而无功。可是"不言之教，无为之益"体现在对万物"道"的领悟把握的基础上，人们如果没有坚忍不拔的"求道"过程，没有深刻认识万物之道、深刻认识事物之德，没有牢牢把握事物发展的大方向，就不可能有"不言之教，无为之益"。要做到"不言之教，无为之益"确实是要有高深修炼的，所以，老子认为"天下稀及之"。"稀及"就是很少有人达到的意思，说明"不言之教，无为之益"的高度天下还很少有人能够做到。这如同《论语》中："中庸之为德也，其至矣乎！民鲜久矣。"孔子是说：中庸作为人的品德，是最高准则了！人们能坚持下去却很少。

大凡圣人，在倡导优秀品质时，他们向来是认识并说明其难度，圣人对做不到其所倡导品质的人们也是尊重的，从不浮光掠影、轻描淡写地说教，然后却严厉批评指责别人。那种草率说教、严加责难的行为，孔子认为是"慢令致期谓之贼"。慢令致期有两种表现，一是即刻布置、即刻考核，一是漫不经心布置、严厉苛责考核。《论语》认为这是"贼",是罪恶,是残害人们。《道德经》认为:"是以圣人常善救人,故无弃人;常善救物,故无弃物,是谓袭明。"所以,圣人倡导的学说历经千年而不衰竭,就在于他们能容忍、包容一切人的修炼、一切方式的修炼,只要是符合事物本身的发展趋势就行了,悟道者可喜,暂时未悟道者同样值得尊重。

第四十四章

　　名与身孰亲？身与货孰多？得与亡孰病？甚爱必大费，多藏必厚亡。知足不辱，知止不殆，可以长久。

　　上一章说："天下之至柔，驰骋天下之至坚，无有入无间。吾是以知无为之有益。不言之教，无为之益，天下稀及之。"其意思是，"道"这个无形无声无味的东西，那可谓是柔弱得不能再柔的东西了，可它是天下万物的内核，无论物有多么坚强坚硬，都受到"道"的支配，"道"以它的无形侵入任何致密无间的事物之内。老子自感深深体会到了"道"为无为的力量和好处。但"道"的这种不言而规范万物、无为而指引万物的力量和做法，天下体会得到、理解得了的人非常少啊！这便是老子的忧患。

　　老子忧患的是，正因为能悟道遵道的人很少，所以，人们便犯糊涂。犯什么糊涂呢？就是分不清名利与身体哪个更重要，哪个更值得珍惜。

　　老子坚定地认为，身体是天地的产物，名利是后天的演化，丢掉后天演化之物，回归天地自然，依道颐养身体，依道保全身体，才是人追求的本原。所以，老子时常提醒人们，比如，复归婴儿，比如，赤子、婴儿之未孩等，他最崇尚人的初始，他认为那才是真正的、没有沾染上后天习气的、原本的人，如刚刚出生的人——赤子，还没有学会笑的人——婴儿之未孩。

　　庄子提出了"真人"概念并扩展了真人的外延，《庄子·大宗师》远远地离开了老子所崇尚的初始的人，而是认为人沾染社会习气是必然的，但人可以通过修炼去掉后天习气，重新修炼成"真人"。老子认为人应该拒绝人类社会违背本原的习性熏陶，远离人类社会的不良习性，保持人本来的天性；而庄子认为人应该去掉人类的社会习性，重新归回到喝露饮泉，饿则猎、饥则食的蒙昧状态。无论是老子学说还是庄子学说，可以看出，他们提供了一套将人类社会文明进步的优点、缺点一起摈弃的理论。人从动物属性的人进步转化成了社会属性的人，从蒙昧无知的人进化成为智力发达的人，从满足动物本能生活的人演变成了不断创造文明智慧的人，那是经过数百万年的进化。火产生于人类之前，地球生命诞生便与火同行，人类知道火并不神奇，人类知道利用火才是神奇无比的伟大壮举。

从一定意义上讲，人类懂得用火之时，便是人类社会文明成果积累的开始，考古发现，公元前170万年前的元谋人已经在使用火。所以，人类利用火取暖、照明、烧荒、做饭，在人类与自然界血雨腥风的抗争中，才走上社会发展进步的道路，这是无论如何都不能废弃的文明成果。但老子的时代，他看到的是普通民众饥寒交迫、晨生暮死、生活飘零，看到的是贵族统治者贪婪无度、穷凶极恶、横征暴敛、挑起战乱，他看到的是人性的弱点，是人性的糟粕。他怜悯下层民众的疾苦，痛恨人性的私欲贪婪，他觉得人的痛苦都来自弃道违道，都是人类社会中滋生的相互传染和传播而养成的私欲陋习蒙蔽了"道德"光辉所致，因而，他主张去掉名利私欲，去掉欲壑贪婪。可惜的是，在老子高举除陋习去恶行的大旗时，人们误认为老子开出的"治病药方"是在诱导人回到原始天然人的状态，是将人类的所有进步、所有文明、所有公序良俗都连同人类的陋习恶行一并抛弃掉，是将婴儿与脏水一同泼掉的做法。

人们因为对老子关于身体与名利的辨析有误读而进退维谷。进，去名利存身体是人生真理，进而知止；退，人生难避名利所累，退无可退。然而，老子只是在诠释社会糟粕的危害，而绝不是将社会糟粕与进化精华一并去掉。人类社会的存在和发展不可能因为人类自身对身体保全和精神逍遥的唯一专注而中断和倒退，所以，老子主张去掉对名利的"甚爱"和"厚藏"，是对贪婪的摈弃。事实上，对身体保全和精神逍遥的唯一渴求也是人性贪婪的一种表现。

老子在这一章就是讨论去掉名利贪婪，鼓励人们真切地回到领悟道、崇尚道、遵循道的行为规范上来。

"名与身孰亲？身与货孰多？得与亡孰病？"名誉与身体哪个与自己更密切？身体与钱财哪个对自己更重要？取得名利和失去身体哪个对自己更有危害？老子三问似乎是明知故问，答案也是不言而喻的：身体是生命的载体，没有了身体便没有了生命。名利相对于生命存续而言，没有任何关系，从生命高于一切的角度看，一个死人需要名利没有任何意义，站在这样的立场上，名利乃身外之物。老子这"三问"思想对中国人具有极大的影响，尤其是在进取受阻或意志消退时，成了人们自我解脱、自我慰藉的思想根源。可是，这种似乎名正言顺的答案在进取者心里，完全就不是这样的，在中国人思想行为中，还有一种为了名誉和节操而不惜放弃生命的思想，这种重名节的品格，同样也是中华民族的精神支柱。孔子说，"见贤思齐焉"，贤便是"名"，是人在社会中的口碑；

孔子又说"学而优则仕","朝闻道，夕死可矣"。他鼓励人们出仕求名，鼓励人们重节轻身。总之，入世进取和出世超脱在中国传统文化中都有相当厚重的分量。

"甚爱必大费，多藏必厚亡。"甚爱，过度追逐，贪婪的意思。大费，过度耗费，大量花费。多藏，过度敛藏，贪婪集聚。厚亡，过度消亡，超量损失。过度追逐名利一定大费身心，过分聚敛财货一定加倍消耗身体。老子的意思是要摒弃非身体自然属性所需要的名利，反之，对名利这种身外物的追求，必定耗费身体精力，有损生命。从一定意义上讲，生命是道，身体是物，其他名利都不过是人生的附加品，爱惜生命才能享受附加，而人们舍本逐末终其一生在迷恋中追逐附加之物，则必定是疯狂吞噬生命和身体，得不偿失。后人从中获得了老子论养身的很多感悟，这些有益的养身感悟只不过是老子思想的折射成果而已。

"知足不辱，知止不殆，可以长久。"知道满足可避免羞辱，知道止境可避免危险，由此，人生能够安宁舒泰、长长久久。知足、知止都是对行为边界的认定，老子没有视清除名利为"止"，他是要求人们在名利追逐的常态中明确自己的行为边界。守好边界不越界，就会远离羞辱、远离屈辱，就会避免灾祸、避免危险。所谓"常有，欲以观其徼"用在此处，便有了具体所指。

人们在短暂的一生中，就是要处理好名、利、身的关系，人们在身体受到损伤时，期盼着身体摆脱病痛、痊愈康健，却在身体健康时，追名逐利，早把身体安危置之度外。只是到了追逐名利而力不从心时，遂将名利所得反补于身体的养护。这真是一个是非难辨的现实问题。一个追逐者，看到了闪耀着诱人光环的名利时，他也许深知并痛恨飞蛾扑火，却仍不由自主地奔赴。

其实，道家也是主张"名"的，老子也说过"死而不亡者寿"（第三十三章），这不正是称颂人死而留名吗？庄子也悲哀名随身死，《庄子·齐物论》说："其形化，其心与之然，可不谓大哀乎？"意思是：人的形骸消亡，人的精神名声也随之荡然无存，这难道不是最大的悲哀吗？

什么是"名"呢？"名"是以"道、德"为基础的行为规范，这种"名"与天地同在，具有这种"名"的人才是"死而不亡者寿"的长寿者。

什么是"利"呢？"利"是以生命存续为前提的必需条件。这种"利"顺应自然法则，是摒弃了贪婪之后的身体需求，是"绝巧弃利，盗贼无有"（第十九章）之后的所得。

第四十五章

　　大成若缺，其用不弊；大盈若冲，其用不穷。大直若屈，大巧若拙，大辩若讷。躁胜寒，静胜热，清静为天下正。

　　道、德是怎样作用于万事万物的，老子在《道德经》中用不同的表达方式，反反复复地揭示道的特性，从多个侧面做了多次阐述。让人记忆犹新的，如生而不有，为而不恃，长而不宰，功遂身退，不自见，不自是，不自伐，等等。大自然中很多奇妙的事物，极能激起人们对"道"的追索，让人在赞美宇宙天地化育的同时，不吝给"道"以虔诚敬意。在这一章中，老子再次向人们阐述了道、德功遂身退、道体虚无等让人萌生见之思齐的美好属性。

　　天地间鬼斧神工的自然景观，生命体由无到有，由小到大，直至终老，一年的春夏秋冬、寒来暑往，每一天昼夜交替、日月司更。这些人们司空见惯、津津乐道的世间奥妙，有谁看见了"道"张扬其功劳呢？当人们看到这"最完满"的宇宙万事万物时，"道"却不见其踪影了。这便是老子要说的"大成若缺"的意思。"大成"，陈鼓应先生解释为"最完满的东西"，庄子称之为"雄成"。"大成若缺"只是"道"在宇宙间有所作为的现象之一，是"大象无形，道隐无名"的意思，"大象无形，道隐无名"是站在"道"自身的角度描述"道"，而"大成若缺"却是站在万物的角度上对"道"的隐逸属性的另一种描述。所以，王弼解释为："随物而成，不为一象，故若缺也。"这是说，"道"随同万物完成了自我，成就了自我，"道"却不以任何一种形象现身，故好像是缺。然而，老子这里描述的主要用意，不在于再一次描述道隐，而在于强调"道"对世间万物的功用，其目的是深入激起人们对"道"的向往和遵道思齐的进取精神。所以，他说"大成若缺，其用不弊"，关键是"其用不弊"，弊，古代"弊"和"蔽"相通，是隐蔽的意思，"其用不弊"是指它的功用不会被遮蔽，谁的功用不会被遮蔽？"道"的功用不会被遮蔽。老子说：别以为从外表看，在事物大功告成、成就自身之时，"道"好像是缺位的，但"道"的功用不会隐去，没有任何东西能遮蔽"道"之功用。《庄子·齐物论》也强调了道无形却现实存在，提出了具体事物与"道"同生同在的关系，他说："非彼无我，非我无所取。是亦近矣，而不知其所为使。若有真宰，而特不得其朕。可行已信，而不见其形，有情而无形。"庄子说：没有任何具体事物会没有"道"，没有"道"也就没有具体事物（无所取，指没有形成事物的原动力）。"非彼无我，非我无所取"这种现象就在人们身边，离人们如此之近，人们却不知道"彼和我"（也即"有和无"，也即有形事物与无形道，也即事物外在形态与内在本质）是什么关系、是如何发生作用、谁为主导、谁主使谁。如果它们之间有一个真宰主使者，却唯独不让人们觉察到它的任何征兆，但事物的变化过程已经让人们相信"道"作为真宰主使者的存在，可人们却看不见其形态，它是真实存在而没有形状的东西。《庄子·大宗师》说真人"不雄成"，就是说真人遵道而行，在经其助力而"大成"之事面前，从来不炫耀自己的能耐，而甘居幕后，庄子用艺术化形式展现了真人遵道而为的状态。

"大盈若冲，其用不穷。"我们还记得第四章"道冲而用之或不盈"，这两句话所表达的意思是完全一样的，"道"存在于宇宙天地之间，无处不在、无时不在，它的存在方式却如同山间空虚的"山冲"一样，它的功用取之不尽、用之不竭。"大盈"是指"道"无处不在，无时不在，无物不有，宇宙万物无其不存。"若冲"的"冲"与《道德经》经常使用的"谷"如"上德若谷"是同一概念，都是表明"道、德"看不见、摸不着的虚空性质。"虚空"用现代的语言讲，就类似于"抽象"，抽象之物看不见、摸不着，却真实存在。"大盈若冲"只是"道"在宇宙间作为的又一种表现，他的目的在强调"道"虚而无穷，犹如《道德经》第五章所言："天地之间，其犹橐龠乎？虚而不屈，动而愈出。"老子说：大道充盈于宇宙，其大无外，如此盛大的"道"却宛如虚空，无形无象，但其功用无穷无尽。

"大直若屈，大巧若拙，大辩若讷。"与上文相比较，这几句在行文上有明显的瑕疵，如"大成若缺，其用不弊；大盈若冲，其用不穷"。这里应该是"大直若屈，其用不×；大巧若拙，其用不×；大辩若讷，其用不×"。但查阅《老子》汉简本、郭店本、帛书甲本、帛书乙本等古本经文，尽管"大直若屈，大巧若拙，大辩若讷"经文有种种不同，也未见"其用不×"的句子。那我们便不做过多的推测，任其只是作为"道"的形态描述罢了，它说：无所不能的大道在事物之中，隐去了其本身的大直、大巧、大辩，外在却表现为似屈、似拙、似讷。

"大直若屈"是指"道"成其事物为事物本身，坚定不移地呈现事物自身之德，而不会任此物成为他物，抛弃本德而成为他德，这便是"道"的"大直"。"人不为（wéi）己，天诛地灭"便是"道"大直的人格延展，教育人们始终保持做人要做自己，而不是丢掉自己而邯郸学步。"道"在事物发展中表现出无影无形、委曲不伸，表现在同"类"的物中，存在物物之间的区别，"道"并不是全部、完全、彻底地整齐划一地规定事物任何细节，而是容许物物有差别，这种容许和宽容，似乎被误以为"若屈"。如人的基本形态都是一样的，但每人都有差别，德国哲学家莱布尼茨之所谓"世界上没有完全相同的两片树叶"。

"大巧若拙"是指"道"使万事万物展现其万象万态，让万事万物品类各属、各生其状，让万事万物色彩斑斓、气象纷呈，让万事万物声音错落、喧闹和谐，这当是如何之精巧布局方可化育出如此美妙的世界，但"道"在事物发展中又表现出无声无息、愚拙不灵，"道"从不要弄其精巧，而操使物行无常，用构建事物常态和执着守常表现自己愚拙不灵的外在表象。所以，王弼解释为："大巧，因自然以成器，不造为异端，故若拙也。"大巧就是指"道"使万物呈其各自之象，从不要权弄势去操纵物生异端，变异生乱，为非作歹，捉弄万物，这种不变初心的忠诚之志往往被人误以为是愚拙之态。

"大辩若讷"是指"道"成就了宇宙天地，成就了万事万物，让生命生生不息，让万物各安其位，让世界阳光普照，让人间风调雨顺，"道"用这些真实无欺的实例扬辩着至高无上的动力和力量，却从不以身说教、自我标榜，仿佛是不善于言说的、木讷的。所以，王弼解释为："大辩因物而言，己无所造，故若讷也。"真正的善言辞的辩者，总是以事实说话、用事迹证行，宇宙万物的精美呈现堪称"道"的雄辩之音、大辩之声，"道"终不会自造恢宏，不会自我宣告，故像是木讷的。

"躁胜寒，静胜热，清静为天下正。"寒冷、燥热、躁动，燥热、清净、躁动、清净，这是三组不同的逻辑关系，老子便用其生成三个逻辑判断：人们的躁动行为会使身体生发燥热，而燥热可以驱除寒冷，此判断一；清净能够纾解燥热，之所谓心静自然凉，此判断二；躁动与清净是人的两种选择，此判断三；三个判断最终说明的是：躁动生热可御寒，清净除躁可克热，即表示，清净克热、热克寒。"正"是指位置不侧不偏恰好中间。第五章说："多言数穷，不如守中。"其意思是如果释"道"的话说了很多，乃至话说穷尽，还得不到很好的领悟的人，不如遵循不侧不偏"守中"的做法，用"守中"作为人们的行为准则，也就接近遵"道"了。"中"和"正"的意思一样，是表示清净是接近"道"的行为，是符合"道"性的。"清静为天下正"，应解释为清净是天下符合道的行为。

老子认为清净符合道性，但还没有达到他想要达到的逻辑目的，他最终要表达这样一个推理：

大前提："道"是具有"大成若缺，其用不弊；大盈若冲，其用不穷。大直若屈，大巧若拙，大辩若讷"属性的。

小前提："清净"符合"道"性。

结　论："清净"也表现出"大成若缺，其用不弊；大盈若冲，其用不穷。大直若屈，大巧若拙，大辩若讷"的性质。

这便是《道德经》"躁胜寒，静胜热，清静为天下正"的核心理念，是将道性推及人性的关键之笔，是让社会人生的现实效法天地自然品格的诱导之举。

老子心目中的、那个被他在宇宙万物中发现的"道"，他是多么渴望让天下众多的人了解、认识和理解啊！但他所处的时代乃至之后很长的时间里，能接受和领悟他所说的"道"的人很少，其实，老子把那个神秘的"道"讲清楚，也是很困难的事情。"道"无形却实在，老子尽全力将无形之"道"说清楚明白，让人们和他一样不疑惑"道"的真实存在，进而将"道"的作用原理应用于人生社会，形成治国治天下治人生的重要法则，其理想是求得社会太平安生。老子写下《道德经》有两大愿望，一是告诉人们什么是真道实德，二是鼓励人们怎么样尊道贵德。第一个愿望需要依靠人们的努力去实现，在科学知识储备还没有达到人们需要的程度，人们对客观世界的了解还不能为理解"道"提供必要智力支撑的条件下，千百年来，人们在不离不弃地努力去领悟、获取、求证老子所谆谆教诲的"道"。为实现第二个愿望，他苦口婆心地诱导人们，逐步改变各自的行为习惯，让各自的行为符合遵道的要求。在他反复劝导人们求道遵道之时，留下了很多被人尊为格言的语句，比如"大成若缺"，被人解释成了有缺憾的完满才是最大的完满，有缺憾的成功才是最圆满的成功等，"大成若缺"成了流行于世的审美规律、生活经验，格言化的"大成若缺"已经离老子的初衷好远好远了。

第四十六章

天下有道，却走马以粪；天下无道，戎马生于郊。罪莫大于可欲，祸莫大于不知足，咎莫大于欲得。故知足之足，常足。

"道"规定着天下万事万物的秩序，《中庸》的两句话最能充分表达道的这个意思——"万物并育而不相害，道并行而不相悖"，用现在的话讲，就是"和谐有序"。《中庸》是儒家著作，在德的内涵上与道家区分很大，为了避讳道家的"德"，以免混淆了儒家的"德"，《中庸》使用了"道并行"说法。按照道家的认识论看，"道生一"，道是"旁礴万物以为一"的，道不可能并行，倒是道均分为德之后，以道家说法，德并行才是现实的写照。万物并育与德并行是事物的两面，是形而下与形而上的关系。所以，《中庸》"万物并育而不相害，道并行而不相悖"的后一句话应改为"德并行而不相悖"就符合《道德经》的观点了。从概念的角度讲，老子的"道"与中庸的"道"是有差别的，中庸的"道"将老子的"道"进一步细化了，老子的"道"包含三层意思：宇宙万物的原始能量，宇宙万物的运行规律，宇宙万物剔除一切特殊性的唯一同质。而《中庸》将宇宙万物的自然本性称为"性"，将宇宙万物由"性"决定的运行规律称为"道"，即所谓"天命之谓性，率性之谓道"。

"道"规定着天下万事万物的秩序，"道"对人类社会的规定就是和平安宁、规范有序，战争造成天下混乱、尸殍遍野，战争无疑是违道的行为。所以老子说"天下有道，却走马以粪；天下无道，戎马生于郊"。走马以粪是指马作为农业生产资料的属性而存在，天下统治者尊道贵德时，马匹在从事农活，在辛劳于强国富民的事情，一家人为美满生活共同劳作：一人在前牵着马，一人在后扶着犁，孩子还在犁沟里播种庄稼，老人在埂陌上伺候着茶饭，多么和谐温馨的生活场景。戎马生于郊是指不仅强健的马匹在充当战争利器，而且由于穷兵黩武，孕育中的马匹也要充当战马，统治者背道弃德时，悲怜的孕马还在城外战场上生产马驹。可以想象的是，生于郊的戎马即刻就可能奔杀在战场，虚弱的身体不堪重负，艰难驰骋将不久于人仰马翻。也许还没来得及看看母亲的脸，便失去了母亲的小马驹，孤零零地等待着死亡的到来，世间何其悲哀。

"宇宙间的事物，古人多认为与人事互相影响。"① 道德在自然界的秩序构建，让老子羡慕不已，在社会人生界为何不引入道德来治理呢？老子《道德经》的最根本的目的就是传播他的道德观念，让道德构建社会秩序，将"万物并作"生态环境应用于人类社会，以实现其人们和谐共生的社会理想。这便是老子对东周混乱社会治理所贡献的治国智慧。为了有利于道德对社会秩序的构建，老子进行了深入思考，在天下治理上，他提出了许多依道而行的具体措施，其中最少有六点主张大家需要特别关注：一是缩小社会集团，削弱诸侯国力量，推行小到鸡犬之声相闻的"小国寡民"；二是关注民间情绪，统治者保持"报怨以德"处事策略；三是依靠道德对秩序构建的主动性，要求统治者"静重""守柔"不妄动，深刻理解和实施"为无为"；四是道德主宰万物的中立无形，教育人们做到"守中"而不偏私，教育统治者不与民争功利，"为而不恃，功成不处"。五是为人要有忧患意识，做到"以啬治人事天"；六是人要谨慎谦下力避强梁、纯朴笃实贵身重器，"挫其锐，解其纷，和其光，同其尘"。

对于上述理想及其治国主张，老子认为，他难以推广道德治国理论的原因，是人们欲壑难填。所以老子说："罪莫大于可欲，祸莫大于不知足，咎莫大于欲得。"其中"罪莫大于可欲"一句，河上公本、王弼本、任继愈本、陈鼓应本都没有，只是帛书本有此句，鉴于此句不影响原意，且强化了对"欲"的斥责，所以，本书收留了帛书本的句子。"罪莫大于可欲，祸莫大于不知足，咎莫大于欲得"是说：罪过没有超过无止境的欲望，无止境的欲望才是最大的罪过；灾祸没有超过人心的不满足，不知足是人世间最大的灾祸；遭受罪责的诱因没有超过贪占的行为，贪占行为是遭受追逐得咎最大的原因。这里讲到了"罪、祸、咎"，罪是行为，祸是结果，咎是报应，罪行来自贪念，祸患来自贪心，得咎来自贪行。将"贪"细分成"可欲、不知足、欲得"，也就是贪念、贪心、贪行，可见老子对诸侯混战有多么深入的剖析，用老子的逻辑看来，天下无道、人罔顾道是烽烟四起、民不聊生的根本原因；尊道贵德、行道行德是国家太平、民生安宁的根本法则；诸侯放恣、罪祸无忌是杀人盈城、生灵涂炭的直接起因；横征暴敛、强争恶占是道德不行、天下混乱的核心动机。因而，释道、破贪、求道、行道、得道、治乱，成了老子《道德经》所宣扬的治国治天下的完整步骤。

---

① 冯友兰. 中国哲学史（上）[M]. 重庆：重庆出版社，2009：31.

通过以上分析，老子最后强调了"破贪"的要领："故知足之足，常足。"
要领说：所以，知道满足的满足，才是永恒的满足。永恒的满足不是索取获得
外物的满足，而是懂得了知足这个道理的满足。在知足之足的问题上，《逍遥
游》有两句极为经典的劝解："鹪鹩巢于深林，不过一枝；偃鼠饮河，不过满
腹。"庄子说：鹪鹩在莽然无边的森林中筑巢，最后只不过占用了一根树枝；鼹
鼠在径流溥博的大河边饮水，最后只不过喝满了不可盈手的鼠肚。老子本人十
分反对对"欲"的激发，他在第十二章警告说："五色令人目盲，五音令人耳
聋，五味令人口爽，驰骋畋猎令人心发狂，难得之货令人行妨。"获得"五色、
五音、五味、驰骋畋猎和难得之货"的快感，并不能使人得到满足，即使得到
满足也必定是暂时的，而只有知道"为腹不为目"这样满足的道理，才能获得
恒长的满足。所谓恒长的满足一定是在天下和谐、万物并生的环境中才能产生，
而要生成这样的环境，就必定要推行道德、尊道贵德才能做到。

第四十七章

不出户，知天下；不窥牖，见天道。其出弥远，其知弥少。是以圣人不行而知，不见而名，不为而成。

按照老子的道德思维方式，求道悟道之后，我们能够知道未来的一切。比如，只要我们有足够的生活阅历，我们就一定知道，太阳是天天东方出西方落，岁月都是春华秋实、冬雪夏雨，看见某种树苗就一定知道它将来的树叶形状，生命都是百折不挠、生生不息，等等。这些事情，不用出门、不用观察窗外，我们都是知晓的，而且不会出现错误。由此，人们总结了"秀才不出门，能知天下事"。如果是生活在今天的"老子"，他也许会认为，道德好比是：

$$y = 2x + 3$$

或者是：

$$y = f(x)$$

在两个变量 x、y 当中，对于任意一个 x 都有唯一确定的一个 y 与之对应。其结果是可控的。就是说社会也像物一样：只要种子发芽了，成长了，就一定有预期的结果；只要女人怀孕了，孩子降生了，长成什么模样就已经确定了；只要 x 取值，y 就是必定的。所以，他认为治理可以无为，生活可以无为，即使是有为，也是为无为，"为无为"用函数的语言讲，"为"就是为 x 在定义域中取值，如果在定义域外取值，则是妄为；当 x 取值后等于了 y，则是知常；当所取 x 值后不能等于 y，则是妄作，即是"凶"。

老子试图将道德推广于社会是因为有诸多令人信服、值得崇拜的学问，但将社会现象过于简单化或者说对在社会现象中求"道"的复杂性认识不足，的确是推行道德治政的莫大障碍。由此可以借用经济学中的一段话，罗宾逊夫人和沙考尔在对希克斯的 *IS – LM* 模型进行批判时指出："*IS – LM* 模型没有能够表达不确定性对经济的影响，从而没有能够触及凯恩斯主义对于资本主义经济进行分析的本质。"① 我们同样可以认为：老子的"道"论没有表达不确定性对人类社会生活的影响，从而没有能够触及诸侯统治者的现实需求，致使老子的道德治理模型没有被当世诸侯所接受和采纳。

"不出户，知天下；不窥牖，见天道。"正因为老子对道德对事物趋势的决定性笃信不疑，所以，他认为，知"道"知"德"的人，即使足不出家门，也能了知天下事；知"道"知"德"的人，不用打开窗户观察，也能认识到自然之"道"。任继愈先生认为，这是老子抹杀了社会实践活动在认识中的作用，陈鼓应先生基本沿用了河上公的认识，认为是老子之所以不出户、不窥牖，是因为他注重直观内省，像佛家一样追求心理体验。其实，老子的学说是强调客观物质性的，他对道者的预知已经坚信不疑，在第十四章说"执古之道，以御今之有。能知古始，是谓道纪"，就是说执道可以把握当下事态，执道能把握古今规律，这就是"道"的法则。王弼说"道有大常"，这种"道纪说""大常说"与上文以函数方程式作喻具有一致性，即 $y = f(x)$ 就是道纪、大常。

"其出弥远，其知弥少。"《道德经》是言道德的，离开了道德的解释就是远离了老子的根本，《道德经》的悟象就只有"道、德"，不像周文王著《周易》时，是从大量悟象中抽象了天下之理，然后用具体形象来演绎他所发现的天下之理。古人没有大量的典籍书本可阅读，其获得启发的来源，绝大部分是来自仰观天文、俯察地理、远观诸物、近察自身，从天文、地理、万物、自身中得到智慧，并以此开化万民。所以，古人哲学著作大多沿用"悟象、抽象、具象"的"三象"方法来著书立说。老子通过大量的观察研究，发现了宇宙间道德的存在，因为道德无形，不被普通人所认识，《道德经》用了大量的笔墨来介绍讲解道德是什么、是怎样的、从哪儿来、有何特性等问题，之后将道德抽象应用于人世间的社会治理，用社会中的战争（甲兵、用兵）、养生（贵身）、物体（水）、思潮（仁、义、礼）、经验（千里之行，始于足下）等实例来演绎道德教化天下万事万物的治政方略。王弼解释此句是："无在于一而求之于众也，道视之不可见，听之不可闻，搏之不可得，如其知之，不须出户，若其不知，出愈远愈迷也。"他的意思是说：道处于无的状态，是万物的共性"一"，是从宇宙万物中抽象而来的，道看不见、听不见、摸不着，要想认识"道"，不需要到户外寻找，越是到户外寻找越是迷惑。因为道是从万物中分析归纳而来的，这种分析归纳不同于佛家追求"空"的心理体验，不能通过自省的方式得到。"道"是客观的、物质的，从丰富的物质世界分析所得到。王弼是从求道的

---

① 赵峰. 马克思主义宏观和结构经济学研究［M］. 北京：经济科学出版社，2018：95.

方法上去解释的，也是非常有道理的，对求道者具有非常现实的指导性。但是，就本章所言"不出户，知天下；不窥牖，见天道"的意思看，"其出弥远，其知弥少"是说，离"道"越远，"知天下、见天道"的能力就越弱，对天下事、自然法则的把握就越少。

"是以圣人不行而知，不见而名，不为而成。"在老子口中的圣人是指得"道"的道人，老子在这里仍然是强化树立道德的智慧、道人智慧的形象。他说：综上分析，掌握了"道"的圣人，不外出能知世事，不亲眼观察就能清楚明白，不作为也能成功。行，行走，指外出巡查。"不见而名"的"名"，陈鼓应先生解释说"名""明"古时通用，有的版本是"不见而明"。不作为也能成功，绝不等于坐享其成，"不为而成"是指规律决定的发展趋势不可变，如溪流必将归流大海、禾苗必将开花结果、人们必将劳作而生存繁育，这是圣人不为而成的范围，这是事物本性所决定的，是道德所决定的。老子所说的"不行、不见、不为"是对客观规律坚定把握后才可实现的，是有"道"圣人方可做得到的，圣人万化了"$y=f(x)$"，假定 $y=f(x)$ 为 $y=2x+3$ 时，"x"在定义域中取任何值，都会有一个固定准确的结果，这个结果的取得还需要"行、见、为"吗？所以，圣人能够不行而知，不见而名，不为而成。而顺应事物规律的所为，老子不认为它是有为，而是为无为，老子从来没有鼓励不劳而获、坐享其成，从来没有鼓吹懒政，而是主张努力作为、不断奋进的，他所主张的作为奋进一定是符合"道"的，符合具体事物"德"的，他将这种作为奋进称为"为无为"，比如，大禹治水、疏浚护岸，播种浇水、锄草耕耘，养生健体、作息结合都是为无为的"有为"范畴，没有了为无为的有为，其结果将一定是其出弥远、其知弥少。

第四十八章

　　为学日益，为道日损，损之又损，以至于无为，无为而无不为。取天下常以无事，及其有事，不足以取天下。

　　老子把积累、演绎的方法称为益，把抽象、归纳的方法称为损。其损益的概念明显来自《周易·损》《周易·益》。首先来看看《周易》损益两卦的卦爻辞解读。①

　　《周易·损》

　　（兑下艮上）损　有孚。元吉。无咎。可贞。利有攸往。曷之用二簋，可用享。

　　初九　已事遄往，无咎，酌损之。

　　九二　利贞。征，凶。弗损，益之。

　　六三　三人行，则损一人；一人行，则得其友。

　　六四　损其疾，使遄有喜，无咎。

　　六五　或益之十朋之龟，弗克违，元吉。

　　上九　弗损益之，无咎，贞吉。利有攸往。得臣无家。

　　解读：损，是一种崇高的德行，这种德行概括地说就是"损不足"，即损恶益善，损浊益清。不断发现自己的缺点，努力改正缺点，使自己修养成为高尚的人。佛家讲的"精进"即是这个道理。人要不断进步，就要不断改掉自己的缺点、毛病、问题、不足。

　　损卦就是对损德的赞美和对损德修炼的指导。

　　损　有孚。元吉。无咎。可贞。利有攸往。曷之用二簋，可用享。卦说：损德，是有诚心、有信念的德行。因为损德是不断完善自我的德行，

---

①　马跃千，马慎萧. 文王的嘱托——《周易》在告诉我们什么 [M]. 武汉：武汉出版社，2016：150-156.

所以从树立修炼损德意念开始就是吉祥的。对损德的修炼不会产生任何灾祸。而且其利益对自己提升境界的追求有着长远的意义。这个损的德行如何实施呢？譬如，在祭祀中，只要心诚，与祖先融为一体、灵魂相通，自己用二簋祭品也是可以上祭的。曷（hé），何。簋（guǐ），祭祀用食盒。二簋，祭祀规格中最节俭的一种。"心诚"是祭祀的核心，如果祭祀者理解并遵循了诚祭礼规，"诚"以外的形式仪轨损至二簋即减少至二簋也是可以的。

初九　已事遄往，无咎，酌损之。释义：过去了的事就让它快速过去，这样做没有灾祸。对过去了的事情要注意酌减、度量。目的是在今后的人生中做到更好。注解：已，已经，完结。已事，完结了的事情。遄（chuán），迅速地。

九二　利贞。征，凶。弗损，益之。释义：损不足的损德利于坚守贞正。损别人是凶险的做法。不能损害别人，而应帮衬别人、提益别人。注解：征，征伐，攻击，用损的手段去征伐攻击他人就是损别人。

六三　三人行，则损一人；一人行，则得其友。释义：事物人际都是阴阳两极，没有第三极，三人形成三种意见必然要损灭一方；而一人形成一种意见的独角戏也长不了，必然要形成另一方。这是阴阳法则所决定的。

六四　损其疾，使遄有喜，无咎。释义：损去恶疾，越快速越欢喜，这种快损没有灾祸。注解：疾，邪恶之病。

六五　或益之十朋之龟，弗克违，元吉。释义：在人生成熟期，深刻理解了损德的道理，就好比获得了十朋之龟这样的宝贝，找到了提升自我品德的法宝，不做出违背损德的事，一定是吉利的开始。注解：朋，"贝"串联的数量单位，十朋之龟，就是价值相当于十朋贝的灵龟。郭沫若《中国古代历史研究·卜辞中的古代社会·贸易》考证殷彝铭之后说：殷商"锡贝之数以十朋为最多，十朋以上者未见。入周以后则锡朋之数每每二十、三十、五十。"（《中国古代历史研究》商务印书馆，2011年12月第一版，230）克，制伏。

上九　弗损益之，无咎，贞吉。利有攸往。得臣无家。释义：到了人生没有牵挂的末期，不过度自损，还应自我增益。这样做没有灾祸，公正不偏地履行损德吉利。利于今后的人生。得幸我到了没有牵挂的时节。注解：上九，在人生中可理解为人生的末期。得，得幸。臣，自称。无家，没有牵挂。

《周易·益》

（震下巽上）益 利有攸往，利涉大川。

初九 利用为大作，元吉，无咎。

六二 或益之十朋之龟，弗克违，永贞吉。王用享于帝，吉。

六三 益之用凶事，无咎，有孚。中行告公用圭。

六四 中行告公从，利用为依迁国。

九五 有孚，惠心勿问，元吉。有孚，惠我德。

上九 莫益之，或击之，立心勿恒，凶。

解读：益卦与损卦是一对具有阴阳关系的卦，扬长除短便是这对卦完善人格、提高修养所讲授的道理。益便是讲弘扬自身优势，便是见善则迁；损便是除去自身污点，便是有过则改。卦辞高度赞美了"益"这种德行修养的路径，"利有攸往"便是指宜于长远受益，在时间上前途宏远；"利涉大川"便是指宜于行走天下，在空间上发展广阔。益卦在讲述"益"这种品行的重要同时，又用大量篇幅讲述了益养恻隐之心，助人于危难对利于治理国家的道理。

益 利有攸往，利涉大川。卦说：益德晋德的修为能使人长远平安，能使人纵行天下。卦辞要表达的意思就是：益德修养的结果对天下治理而言，便能长治久安，天下归服；对人生修养而言，便能前途远大，前程宽阔。

初九 利用为大作，元吉，无咎。释义："益"这种弘扬自身优势、见善则迁的修为方式有利于用为治理邦国、完善自身的基本做法。如果是这样治理国家，从一开始就是吉利的，没有任何灾害。注解：大作，修身立业治国的基本做法。元，开始。初九作为六段分析法的第一阶段，它讲了益德修为方式的重要性。

六二 或益之十朋之龟，弗克违，永贞吉。王用享于帝，吉。释义：即使获得了十朋之龟这样的宝贝，也不能做出克制、违背益德的事，永远坚持益增善行的做法是吉利的。君王虔诚地祭祀天帝，就是增益感恩之德，即对生命传承、君权神授的源头保持敬仰、感恩。这种表达感恩和敬仰的祭祀是能带来吉祥的。注解：或益之，即使获得。克，制伏。享，祭祀。

六三 益之用凶事，无咎，有孚。中行告公用圭。释义：益养自己的恻隐之心，帮助别人化解凶险的事情，没有灾祸。且要坚持这种善行，以庄重的态度用自己的中正行为告诫国人公众，大家都应有帮人于危难的美德。注解：益，益之即帮助人。有孚，有信用有诚信，在此处表示坚持不懈的"益之用凶事"。中行，中正行为。告，告诫或表率。公，公众。用圭，圭为庄重之物、等级之物，用圭意即庄严庄重。"圭"是周天子赐给诸侯、大臣以表示持有者身份等级和身份职责的手持标志，因材质是玉故称为玉圭。比如，通过不同尺寸的圭，显示了上自天子、下到侯位的不同等级；同时不同尺寸的圭有着不同的名称（如镇圭、桓圭、信圭、躬圭、珍圭、谷圭、琬圭、琰圭等）。圭还是持有者职责权力的证明，如召守臣回朝，派出传达这个使命的人必须手持珍圭作为凭证；遇自然灾害，周天子派去抚恤百姓的大臣所持的信物，也为珍圭；谷圭，持有者行使和解或婚娶的职能；琬（wǎn）圭，持有者行使嘉奖的职能；琰（yǎn）圭，持有者行使处罚的职能。

六四　中行告公从，利用为依迁国。释义：弘扬自己的中正行为去告诫公众，使公众顺利地跟从效仿，有利于用这种德行为依凭迁善家国天下。

九五　有孚，惠心勿问，元吉。有孚，惠我德。释义：益养诚信坚持善行会惠泽人心，不要有疑问，这种品行从开始就是吉利的。益养诚信坚持善行会惠泽我们的德行修为。

上九　莫益之，或击之，立心勿恒，凶。释义：在人生晚期，不注重去增益良好的品德，反而去放纵自己、挫伤德行品行，不能做到慎终，说明见善思齐的增益之心，树立得不坚定，不能持之以恒，这种行为非常凶险。

《道德经》将"损"作为求道的基本方法，这个"损"的内涵与《周易》损卦的主旨完全吻合，只是老子将"损"的方法应用在了更大的宇宙洪荒之中，《周易》是教育人们损去人生的劣根性，保持人生的根本善性。《道德经》则是指导人们用"损"的方法，坚决而彻底地剥损宇宙万事万物的特殊性，一直剥损到没有可以剥损的任何特殊性，直至认识宇宙间万事万物最核心的共性，这个最核心的共性，老子名为"道"。按照《道德经》的理解，在同一类事物中，用损的办法，坚决而彻底地剥损个体物的特殊性，直至剥损到没有可以剥损的任何特殊性，便认识该类事物最核心的共性，类物中这个最核心的共性，在老子那里名为"德"。

"为学日益，为道日损，损之又损，以至于无为，无为而无不为。"求学问的目标是使知识学问与日俱增，求道却是逐日消损，日日消损的是事物个体的特殊性，特殊性不断地消损下去，最后将事物的个性消损殆尽。损之又损，将万物提炼再提炼，损万物的个性，得到"道"这个共性。损到得到了"道"的程度，还有什么可以损去呢？没有了，所以，此时试图继续做"损"的功夫，都没有做的了，想作为都没有作为的地方，所以就是"以至于无为"，穷尽了"损"的功夫，一直达到了"无为"，这个时候的"无为"就是已经把握了事物的根本，抓住了事物最内核的共性，得"道"了。得"道"者便能游心于宇宙天地万事万物之中，达到了无所不能为之的自由境界了。这就是"无为而无不为"的境界。

"取天下常以无事，及其有事，不足以取天下"，取天下的意思就是治理天下，老子说：治理天下应该永久保持"无事"的状态，在老子看来，这种所谓的"取天下常以无事"状态就是把握了取天下之"道"的状态，能遵循"道"而治理的状态。王弼解"及其有事"为"自己造也"，非常妥帖，"及其有事"就是无事生事。如果无事生事，不能做到遵道而行，这样的治理者就不够格治理天下，不配治理天下，失去了治理天下的资格。"取天下常以无事，及其有事，不足以取天下"，体现了老子祈求"有道者"治理天下的强烈愿望，对"无道者"治理天下极其愤慨和不满。

第四十九章

　　圣人无常心，以百姓心为心。善者吾善之，不善者吾亦善之，德善；信者吾信之，不信者吾亦信之，德信。圣人在天下，歙歙为天下浑其心。百姓皆注其耳目，圣人皆孩之。

　　对这一章，一般人存在很大的误解。过去许多《道德经》解释版本，把老子所谓的"心"误解为所谓民本之心，并对老子的所谓民本之心大加赞赏。

　　"圣人无常心，以百姓心为心。"一般的解释为：统治者不应有个人意志和主观成见，而要关注百姓疾苦，挂怀百姓心声，以百姓的所思所念，作为自己的所思所想。所谓圣人就是统治者。清代郑板桥在出任山东潍县知县时所写的"衙斋卧听萧萧竹，疑是民间疾苦声。些小吾曹州县吏，一枝一叶总关情"的诗句，就是这种解释的具体写照。如此解释，似乎给人们勾勒了一位民主、仁厚统治者的形象，是一个亲民爱民的具有圣贤慈心的统治者。这样的统治者必然会受到民众的拥护、爱戴，况且还有下文所说的"德善、德信"的优良品行，这给老子时期的统治者提出了几乎不能实现的高要求、高标准。我们暂不考察是否会出现这样的统治者，就依据老子本人的思想，也不会倡导如此作为的统治者。第一，本章上下文矛盾。这样仁厚的统治者，怎么会"歙歙为天下浑其心"呢？既然那么关注同情百姓之心，"以百姓心为心"，倘若浑其心了，无心了、没想法了，那还关注同情百姓之心有什么意义？以百姓心为心岂不是徒劳的。第二，《道德经》前后矛盾。如此得到民众拥护、爱戴的统治者，在老子看来，可不是好的统治者，第十七章："太上，下知有之，其次亲而誉之，其次畏之，其次侮之。信不足焉，有不信焉。悠兮其贵言，功成事遂，百姓皆谓我自然。"在老子的心目中，如果将统治者分为四个等次，"亲之誉之"的只能算第二档次。

　　由此看来，本章"圣人无常心，以百姓心为心"不应该解释为以百姓意志为意志的仁君。这里"心"不作意志解，应作"欲求"解。王弼说："皆使和而无欲，如婴儿也。"王弼认为，圣人希望人们都是和谐且无欲的，如同婴儿一样，无欲而无求，一切遵道而行，依照道德自然发展，无须人欲干预。得"道"的圣人当然能做到这样，所以说"圣人无常心"，据陈鼓应先生考证：现在流行本的"无常心"，是根据帛书乙本改的，陈鼓应《老子今注今译》用的是"圣人常无心"。本书还是继续选用"圣人无常心"的句式，因为王弼本、河上公本、任继愈《老子新译》都是这样的句式。"圣人无常心"的意思是：圣人永远没有自己的名利物欲。圣人之欲受"道"驾驭，不系于物，其唯一的想法，就是依道而行。朱熹后来的"存天理灭人欲"与此同辙。"圣人无常心，以百姓心为心。"意思是：圣人没有名利物欲，同百姓一样"为腹不为目"，淡泊混沌。在老子看来，百姓纯朴不妄生欲求，而统治者以百姓之淡泊为淡泊，控制欲望，不刺激欲望产生是应该时常做到的，第十二章："五色令人目盲，五音令人耳聋，五味令人口爽，驰骋畋猎令人心发狂，难得之货令人行妨。是以圣人为腹不为目，故去彼取此。"

"善者吾善之，不善者吾亦善之，德善；信者吾信之，不信者吾亦信之，德信。"这句阐述了老子的"报怨以德"的思想，即控制情绪，坚持德行。"德"是具体事物发展变化的规律和趋势，坚持德行按照事物规律行事即为"善之""信之"，能做到不因他人善与不善、信与不信仍然"善之""信之"，就是德善、德信。这句话是说：对坚持德行者我坚持德行，对违逆德行者我仍坚持德行，这称之为"德善"；对信奉德性者我坚守德性，对亵渎德性者我仍坚守德性，这称之为"德信"。违逆德行和亵渎德性都是人因欲望而起，因欲望满足程度而产生喜怒哀乐各种情绪，这些情绪动摇着对"道"的信仰和坚守，圣人不因其情绪而干扰自己依道所行，不因任何褒贬扬抑而让自己意气用事、废道弃德，都能始终坚持事物固有德性行事。用《庄子·逍遥游》的话说："举世誉之而不加劝，举世非之而不加沮。"

"圣人在天下，歙歙为天下浑其心。"这句话不同版本各有不同。河上公本："圣人在天下怵怵，为天下浑其心"王弼本："圣人在，天下歙歙，为天下浑其心。"陈鼓应本："圣人在天下，歙歙焉，为天下浑其心。"任继愈本："圣人在天下，歙歙为天下浑其心。"河上公解"怵怵"为恐怖，王弼解"歙歙"为心无所主，也就是没有执意追求的欲望。陈鼓应解"歙歙"为收敛，指收敛主观的意欲。他将歙作动词翕解，为收缩、收敛的意思。任继愈解歙为和顺、谐和，指谐和的样子。任继愈先生将歙作形容词解，为和谐、融洽的意思。

"圣人在天下"，是指圣人立于天下，也即是圣人治理天下。"为天下"，是指帮助天下民众。"浑其心"，是摈弃苛察，使其混沌。如此分析，歙歙取陈鼓应先生、任继愈先生的理解，作收敛解，指收敛主观的意欲，客观上收敛自己也就可以和顺万民，也有和谐、融洽的意思。由此，则"圣人在天下，歙歙为天下浑其心"的意思是：圣人立于天下的使命，是帮助天下民众收敛主观的意欲，摈弃明辨苛察，保持混沌心态，达到社会和顺的目的。

"百姓皆注其耳目，圣人皆孩之。"在圣人的教化之下，老百姓只知道关切自己身体本身的感受，没有长远的欲望追求，不为私利而妄为，天下的圣人和百姓，所有的人都像婴儿一样，只是在人的自然本体，比如，耳朵、眼睛上获得知觉。正如在第三章所说的"是以圣人之治，虚其心，实其腹，弱其志，强其骨。常使民无知无欲"。这便是老子希望圣人教化万民的高尚状态。

王弼在《老子道德经注》中对本章做了综合分析："夫天地设位，圣人成能，人谋鬼谋，百姓与能者，能者与之，资者取之，能大则大，资贵则贵，物有其宗，事有其主，如此则可冕疏充目而不惧于欺，黈纩塞耳而无戚于慢，又何为劳一身之聪明，以察百姓之情哉。夫以明察物，物亦竞以其明应之，以不信察物，物亦竞以其不信应之。夫天下之心，不必同其所应，不敢异则莫肯用其情矣。甚矣，害之大也，莫大于用其明矣，夫在智则人与之讼，在力则人与之争，智不出于人而立乎讼地，则穷矣。力不出于人而立乎争地，则危矣。未有能使人无用其智力乎己者也，如此则己以一敌人，而人以千万敌己也。若乃多其法网，烦其刑罚，塞其径路，攻其幽宅，则万物失其自然，百姓丧其手足，鸟乱于上，鱼乱于下，是以圣人之于天下，歙歙焉，心无所主也，为天下浑心焉，意无所适莫也。无所察焉，百姓何避，无所求焉，百姓何应，无避无应，则莫不用其情矣。人无为舍其所能而为其所不能，舍其所长而为其短，如此，则言者言其所知，行者行其所能，百姓各皆注其耳目焉，吾皆孩之而已。"王弼首先引用了《周易·系辞》"天地设位，圣人成能，人谋鬼谋，百姓与能"。它的意思是：天地设定万物各安其位、各遂其生，圣人便在其中发现了它们参赞化育的功能，人们通过感悟和卜筮，众人也承接了万物的这些教化。

王弼的综合分析翻译为：《周易·系辞》的这句话，就是让万物的化育功能给予众人，让需要资助的人获得，万物化育功能说大就大，受其资助说珍贵就珍贵，任何物都有其宗旨，任何事都有其主旨，把握了事物要旨便可以通晓万物，即使眼睛被蒙蔽也不怕人欺骗，即使耳朵被堵塞也不担心怠慢，既然能通晓万物，还哪里需要劳神费力去亲身察验百姓情况。而实际情况是，如果你用分辨心去苛察万物，万物就会竞相攀比展示其区别以趋利避祸地应对；如果你用不信任去观察万物，万物就会竞相攀比展示其假象以趋利避祸地应对。天下万物的感受，不一定是同一反应，若担心相互反应存在差异就得拼命掩盖真实情况。愈演愈烈，而造成纷纷掩盖真实的罪魁祸首，就是明辨苛察。若将明辨苛察用在智谋上则会引发争讼，若将明辨苛察用在武力上则会引发打斗，而在争讼中智谋不能超过对方的就会哑口无言而输定了，在打斗中力量不能超过对方的就会力不能支而危险了。在明辨苛察的压力下，没有办法能使别人不用智谋武力来应对自己，如果这样，就是一人对外，万人对己。为保持统治者的统治地位，如果使用法规、刑律、军队等手段，则万物都会失去本来的形态，百姓就会受到武力的残害，导致天下大乱。所以，圣人治理天下，就会收敛其明辨苛察，心里没有既定欲求，努力帮助民众混沌其心，没有什么追求之所。没有了明辨苛察，百姓就没有必要逃避灾祸；没有了妄想欲求，百姓就没有必要以假象应付，所以天下万物无不表现出其真实面貌。人们不会舍掉自己的优势而展示自己的劣势，舍掉自己擅长的而表现自己短缺的，正因为这样，所以人们就言说自己知晓的内容，使用自己擅长的能力，让百姓各自全身心关注耳听目视范围内的事情，大家都像孩子一样纯朴混沌。

王弼的论证过程弥补了老子章句的思想跳跃区间，他的中心意思是，天下有道，道化育万物，依道可知万物；万物统一于道，无须明辨苛察分别万物，避免诱发民众欲望，任其掩藏实体彰显假象，这是天下祸乱的根源；统治者应收敛自己的欲求，引导民众混沌万物差别，使其不斤斤计较、不锱铢必争，天下回归孩子般的纯朴，无欲无争，天下太平。

第五十章

出生入死。生之徒十有三，死之徒十有三。人之生，动之死地，十有三。夫何故？以其生生之厚。盖闻善摄生者，陆行不遇兕（sì，犀牛）虎，入军不被甲兵；兕无所投其角，虎无所措其爪，兵无所容其刃。夫何故？以其无死地。

守道在于尊道，尊道必须求道，求道而后知道，知道方能守道，守道实现吉祥。天下有道，万物俱德，人必须时时处处事事求道，主动把握事物的发展变化趋势，顺应趋势就是无为，就是允许事物以自身内在规律为导向内化而生。老子在第七章中说："天长地久。天地所以能长且久者，以其不自生，故能长生。"趋势就是自然而然，就是规律使然，没有个人私欲力量干预，老子认为，人生就是如此，这样的结果一定是像郊野之万物，并行相生，安宁和谐。比如，老子十分注重人生中对身体的养护，第十三章认为："故贵以身为天下，若可寄天下；爱以身为天下，若可托天下。"身体养护如此重要，那么，怎样的身体颐养才是私欲干预、违道自养的呢？这一章，老子用人生的颐养为例，再次阐述了依道而行的重要。

"出生入死"，指从生到死，出生是生命的开始，入死是生命的结束。出生入死指生命的全过程，对人而言，就是人的一生，即人生。

"生之徒十有三，死之徒十有三。"意思是人们享受生命照"常"由生到死的过程有十分之三的概率，人们遭遇生命异"常"、中途意外的有十分之三的概率。

"人之生，动之死地，十有三。"人的一生中，由逆"道"妄动而短命去死的也有十分之三的概率，这种死法，就是《中庸》所说的"自作孽，不可活"的范畴。

"夫何故？以其生生之厚。"这种逆天而亡是什么原因造成的呢？就是厚养了自身。厚养是对人世间的恶欲、对食色性的贪欲，极尽猖狂和奢侈地满足。

老子说：就拿人的一生来讲吧，顺利地活到寿终正寝有十分之三的概率，中途灾祸意外夭折的也有十分之三的概率。人的一生中，妄动而短命死去的也有十分之三。这又是为什么呢？如果说顺利地活着和意外死亡都是人生自己所不可控制的，那么人生中妄动而自作死的，就是奢厚地满足人生的欲望，对人生欲望的满足毫不吝啬，是纵欲所造成的。所以老子在第五十九章说："治人事天，莫若啬。"对欲望无限度地满足，就是妄动，因而，身体的护养也必须有所节制。我们看到：第四十九章是告诫人们去欲的必要和紧迫，本章是向人们强调恣填欲壑的危害，第五十九章为人们给出控制欲求的途径。

如果说"出生入死。生之徒十有三，死之徒十有三。人之生，动之死地，十有三。夫何故？以其生生之厚"逻辑关系表述很清晰，让人容易理解、能够接受的话，那么"盖闻善摄生者，陆行不遇兕虎，入军不被甲兵；兕无所投其角，虎无所措其爪，兵无所容其刃。夫何故？以其无死地"就让人难以理解了，这种不能理解，恰恰是字句最易理解，而逻辑难以讲通的不能理解。如果仅仅是注释为"善于颐养生命的人，地上行走不会遇到兕虎，在军中不受伤害，犀牛无所用其角，猛虎无所用其爪，士兵无所用其器，为何呢？因为他总是远离危险之地"，这样的解释，看起来是注释了，但这样的注释有什么道理呢？因为，这样的注释没有回答"为什么"的问题，即善于颐养生命的人，为什么不会遇到危险，为什么能够远离危险之地。

"盖闻善摄生者，陆行不遇兕虎，入军不被甲兵；兕无所投其角，虎无所措其爪，兵无所容其刃。夫何故？以其无死地。"老子说，我所知道的善于养护生命的人，因为他们懂得生生之道、懂得厚养的危害、懂得喜怒不系于物的道理，不会为了满足享乐的欲望，无有禁忌、肆意追求，如果在忘乎所以地追逐物欲享乐、厚养欲望时，他们眼前便只有诱饵而不及其余。所以善于养护生命的人知道以无欲避开危险，所谓君子不立危墙之下。他们在行走于陆地时，不会满眼名利不及其余而遭遇犀牛、老虎等害兽；在治理军队时，不去争霸挑衅战争而披甲执戈。（"入军不被甲兵"的"被"是"披"的意思，如屈原《九歌·山鬼》"若有人兮山之阿，被薜荔兮带女萝"。意思是：远望处影影约约人行山坳，披薜荔系腰带姑娘窈窕。河上公本就是"披"字。）如果这样，对于"善摄生者"来说，犀牛锐利的尖角不能对他们产生危害，老虎锋利的爪牙不能对他们产生危害，刀枪的利刃不能对他们产生危害。这是为什么呢？就是那些"善摄生者"不会被厚生之欲驱使进入凶险之地。

王弼注释说："器之害者，莫甚乎兵戈，兽之害者，莫甚乎兕虎，而令兵戈无所容其锋刃，虎兕无所措其爪角，斯诚不以欲累其身者也，何死地之有乎。

夫蚖蟺以渊为浅，而凿穴其中，鹰鹯以山为卑，而增巢其上，矰缴不能及，网罟不能到，可谓处于无死地矣，然而卒以甘饵，乃入于无生之地，岂非生生之厚乎，故物苟不以求离其本，不以欲渝其真，虽入军而不害，陆行而不可犯也，赤子之可则而贵信矣。"他说：器物的危害，没有超过兵戈的，野兽的危害，没有超过犀牛、老虎的，而要使得兵戈刀枪入鞘，老虎、犀牛蜷缩爪角，其最实在的办法是不能以恶欲拖累自己的身体，如果远离恶欲，哪里还有死亡的地方？鳅鳝视深渊为浅滩，还穿凿洞穴藏身，鹰隼视高山为低下，还筑巢在顶端，从而，带线的短箭射不到，捕捞的密网不能入洞，鳅鳝鹰隼就处在没有生命危险的地方，但是疯狂追逐甘甜的饵食，那就进入了没有生还的地方，这种追逐难道不是厚奢生命的过错吗？所以，人们如果不让欲求离开其根本，不让欲望掩盖其真性，虽从军而无征战、虽远行而不蹈险，这才是仅需生命满足而不求其余的赤子法则，应当被世人尊重和信服。

老子反复强调"生生之厚"的危害，因为它违背了生命过程必需的需求即生命之道，同时它刺激了人欲膨胀、藐视凶险、攻伐凌夺、张狂恣肆，丧失了道的自身要求和道的柔弱秉性。《周易·履》言："〔兑下乾上〕履：履虎尾，不咥人。亨。初九　素履。往无咎。九二　履道坦坦。幽人贞吉。六三　眇能视，跛能履。履虎尾，咥人。凶。武人为于大君。九四　履虎尾，愬愬。终吉。九五　夬履。贞厉。上九　视履，考祥，其旋。元吉。"老子的"出生入死"与《周易》的生生之"履"极其神似，《周易·履》用一则近乎凶险的寓言故事，以六段式模式，从正反两方面告诫人们，在人生之履中，需要做到"诚实、退让、自知、忧患、谨慎、自省"，才能远离凶险、逢凶化吉。① 其中，"初九　素履。往无咎"是用不掩饰、不虚伪的态度处世，诚实前行，没有灾祸，正如老子告诫人们人生当除去"生生之厚"，才能远离凶险。诚实正是保持人的本真，不去追逐穷奢极欲，沉溺于物质。

---

① 马跃千，马慎萧. 文王的嘱托——《周易》在告诉我们什么 ［M］. 武汉：武汉出版社，2016：39.

第五十一章

道生之，德畜之，物形之，势成之。是以万物莫不尊道而贵德。道之尊，德之贵，夫莫之命而常自然。故道生之，德畜之。长之育之，成之孰之，养之覆之。生而不有，为而不恃，长而不宰。是谓玄德。

道德是形而上的客观实在，万物则是形而下的具体存在。如此说来似乎太哲学化了，回到老子的哲学上来，所谓形而上是道德"无"的属性，所谓形而下是道德"有"的属性，离开有也就无所谓无，离开了事物本身也就无所谓道德了。老子说"朴散则为器"，是说道德化为有，表现为宇宙万物的具体形态。在此，我们还加上一句话，叫"器聚则为朴"，是说凝聚万物的本质就是"朴"了。这样，就可以现实地理解道德的"有无"属性。

上述这么一段"华而不实"的话，是因为老子在本章要说明一个最为重要的观念："万物莫不尊道而贵德。"既然万物莫不尊道而贵德，人是万物的一物而已，中国传统山水画大山水而小人物最能体现道生万物、人只一物和以道观之、物无贵贱的道理。人只是万物中平等的一物，人当然也是要尊道贵德的，由此进一步引述，周王、诸侯这些天下的治理者、国家的主宰者，也必然需要领会尊道贵德，依道行事，不妄为，不妄作，无为守常。

"万物莫不尊道而贵德。"这是老子宣讲道德以化育天下的理论枢纽，倘若没有"万物莫不尊道而贵德"这个观念，老子阐述道德有什么意义呢？老子宣讲道德的宗旨，是要优化天下治理，是要止息诸侯战乱，改变民不聊生的生存处境。古人的智慧多是在"类万物之情"中取得的，远古人的知识很少从书本上传承，大多在对周边万事万物的观察，从中得到感悟，然后将自己独特的经验感悟普惠天下，通过类比演绎的方法，为修身治世、建立社会秩序而传授学问法则。例如，《周易》是中国古代存世的最早著作之一，作者仰观天文，俯察地理，近取诸身，远取诸物，可谓读遍万物，从中领会真理、启发智慧，开创性、奠基性地为中华民族树立了基本价值观、是非观、人伦秩序、社会法则，并使之为中华民族千秋万代所遵循和发展。所以，老子"类道德之情"而作《道德经》的目的，是改变周王朝动乱纷争的现实环境，让人们尊道贵德，使"侯王得一以为天下正"（第三十九章），在道德的引领下，实现天下和谐安宁。

"道生之，德畜之，物形之，势成之。"老子用这四句话阐述道德和万物的关系，万物是怎么来的？《道德经》讲到现在第五十一章时，应该已经非常清楚了。"无，名天地之始，有，名万物之母。""万物得一以生。""道生一，一生二，二生三，三生万物。"……万物是怎么来的？一句话"道生之"，宇宙万物是道生成的。万物由物物组成，一物而成为该物而不是他物，这是由德生成的，德是一物的道，德畜之是说德生养了具体的一物。"物形之，势成之"是指物形成了物的具体形状，势成就了物的变化趋向。"物、势"是什么呢？"物、势"皆指万物，物是物的现状，势是物的法则。道生万物，形成了万物并育的喧闹宇宙，任何一物都是和谐并育的万物中的一员，这万物形成的物象和情势都相互提供着生长的环境，此物是彼物的环境，此物又是在彼物的环境中成长生发，万物彼此在相互形成的环境中，共生并育，各自拟形、各自长成。"物形之，势成之"表明了道生德畜，是促使万物繁荣的巨大且唯一的主宰能力。道生成万物，万物呈现情势，情势抚育万物，万物生发于道。在这一连贯的过程中，老子为人们描画了虚无的道德与现实的万物颠扑不破、本为一体的关系，让人们自然而然地懂得了"是以万物莫不尊道而贵德"。只有尊道贵德才能成就万物，只有尊道贵德才能成就人们生活，只有尊道贵德才能成就天子诸侯，只有尊道贵德才能成就和谐共生。"道生之，德畜之，物形之，势成之。是以万物莫不尊道而贵德"鼓舞了人们尊道重道、敬德爱德的思想倾向，为世人崇拜《道德经》学问给予了重要的引领。

"道之尊，德之贵，夫莫之命而常自然。"道的崇高、德的尊贵，都不是它们争得的，它们本性就是"生而不有，为而不恃，长而不宰"。道德的力量，在万物中形成的崇高和高贵，被万物所尊崇珍贵，不受任何人或物指使，也没有任何人或物能够指使，而尊道贵德恰恰是来自固守常理和规范中，自然而然、历史客观地形成的。"道之尊，德之贵，夫莫之命而常自然"给了公元前6世纪周王朝的诸侯们以莫大的嘲讽，诸侯私欲的自我尊贵是来自争霸战争吗？停歇攻伐，明道守常，还天下以安宁，才会在自然而然中历史客观地形成尊贵。《道德经》所示荣辱观、贵贱观的含蓄，体现了道"贵慈守柔"的属性。

"故道生之，德畜之。长之育之，成之孰之，养之覆之。生而不有，为而不恃，长而不宰。是谓玄德。"正因为"道之尊，德之贵，夫莫之命而常自然"所陈述，所以，道生万物，德畜万物，使万物按照各自德性生长化育，成长成熟，护养新生，传承不息。而道德对万物始终是生生而不占有，作为而不恃功，育长而不主宰。这便是称为玄德的道德深幽无形、辽远质朴的本性。

"故道生之，德畜之。长之育之，成之孰之，养之覆之。生而不有，为而不恃，长而不宰。是谓玄德"总结了道德与万物的关系，再次彰显了道德之玄，为天下树立了一个审美标准、是非标准，在尊道贵德的旗帜下，人们该养护怎样的德行，特别是强暴的统治者如何对臣民，如何涵养社会，如何包容天下。老子的治理之道，永远是在用道德完美的作为，去诱发统治者的善政。在古代，文字只是官学，文字主要在政权中发挥作用，所以，古代的书籍，也只有官家阅读。同理，《道德经》的最早读者，亦是《道德经》的最早教化对象，他无疑也是王公诸侯。

第五十二章

天下有始，以为天下母。既得其母，以知其子；既知其子，复守其母，没身不殆。塞其兑，闭其门，终身不勤；开其兑，济其事，终身不救。见小曰明，守柔曰强。用其光，复归其明，无遗身殃，是为习常。

老子始终坚持认为婴儿般的无知无欲才是人的真性，即使是有知有欲也是婴儿般的有知有欲，婴儿的知是本能防护的知，婴儿的欲是身体必需的欲，婴儿没有超过身体本能需求的欲望。被老子看中的，正是婴儿那种无邪念、无贪念的本性。人在社会实践中逐渐长大，其社会知识修养逐渐提高，本应自发地去自我认识和追索人更加淳朴的本性，更加执着地去追寻宇宙本原淳朴的"道"。但事实上，更多的人在人生中迷失了方向，与人生求真求本的目标背道而驰、南辕北辙。在人生旅途中被邪念贪念沾染，且沾染得越来越深、越来越重，在追逐名利享乐、奢求锦衣玉食、满足人欲的道路上，迷途不返。

正是人们的这种无节制的邪念贪欲，才构筑了人类争斗杀戮的根源。在老子看来，自平王东迁以来，周王室逐渐失去威仪，诸侯们任凭邪念贪欲驱使，对外相互攻伐，对内横征暴敛，民怨沸腾。而这些邪念贪欲的膨胀，都是因人们打开了"巧智"的孔窍，开启了"自私"的大门。后世的道家们甚至将邪念贪欲的沾染怪罪于社会，独善自身的道者，选择了脱离社会而遁隐于山林。《庄子》讲了一个开巧智孔窍的奇妙故事，《庄子·应帝王》："南海之帝为儵，北海之帝为忽，中央之帝为浑沌。儵与忽时相与遇于浑沌之地，浑沌待之甚善。儵与忽谋报浑沌之德，曰：'人皆有七窍以视听食息，此独无有，尝试凿之。'日凿一窍，七日而浑沌死。"庄子的故事是：南海帝是儵，北海帝是忽，中央帝是浑沌。儵与忽两人常常在浑沌的中央之处相遇，并得到了浑沌的热情款待，儵和忽过意不去，共商报答的办法，说："人们都有眼、耳、口、鼻七个孔窍用来视、听、吃和呼吸，唯独浑沌没有七窍，我们为他开凿吧。"于是，儵和忽每天为浑沌凿出一个孔窍，可是，凿成的那天浑沌却因此死去了。庄子用这个故事奇妙地讲述了，儵忽自以为是，为质朴的浑沌开启学习巧智的孔窍，结果质朴不存在，浑沌不存在了。

《道德经》第五十二章就是阐述守朴不窍的道理。

老子在这里首先给出了一个逻辑上的大前提："天下有始，以为天下母。既得其母，以知其子；既知其子，复守其母，没身不殆。"他说：宇宙是有起点的，道生万物是天下之母，既然认识了"道"，便可认识万物，因为万物的根本属性是道；反之，既然认识了万物的根本属性是道，便应该守道尊道，依道而为，人若能如此，人生便平安通达。在老子看来，宇宙的本原是淳朴的"道"，物的本原是淳朴的"德"，人是物的一支，只要人们固守淳朴道德，依道而为，人生就不会被巧智和私欲侵蚀，人生就安全没有危险。

在阐述了天下有始、莫忘初衷的道理后，老子给出了人生安逸的法门和人生危殆的警告，他说："塞其兑，闭其门，终身不勤；开其兑，济其事，终身不救。"兑是孔窍的意思，是人体与外界社会交换信息的通道，在老子看来，巧智私欲是社会的恶习陋习，它来自人的贪婪，若淳化其影响，保持婴儿般的纯真而无巧智私欲，所谓"绝学无忧"（第二十章），人们就能和合共生。"塞其兑"即闭塞巧智私欲侵入人生的孔窍，"闭其门"即关闭巧智私欲侵入人生的门户。"塞其兑，闭其门，终身不勤"便是指那些没有了巧智贪婪的人的一生都不会有操劳烦忧；相反，老子警告说"开其兑，济其事，终身不救"，敞开巧智私欲侵入人生的孔窍，贪得无厌地去追逐巧智私欲所设定的名利情欲目标，人们就会有一生劳碌直至形成无可挽救的灾祸。塞其兑、闭其门，顺其自然地生活、学习、工作，不去贪占生活的奢侈、不去觊觎无止境的浮华虚名、不去无休止地竞逐职场权利，人生真的需要那么以命相搏吗？如果满心私念，事事皆占为己有而后快，并为之乐此不疲，这样的人生还会有安逸和谐的时候吗？这种为私欲所蔽的人生终究不可救赎。

最后，老子的结论是："见小曰明，守柔曰强。用其光，复归其明，无遗身殃，是为习常。""见小曰明"，指从小事中看出端倪称为明。这种解释看起来顺理成章，但老子刚刚要求"塞其兑"，为何立刻又要求"见小"所谓细致观察呢？这是说不通的。所以，王弼在解释"见小曰明，守柔曰强"时，说："为治之功不在大，见大不明，见小乃明。守强不强，守柔乃强也。"意思是，老子是在要求统治者，不要去标榜国家治理的所谓霸业大功，突现大功反而昏暗，应该关心民间疾苦，显现民情温暖才是光明。持守好强攻伐武力并不是真正的强悍，而包容坚忍才是真正的强大。王弼的解释避开了把"见小"释为观察的误区，这种解释也符合老子反对诸侯称霸战争、希望还民安宁的思想。

但王弼的解释与本章老子所设定的大前提不相符，老子在本章的大前提是"复守其母，没身不殆"，是要求万物都要回守道德的质朴，才终生没有危险，人生更是如此。因而，"见小"应该是指体悟，是感觉感知的过程。"见小曰明，守柔曰强"是指体悟到道朴的存在才叫作清澈明达，守护道的柔忍品行才叫作坚不可摧的强大。"用其光"，还记得《道德经》第四章、第六十二章的"和其光"吗？那里是指要柔和人性的光辉，不让它咄咄逼人。那么这里的"用其光，复归其明，无遗身殃，是为习常"正是指循着道德的光芒，让人们回归到道德的淳朴，并坚守宇宙万物开始那个道德的淳朴，摈弃人生后世沾染的巧智私欲，不给人生埋下祸殃的隐患，这才是沿袭着道德作用于万物的常态，对人类社会而言，就是维持人生和社会祥和稳定的常态秩序。"习"，王弼本、河上公本、任继愈本作"习"，陈鼓应本作"袭"，陈鼓应转述马叙伦注"'袭''习'古通"。

老子《道德经》一再强调复归婴儿，甚至有人怀疑老子不让人成长，拒绝长大，拒绝进入社会实践活动，这是对老子的误解，因为人的自然成长和参与社会活动是人的德性，老子的道德观是不会出现如此问题的。婴儿也有需求，但其需求是淳朴无私的，婴儿所需要的一切，都是其本能使然。而成人在谋取需求的背后，往往暗藏着不可告人的算计，因为这些算计都不符合"道"的自然而然和不事前预设的属性。老子强烈地要求人们"复守其母"，守住淳朴原始的本真道德，人生必定防止世俗诱惑而离经叛道内生妄为之心，走入灾祸的歧途。

第五十三章

使我介然有知，行于大道，唯施是畏。大道甚夷，而民好径。朝甚除，田甚芜，仓甚虚。服文采，带利剑，厌饮食，财货有余。是为盗夸，非道哉！

"道"有其自身运行规律，稻谷由稻种发芽到抽穗成熟，有其固有的定律，任何冒犯行为都不会获得预期的结果。战国时的宋国人拔苗助长，其结果世人都知道。所以，在行道之中，人们的违道有为和妄为，都是对道的直接危害。而违道行为中，的确存在由剥夺而获得一时的奢侈享乐，老子认为，这种违道而得到好处的行为，是强盗行为，而不是尊"道"所为，不是"道"的赋予。老子倡导无为，那是因为"道"有其特定的推动事物发展变化的能力和能量，顺应、发挥这种能力和能量过程的有为是老子称赏的"为无为"。稻种从发芽到抽穗、成熟是道、德的过程，其播种、耕种、收割、脱粒、归仓、春碾、饮食等，这都包含着人们的劳动行为，包含着人们的生活作为，包含着人们对未来日子的向往。老子不仅不会把这些行为当作有为、妄为予以剔除，相反，还定义为"为无为"大加肯定。老子十分同情、怜悯劳动人民的劳动，说他们"朝甚除"。而对那些不劳而获的剥夺者，给予了谩骂和鄙视，称其为"盗夸"。

"使我介然有知"，介然，耿介坚定、真实诚恳的样子。这里的"我"应该就是指作者本人，在这里，老子颇有愤慨意味，表达自己对"盗夸"这类违道而获的剥夺者的不屑和斥责。他说：在"用其光，复归其明"即用"道"的光芒使人们重新回归朗朗光明的修道过程中，"使我介然有知"，让我坚定真实地体悟到……老子体悟到了什么呢？

"行于大道，唯施是畏。大道甚夷，而民好径。"他体悟到了两点：循行大"道"的过程中，最可怕、令人畏惧的就是乱施为；严重地伤及大"道"的行为，就是人们贪图邪路捷径。施是实行、施为、施工、施政、作为的意思。夷是伤、受伤、夷灭的意思，如《周易·明夷》中"夷于左股"伤在左股，《广雅·释诂》中"夷，灭也"，欧阳修《秋色赋》中"夷，戮也"。老子在这里再次指出了违道妄为的具体行为：施为和捷径。在此需要说明的是，很多学者将"施"解为"迤"，一是以为"施"是"迤"字的误写，二是将"迤"与"径"相对应。这是误解。其实河上公注和王弼注都是作"施为"讲，王弼说："行大道于天下，唯施为之是畏也。"意思是：在天下推行大道、效法大道，唯有人们想当然地施以作为是最可怕的。河上公说："独畏有所施为，恐失道意。"意思是：唯独忌讳人们自以为是的施为，其担心就在于担心这种行为会失去"道"意，即恐惧人们的施为是违道而为。老子反对"施为"与主张"无为"是吻合的，很多学者将"夷"解释为平坦，王弼解为"荡然正平"，河上公解为"平易"，这是将"道"作道路意思续解的，也是为了吻合解"施"为"迤"的附会，的确有些牵强，应该予以澄清和修改。

"朝甚除，田甚芜，仓甚虚。服文采，带利剑，厌饮食，财货有余。""朝甚除"有两种解释——朝廷整洁和朝廷衰败，这两种解释都不合上下文的文意。"朝甚除，田甚芜，仓甚虚"是诉说劳动者辛勤劳作而没有收成、一无所获。"服文采，带利剑，厌饮食，财货有余"是斥责剥夺者不劳而获、财货有余。"朝"读作zhāo不读作cháo，不是指朝廷宫室，而是指早晨。"除"作清除、修治、整治讲，引为耕作、耕耘。"朝甚除，田甚芜，仓甚虚"是指劳动者每天很早就辛苦地修治耕耘庄稼作物，到头来却是田地荒芜无收成，粮仓空虚没有收藏。为什么到头来田地荒芜呢？因为战乱蹂躏，哪有庄稼生存之所。为什么仓虚无粮呢？那是被战火焚烧了，被"盗夸"夺去了。"服文采，带利剑，厌饮食，财货有余"是斥责说：那些统治者、剥削者从来不会有"朝甚除"的辛劳，却能奢侈地身穿华丽衣服，腰悬锋利宝剑，挑肥拣瘦而专食美味，财货源源不断、年年有余。

"是为盗夸，非道哉！"那些统治者、剥削者从来不会"朝甚除"辛劳，却能穿着华丽锦绣的衣服，威风地腰系利剑，挑食拣肥而专食美味，财货源源不断、年年有余。他们所得所获，都是强盗之获，绝对不符合"道"行，也绝对不是"道"行，有劳有获符合"道"，不劳而获违背"道"。所以老子对不劳而获者的结论是：他们是强盗所得，其所获不是"道"赋予他们的。王弼说："凡物不以其道得之则皆邪也，邪则盗也。"意思是：大凡所获之物不是依道获得，则都是歪门邪路，歪门邪路的行为就是强盗行为。

这一章是有感情、有温度的文字。在"道"的深刻召感下，老子思虑长叹，喟然而言：我终于明白了！执行道的法则时最可怕的是私意妄为，破坏道的法则时最可恨的是投机取巧。老百姓晨耕暮作，由于战祸摧残，到头收成成空，统治者穷奢极欲，由于强争豪夺，终于财丰货足。这种结果是强盗所为，而不是大"道"所为啊！

第五十四章

善建者不拔，善抱者不脱，子孙以祭祀不辍。修之于身，其德乃真；修之于家，其德乃余；修之于乡，其德乃长；修之于国，其德乃丰；修之于天下，其德乃普。故以身观身，以家观家，以乡观乡，以国观国，以天下观天下。吾何以知天下之然哉？以此。

我们在读到"修之于身，其德乃真；修之于家，其德乃余；修之于乡，其德乃长；修之于国，其德乃丰；修之于天下，其德乃普"时，好像第三十九章的文字犹在耳边："天得一以清，地得一以宁，神得一以灵，谷得一以盈，万物得一以生，侯王得一以为天下正。"老子就是这样在反复教诲人们，道德对于人生非常非常重要，不可须臾离也，尊道贵德给人生带来的益处真实可见，切切不可反其道而行之。

"善建者不拔，善抱者不脱"是老子为守道者树立的一个现实的形象，指明追德求道找寻事物的本原规律是多么重要，按道德办事才能成就善建者、才能成就善抱者，老子的目的始终是鼓励和诱导人们去求道守德，坚持宇宙万物的本原。

什么是善建者？就是善于建树的人，善于建立者。无论是建立思想学说，还是树立信念信心，无论是建造大楼高塔，还是夯实牌楼楹柱，都要牢牢立于基础，然后向上发展，这些建树都有其道，都蕴含其德，用现代的话说，这些建筑和树立都蕴含其规律和科学技术要求，违背规律的构建肯定不可长久立世。谁是善建者？就是那些尊道贵德的人，懂得并遵循规律和技术要求的构建，才不会崩塌倒下，才不会将兴即亡。拔，连根拔起，即倒塌。

什么是善抱者？就是善于抱持、固执者。无论是抱定理想追求，还是固握、抓牢物品，都要掌握其抱持之法，抱持本身具有其不变的"道"，有其不变的规律和技术，懂得并遵循规律和技术要求的抱持才能持之以恒、抱之以长久，才不会半途而废。人们的行为都受规律约束，即受道德约束，掌握了抱持的德性规律，才能持守而不脱离。脱，脱开，脱手，丢失。

"子孙以祭祀不辍。"人们抱持的德性规律，本身便是坚持事物的本原，这种做法与坚守不忘祖先的孝宗意识是一脉相承的。所以，所谓生命传承，子孙后代就有了用祭祀方式，纪念瞻仰家族血脉本源的习俗。人们坚守德性，家族就会持续繁衍，瞻仰祖先的祭祀就不会中止停息。如果用"善建者不拔，善抱者不脱"的句式，"子孙以祭祀不辍"应表达为"善祭者不辍"。因而，"善建者不拔，善抱者不脱，善祭者不辍"都在强调人们认识"德"、坚守"德"的重要，引导人们必须珍惜事物本身的规律和秩序。辍，中途停止、停顿。

"修之于身，其德乃真；修之于家，其德乃余；修之于乡，其德乃长；修之于国，其德乃丰；修之于天下，其德乃普。"这里，老子进一步阐述人们在修身、齐家、为吏、为侯、为王公时的德性。正因为人们认识"德"、坚守"德"的重要，所以，在人生的旅程中，无论人在社会实践活动中处于何位置，都必须求德守德，认识规律把握规律。

"修之于身，其德乃真"，人们在修养自身时，其德的核心在于"真朴"。

"修之于家，其德乃余"，人们在治理家族时，其德的核心在于"繁衍"。余，不尽、无穷。

"修之于乡，其德乃长"，人们在治理一乡时，其德的核心在于"抚育"，即教化百姓，帮助百姓修德成长。长（zhǎng），抚育、教化、培育，使其成长。如《诗经·蓼莪》："父兮生我，母兮鞠我。抚我畜我，长我育我，顾我复我，出入腹我，欲报之德，昊天罔极！"意思是：父亲养育我，母亲爱护我，父母抚养我哺育我，使我成长使我健壮，永远照顾我保护我，出入不让我受饥挨饿，我想要报答父母恩情啊，上天不给我机会了。

"修之于国，其德乃丰"，人们在治理国家时，其德的核心在于"丰裕"，即造福于民，让人民生活丰盛富裕。国，诸侯封国。

"修之于天下，其德乃普"，人们在治理天下时，其德的核心在于"公平"，普，普遍、公平。普惠天下，保国泰民安。《易传·象·乾》："见龙在田，德施普也。"卦说：太阳刚刚升起，便是普照万物，其光辉于万物公平无私。天下，指周王朝。

"故以身观身，以家观家，以乡观乡，以国观国，以天下观天下。"有人解释为，用我观察别人，用我家观察别家，以我国观察别国，以我天下观察别的天下。这种解释是不对的，单就先秦古人对"天下"的认识，就不可能存在别的天下。在周代时君世主心中，眼睛环绕之极处便是天下，且只是周的天下，不可能有其他的天下，《诗经·北山》："溥天之下，莫非王土；率土之滨，莫非王臣。"所以，解释"观"为观察是不可取的，即使是将"以天下观天下"理解为"以我的天下观察别的天下"或"以我的天下王观察别的天下王"或"以我的天下观点观察天下"都存在生硬牵强之处。由于上文对"修之于身，其德乃真；修之于家，其德乃余；修之于乡，其德乃长；修之于国，其德乃丰；修之于天下，其德乃普"的分析，我们领会了老子关于人德"真朴"、家德"繁衍"、乡德"抚育"、国德"丰裕"、天下德"公平普惠"的教诲，因而，我们再来理解这个"观"字，就不难发现，"观"字应该作"审查、检验"解释，判定人们在修身、治家、治乡、治国、治理天下中是否认识了德、坚守了德，就用人德"真朴"、家德"繁衍"、乡德"抚育"、国德"丰裕"、天下德"公平普惠"去审查他。因而"故以身观身，以家观家，以乡观乡，以国观国，以天下观天下"应解释为：所以，用是否保守"真朴"检验其修身，用是否家族"繁衍"检验其治家，用是否教化"抚育"检验其治乡，用是否物产"丰裕"检验其治国，用是否"普惠"万民检验其治理天下。

"吾何以知天下之然哉？以此。"老子告诉人们：我是如何知道要如此这样去判定人们的德行呢？靠的就是认识了、领悟了、理解了、明白了人生之德，才知道用人生之德去衡量他们的行为。

第五十五章

　　含德之厚，比于赤子。毒虫不螫，猛兽不据，攫鸟不搏。骨弱筋柔而握固，未知牝牡之合而朘作，精之至也。终日号而不嗄，和之至也。知和曰常，知常曰明，益生曰祥。心使气曰强，物壮则老，谓之不道，不道早已。

　　赤子，指刚刚出生的婴儿，在老子看来，这是人最具本真的阶段。之后，随着"开其兑，济其事"，获得外界教化，慢慢地失去了本真，而逐渐懂得了"有无相生，难易相成，长短相形，高下相倾，音声相和，前后相随"的道理，这个道理的体现，在于知道了美就知道了恶，知道了善就知道了不善，知道了困难就知道了简易，巧智私欲悄悄地潜入了人的内心，助长人们追求投机，助长人们追逐欲望，甚至不惜生命地争夺欲望目标。在争夺中，人们丧失了对灾祸的敬畏，放弃了对危险的防范，敢于火中夺食、敢于刀刃舐血、敢于与虎谋皮、敢于富贵险中求，在为这样的私欲目标争夺中，没有灾祸是侥幸，遭遇灾祸是必然，正如《中庸》所言，"自作孽，不可活"。

　　"含德之厚，比于赤子。毒虫不螫，猛兽不据，攫鸟不搏。骨弱筋柔而握固，未知牝牡之合而朘作，精之至也。终日号而不嗄，和之至也。"人所包含的真纯深厚的德性，最集中体现在赤子身上。人和万物一样，其德性不仅仅表现为唯一，而是多种，比如，人没有翅膀不会飞翔，人要新陈代谢获取能量，人对食色有本能需求，人害怕痛苦危险，人会有酣睡和觉醒的循环，人体有声音表达和听力获取，等等。这些没有濡染世俗的纯真，在赤子身上，体现得最为充分，最为完整，最为全面。但是，在赤子毫无防范之力时，为什么老子还说"毒虫不螫，猛兽不据，攫鸟不搏"呢？如果仅仅是解释为因为赤子含德之厚，所以毒虫不咬，猛兽不食，恶鸟不捕，这显然是缺乏逻辑的解释，让人不能理解老子的本意。所以，王弼才有符合老子原意的解释："赤子无求无欲，不犯众

物，故毒虫之物无犯之人也。含德之厚者，不犯于物，故无物以损其全也。"王
弼说：初生婴儿没有任何非本能的欲求，也不会因贪欲而放大本能，因而他不
对其他任何事物构成威胁和侵犯，婴儿作为万物之一，形成了万物并育的生存
状态，故没有什么外物会损害他。所以，"毒虫不螫，猛兽不据，攫鸟不搏"的
核心，仍旧是老子在表达他的一贯认识：妄欲是危险死地的先兆。"摄生者，陆
行不遇兕虎，入军不避甲兵；兕无所投其角，虎无所措其爪，兵无所容其刃。
夫何故？以其无死地。"（第五十章）赤子不受欲望驱使，不萌生丧失道德的投
机逐欲的想法，他也就没有进入危险地域。因为赤子的淳厚之德还体现在："骨
弱筋柔而握固，未知牝牡之合而朘作，精之至也。终日号而不嗄，和之至也。"
他骨弱筋柔，毫无力量，可仍然能够双手抓握，牢牢不放；他纯朴不知男女性
事，可仍能勃起生殖器，这是赤子体力精纯、别无他念，自然本能所致；他整
天长时间哭号，而其声音不会沙哑，这是他不会因欲自损，其声道自然而舒缓
和畅所致。

老子用一个现实的德厚赤子，来教化人们无欲无求是多么高尚，厚德真朴
是多么珍贵。人们如果不能在人生成长中"复守其母"，自觉守护德的本真，一
定会私智蔓生，遗留祸殃。他们知欲而纵欲，知力而逞强，知善而行恶，国强
行霸，劳民伤财，明知不可为而为之，明知违道而行之，明知山有虎偏向虎山
行，草菅人命，哀鸿遍野。这才是利欲熏心、德性蒙蔽的真正危害。

"知和曰常，知常曰明，益生曰祥。心使气曰强，物壮则老，谓之不道，不
道早已。"这里所说的"和"，突出所指的是"自然而然"。老子之所以赞赏的
婴儿赤子，就是因为他们没有人欲算计因素的行为，而全部毫无保留地呈现出
来的，都是本能的行为，这种行为和畅自然。老子认为："常"是一种没有矫揉
造作、没有悖道妄为、符合"道"理的个人行为和家庭社会常态秩序，"常"
是道行稳定的外在表现。人们知晓并保存人"和畅自然"的属性，就是"常"，
对"常"心领神会并坚守不怠的人才称得上聪明自觉，人们知常守常不妄作，
在自然状态中增益身体、保全生命就称得上吉祥。"心使气曰强"的"心"是
指心念，是喜怒哀乐等由个人偏好引发的情绪，"气"是指人的躯体，老子崇尚
"专气致柔"，而鄙视所谓"刚强"，认为"强梁者不得其死"。在老子看来，逞
强的嚣张是衰败的前兆，因为"将欲歙之，必固张之；将欲弱之，必固强之；
将欲废之，必固兴之；将欲夺之，必固与之"。身体被心念所驱使是刚强，是缺
乏柔弱的霸凌，其所追求的欲念之物，已经使所谓的强者没有了危机的意识，
没有了敬畏的意识，如果人或国家出现了这种耀武扬威的逞强，那一定是走下
坡路的迹象，这种缺乏柔软身段的强硬是明明白白的"不道"，它背离"道"

与生俱来的柔弱属性，毋庸置疑，"不道"者必定会早早地快速终绝。所以，这段话解释为：知晓自然而然称为常，知常守常称为明，循道养生称为祥。怒而力争的这种强大，实则是外强中干、色厉内荏、力不从心的衰老，这是不符合"道"的，而不符合"道"者必定早早完结。

第五十六章

　　知者不言，言者不知。塞其兑，闭其门，挫其锐，解其纷，和其光，同其尘。是谓玄同。故不可得而亲，不可得而疏；不可得而利，不可得而害；不可得而贵，不可得而贱。故为天下贵。

　　"道"是宇宙间永恒的东西，它是宇宙的起源，规定了宇宙万物的形态、属性、变化。一物获得了"道"，即是其个体的德，德是体现在个体身上的"道"。万物有道，万物皆德，但万物并不一定体悟了道德，不一定呈现了尊道贵德。人是万物之一，人是万物的灵长，人该如何尊道贵德，人该如何持守道德呢？在老子的心目中，人应该与道德混同，人应该完全融化于"道"，人在养身益性或是在统治家国天下，都要与"道"玄同，深度地融合。"道"无形，"道"柔弱，"道"不争，人也必须有尚无、贵柔、不争的德性。要做到尚无、贵柔、不争的德性，就要修炼天下最宝贵的修养法门。本章就是宣讲天下最宝贵即"为天下贵"的修养法门。

　　"知者不言，言者不知。"其解释历来众说纷纭，对其作人生哲言解的，最早要算河上公，河上公解释为："知者贵行不贵言也。驷不及舌，多言多患。"他的意思是智者重视努力践行而藐视空口说教。驷马都不及舌尖的言语传得快速，多说话多祸患。任继愈先生《老子新译》解释为："懂得的不（乱）说，（乱）说的不懂得。"这种"言"指言语说话的解释，无疑对人生指导有着不朽的意义，但这种解释并不是老子的原意。陈鼓应《老子今注今译》转述蒋锡昌言："是'言'乃政教号令，非言语之意也。"说这个"言"是指政教号令，不是指的普通言语，所以，陈鼓应先生解为："有智慧人是不多言说的，多话的人就不是智者。"这种"言为政教号令"的解释似乎与老子倡导的"圣人之治"所表达的意思相吻合。老子说："太上，下知有之，其次亲而誉之，其次畏之，其次侮之。信不足焉，有不信焉。悠兮其贵言，功成事遂，百姓皆谓我自然。"（第十七章）"希言自然。飘风不终朝，骤雨不终日。"（第二十三章）但这同样不是老子的原意。

《道德经》是在传"道"，它在无限度地逼近"道"的本真，作为"道"表现在人这种物种身上时，它同样表现为人的德性。既然下文有"玄同"的标准，所以，"知者不言，言者不知"中"知者"是指知道者，是指体悟到道德的人，"不知者"是指求道而不得的人，是不知"道"的人；"言"是指"炫耀"，"不言"是指"不炫耀"。因而，结合上下文的关系，"知者不言，言者不知"应该解释为：体悟道德的人只是缄默悟道，无心炫耀，而广为炫耀道德的人，并没有理解领会道德。王弼的解释就很有见地："'知者不言'，因自然也。'言者不知。'造事端也。"体悟道德的人不炫耀是自然而然，炫耀的人无非是吸引眼球罢了。事端，博取人们注意的事件。老子在这里的"言与不言"，也还是在说明"道可道，非常道"的问题，即同样在阐述"概念与语言"的关系。他表明，"道"这个概念内涵是需要各人体悟的，体悟到了便是"知者"，也是"智者"，而概念本身与语言有很大距离，仅仅在语言层面是难以说明白和使人体悟概念的，语言只是引导人们的体悟过程罢了。

"塞其兑，闭其门，挫其锐，解其纷，和其光，同其尘。是谓玄同。"体悟道德的人当然有其深度的体验，那就是与"道"完全融合同一，这种与"道"完全融合同一就是"玄同"，人们应该怎样做才能达到玄同呢？一是要守住"道"，不被外物诱惑而游移。如何不忘初衷坚守"道"呢？《道德经》第五十二章已经给出了法门"塞其兑，闭其门"，就是要闭塞受到外界私利诱惑的通道，不让巧智私欲侵袭内心，保持人本有的婴儿般的自然纯朴。二是要尊道，要仿效"道"的表现，那就是《道德经》第四章所言"用之不盈，万物之宗"。"道"无形而融入万物的根本，做到了"挫其锐，解其纷，和其光，同其尘"。在人们看来，"道"柔弱没有锋锐，坚韧不屑纷争，和润隐逸炫光，不区别外物而混同于微尘，这便是"道"所显现的自然属性。人们如果守道尊道做到"塞其兑，闭其门，挫其锐，解其纷，和其光，同其尘"，就是与"道"同一了。

"故不可得而亲，不可得而疏；不可得而利，不可得而害；不可得而贵，不可得而贱。"这里的解释，一为得"道"者从此无亲疏利害贵贱之分，一为世人不可能对得"道"者予以亲疏利害贵贱的对待，似乎都可以如此解释，都能说通。但不是本章原意。

本章的解释应为：所以，"道"是宇宙万物所固有的本能，它不是外物所赋予的，人们求道是从内心深处去体悟求证，当人们与"道"玄同，也是发掘其本体本能所在，得"道"是自然的，没有任何争夺、智取、炫耀，对得"道"者而言，即使得"道"了，对"道"也不可有"亲疏、利害、贵贱"的变化，不能得"道"而亲不释怀，不能得"道"而疏远不珍，不能得"道"而志在利己，不能得"道"而思谋害人，不能得"道"而自矜身贵，不能得"道"而卑贱他人。

用王弼的话说，既然人们知晓了"有无相生，难易相成，长短相形，高下相倾，音声相和，前后相随"的认识之道，那么，追求了得而亲就会得而疏，追求了得而利就会得而害，追求了得而贵就会得而贱，因而，对"道"所持的态度不应该有亲疏利害贵贱之分，得"道"是自然过程，"道"也只是自然之物，不如守中，公正不偏私地持守"道"。

"故为天下贵。"所以，"知者不言，言者不知。塞其兑，闭其门，挫其锐，解其纷，和其光，同其尘。是谓玄同。故不可得而亲，不可得而疏；不可得而利，不可得而害；不可得而贵，不可得而贱"就是天下最宝贵的求"道"法门了。

第五十七章

　　以正治国，以奇用兵，以无事取天下。吾何以知其然哉？以此。天下多忌讳，而民弥贫；民多利器，国家滋昏；人多伎巧，奇物滋起；法令滋彰，盗贼多有。故圣人云：我无为而民自化，我好静而民自正，我无事而民自富，我无欲而民自朴。

　　正，即是不偏。第三十九章："侯王得一以为天下正。"侯王得"道"了，以"道"治理天下，能使天下安定康泰。"正"指的是治国中必须以道为准绳遵循"道"的公正。"奇"，是诡异，是违背道德常态的，不守常是"奇"的根本特征。"无事"，即模拟"道"的无为而治，无事也是对民众的不招惹、不打搅、不破坏。无为不是懒惰，不是什么事都不为，因为无为而无不为，而无为无不为正是"道"发生作用的真实写照，比如，山间一棵树，从树籽萌发到长成参天大树，除了看得到的风霜雪雨、晴阴昼夜天气变化，似乎没有任何其他作为，但是，无形的"道"决定着这棵树的一切生长过程：何时发芽，何时生根，何时出土，何时成苗，长成什么样，为什么是此树而不是彼树等，所谓"无为而无不为"。因而，这里所讲的"无事"，是指统治者必须顺应"道"的趋势、规则来治理，这些治理措施自然而然地引导民众生活和劳作，不使民众感到被侵犯、被剥夺、被威胁。"取天下"指获取天下民众拥护尊崇，也就是获取民心。

　　所以，"以正治国，以奇用兵，以无事取天下"是说，治国必须是依道公正而治，用兵却是反其道而用，治民心应是无为而治。大凡治理必然是有所为的，必定是有治国措施的。《道德经》从来没有反对天下治理、国家治理，而实施治理必定是有为，它同时又倡导无为而治，形成了既要治理而有为，又要无为而治理，这"无为而治"看起来就是"无为"和"治为"的矛盾，但老子是将这两个极端的概念融为一体。从《道德经》全文看，老子诸如此类的融合，比比皆是。如大直若屈，大巧若拙，大辩若讷，大成若缺，大白若辱，大盈若冲，等等。冯友兰先生认为："然《易传》所说之处世接物的方法，与《道德经》所说，相似而不相同。盖《道德经》注重'合'，而《易传》注重'中'。'合'者，两极端所生之新事物；而'中'者，则两极端中间之一境界也。如《道德经》：'大巧若拙。'大巧非巧与拙中间之一境界，而实乃巧与拙之合也。"① 无为而治是"无为"和"治为"相和合的状态，即顺应"道"的治理作为是无为，逆道的治理作为是有为、妄为、胡作非为。从老子对"以正治国，以奇用兵，以无事取天下"三者的态度看，他对正治国、合民心是赞赏的，因为他们的作为符合"道"；而尽管"以奇用兵"成为后世兵家的思维方式和金科玉律，老子在这里也是用祈使句表达，似乎是与"以正治国，以无事取天下"做并列判断，但老子对用兵的反对是跃然纸上的，这种反对不是从感情层面反对战争，怜悯生灵，而是从"道"的高度判断了兵法违道，一个"奇"字表述了老子对用兵的反对。这种反对方式有如孔子修《春秋》时，用"弑""杀"表示结束别人性命的自我态度。

"吾何以知其然哉？以此。天下多忌讳，而民弥贫；民多利器，国家滋昏；人多伎巧，奇物滋起；法令滋彰，盗贼多有。"我是怎么知晓"治国依道公正，用兵违道逆行，民心无为而取"的呢？就是从社会实际案例中得到认识的：天下忌讳繁多，民众就越加贫穷；民间握有利器多，国家治理就陷入昏乱；人人诡诈迷信，天下越加谶语诡谲、妖言惑众；国家法令细密，盗贼却越加增多。

比如，天下忌讳繁多，民众就越加贫穷。这是为什么呢？忌讳繁多，民众无法自然言行，"忌讳"是什么？憨山大师释德清《老子道德经解》："忌，谓禁不敢作。讳，谓禁不敢言。"忌讳多没有体现"道"的自然而然，忌讳多是违背道的法则的，忌讳多束缚了民众的探索求索创新能力。我们不妨引用一下黑格尔关于"存在"的定义，他最终把"存在"规定为"无规定性的直接性"②。他的这种说法用中国话来讲就是"自然而然"，"无规定性"可理解为"自然的"，"直接性"可理解为"现实的状态"即"然"。那么，"道"作为一种"存在"，它本身表现出的便是"无规定性的直接性"的"自然而然"，而对"道"的束缚彻底违背了其本来应有的自然而然的属性。在老子看来，天下治理是在失去了遵"道"而行的信仰后，才提出所谓"仁、义"以善德治天下，在善德治天下崩溃后，只得无可奈何地推行"礼"治，用"礼"直接束缚人们行

---

① 冯友兰. 中国哲学史（上）[M]. 重庆：重庆出版社，2009：320.

② 〔德〕海德格尔. 存在与时间 [M]. 陈嘉映，王庆节，译. 北京：商务印书馆，2016：7.

为。从这一点看，老子毫不掩饰地反对所谓的仁义道德、反对繁复的周代礼制。所以，《道德经》在第三十八章说："故失道而后德，失德而后仁，失仁而后义，失义而后礼。夫礼者，忠信之薄，而乱之首也。"

比如，民间凶险利器泛滥，就是体现了国家治理的昏乱，这是为什么呢？允许民间多凶器，客观上怂恿了民众的逞强纵欲及暴力情绪，使得国家战争和民间杀戮简单方便，凶祸近在咫尺。《道德经》第三十一章说："夫佳兵，不祥之器，物或恶之，故有道者不处。……兵者，不祥之器，非君子之器，不得已而用之。"这说明国家治理应遏制兵器泛滥，做到不用兵，慎用兵。如果失去了对兵器的控制，国家治理还会是合道有序的吗？

比如，民间诡智迷信盛行，天下稀奇怪事层出。这是为什么呢？老子从来不相信鬼神，他相信道德的客观实在，相信"道"是宇宙间能被人们感觉感知的客观现实的决定力量。《道德经》中多次用到"神"字，但都与天神地神等神灵无关，老子的"神"是神奇、智慧的意思。人多伎巧是指人们多去染习"伎"的巧智，民间种种巫言谶语必然导致荒淫肆掠，从而放任了民众的非道低俗愚昧倾向，蛊惑民智，扰乱民心。"伎"是指民间流传的医卜巫筮历算之类的方术。《道德经》第六十章说："以道莅天下，其鬼不神。"只要推行道，启发人们认识道，遵循道，"鬼"就没有什么神奇之处了。

比如，国家法令细密，贪占盗窃者却增多。这是为什么呢？法令细密，看起来是能对违法者疏而不漏，但贪占盗窃、投机取巧之类者，从不以大道为遵循，历来崇尚巧智诡计，他们永远觊觎在细密法令中，洗垢求瘢地找出法令百密之一疏，利用法令漏洞。这些小人就是靠"钻空子"来获取利益。所以，在老子看来，"礼"是对君子的正面规范，"法"是对小人的负面约束，但从其性质来讲，"礼、法"都是一样的，是失去了"道"的结果。实行"礼、法"之制，就没有抓住治理天下的根本，是一种舍本求末的治国之术。

"故圣人云：我无为而民自化，我好静而民自正，我无事而民自富，我无欲而民自朴。"所以得"道"的圣人说：治理者无为而治，民众会受到"道"的自然教化；治理者不生剥夺侵占之心，民众无须敌意防备，会自然正直；治理者不兴发扰民事端，民众就能按照自然规律种植、畜养，安心劳作，逐渐富裕起来；统治者不生私欲，公正无为、无私地治理国家，民众就会自然纯朴，不生巧智。

第五十八章

　　其政闷闷，其民淳淳；其政察察，其民缺缺。祸兮福之所倚，福兮祸
之所伏。孰知其极？其无正。正复为奇，善复为妖，民之迷，其日固久。
是以圣人方而不割，廉而不刿，直而不肆，光而不耀。

　　天下人不懂得"道"的原理奥秘，而广泛地被事物现象所迷惑，确实已经
很久很久了，这是老子在本章中的真实感慨。人们被一些什么现象迷惑呢？就
是被矛盾转化的现象所迷惑，他们不知道，在矛盾转化的背后，是"道"的运
行机制在发挥作用。被社会现象牵着走，却不能从这些现象中，发现其本质的
规律性，不能有效地把握"道"。比如，在治政与治民的关系上，有的统治者治
理政务中，不张扬，不动作频频，不妄想妄作，政务平稳而被人误以为是作为
不够、努力不够，而事实上，正是他的这种治理使民众在宽松、安泰的环境中，
没有危机防备的提心吊胆，从容地按照生活、农作自有的秩序和谐地生存，人
们心地坦诚、纯朴敦厚而不敏感多疑，则四方之民襁负其子而至矣，国民源源
不断地流入。古代统治者最着急担忧的莫过于国民人力的问题，却在其"无为"
的政治中得到了最多。统治者苛察敏锐，绞尽脑汁欺诈蒙骗，费尽心机地执政
使权，看上去似乎是在强盛国力，实则是为一己之利威逼天下，民众在处处威
迫利诱的环境中，不得不形成机敏巧诈、刁钻狡黠的品行，不堪搅扰的民众纷
纷外流，国力衰微而政权衰败。统治者看起来勤于政务，终日冥思苦想振兴称
霸的计策，到头来，却是一场空。这个政务的例子就是老子所说的"其政闷闷，
其民淳淳；其政察察，其民缺缺"。

　　这一段中有两个很关键的字，就是"淳"和"缺"。淳的解释大多为纯朴
笃厚，其实，淳的本义是浇灌，是流入的意思，"其民淳淳"本来就是指国民增
加，表示民众归顺者多，与"其民缺缺"相对应。缺的解释大多是刁钻欺诈，
而作为"缺"，其本义是"缺漏"，表示国民流失得多。字典的解释为：缺，从
缶从夬声。缶，瓦器。水缺为"决"，玉缺为"玦"，器缺为"缺"，都有破损

之意，引申为缺漏不完整。在古代生产力极其不发达的条件下，大量的荒地待开垦，饥饿的人们等待着粮食收成，战乱消耗着劳动力，对人力资源的需求成了国家兴旺发达的重要保证。《论语》中著名的"樊迟问稼"就表达这样的故事："樊迟请学稼。子曰：'吾不如老农。'请学为圃。曰：'吾不如老圃。'樊迟出。子曰：'小人哉，樊须也！上好礼，则民莫敢不敬；上好义，则民莫敢不服；上好信，则民莫敢不用情。夫如是，则四方之民襁负其子而至矣，焉用稼？'"也许学生樊迟是觉得：学习人生哲学是长远目标，而人力短缺，迫切需要学习种田育圃的人，才是当务之急。于是，其错误思想被孔夫子狠狠予以驳斥，先生指出了治理之力远远超过一己之力的道理，樊迟一人能种多少田地？而学习好了国家治理的智慧才能真正吸引人力，充实国家力量。孔子说，统治者在治理中讲规矩，民众尊敬他；统治者懂得哺育百姓，民众信服他；统治者守信重诺，民众爱戴他；有这么好的开明国君，天下民众还有不抱着襁褓里的婴儿举家前来投奔归顺的吗？这则小故事，表现了春秋时期，国家对民力的渴求。孔子用"礼、义、信"之法，达到吸引民力的目的，同理，老子用其政"闷闷"和"察察"，辩证地分析了国家涵养民力的利弊，所以，"淳淳"和"缺缺"就是民力涵养得失的意思。

事实上，有了"国民流入和流出的迁徙"说，《道德经》的前后文就气脉畅通了。传统的敦厚、狡黠的解释，在逻辑上不能很好地衔接下文"祸兮福之所倚，福兮祸之所伏。孰知其极？其无正。正复为奇，善复为妖，民之迷，其日固久"。前一段和后一段缺乏内在逻辑衔接，学者们的注释，只能是格言式的注释，前后段的解释缺乏连贯性。历史上或是现实中，人们视"祸兮福之所倚，福兮祸之所伏"为人生金律警句，但在老子本身的意思上看，老子是批判持有这种认识的人们，因为持有这种认识的人，是不知"道"的人，不能从"道"的高度理解和把握事物发展趋势，只能被事物的现象所迷惑。《道德经》中，老子对他反对的事情做了一些举例，有的举例甚至用了一些斥责的语言来表达，却有许多类似句子被后世的人们作为老子的教诲来传播。如"祸兮福之所倚，福兮祸之所伏"，"报怨以德"，"大道废，有仁义；智慧出，有大伪；六亲不和，有孝慈；国家昏乱，有忠臣"，等等。

这个从外面看起来是"终身不勤"的懒政统治者能振兴国力，从外面看起来是"以智治国"的勤政统治者却导致国力衰微。为什么呢？人们得出了"祸兮福之所倚，福兮祸之所伏。孰知其极？其无正"的结论，世事不可捉摸，未来不可把握，老子感叹道：灾祸啊，其中有幸福伴随；幸福啊，灾祸也混同其中。有谁能知道福祸无常的深刻原因吗？那是因为没有遵守"道"的法则，循道之行都是可以预期的。正，指道行公正。

"正复为奇，善复为妖，民之迷，其日固久。"老子说：天下世道正奇不分，善恶不辨，民众迷惑，这种状况已是很久很久了。什么是"正"？符合"道"的作为是正，符合"道"的作为是无为，符合"道"的政务是"闷闷"的，即符合"道"的政务是平实规范、顺应时势，孔子之所以要求"使民以时"（《论语·学而》），这样的政务"百姓皆谓我自然"（《道德经》第十七章）。什么是"奇"？违逆"道"的作为是奇，违逆"道"的作为是有为、妄为，违逆"道"那种严苛细密、己见私为的政务是"察察"的，所谓"至察无徒"（《汉书·东方朔传》），这样的政务"法令滋彰，盗贼多有"（第五十七章）。什么是"善"？《道德经》第十章所说的"爱民治国"的政务行为。什么是"妖"？《道德经》第四十六章所说的"天下无道，戎马生于郊"必定是妖孽的恶行。民众的迷惑是对"道"的迷惑，民众不能用"道"来衡量国家治理的方略，统治者不能依"道"来治理国家。在老子看来，"道"有贵柔不争、无形守中的本性，应该也必定是统治者实施的最根本的治国措施，从而理当摒弃攻伐杀戮、称霸称雄的治国理念，实现天下和谐。老子一生呼号尊道贵德，最终遗留《道德经》，其目的无非是推行其自己的政见，推行其自己政治主张，希望他提出的"尊道贵德"的无为而治得到各诸侯国的落实，以期望乱世得以平息。

"是以圣人方而不割，廉而不刿，直而不肆，光而不耀。"（河上公本为"廉而不害"）根据以上的分析，老子激励身为诸侯国君高贵地位的统治者们，以得道圣人的治理方式来治理国家，在诸侯国之间、在对民众统治之中，做到方而不割，廉而不刿，直而不肆，光而不耀。方，方正端庄。廉，棱角分明。直，纵言不隐。光，明亮昭著。憨山大师释德清注："割，谓割截，乃锋棱太露也。刿，谓刻削太甚也。肆，谓任意无忌也。耀，谓炫耀己见也。"所以，老子给予诸侯统治者们建言是：方正端庄而不锋棱太露，棱角分明而不刻削伤人，纵言不隐而不放肆无忌，明亮昭著而不炫目耀眼。在春秋混战的动乱岁月，老子希望通过这几句建言，对手握兵粮、实力雄成的诸侯们施加影响，保证其语言既尊重诸侯们国力强盛、地位显赫的现实，又达到接受止息战乱建言的目的。"方、廉、直、光"的守成，照顾了有实力的诸侯们的雄强地位，不至于在诸侯们尊道贵德的过程中，完全失去自我；"割、刿、肆、耀"的规劝，指引了诸侯们致力天下和谐的方向，不至于在老子所祈求的息战止争中，诸侯不知所为。

从老子的建言初衷到其所说的"是以圣人方而不割，廉而不刿，直而不肆，光而不耀"，可以强烈地感到《道德经》作为流传千世而不衰的经典著作的语言魅力，它是以求"道"的思维方式，高度概括事物本质，理性而深奥地劝诱诸侯们休战止争，诸侯国之间和睦共存。这种诸侯国之间和睦共生的思想在无力得到诸侯国响应，诸侯们无意自我约束平息战乱时，大幅度削弱诸侯国力量，使其没有力量发起战乱，所谓"小国寡民"思想便应运而生了。

第五十九章

　　治人事天，莫若啬。夫唯啬，是谓早服。早服是谓重积德。重积德，则无不克，无不克则莫知其极；莫知其极，可以有国；有国之母，可以长久。是谓深根固柢，长生久视之道。

　　这一章可谓众说纷纭。经典本来就是开放的、包容的，阅读经典之时，每个人的心里都可能有各自的体验和心得，从而每个人从经典里得到的教诲就有各自的特点。比如，《道德经》第三十三章讲："胜人者有力，自胜者强。"读到这句话时，读者是愿意成为一个"力者"，还是愿意成为一个"强者"呢？我想，多数人会选择"强者"。因为在圣人眼里，强者比力者更胜一筹，更高一个层次。这句话尤其用在"离欲归性"过程中，也就是人们社会交往中，在情绪脾气冲动时，"强者"格言为控制冲动魔鬼提供了理性智慧。如果控制适度，处理恰当，无疑可以说：是智慧的光辉照亮了前程。如果人一生与哲人智者相伴，智慧的光辉就将照亮整个人生。经典之于读者，便是智慧种子与沃厚大地的关系。

　　我们仍旧来体味各人心中的经典问题，"胜人者有力，自胜者强"。在一个太极拳练习者心里，格言会指导其淡化拳掌之力，而寻求行拳的内劲，使演练太极拳行如流水，使支撑一招一式的力量，在内力组织激发上更加强健；"胜人者有力，自胜者强"照映着一个书法练习者，他会明白笔与纸的摩擦已经不是最重要的，心中的美和身、笔贯通才是重中之重，使流淌的文字朝气蓬勃。这便是格言的力量。可尽管如此，我们在面对经典时，还应与作者本人有成功的交流，理解领会经典的原本意思，即作者自己在说什么。

　　我们知道，老子在函谷关写作《道德经》之前，一定曾反复宣扬传播道德真谛，《道德经》只是他一生传"道"的"腹稿"而已，他提出了依道治国的宏大政见，鼓励人们尤其是统治者依"道"治理国家，达到天下无争和谐的局面，所以，这一章仍是老子讲解依道治国的策略。

　　在这一章中的起首句有两个关键字"事"和"啬",而"啬"是老子提出的一个非常核心的概念,也是一个非常关键的治理措施。憨山大师释德清解释说:"啬,有而不用之意。"从"啬"的行为表象上看,这个解释非常到位。但为什么"有而不用"呢?在老子的心目中,"啬"忧患、谨警,是有而不敢用、有而不盲用。这种忧患、谨警来自对"道"的敬畏,"道生一",道是宇宙的原动力,"朴散则为器",道隐于宇宙万事万物之中,决定着万事万物的发展变化趋势。在伟大雄浑、无所不在的"道德"面前,人们只能是"事",即顺应、遵照、执行。河上公解释为:"事,用也。当用天道,顺四时。"由不得谁去张狂曲改,在人们还没有足够地理解、弄通、求得"德"(一事一物的属性)时,需要保持"啬"的姿态,不出现盲目妄断的状态,用当今的话说,"啬"就是不能鲁莽决断、草率定夺、执意妄为,而要有忧患意识,谨慎行事,因为只有看清事物的德性本质,才能做出正确精准的决定和符合逻辑的行为。而在看清把握事物的德性本质时,受人们认识水平、把握事物本质能力的影响,需要长时间的求道求德,也就是通过长时间分析判断,才能抓住事物的本质,这个长时间分析判断而不冒进的过程,用老子的话说,就是"啬",也是"积德"。

　　通过以上阐述,我们辩解了"事、啬、积德"等几个最容易误解的概念,为接下来解读原文,提供了方便。

　　"治人事天,莫若啬。"治人,指统治人、治理国家。事天,任继愈先生《老子新译》解为"事奉天"。陈鼓应先生《老子今注今译》说:"本章在于讲怎样来治国养生,对于如何去应对自然(天)则只字未提,所以'事天'当依林希逸作'养生'解。"而符合逻辑的解释是河上公的解释:"事,用也。当用天道,顺四时。"啬,王弼作"精力"解:"啬,农夫,农人之治田务,去其殊类,归于齐一也。"憨山大师释德清作"理性"解:"啬,即复性工夫也。"符合逻辑的解释,当作"忧患、谨警"解。"治人事天,莫若啬"意思是,治理国家当顺应天道法则,实施国家治理莫不是谨慎而为。

　　"夫唯啬,是谓早服。早服是谓重积德。重积德,则无不克,无不克则莫知其极;莫知其极,可以有国。"是谓,算作或称之为的意思。服,遵从、遵守。积德,分析把握事物本质属性。克,胜利。极,终极、尽头。有国,保有国家、维持国家存续。老子说:治理国家事务,只有谨慎应对,才算得上提早于事前遵从事物德性;要事前认识到遵从事物德性,就必须准确分析事物德性,分析把握事物德性的过程,也就是治理者认识积累事物德性的过程,这被称为注重积德。注重积德能完整全面准确地把握事物的规律性,掌握了治国理政的内在要求,就能克服一切困难而取得胜利,而克服治理困难没有终极;一路克难奋进永不终绝，才可以保持国家长治久安。这就是老子以"啬"治国的逻辑，为什么"谨慎应对，才算得上提早遵从事物的德性"呢？因为人们忧患谨慎才有思考判断事物变化趋势的过程，这个过程让决断者从容有备；而鲁莽草率的决断是在瞬间结束了遵从目标的选择，匆忙疏忽之间必定失去了"早"的预知。"早"是指时间概念中的"早"，也是在事前人的思想认识过程的"早"，有了忧患、谨警、敬畏的"啬"，才不至于仓皇行事，才有"早"的时间意义。

　　"有国之母，可以长久。是谓深根固柢，长生久视之道。"保守国家治理的根本，方可以长治久安。保守根本才算得上深根固柢，深根固柢就是长生持久的法则。"有国之母"是指保守国家治理的根本法则，这里称为"母"的根本法则是指什么呢？通过上一段的推理过程可以看出，"有国之母"即保有国运的根本，这个根本之"母"便是指"啬"。老子阐述，啬是治国根本，是夯实国家实力、保持国家长治久安的法则。

第六十章

治大国，若烹小鲜。以道莅天下，其鬼不神。非其鬼不神，其神不伤人。非其神不伤人，圣人亦不伤人。夫两不相伤，故德交归焉。

上一章讲"啬"，主题是在讲治国应当有忧患意识，其治理行为应该保持审慎谨警，如《周易·乾》"君子终日乾乾，夕惕若厉，无咎"，意思是说，君子努力工作，班后仍在检讨一天行为，担心行为有过失，人若有这样的忧患意识是不会出问题的。保持谨警就是做事做人不能张扬无忌，知道敬畏和后怕，若人们开始担心行为的后果，就离莽撞、骄横相去甚远了，一定着手规范行为的本身。

"治大国，若烹小鲜。"语言虽简单易懂，只是打了一个小小的比方而已，可道理却十分深奥，老子只是说：治理一个大国，要像烹饪一条小鱼一样。那么，烹饪小鱼又是怎样的呢？我们猜想，烹饪好的小鱼应该是这样的：鱼形完整而色雅，咸淡可口而味鲜，鱼肉熟透而香嫩。但小鱼是皮薄肉软、辛腥交织。烹饪时，用力则肉散，不翻则皮焦，多一时则肉老，少一刻则生腥。如此微妙，不是小心翼翼，没有审慎谨警，是不能做出一盘好鱼的。老子说，治理大国就是要如此小心翼翼，就是要如此谨小慎微，才能将国家治理好。否则，粗心大意，恣意妄为，人民受到伤害，国家必定不能长久。《庄子·人间世》记录了一个血气偾张的野蛮诸侯卫君，他是这样描述的："其年壮，其行独；轻用其国，而不见其过；轻用民死，死者以国量乎泽若蕉，民其无如矣。"意思是：卫君少壮气盛，行为专断；轻率支配国力，却看不到自己的过失；轻率役使百姓，使国内尸横遍野、殍浮荒泽，把民众视同野草枯蕉，人们无家可归、流离失所。针对天下这等国君，"治大国，若烹小鲜"的呼吁必将应运而生。

小心翼翼、审慎谨警带来的后果是什么呢？是对道德的正确把握，治理者有了求道的意识，心中有道德，才懂得贵柔不争、无为而治，治理才不会侵扰民众，民众安居乐业、和谐平静。粗心大意、恣意妄为带来的后果却是，统治者对道德失去了敬畏，他们抛弃了自然法则，靠妄想而为之。想到一招是一招，想起一出是一出，让人们处于无法预测的环境中永远担惊受怕。应该说，统治者这样的行为是对国家治理法则的践踏，是对天下民众需求的漠视，是对国家的盲目治理，也是对国家存在的戕害。因而是否依道治理直接关系到国家存续。依"道"治理，可以认清国家治理规律和社会发展趋势，而不需要通过占卜预兆，也无须巫觋问鬼。在老子看来，只有"道"能显示国家治理的根本属性和变化轨迹，国家治理的前途便清晰可见，那些占卜预兆、巫觋问鬼的做法，都是治理者对治理前途迷惑所兴起的，那种占卜、鬼神无疑只是虚伪的清晰，只是自欺欺人的指引。

所以，"以道莅天下，其鬼不神"。莅，临近的意思，"以道莅天下"就是将"道"贯彻到天下治理之中。"道"莅天下怎么样呢？统治者依道治理天下，已经能非常清晰地把握天下治理的方向和策略了，巫觋问鬼也没有必要，鬼也不会有什么神奇。"其鬼不神"是指巫觋请来的那个"鬼"也失去了显灵的神奇。

"非其鬼不神，其神不伤人。非其神不伤人，圣人亦不伤人。"不是那个鬼没有灵验、不神奇，而是那个鬼的神奇不能影响和左右人。不仅仅是鬼的神奇不会影响侵扰民众，而且统治者的无为而治也不会影响袭扰民众，国家的治理一切都是自然而然，和顺安泰。鬼不神，指鬼不灵验。伤人，指作弄人、妨碍人、侵扰人、残害人。为什么鬼的神奇不能影响人呢？因为"道"莅天下，"道"贯彻到了天下治理之中，"道"指引了国家治理的方向和趋势，统治者治理顺应了"道"的法则，不会做出袭扰民众的行为，他们的治理措施符合人民意愿，人们自由自在地快乐地生活劳作。

"夫两不相伤，故德交归焉。""两"是指鬼和圣人即统治者，鬼和统治者都不作弄、不侵扰民众百姓，还了天下安宁自在的环境，所以，这才是"德"回归到国家治理之中啊！

第六十一章

　　大国者下流，天下之交；天下之牝，牝常以静胜牡。以静为下，故大国以下小国，则取小国；小国以下大国，则取大国。故或下以取，或下而取。大国不过欲兼畜人，小国不过欲入事人。夫两者各得其所欲，大者宜为下。

　　"道"非常深奥精微，在没有科学语言的时代，试图将"道"说清楚的确不是容易的事情。站在哲学的角度，老子发现了"道"，具有极强的创建性，古罗马在苏格拉底之前的自然哲学，从泰勒斯到之后的一百多年，耗费了几代哲学家的智慧，才总结出世界本原的"土、水、火、气"，古罗马的四元素说与中国的五行说类似，但按郭沫若先生考究，中国的"金、木、水、火、土"五行首先出自《尚书·洪范》，而《洪范》或许是战国时期的作品。又，范文澜先生在《中国通史简编》中说：孟子是五行学说的创始者。也就是说，老子的"道"与古罗马的"土、水、火、气"大体是同时代的思想，但"道"的概念远比所谓"土、水、火、气"精练。古罗马哲学到苏格拉底才从仰望天空回到人生社会，老子由"道"到"德"的转换，轻巧地实现了从宇宙到世间、从自然到人间的回归。从年代看，老子要比苏格拉底年长一百年左右，老子写下《道德经》西出函谷关几十年后，苏格拉底先生才呱呱坠地。老子发现了"道"，就如同科学时代发现了原子和基因。老子通过对"道"的认识，启发了他面对诸侯混战的治理政见，他向统治者宣扬他的政见时，首先还必须详尽地阐述他发现的"道"。这可难为了老子，他没法用当时的语言去准确描述，他痛苦地呼喊出"道可道，非常道"。当《道德经》读到这里的时候，我们应该深刻地理解老子的无奈。不能用规范的科学语言去描述，要阐述"道"，为"道"做科普推广，他只能用他所理解的，能被人们接受的事物、现象去比喻，牵引着人们的认识，顺着他的诸多类比，无限地接近他心目中的"道"，让人们体悟道的真谛。

　　老子用得最多的比喻，莫过于"流水"和"雌性"，他认为最接近道的属性的东西是水，即所谓"上善若水"；他认为最能表现道的属性的事物是雌，即所谓"知其雄，守其雌"。在这一章中，老子重点阐述了诸侯国之间的关系处理，其处理的最终目的，便是实现诸侯国安宁共生。这也就是老子依道治国的所有政见和治理思想的终极目标。

　　"大国者下流，天下之交；天下之牝，牝常以静胜牡。"老子从本章开始便用了最受他赞美的两个比喻："流水"和"雌性"。他说：实力强大的诸侯国应保有水之末端那种海纳百川的品行，成为天下诸侯依附信赖的对象，就如同天下水流的汇集之处。他还说：实力弱小的诸侯国应保有雌性生物那种顺承宁静的品行，成为天下诸侯关悯体恤的对象，而赢得强国守护。

　　显然，老子希望强国弱国各自涵养"道"性，强国呈现出"道"生万物的包容，弱国呈现出"道"性柔弱的谦逊，从而保持天下和谐。而对"牝"的崇拜，应该是发端于《周易》。《周易·坤》卦说："坤：元亨，利牝马之贞。"卦的意思是：大地有"元亨利贞"四个本质属性。元，指大地是一切生命的开始；亨，是生命存在亨通的保证；利，无私地孕育滋养万物。牝马之贞，乾是天行健的刚强之贞，地适应天就好像牝马对牡马的那种温存，是体现大地对上天顺从的品性，正是因为对天的适应和顺承，从而呈现出大地的四季之美，这种顺应天时以维护万物存在，便是大地亘古不变的贞固秩序。顺承，并不是贬损其作为，恰恰相反，顺承是客观现象和法则，顺承的本质是适应而不是屈从，天来春雨秋风，地应播种收获，天地的刚柔顺承孕育了生机勃勃的世间万物，人间生机盎然无不在处处事事时时张扬着大地柔静和顺承之美。

　　"以静为下，故大国以下小国，则取小国；小国以下大国，则取大国。"包容而波澜不惊、柔顺而睦邻和亲，各自都显现出静默谦下，所以，强国以包容、平和、谦下取得小国拱卫依附，弱国以顺承、柔和、谦下取得大国相伴相生。"道"谦让不争的属性是诸侯国之间赢得安宁的治国利器。《道德经》这种仿"道"而行柔弱谦下的做法不仅在老子那里得到尊崇，而且在儒家孟子那里更是直白无误。《孟子·梁惠文章句下》就记录了这样的故事："齐宣王问曰：'交邻国有道乎？'孟子对曰：'有。惟仁者为能以大事小，是故汤事葛，文王事昆夷。惟智者为能以小事大，故太王事獯鬻，勾践事吴。以大事小者乐天者也；以小事大者，畏天者也。乐天者保天下，畏天者保其国。'"故事是说：齐宣王问孟子："与邻国交往有可遵循的法则吗？"孟子回答说："当然有啊！唯有仁爱的人能做到大国服侍小国，所以商朝开朝之王汤曾服侍邻国葛伯，周文王也服侍过西戎昆夷。而唯有聪明的人能做到小国服侍大国，所以周太王公亶父服侍着戎族獯鬻（xūnyù），越王勾践亲自侍奉吴王夫差。以大国服侍小国的，是感恩天命；以小国服侍大国的，是敬畏天命。感恩天命的统治者能保有天下，敬畏天命的统治者能保有自己的国家。"不能肯定孟子是借用老子思想，但孟子与老子关于邻国外交战略得出了一样的结论是一定的。

"故或下以取，或下而取。大国不过欲兼畜人，小国不过欲入事人。夫两者各得其所欲，大者宜为下。"所以，无论是大国谦下以取得小国的依附，还是弱国谦下而取得大国庇护，一言以蔽之，谦下能实现各取所需：强国不过是图谋支配别的小国，弱国不过是希望自己有稳定安全的家园。因为谦下不争，大国、小国都能各得其所，都能获得其希望所得到的东西，这不是依道治国的伟大胜利吗？老子道法谦下，推行强国弱国都以谦下自恃，共同形成良好的生存空间。尽管强国弱国各得其所，各自需求皆得到了满足，但是在大小国都实施谦下之策时，老子仍再次叮嘱"大者宜为下"，意思是，强国应该首先体现出下流宽容的博大胸怀。在老子看来，强国弱国皆以谦下自恃时，强国更应先行，更应体现融汇百川的精神。

第六十二章

道者，万物之奥，善人之宝，不善人之所保。美言可以市，尊行可以加人。人之不善，何弃之有？故立天子，置三公。虽有拱璧以先驷马，不如坐进此道。古之所以贵此道者何？不曰以求得，有罪以免邪？故为天下贵。

"道者，万物之奥，善人之宝，不善人之所保。""道"这个东西，隐身于万事万物之中，即所谓万物有"道"。对"道"有领悟的人，他会非常珍惜"道"，处处体现尊道贵德。对"道"没有体悟的人，尽管他对"道"一无所知，但其事事处处仍然生活在道德作用之中，即仍然保有"道"的存在。万物有道，万物皆德，道德不在于人们了解它，它才存在，也不在于对它不了解，它便不存在。而是无论人们是否体悟它、认识它，道德仍然客观地存在于万物之中，并规定着万物的发展变化方向以及生死消亡全过程。这里出现了"善人"与"不善人"，人们理解为善恶之善，注释为善人和恶人。这种解释之所以流传千年，其核心问题是，人们将《道德经》视为人生格言经典，误以为很多话语是对人生善恶行径的教诲。其实老子不会擅自离开传"道"初衷，做关于人生教诲的说教，老子的《道德经》，只是在以"道德"治理万事万物的方法，来类推君王的国家治理，使天下成为没有战争、没有争斗的社会，民众百姓不受兵燹战乱之苦。至于后世人怎么样领会《道德经》，怎么样欣赏这棵枝繁叶茂的智慧树，已经与老子没有关系了，也就是那句"一树梅花千首诗"的缘故了。在读者阅读《道德经》时，领受了人生向善的力量，领会了养生长寿的感悟，甚至聆听了更多的、方方面面的教诲和指引，那是经典超时空魅力所在，非经典原意所在。所以，对于老子而言，他希望让人们理解的是，道不因人们领会了"道"、认识到"道"而存在，"道"永远是客观实在的，认识到"道"的人会遵循，没有认识到"道"的人会在成败臧否之中逐步领会。因而，"善人"与"不善人"是指领悟到道的人和没有领悟到道的人。

"美言可以市，尊行可以加人。人之不善，何弃之有？"如前所分析，同理，"美言、尊行"是指与"道"相吻合的言行。符合"道"的言语是美好的，符合"道"的行为是尊尚的，反之，违逆"道"的言语是丑陋的，违逆"道"的行为是险恶的。市，本指集市，是物资交换的地方，市用在这里，是借指易于传播、远扬。加人，不应该是欺负人，更不应该是骑在别人头上，所谓加人，是指影响人，王弼说，"尊行之则千里之外应之，故曰，可以加于人也"。这是说，尊贵之行在千里之外还有人响应、效仿。这句话的意思是，符合"道"的言语可以远扬，符合"道"的行为可以被人响应。人没有认识到"道"，难道就不存在"道"吗？

"道者，万物之奥，善人之宝，不善人之所保。美言可以市，尊行可以加人。人之不善，何弃之有？"这一整句告诉人们，道，存在于万物，认识"道"的人珍惜它，不认识"道"的人也在客观上受到"道"的支配。符合"道"的言语可以声名远播，符合"道"的行为可以教化人们。"道"存在于万事万物，难道因为人没有认识"道"，"道"就不存在了吗？这句话强调了"道"的客观实在性，强调了"道"对万物的支配属性。

"故立天子，置三公。虽有拱璧以先驷马，不如坐进此道。"所以，用"立天子，置三公。虽有拱璧以先驷马"等礼仪来约束人们的行为，不如认真体会"道"的存在，让人类社会、老百姓依"道"自由地生活。"立天子，置三公。"这是统治者统治民众的组织架构，自武王克殷建立周天下以来便是如此，是周礼所规定的，"虽有拱璧以先驷马"是拱拥宝璧以先，驷马紧随跟进的仪式。周朝实行的是礼乐文化，《中庸》言"优优大哉！礼仪三百，威仪三千"足以形容其礼仪丰富而繁杂。

老子作为周王室守藏使，周礼仪轨造诣极其深厚，可谓颂声满天下，其声望还引来了时年当红的年轻学者孔子前来拜见学礼。老子对孔子的教导，司马迁在《史记》中有两次记载。

一是《史记·老子韩非列传》记载，老子告诉孔子："子所言者，其人与骨皆已朽矣，独其言在耳。且君子得其时则驾，不得其时则蓬累而行。吾闻之，良贾深藏若虚，君子盛德、容貌若愚。去子之骄气与多欲，态色与淫志，是皆无益于子之身。吾所以告子，若是而已。"老子说："你所说的礼，倡导它的人和骨头都已经腐烂了，只有他曾经的言论还在影响着你。况且君子适逢时运就以其思想主导驾驭社会，生不逢时就像蓬草随风飘转一样顺势而行，所以君子自身也没有办法必定践行其学说。我听说，善于经商的人藏富不露，他即使腰缠万贯也表现为钱财虚无，真正的大学问家即使体悟了宇宙本质也表现为茫然若愚。希望人们能除去恃才傲物的骄气与博学近思的欲望，除去权势嚣张的霸气与好高骛远的心志，因为人的这些东西相对于万物之一的承载道德的身体而言毫无益处。我能告诉您的，就这些罢了。"

二是《史记·孔子世家》记载，在孔子拜别老子临行之前，老子给了他临别赠言："吾闻富贵者送人以财，仁人者送人以言。吾不能富贵，窃仁人之号，送子以言，曰：'聪明深察而近于死者，好议人者也。博辩广大危其身者，发人之恶者也。为人子者毋以有己，为人臣者毋以有己'。"老子说："我听说，富人送人财物，仁者送人言辞。我不是富贵的人，就姑且以仁人名义送你几句话吧：'聪明深察的人如果受到死亡威胁，那是他把聪明深察之智用在了议论人非、以己责人之上；博学善辩、识见广大的人如果感到危及自身，那则是他把博辩广大之才用在了暴露人恶、以己责人之上。为人子不可固执己见，为人臣不可固执己见。'"老子赠言所表达的意思无非是：无论多么聪明智慧、学识渊博的人，都不要以自己为标准去非难他人，更不要以自己的成见去挑战父母君王。这是多么伟大的赠言啊！"道"是宇宙间唯一的法则，与"道"相比，人，特别是某个人，哪怕是圣人，实在是太微不足道了。这种感觉有两句唐诗有相同的意境，一句是"念天地之悠悠，独怆然而涕下"，在洪荒的时间隧道里，一个人的空灵渺小何其悲怆；还有一句是"日暮乡关何处是，烟波江上使人愁"，在莽苍的原野上，一个人如同飘零的微尘在空寂浩渺之间。前一句是说人在时间上的渺小，后一句是说人在空间上的渺小。如此渺小的个人岂能以身为则去说教责难别人？

在孔老相会事件上，历史书籍多次记载，据首都师范大学白奚教授《孔老相会及其历史意义》考据：记载孔子拜见老子的时间和地点各有四次，时间四次是：公元前535年孔子十七岁时，公元前518年孔子三十四岁时，公元前501年孔子51岁时，公元前495年孔子五十七岁时。地点四次是：东周王室都城洛阳，鲁国巷党，南之沛（沛县），陈国。[①]

孔子在老子那里是有传承的：

第一，孔子反对老子的"无为"。《论语·公冶长》："无为而治者，其舜也与？夫何为哉？恭己正南面而已矣。"

第二，孔子对老子"报怨以德"有异议。《论语·宪问》或曰："以德报怨，何如？"子曰："何以报德？以直报怨，以德报德。"

第三，孔子赞同老子的遵道而行。《论语·学而》："道千乘之国，敬事而

---

① 白奚. 先秦哲学沉思录［M］. 北京：中国社会科学出版社，2007：88.

信，节用而爱人，使民以时。"《论语·卫灵公》："'赐也！女以予为多学而识之者与？'对曰：'然，非与？'曰：'非也。予一以贯之。'""使民以时"便是遵天时，"一"便是本质，与"载营魄抱一、圣人抱一为天下式"的"一"是同一内涵。

第四，孔子认可老子所说的"常"。《论语·子路》："南人有言曰：'人而无恒，不可以作巫医。'善夫！""不恒其德，或承之羞。"子曰："不占而已矣。"

可以设想，老子对周礼的繁文缛节及其对民众的束缚深有感触，或许正是对这种束缚的特殊感受，才导致他对"道"的无限渴望和向往。对老子而言，周王室统治的组织架构及烦琐仪轨，看起来规范有序，实际上抑制了"道"作用的发挥，所以，他坚定地认为，束缚行为的人为礼仪不如让位于事物本性的"道"来规范。

"古之所以贵此道者何？不曰以求得，有罪以免邪？故为天下贵。"自古代以来人们如此宝贵珍惜"道"的缘由是什么呢？难道不是说求道得道，进而依道而行可以免犯罪错吗？所以，天下人终究以道为贵。这一句似乎很难弄明白它的意思，主要在于"何"与"不曰"好像有点"排异"，显得句式搅扰，甚至河上公版本还将句式调整为："古之所以贵此道者，何不曰以求得？"表达的意思是"求道者应该日求精进"，看起来也很有道理。也有学者将"以求得，有罪以免邪？"理解为"有求可以得到，有罪即可免除"，似乎是原文直译。但前者将"日求精进"作为古人贵道的理由，好像牵强不通，后者的"得到和免除"似乎是将"道"作为天神的庇佑，是对老子客观实在的"道"的曲解，使其披上了迷信外衣。而事实上，老子需要表达的本意只是依道治理可以避免犯错误。

第六十三章

为无为，事无事，味无味，大小多少，报怨以德。图难于其易，为大于其细。天下难事必作于易，天下大事必作于细。是以圣人终不为大，故能成其大。夫轻诺必寡信，多易必多难。是以圣人犹难之，故终无难。

"为无为"是一个极具张力的表述，很多人把老子的"无为"当作无所事事，毫不作为，是等、靠、懒散，甚至作为注释《道德经》最具哲学层次的王弼也说："以无为为居，以不言为教，以恬淡为味，治之极也。"他的注释只是给老子"爱了面子"，标榜了"无为而治、不言而教"是最高级治理层次。在老子看来，顺应道德趋势的作为是无为，违逆道德的作为是妄为，是有为，所以，"为无为"非常直白地告诉人们，老子是极力赞成努力作为的，只是这个努力是在求道循道的基础上，亦即在抓住事物本质之后，顺应事物的本质要求、顺应事物发展变化趋势努力作为，这样的作为才是"为无为"。老子是一位忧国忧民、厌弃诸侯战乱的有识之士，他所言无为，是有特定含义的，他以"道"的作为方式来推导的"无为"概念，继而推及社会治理中的"无为而治"。在历史上、现实中流传的老子"无为"，几乎变成了慵懒哲学，几乎变成了无政府主义的招魂牌，一些没有研究过《道德经》的人，一些浅尝辄止的所谓知识分子，通过无端的揣测，以讹传讹，几乎沦丧了老子的无为思想。

"事无事"，是指治事者不做个人私念的事。老子鼓励积极作为，但老子极其反对以个人私念私欲去无事生事、无事造事。《道德经》第十七章"太上，下知有之，其次亲而誉之，其次畏之，其次侮之"就是对"事无事"和"妄作事"的分类划等，老子依据统治者是否袭扰百姓，统治者所分配的事情给老百姓的感觉，一是百姓做完了还不知是事，二是百姓做完了知道是好事，三是百姓在威逼恐吓中不得不做完的事，四是百姓做的对自己有损害的事，所以统治者就有了四个层次：太上，亲之，畏之，侮之。而希望统治者对百姓的统治要做到不侵扰百姓，不是老子一人的理想，孔子也是如此，《论语·学而》："道千乘之国……使民以时。"治理一个大国……要在役使百姓时充分考虑不误农时。《论语·尧曰》："君子惠而不费，劳而不怨，欲而不贪，泰而不骄，威而不猛。"这是孔子所说的治理"五美"，君子给百姓的恩惠取自劳作之中，让百姓劳而不生怨恨，有追求而不生贪欲，庄重而不傲慢，威严而不凶猛。看得出来，孔子的"威而不猛"与老子的"方而不割，廉而不害，直而不肆"有着同样的认识境界。总之，统治者的统治应受到百姓的拥戴，是"事无事"的核心。

"味无味"是指获取身体本身所必需的东西，而不是刻意追求感觉上的刺激。比如，寒冷所需要的着衣，当以保暖；肚子饥饿，当以进食；饥渴以餐饮，听声以预警，闻味以识毒。不赞成衣着锦绣，食不厌精，娱欢耳目。《道德经》第十二章"五色令人目盲，五音令人耳聋，五味令人口爽，驰骋畋猎令人心发狂，难得之货令人行妨。是以圣人为腹不为目，故去彼取此"详细说明了追求刺激的危害，强调了"为腹不为目"的"味"方式。追求刺激使人目盲耳聋，使人口爽心狂，使人贪婪行险。"味无味"让人坚守平淡，遵循德性，坚定笃实地重视事物法则，谨慎警惕各种凶险，排除万难，把事物推向极致，获得大成。

所以，"为无为，事无事，味无味"是指作为不悖规律，行事不妄生事，体味不寻刺激。作为顺乎"道"的作为，从事合乎"道"的事情，追求同乎"道"的需求。坚持不懈追求"道""德"的人，"为、事、味"皆归于低调平淡，不觊觎功业弘扬，体现了大功小为、多难少成的道理。

"大小多少"，如同稻谷经历了五个月的生长，从谷种到秧苗再到沉甸甸的谷穗，每天都有新变化，可对于每天的新变化，能目睹其每时每刻生长的人并不多，这看得见的变化和看不见的生长，便是"道德"之所"为"，也是"道德"之所"事"，也是"道德"之所"味"。这便是《庄子·齐物论》所说"可行已信，而不见其形，有情而无形"，他说，（道）可以从万物变化中得到验证，而看不见道的形体模样，道的存在是有实事实情而无形迹的。从播种到丰收，其莳弄维护是最具体的劳作，是最平淡无奇的过程，这种劳作和过程便是"为无为""事无事""味无味"，这种"为无为，事无事，味无味"展现了成大事和做小事的关系，展现了大结果和小变化的关系。然而，对宇宙万物生生不息缺乏敬畏，如同对稻谷成长过程缺乏敬畏和忧患，对"道生万物"以浅薄狭隘理解，举"无为之治"而放弃"为无为"，不去有效地把握稻谷的种植法则，稻谷从播种到成熟将是十分艰辛困难的过程，是多灾多难的成长历程，其结果就不会出现大丰收，而只会有小小的收成，甚至颗粒无收，这便是多难与小成的关系，是所谓"多少"所表达的概念。因此，从上文看，"大小多少"是"为无为，事无事，味无味"内在关系的总结；从下文看，"大小多少"是

"圣人不为大而成其大，犹难故无难"的归纳提炼，下文都是对"大小多少"的演绎和阐述。大小，指的是大事化作小事做。多少，指的是多难而少成。

"报怨以德"，老子所谓的德，是指个体得到的"道"。老子说"道生一，一生二，二生三，三生万物"，庄子说"旁礴万物以为一"，宋明理学家称"理一分殊"，都在说明宇宙万物之所以生发并成为宇宙万物，其唯一共通的因素是"道"的自化力量和自成力量，其唯一决定因素是"道"。当《周易·系辞》说"方以类聚，物以群分"时，宇宙万物各得其道、各成其形、各凝其性，便有了万物之"德"。如山间竹林同万物一样，承接了"道"性，从无到有生长成林，但其性其形都是竹而区别于其他物种，这便是该竹子的"德"性所决定的。由此扩展到万物，宇宙间万事万物各有其"德"，事物各有其本质属性，各有其自身变化规律，由其"德"决定的各自自身法则，都不因人的情感好恶所影响，必定以其自身法则自然地变化。"怨"是什么？"怨"是抱怨，是怨恨，是个人情绪，这里有两个问题：怨从何来？怨将何去？

"怨"是从哪里来的呢？就是"大小多少"中来，成大事者自认为有滔天之功，却被道德自化之力而变得只是"为无为"、不过尔尔，由此生怨；未成大事者因藐视小事而多难少成，与成功擦肩而过，由此生怨；这些怨生之源，都是没有领悟"道德"而形成的"怨"，可以说，凡是没有悟到道、悟到德的人们，都会有怨，"大小多少"是"德"成其事物的固有特性。

"怨"将到哪里去呢？当人们生怨了，如何在怨的情绪中"为无为"呢？唯一正确的做法就是"尊德"，就是求道悟德抓住事物的最本质属性，不受"怨"的影响，坚定地按照其属性决定的趋势"为无为，事无事，味无味"。简单地说，"报怨以德"就是要求摒弃感情用事，按照事物德性办事。用现代的语言表达是：意见归意见，做事还必须是按规矩来做。

对于统治者而言，对社会的治理，社会之德就在于民心向背。《荀子·王制》说："传曰：'君者，舟也；庶人者，水也。水则载舟，水则覆舟。'此之谓也。"民心如水，水可载舟，也可覆舟。所以王弼解释为："小怨则不足以报，大怨则天下之所欲诛，顺天下之所同者，德也。"意思是，民怨在有苗头时，不会有什么反应；民怨激奋时，统治者则险象环生，社会治理顺应了天下民意，治理措施与民情民意同和，便是社会治理的"德"。王弼说的"德"就是指天下民心，顺应天下民心便是尊德。

有许多学者认为，"报怨以德"在此处是错简，应该在《道德经》第七十三章。为什么不应该在第七十三章，本书在第七十三章有专门解读。但为什么必须在此处呢？就是因为"大小多少"是对"为无为，事无事，味无味"的总结归纳，"报怨以德"是对"大小多少"之怨恨的回答，"以德"是念念不忘地号召和鼓励人们尊重德性、遵守德行，并为下文开启了"大小多少"德行的详细演绎和阐述。

"天下难事必作于易，天下大事必作于细。是以圣人终不为大，故能成其大。夫轻诺必寡信，多易必多难。是以圣人犹难之，故终无难。"人们希望破解困难时，总是先找到简易处做突破；人们希望建树大事业时，总是先将功业分解细化。所以，老子在继续阐述"大小多少"，推导"大小多少"之间的逻辑时说：攻克天下困难一定是找准了便捷容易的突破口，成就天下大事一定是化解整体而归于细微。所以得道的圣人总是心念总体、身系细事，由细事注入整体，最终成就大事。轻视事物的发展变化规律，忽视把握事物的德性，人为草率地预估事物发展趋势，这便是"轻诺"，这种"轻诺"是得不到民情信任的，忽视事物本体属性、没有把握事物的"德"，而在推进事物中，把无为做懒政的依托，必然会险象环生、束手无措。所以有"道"之人对待任何事都着眼求道解德，用儒家的话说就是格物致知，做一番艰苦的探索分析，准确地把握事物发展规律，处处保持谨警忧患，慎重对待事物的困难，所以最后都能避免多难少成的风险，实现化难为易、化大为小、化繁为简，化解事难。

第六十四章

其安易持，其未兆易谋，其脆易泮，其微易散。为之于未有，治之于未乱。合抱之木，生于毫末；九层之台，起于垒土；千里之行，始于足下。为者败之，执者失之。圣人无为，故无败；无执，故无失。民之从事，常于几成而败之。慎终如始，则无败事。是以圣人欲不欲，不贵难得之货；学不学，复众人之所过。以辅万物之自然，而不敢为。

翻开这一章，映入眼帘的是一些耳熟能详的词句："合抱之木，生于毫末；九层之台，起于垒土；千里之行，始于足下。"这些句子曾经是、现在是、将来仍是我们父母、长辈和老师用来教育我们"牢固基础、循序渐进"的格言警句，这些句子也在人们思想深处，播下了一颗种子，树起了一个标杆，成为所有中国人心目中众多具有深远意义的文化标记和人生标准之一。这也就是经典的伟大和溥博。

第六十四章全篇语言平实，就字面意义而言，它与人们的社会实践经验和人生生活体验非常容易产生共鸣，似乎也非常容易理解。在我们阅读古代经典的过程中，在"容易理解"的同时，常常会发现在"意涵浅显"的句子之间，在上下文之间，出现不能自圆其说的逻辑矛盾，于是，人们只能认为，这一个章节由多重含意构成。

对这一章的理解，概括起来看，王弼是"慎终说"，认为本章在告诫人们，要善始善终，要慎终如始；河上公是"情欲祸患说"，认为性静情躁，遏欲于初，守本实保自然之性，仍旧是劝慰之言；任继愈、陈鼓应先生是"防患未然说"，更是人生格言教诲的集成。如前所述，《道德经》是智慧哲学，用于人生教诲，一定是信手拈来。但《道德经》具有更加深刻的意义，它的目的在于：阐述道德，让人们认识道德、追求道德，鼓励人们尊道贵德、遵道重德，斥责人们无道无德、离道叛德。在《道德经》中，老子花了大量的篇幅，阐述析解什么是道德，因为在老子发现宇宙的本原"道"之前，没有人知晓"道"这个东西，他必须向人们讲解"道"，讲解"道"的属性、特征，让人们去接受它、认识它，然后以"道德"的属性来规范人们的行为思想，即告诉人们怎样尊道贵德。

这一章实际是老子对违道者种种行径的诉说和斥责。

老子认为人们的违道行为常常是这样的："其安易持，其未兆易谋，其脆易泮，其微易散。为之于未有，治之于未乱。"他说，人们试图违背道德的方式，往往是"自伐"——自我肯定、"私谋"——私自谋划、"泮弱"——化解柔弱、"散微"——消散微小，等等。这些都是以自我为据，不是以"道"为据的几种违道行为，把这些具体的违道方式，概括起来就是"为之于未有，治之于未乱"。

我们知道，"道"作用于万物，规定万物的发展变化趋势，万物在"道"的规定下，自由地生发变化，由于其趋势是以道德为遵循，表现为安稳而没有妄为干扰，在事物安顺而"功成事遂"时，人们容易产生争功的冲动：迫切地揽功自持，自伐有功。这便是老子所谓"其安易持"的所指，如同风调雨顺下的庄稼收成最容易让人心生有功、自持有功。这是老子斥责违道的第一种方式。《庄子·大宗师》将"不雄成"作为真人的标记之一，就是在告诫人们，不要贪功求名，要真正理解"生而不有，为而不恃，功成而弗居"以及"生而不有，为而不恃，长而不宰，是谓玄德"的道德所为。

在事物顺"道"而成，按照自身规律发展时，没有出现个人所希望的变化征兆时，人们容易产生谋划的欲望：为事物的发展以自己的愿望为依据谋划违背事物自身规律的计划蓝图，充当主宰者。这便是老子所谓"其未兆易谋"的所指，是老子斥责违道的第二种方式。《庄子·大宗师》将"不谟士"（不谋事）作为真人的又一个标记，就是在告诫人们，不要为事物做无谓的谋划，因为事物的发展有其自身本来的规律。真正理解"太上，下知有之"和"道法自然"的真实意义。

如果说"安、未兆"是"道"在"无"的状态下发生作用，那么，"脆、微"则可理解为"道"在"有"的状态下的表现。脆是脆弱，微是微小，"脆、微"都是事物表现出端倪时的样子，泮和散都是散开、分化的意思，"其脆易泮，其微易散"是一个意思，只是"其脆易泮"关注的是"弱"，与"强"相对应；"其微易散"关注的是"小"，与"大"相对应。老子认为，在事物初现端倪未知其发展趋势时，人们往往依据个人私心的好恶，产生了消散、化解它们的心态，而扼杀了新生事物。这便是老子所谓"其脆易泮，其微易散"所指，是老子斥责的另外两种违道方式。《庄子·大宗师》将"不逆寡"作为真人的第一个标记，就是在告诫人们，尊"道"不能违逆弱小，不能违逆少数，用现在的话说，庄子的意思是：尊"道"必须做到百分之百。要真正理解"天得一以清，地得一以宁，神得一以灵，谷得一以盈，万物得一以生，侯王得一以为天下正"，尊道是多么可贵。

"为之于未有，治之于未乱。"经过以上的分析，老子认为，人们所谓的"持谋之为"常常是发生在道"无"的状态下，人们所谓的"泮散治理"往往是在道"有"的状态下实施。"未有"是无，是指事物在道德规定内自由自在发展，"道"表现为看不见、摸不着的虚无状态。"为"是指违反道德而不是顺应道德的妄为，老子倡导的"无为"正是相对于这种所谓的"为"而言的。"治"是指违反道德而不是顺应道德的治理管控、化解，老子倡导的"无为而治"也正是相对于这种所谓的"治"而言的。"为之于未有，治之于未乱"是对"其安易持，其未兆易谋，其脆易泮，其微易散"四种违道表现的归纳和总结。而"为之于未有，治之于未乱"在今天人们的认识和作为中，被视为经典的指导，是凡事预则立，不预则废的具体实践，对现代社会生活有着积极现实的指导意义，但老子的原意与兹不合。

"合抱之木，生于毫末；九层之台，起于垒土；千里之行，始于足下。"老子为了进一步说明天下事物都是由弱变强、由小变大、由近而远的道理，简单地做了三个比喻，列举了三个实例：合抱的大树，是由弱小的芽苗成长起来的；九层的高台，也是由微末土块累积而成；千里的路程，也要求从第一步开始。这三个比喻，人们都能准确地理解，但老子为什么要在这里讲这么一段话呢？他是希望进一步告诉人们，天下事物莫不是由无到有，由小到大，由弱到强，这是"道"本身的法则。老子要让人们认识到，如果在这一过程中，人们都以自身欲望为原则，将一己私心、个人好恶置于"道"的规则之上，随意地"持、谋、泮、散"地妄为，"道"就没有施行的机会了，天下失去了"道"，将不成其为天下，必将混乱不堪。简言之，春秋时期诸侯混战，天下混乱，正是人们贪功、阴谋、分裂、扼杀等违道道德的举措直接造成的。

"为者败之，执者失之。圣人无为，故无败；无执，故无失。民之从事，常于几成而败之。慎终如始，则无败事。"这里重复了《道德经》第二十九章的内容，是对人生"无为、无执"的强调，在老子思想认识中，人们不知道德、不尚道德、远离道德，为追逐个人私欲，使用巧智，固执妄为，是对所谓道法自然的违背。看看列国春秋，守藏使李耳可谓再熟悉不过了，在他看来，大凡违逆道德的举措妄为，大凡固执己念的痴心妄想，别看其一时张狂兴起，别看其一时迷惑大众，别看他们还能一时称霸而傲视天下，可终归是妄为者黯然衰败，固执者偃旗息鼓。老子所谓的圣人，是指有道尊道的人；无为不是无所作为，而是不做违逆道德规律的作为。老子从来不反对作为，他反对的是妄为，是违逆道德的作为，老子提倡"为"，提倡"为无为"，推崇尊道贵德的一切作为。"民之从事"本就是指民众的作为，他鼓励人们奋发而为，只是要依照道德法则去作为，不仅如此，做对了的事情，还必须坚持做下去，保持慎终如始的谨慎态度，才是有效的作为。所以，他说：有"道"的人不妄为，"道"自然兴起，故天下兴盛，没有衰败；有"道"的人不固执私欲，"道"自然伸张，所以，没有个人欲求的圣人，他乐见万物并育，没有失落之意。没有认识到"道德"的人们，其作为常常在仅仅做了十成之几成时，就失败了，这是为什么呢？因为他们在求道遵道上没有坚持始终如一，在事情开始时严格依道行事，随着时间过去，慢慢地放松了依道遵德，放任了自己的作为，就中途衰败了。所以，不仅要求道识道，还要遵道而行，不是一时遵道而行，还必须始终遵道而行，只有这样，人们的作为才不会出现失败。

"是以圣人欲不欲，不贵难得之货；学不学，复众人之所过。以辅万物之自然，而不敢为。"综上所述，大凡有"道"的人都是追求自己离欲，放弃头脑中人为所创造出来的某种东西，不去看重和贪求自己得不到的东西；大凡有"道"的人都是修炼自己的拒绝能力，学习如何拒绝违道乱德的人为知识，以免重复那些不知"道"的普通人所犯的过错。以顺应和伸张自己作为宇宙万物一员的、本能的、自然而然的自由属性，而不按照头脑中想象的、人为创造出来的某种标准去学习、去修为，用此追求掩盖人本能的自然而然的自由属性。正如《人类简史》所说："各种法律、权利和义务，反映的多半只是人类的想象，而不是生物天生的现实。"① 将它化作老子的话说：各种仁义礼制都是人的谋划和想象，而不是"道"生的现实。老子反对的正是那些人为的想象设计，崇尚的是"道"生的自然而然。

---

① 〔以色列〕尤瓦尔·赫拉利. 人类简史［M］. 林俊宏，译. 北京：中信出版集团，2017：143.

第六十五章

　　古之善为道者，非以明民，将以愚之。民之难治，以其智多。故以智治国，国之贼；不以智治国，国之福。知此两者亦楷式。常知楷式，是谓玄德。玄德深矣，远矣，与物反矣，然后乃至于大顺。

　　"为道"的意思是顺应"道"而作为，善为道者，指"道"性修炼水平极高、懂得依道行事的人。

　　"明民"教化民众，让民众接受各种社会规则、社会礼仪、社会规范。老子思想强调了人的自然属性，而致力摈弃人类社会属性中的糟粕。人类进化由低级动物到高级动物，由普通动物到智慧动物，人类进步由自然走进社会，由低级社会走进高级社会，这种进化和进步是人类及人类社会发展的必然趋势。老子对于人性中的贪婪和私欲极端厌恶，但他不能认识到人类社会私有制产生的必然性，这是老子学说无法摆脱的历史局限。

　　"愚民"不是使民众智商降低，而是老子号召人们拒绝社会教化，他阻止人们眼睛向外去寻求新奇和刺激，避免培植无穷无尽的欲望，他试图让民众的眼睛向内认识人自身的本能、人的自然属性，以"为腹不为目"的需求观念遏制人的社会欲望和追求志向。在老子看来，正是人们社会知识增加，导致产生了人体本能需求以外的其他需求，如精神需求、社会需求等。社会的混乱正是人们不断追求这些需求和这些需求得不到满足造成的。这的确是社会争夺的起点，人间混乱的根源，但老子的"愚民"政见是一种与人类进化、进步相背离的策略，是一种寻求社会退步的做法，这便注定了老子的"愚民"政见得不到人们拥护，被历史文明舍弃。

　　"古之善为道者，非以明民，将以愚之。"回顾自古以来"道"性修炼水平极高且懂得依道行事的人，在治国治民中，不是用教化民众的方法，让民众接受各种社会规则、社会礼仪、社会规范，而是用求"道"的方式，让人们拒绝社会教化，回归人的本原，去寻找人的淳朴本能。

"民之难治，以其智多。"民众治理困难，就是因为民众接受社会教化，滋生了无穷无尽的欲望，继而施展巧智欺诈等无所不用其极的手段以满足欲望，导致社会纷争、民不聊生。老子的思想是矛盾的，他既认同天下国家存在，认同国家治理，而又反对社会中人为的秩序规范，拒绝仁、义、理、智、信之类的人的社会修养。他希望以"道"治理万物的法则来类推国家治理，希望一个"善为道者"以"道"来治理国家，使国家安定。如果完全按照老子政见治理国家，也许能达到社会安宁的目标，但其国家治理政见是万万达不到的。因为，老子忘记了一件事，就是"国家机构"也是由人为规范的，一个由人缔造出来的人为的非无为而生的国家机器与老子所追求的纯自然无人为的无为治理，其本身就是不可调和的矛盾。

"故以智治国，国之贼；不以智治国，国之福。"所以说，以人脑巧计治理国家，是对国家的残害；不以人脑巧计治理国家，而用淳厚无为治理国家，正是国家的幸福，正所谓"不尚贤，使民不争；不贵难得之货，使民不为盗；不见可欲，使民心不乱"（第三章）。

"知此两者亦楷式。常知楷式，是谓玄德。"老子说：认清了"智治"与"愚治"的利弊区别，人们就会自然地选取可做楷范的治国模式，正确的治国模式无疑是国之福的"不以智治国"的"愚治"。治国者长久地牢记治国的"楷式"，可称之极深奥玄妙的治国德性，什么是治国德性？就是治国之道，就是寻求到了治国最本质的规则，治理者抓住了国家治理本质。老子认为：所谓"楷式"，就是指治国只有一种方式，那就是淳厚地、返璞归真地依道而行的无为而治。

"玄德深矣，远矣，与物反矣，然后乃至于大顺。"玄妙的治国德性深奥啊，悠远啊，与物欲相反啊，理解到达如此高度，国家治理便会行稳致远，到达循道大顺。大顺是老子极度赞赏的"道"的自化过程，他认为若统治者认识到了玄德深矣，远矣，与物反矣，就一定会使得国家治理进入"我无为而民自化"的过程。

第六十六章

　　江海所以能为百谷王者，以善下之，故能为百谷王。是以圣人欲上民，必以言下之。欲先民，必以身后之。是以圣人处上而民不重，处前而民不害。是以天下乐推而不厌。以其不争，故天下莫能与之争。

　　在老子看来，"道"的不争属性最值得弘扬，它是成就万物、协和万物的根本所在。"道"不争还不仅仅是不争位、不争利、不争名，还表现出处处谦下、处处包容。"道不争"所关注的是事物发生和发展趋势，成就该事物是该事物而不是其他事物，规定事物本身的发展变化规律，在"道"分散为"德"规定着宇宙万事万物的发生和发展规律时，它使得天下万物和谐相生。这是老子最为赏识的局面和氛围，也是老子求道弘道的根本动力所在，他希望天下人，尤其是天子诸侯悟道兴道，自觉依道行事，让天下归于安宁和谐，让民众安居乐业。

　　老子多么希望统治者们成为修道的圣人啊！

　　他举例说："江海所以能为百谷王者，以善下之，故能为百谷王。"谷，山谷，这里指山谷溪流。百谷，众多山涧溪流。老子说：大江大海之所以能统领、汇合众多山涧溪流，就是因为江海善于处在山溪的下流，所以它能成为收纳百谷川水的统领，成为浩瀚的容纳之所。老子曾说"大国者下流"（第六十一章），也是希望大国当有大国的胸怀，具有谦下包容的品格。他还说过"上善若水"（第八章），认为水最神似"道"不争、柔弱、谦下的特性。在这里，老子又将江海作喻，让人们体会有容乃大、谦下弥高的道理。

　　"是以圣人欲上民，必以言下之。欲先民，必以身后之。"正因为如上所述，得道有德的圣人希望自己尊道贵德，高尚于普通民众，一定是言语谦下的，其言不高调、不脱离于一般民众的语言环境，一定立足于民众之中。得道有德的圣人希望自己求道遵道领先于普通民众，一定是躬身谦下的，其行不招展、不争先于一般民众的行为空间，一定潆流于民众之内。圣人若是希望高尚于普通民众，领先于普通民众，一定要与民众在一起，了解民众，熟悉民众，让自己接"地气"，然后才能实现高于民众认知，施行领先于民众行动，成为万民的引导者，成为万民的统领者，成为万民的统治者。

"是以圣人处上而民不重，处前而民不害。"得道有德的圣人即使高尚于民众，民众也能欣然接受而不会有压迫感；得道有德的圣人即使领先于民众，民众也因为信任他，而不会产生被损害的戒备感。对有道的圣人，民众会乐于跟从，坦然拥护。总之，统治者有了言下身后的修养，会让民众信任推戴，民众不会产生负重感、压迫感，统治者可以成就"太上，下知有之，其次亲而誉之"（第十七章）的境界。

"是以天下乐推而不厌。"能自己做到"言下之，身后之"，能使普通民众感到没有压迫、没有妨害的统治者，一定能成为受天下万民推崇的统治者，对这样的统治者，民众自然不会去嫌弃他、厌烦他了！

"以其不争，故天下莫能与之争。"因为统治者具有"言下之，身后之"的不争，所以，能赢得天下民众乐推而不厌的统治地位，能获得天下没有能与之争夺的崇高地位。这正是遵"道"、不争、谦下所拥有的力量。

这一章再次将虚无的"道"落到了现实。老子将道德的教化，具体推及统治者的治理作为上，让统治者认识到民众如百谷涓流，统治者有若下流江海，河上公解说："众流归之，若民归就王。"所以，老子认为，谦下尊民是统治者赢得统治、巩固统治地位的重要法宝。

这一章，也从民众的角度，说明了民众对得道统治者的期待、拥护和追随，统治者若循道遵德、依道而为，其不会以自己的欲望好恶实施国家治理，不会以己之欲代替人之欲、以己之恶代替人之恶、以己之则而则人，对于统治者这样的治理，民众定会欣然接受、真诚拥戴。对统治者的理想化期待和期待统治者的民本意识是中国文化对政治的莫大贡献，使"好官"意识深深地照映在莘莘学子的理想中，也镌刻在社会大众的心坎里，形成了中国社会重要的政治价值观。

第六十七章

　　天下皆谓我道大，似不肖。夫唯大，故似不肖。若肖，久矣其细也。夫我有三宝，持而保之。一曰慈，二曰俭，三曰不敢为天下先。慈故能勇，俭故能广，不敢为天下先，故能成器长。今舍慈且勇，舍俭且广，舍后且先，死矣。夫慈，以战则胜，以守则固。天将救之，以慈卫之。

老子在陈述"道"时，常常提及"大"这个概念，这个"大"是什么呢？《庄子·逍遥游》所展示的鲲鹏可算得上大："北冥有鱼，其名曰鲲。鲲之大，不知其几千里也；化而为鸟，其名为鹏。鹏之背，不知其几千里也；怒而飞，其翼若垂天之云。"北海有一条鱼，它的名字叫作鲲。鲲的个头，真不知道大到几千里；变化成为鸟，它的名字就叫鹏。鹏的脊背，真不知道长到几千里；当它奋起而飞的时候，那展开的双翅就像延伸到天边的云，铺天遮日。

　　然而，鲲鹏再怎么大，仍然只是一物，在宇宙间，再怎么大的物，也是渺小而孤零零的。所以，老子的道"大"不是指体积的大，或者说，不是指时空概念里的大。道"大"体现为一种抽象的无处不在、无时不在的客观存在，这种客观实在"高远难握、抽象虚空"，人们只能用想象去把握它。老子一直没有直接解释"道"，在他那个蒙昧初开的年代，是无法用语言解释"道"的，老子自己也深知这一点，所以，《道德经》就开宗明义："道可道，非常道。"这句话与其说是深奥玄妙，倒不如说是一句大实话，是一种无奈。

　　在概念和语言上，古人深深体会到了概念深邃，而语言浅显，《周易·系辞》发出"书不尽言，言不尽意"的感叹，他们感慨地说，文字不能详尽地表达语言，语言也不能充分地表达思想。《庄子·齐物论》说："夫言非吹也。言者有言，其所言者特未定也。"意思是，人们的语言不是像吹气那样空虚。说话人的语言是有具体内涵的，只是语言所表达的概念内涵往往难以准确表达。庄子认为正是语言所表达的概念内涵未定，因而便出现了儒墨之争。但是，古代圣人们并不甘心人类智慧被隐匿、被埋没，不能现世："然则圣人之意，其不可见乎？圣人立象以尽意。"（《周易·系辞上》）圣人们便通过一系列的具体形象来比喻，启发人们通过有限的语言表达能力，努力去接近概念的内涵。

《道德经》就是如此，老子千方百计地用各种事例、实例去开释"道"，让人们理解体悟"道"。其种种开释中，恐怕最有名的当数"上善若水"了，老子的本意是，最接近"道"那些属性的具体物莫过于"水"了。因为水具有不争、下流、柔弱、势不可当等属性，与"道"的部分属性可以比拟。但关于"道"的其他属性，水是不可比拟的，如虚空的属性，"道"虚空的属性，老子常常用"谷、冲"来比拟。老子用种种比喻和语言描述，引导人们的思维无限地逼近"道"的本体。

"天下皆谓我道大，似不肖。夫唯大，故似不肖。若肖，久矣其细也。"天下的人都在说，我所传播弘扬的"道"非常"大"，它无所不在，但似乎不像某种具体的东西。就是因为"道"抽象虚空，所以它既是任何一个事物，又不是任何一个具体事物。假如说"道"就是一个具体事物，那么，它老早就让人小瞧了，而不会被人们推崇为伟大。

这段话非常美妙，它仍在阐述抽象与具体的关系，尽管《道德经》还没有这样的思维概念，但它分明是在说明"道"作为抽象物和"道"决定的具体物之间的关系。这段话至少说明了四个问题。一是老子在出走函谷关之前，就在长期坚守传播"道德"学说，虽然历史没有记载老子传"道"招募学生、举办布道讲座，但从"天下皆谓我道大"的表述中可以看出，老子的传"道"还是很广泛的，因为天下人都知晓。二是老子传"道"并不十分成功，"道德"的深刻内涵并不为大众所理解，因为"道大，似不肖"。不肖是不相像的意思。听完课的人们纷纷议论说："道"好空泛啊！不像是一个看得见摸得着的东西。人们对"道德"概念仍旧是模模糊糊的。三是老子自己也只能用反证的方式，来肯定"道"是现实存在，因为他说："夫唯大，故似不肖。"正是因为"道"具有无处不在的博大属性，所以，"道"不能是某一具体事物，他进一步解释说："若肖，久矣其细也。"假如"道"是某一种具体物，它早就该被人小瞧了，还哪里谈得上什么"大"？老子的这个认识非常超前，历史证明：凡是将世界本原归结为具体物的哲学，都被历史所淘汰。如"木火土金水"五行说，"地水火风"四大说，乃至近代的"原子"说，当代的"基因"说，都被证明是失败的。四是老子认为"道"是客观实在。老子说"道"只是不像具体的物，他没有说道不是物。正因为老子认为"道"是物，是"万物之宗"（第四章），是"恍兮惚兮，其中有物"（第二十一章），是"有物混成，先天地生"（第二十五章），是客观实在，所以才有"道"不像具体物的问题；在老子的认识中，如果

"道"本身就不是客观实在，根本就无须辩证像与不像具体物的问题，"肖与不肖"便不成其为问题。

"道"如此深邃广博，将其推及于人，它赐予了人们三件珍宝。

"夫我有三宝，持而保之。一曰慈，二曰俭，三曰不敢为天下先。"老子说，我领悟了"道"的三大宝贵秉性，我始终将其持守保藏，这三件珍宝便是"慈，俭，不敢为天下先"。

陈鼓应先生认为：第六十七章本应只有"夫我有三宝，持而保之。一曰慈，二曰俭，三曰不敢为天下先。慈故能勇，俭故能广，不敢为天下先，故能成器长。今舍慈且勇，舍俭且广，舍后且先，死矣。夫慈，以战则胜，以守则固，天将救之，以慈卫之"。而"天下皆谓我道大，似不肖。夫唯大，故似不肖。若肖，久矣其细也"与本章所言"慈"不合，所以是错简，是《道德经》哪一章错出的，还是另外著作错来的，先生没有细说，他甚至在《老子今注今译》中只注释"夫我有三宝，持而保之。一曰慈，二曰俭，三曰不敢为天下先。慈故能勇，俭故能广，不敢为天下先，故能成器长。今舍慈且勇，舍俭且广，舍后且先，死矣。夫慈，以战则胜，以守则固，天将救之，以慈卫之"，对其他部分只是附注。

名人大家也有失误，有的注疏者常常将逻辑上"不通"的语句指为错简或衍入，把"不通"的文字视同为通假，把"不通"的概念断章取义。很多解经的书，容易犯两个错误。一是将经典格言化。这样实际上肢解了完整的经典，解经者没有通篇领会经典，核心是不懂得"求道"，没有找出作者内在真实的思想。二是将经典体验化，纯粹以个人的体验理解来解释经典，以个人的体验代替作者思想。老子的"慈、俭和不敢为天下先"是什么意思呢？多数将其作为人生教诲，是慈爱宽容，是俭啬节俭，是不敢争先。这样解释在语言上没有错误，但从逻辑上没有透彻，上下文缺乏关联和贯通。将经典章句作为人生警句格言，是读者自己的体悟，经典作者才没有闲心去写作人生警句格言，他们只是竭尽全力地在阐述其所要表达的思想。

"慈、俭和不敢为天下先"的正确理解是：

慈，公平公正、慈爱包容，其慈爱包容什么呢？搞清楚其慈爱的对象是什么，是理解"慈"的关键。憨山大师说："慈者，并包万物，覆育不遗，如慈母之育婴儿。"释德清的这句话是极为深刻的，它表明，慈是能够包容宇宙万物的慈爱，这种慈爱没有偏私，能够客观面对宇宙万物，眼睛里、脑子里、心里集合有宇宙万物而没有遗漏一物，慈爱的本质是给予宇宙万物公平公正的爱，无一嫌弃，也无一偏爱。正如《道德经》第五章所说"天地不仁，以万物为刍狗"。慈爱的本质用当代的语言来表述，就是毫无遗漏、客观公正地将宇宙万物作为护养对象；如万物生长靠太阳，太阳普照万物，太阳照耀本无亲疏，这便是"慈"。

俭，本义是"约"的意思，是约束。许慎《说文解字》："俭，约也。约，缠束也。"老子所说的"俭"，是一种方法，一种追寻"道"、认识"道"的方法。这种方法是对"慈"所包容的宇宙万物进行"约束"，在约束中追寻宇宙万物的本质。俭的本义是，对宇宙万物的本质进行提炼归纳。在老子那里，他将抽象的"提炼归纳"表述成了"俭"，是一种当时人们可以理解的约束捆扎过程。所以，从老子"三宝"思想出发，俭是对宇宙万物进行由特殊到一般、由表象到本质的抽象分析过程，这种提炼归纳的抽象过程，便是从宇宙万物中把握和认识"道德"的过程。

不敢为天下先，它是有严格的前提条件的，绝不是有人所解说的所谓胆怯，是畏惧身先士卒，是怕死怕苦，苟且性命。牟钟鉴教授说：老子哲学是女性哲学。还有人说：老子是畏缩不前，阴谋狡诈，专占小便宜的人。朱熹甚至说：老子是"笑嘻嘻退一步占便宜底人"。说这些话的，都是学问大家。尽管所有经典都允许读者不同的理解，但如此理解，老子情何以堪！老子应该是一位很英勇有担当的人，老子多次谈"勇"，"慈故能勇"，"勇于敢则杀，勇于不敢则活"。他说，公平公正才能做到"勇"，无欲则刚，面对宇宙万物才不畏怯；同时他也认为，勇不能莽撞，"匹夫之勇"是不值得倡导的。老子的"不敢为天下先"是在传授道德心法的时候提出的，他的原意是围绕如何认识"道"展开的，因而，"不敢为天下先"所表述的心法是，天下万物以"道"为先，"道"决定万物，在"道"的视界之下，何敢为天下先呢？谁能为天下先呢？敢为天下先者，便是凌驾于"道"的妄为，便是凭借私智私心私欲的作为，便是违"道"的有为。不敢为天下先是保持对"道"的敬畏和信仰，是遵道循德的无为，是不妄为、不妄断，保持谨慎忧患意识不违"道"的具体行为。

持有"慈、俭和不敢为天下先"三宝，其意义重大。老子说："慈故能勇，俭故能广，不敢为天下先，故能成器长。"慈的本质特征是公平公正，中正不偏，是"天地不仁，以万物为刍狗；圣人不仁，以百姓为刍狗"的另一种表达方式。公平公正才能无畏刚勇，无畏刚勇才能直面万物；俭约所表达的意思是抽象归纳，抽象归纳才能认识宇宙本质，抓住了本质才能视野广大，认识具备最广泛的适应性，能到达"以应无穷"（庄子语）的能力；不敢为天下先的深意是尊道贵德，所以尊"道"的人们能效法"道"主宰万物而成为事物之长的"器长"。

放弃"慈、俭和不敢为天下先"三宝，则穷途末路。老子说："今舍慈且勇，舍俭且广，舍后且先，死矣。"慈、俭和不敢为天下先的悟道方法没有被民众所理解接受，民众对"道"的认识，仍停留在"肖与不肖"的形而下层面，物欲的桎梏使得诸侯王公统治者对求"道"失去了兴趣和动力，仍然贪婪现实的物欲掠夺，他们抛弃了"慈故能勇，俭故能广，不敢为天下先，故能成器长"的方法论教诲，而是将老子教诲舍本求末、杀鸡取卵。所以，老子愤慨地说："今舍慈且勇，舍俭且广，舍后且先，死矣。"王弼注："且，犹取也。"这句话的解释是：当今天下，统治者却是舍慈取勇，舍俭取广，舍后取先，这种去善取恶、舍本求末的做法是没有前途的。舍慈取勇，是舍弃对外公正公平而追逐武力强悍；舍俭取广，是舍弃对内提炼归纳而追逐横征暴敛；舍后取先，是舍弃谨慎忧患而追逐残暴莽撞。

"夫慈，以战则胜，以守则固。天将救之，以慈卫之。"三宝中的核心就是"慈"，因为公平公正包容所向无敌，将其用于进攻定能无坚不摧，大获全胜，将其用于防守定能牢不可破，固若金汤。所以，上天施救天下万物，也是用公平公正来捍卫的。所谓"皇天无亲"，所谓"天地不仁"，都是人们在赞美天地自然的公正无私的意思。

第六十八章

> 善为士者不武，善战者不怒，善胜敌者不与，善用人者为下。是谓不争之德，是谓用人之力，是谓配天，古之极。

性情是人客观具有的属性，人的本能谓之性，董仲舒在《春秋繁露·深察名号》中说："其生之自然之资谓之性；性，质也。"本性是稳定的，守性者是理性的。人的意气谓之情，情绪是易变的，纵情者是感性的。人"性"呈现出天人合一，人"情"区别为天人分际。在中国古代哲学家看来，人性来自自然，来自天理，保守本性的人其行为是可预料、可掌控的，其行为是建立在"德"的基础上的。而随情绪决断，就是以自己的好恶偏私决定取舍，这种在情绪中的决定是冲动的，缺乏一贯性。

因而，守性离情成为中国古代哲学思想中一条重要的法则，冯友兰先生说，"以性禁情为教，教乃人之继天，而亦即人之所以法天地"①。到宋明理学时，可谓发展到了极致，"存天理，灭人欲"，其要求人们时刻保持理性，思想行为不为情绪所左右，成了思想史上的极端条款。这一条款被望文生义者，甚至是别有用心的人作为残害人性的教条，作为极端礼教的训词。

如何做到避情之害，兴性之利呢？老子给出的办法是"报怨以德"。本书在第六十三章及第七十九章都详细地解释了"报怨以德"，即人们在出现喜怒哀乐等个人情绪时，仍要坚决依照事物本质属性办事，排除情绪影响。概括地说，"报怨以德"就是要求不能感情用事，必须按照事物的德性办事。

这一章阐述了德性与情绪的关系问题，赞赏保持稳定自然德性。

"善为士者不武，善战者不怒，善胜敌者不与，善用人者为下。"善于率兵

---

① 冯友兰.中国哲学史（下）[M].重庆：重庆出版社，2009：20.

的人不孔武张扬而保持坚忍，善于指挥战斗的人不暴躁愤怒而保持冷静，善于制胜敌人的人不寻衅争斗而保持沉稳，善于发挥团队力量的人不傲慢狭隘而谦下包容。

这里的"武"是指孔武，是情绪化的武力张扬。"怒"是指愤怒，是强烈的情绪冲动。"与"，任继愈先生在考察《史记·燕世家》"庞煖易与耳"，《白起传》"廉颇易与"，《淮阴侯传》"吾平生知韩信为人，易与耳"，《汉书·高帝纪》"吾知与之矣"的"与"的用法后，认为"与"是对付、应付的意思；陈鼓应转高亨先生说："与犹斗也，古谓对斗为'与'。"两家之说，"对付"和"对斗"只是程度不同，其意思是相近的，都体现着有把握制服对方的自信。所以"与"可理解为争斗。"下"是指谦下，如江海下流，能包容聚集力量。"善为士者不武，善战者不怒，善胜敌者不与，善用人者为下。"其在于倡导统率者、指挥者、管理者始终发挥理性智慧，不可感情用事，不可任凭情绪处置事务。

"是谓不争之德，是谓用人之力，是谓配天，古之极。"意思是，以性制情、不逞乖张可谓和谐不争的根本，可称之为汇聚全民的力量，可称是匹配了自然天性，从"道生一"极端以来皆是如此。

老子多次强调"不争"，但不争和无为被人阉割为慵懒不思进取的理论依据，甚至被一些所谓的学者裁定为中国文化的糟粕，让人十分心寒。我们知道，上古圣贤智者所得出的人生智慧，基本上是通过观察自然，从宇宙万物中得到领悟，然后比拟到人生及人类社会之中，形成民族文化的起源和奠基之一。

《周易·系辞》说："古者包羲氏之王天下也，仰则观象于天，俯则观法于地，观鸟兽之文，与地之宜，近取诸身，远取诸物，于是始作八卦，以通神明之德，以类万物之情。"古代伏羲在管理天下时，仰观天象，俯察地理，思考鸟兽行为与生存环境，就近考察人类自身，靠远考察世间万物，于是创立了八卦学说，从而领会了神明的奥秘，也通晓了万物之性。古人正是通过观察开启了人生智慧，并在此基础上，不断丰富、拓展。《周易》是中华文明的奠基之作，作者周文王姬昌通过读天文、读地理、读诸物、读自身并借鉴前人文明，构建了农业、畜牧、管理、军事、教育、民俗、家庭、男女及人生追求等影响至今的文化基因。我们有理由推测，在夏、商、周三朝均有《易》，这是用来倡导本部落社会中的基本文化，也许在那时人们还没有认识到礼制规范的意义，只是用文明之风来吹拂，在文明倡导下养成人们的日常行为，在岁月中让人们的行为自化。传说，夏、商、周三朝的《易》分别称为《连山易》、《归藏易》和《周易》，也许《周易》的作者周文王姬昌是阅读过《连山易》和《归藏易》

的，周文王比照古人教化治民的做法，在周王朝即将喷薄而出时，保持连山、归藏行文格式而撰写了《周易》，形成了周王朝所倡导的文化，移风易俗柔和周天下的礼乐熏风。《周易》在后世一些人眼里，成了卜筮之书，究其起因，最早是《周礼·春官》规定"大卜……掌三易之法，一曰连山，二曰归藏，三曰周易，其经卦皆八，其别皆六十有四"，又规定，"筮人掌三易，以辨九筮之名，一曰连山，二曰归藏，三曰周易"，还规定"凡国之大事，先筮而后卜"。很容易让人附会《周易》为卜筮之书。后来《庄子·天下》还说："《诗》以道志，《书》以道事，《礼》以道行，《乐》以道和，《易》以道阴阳，《春秋》以道名分。"其实，占卜只是"大卜"岗位职责之一，并不是其全部，"大卜"还是朝廷史官，"我国自古以来，逐步形成了较为完善的史官制度。商代的贞卜祭祀人员实际上就是早期的史官"[1]。"大卜"是早期统治机构的知识分子，他们兼顾记史拟文、谋划献策、风俗礼仪、卜筮预测等工作，卜筮尽管非常重要，是"大卜"协助统治者沟通上天、听从天命的特定枢纽，但卜筮仅仅是其展望未来的手段之一。作为代表社会风气和社会价值观的纲领性文献，自然由"大卜"掌管并司仪其日常事务。到了周朝开朝，周公旦辅政时，周公将文明倡导落实成了礼仪规范，将先人倡导诱发式的社会管理方式，改为强制推行式的礼制约束，从而也就结束了《易》这种社会治理的格式文本，走上了礼制治天下的道路。由此，创造了当时最先进的礼乐文化和治理制度。然而，时间推移，却使得制礼繁复，上自王朝治理的组织架构，下至人民的日用生活行为，都纳入了周礼规范，久而久之人们对繁文缛节的抱怨声不绝于耳，礼制由先进的社会治理方式，演变成了制约和束缚社会进步的封建绞索。

《道德经》也"推天道以明人事"，推物及人，将对观察万物的感悟引入人生社会治理，只不过《道德经》不是如前人那样一般性地观察普通事物，而是在揭示特殊事物——道和德。老子通过深入解析道德的基本属性，然后将其类比到人生社会治理，希望人间类比道德的行事规则，形成自身的行事规则。比如，"道"生育万物并使其生长壮大，可从来就没有与万物争功，从来没有召唤天下说：没有自己就没有万物。老子所说的"不争"之德，便是有功不争功，默默成就万物的属性。"不争"却被有些人曲解为不思进取和自甘堕落，然而，老子没有说过万物慵懒不争，停滞不生，而是赞美生生不息，万物本身也是负势竞上，相互轩邈，缺乏了万物自身生命的竞争，万物也不复存在，这与道德是相违背的。因而，老子认为，克服起伏不安的情绪所引发的争斗，保持稳定

---

① 李明，王健. 尚书译注［M］. 上海：上海古籍出版社，2016：2.

自然天性和由自然天性生养的和谐，才是不争之德，也就是克服因情绪争斗和保持天性和谐，才是"不争"的本质属性；"不争"才是汇聚民众整体力量的正确做法；这种做法是符合自然法则的；"道"自古之极端处开始至今就是如此做法。

第六十九章

用兵有言：吾不敢为主而为客，不敢进寸而退尺。是谓行无行，攘无臂，扔无敌，执无兵。祸莫大于轻敌，轻敌几丧吾宝。故抗兵相加，哀者胜矣。

像这样的章节，句句在言兵，不外乎作者在论述军事，甚至引申为老子的军事战争思想，这种理解是《道德经》注释中最不可取的地方，也是读者容易误入的陷阱。

如前所言，老子宣讲道德，传教道德，其目的是将道德的精神类比于人类社会，并以其为指向，完善社会治理、人生治理。《道德经》之于老子，是实实在在的政治见解，是对春秋末年诸侯争霸、极度混乱的天下治理提出的治世策略，老子的基本指导思想就是要制止战乱，安宁社会，维护周天子治理下的诸侯封建秩序。如果说第六十九章的确算是老子在议论军事的话，这也绝对是他企盼天下摆脱战争，实现和平安宁的政治理想。

如何避免战乱呢？他对诸侯国进行了入情入理的劝说，全篇逻辑清晰，说服有据，本章从避战措施、威慑拒敌、挑战必败、正义必胜四方面贡献了他的止战思想。

老子借用了古代兵家的教诲，陈述了诸侯国之间的避战措施，他说，"用兵有言：吾不敢为主而为客，不敢进寸而退尺"。古代用兵者说过，我不能主动挑战，而是拒敌进犯，我不敢侵犯一寸，而是避战一尺。公元前1046年，商纣王在周国兵临城下之际投火自焚，武王灭商建立了周王朝，周王朝采用分封建国的制度，武王分封天下，将土地连同土地上的人民，分别授予王族、功臣和贵族，让他们建立自己的领地，成立自己的国家，统领着军队，共同拱卫周王室，合力治理天下，切块包干维护社会秩序，实现发展经济、天下太平的目标。"诸侯敌王所忾而献其功。"（《左传·文公四年》）意思是，诸侯坚定地护卫周王，把那些令周王恼怒的人作为自己的敌人，并奋不顾身杀敌立功。这是何等稳固的天下治理体制啊！这便是分封制。在周武王和周公旦看来，分封制是最先进的社会组织制度，所有分封者都是曾经共同打天下的自家人，相互帮衬治理天下是礼制情谊分内之事，诸侯国君必须服从周王室更是天经地义的。事实上，分封制实现初始目标有近四百年的历史，周王室统治基本保持了它应有的地位和权威，直到公元前771年荒淫的周幽王被杀于骊山，西周灭亡。公元前770年周平王东迁洛阳后，王室失去了土地和军队，权力衰落，周王逐步丧失了共主地位，沦为诸侯胁迫之下，且愈演愈烈。诸侯们早已忘记了数百年前的祖宗情谊，早已忘记了其担负拱卫王室的职责，他们虽不敢取周王室而代之，但为了享有号令天下的威仪而争夺霸主的战争天天发生，那些不具备争夺霸主的小国，也在拼命地站队跟从，各种挑衅与反制的较量，各种杀戮和逃亡的动荡，天下无处不在，天下之乱让人们深恶痛绝。在这样的背景下，痛心疾首的周室守藏使作为一介书生，无力阻拦诸侯们的野蛮行径，他只能劝说诱导启发他们，老子引用古代兵家之言教诲当代兵家，不要挑衅，不要侵犯，没有挑衅、没有侵犯就不会有战争，苦苦告诫诸侯国不可主动挑起战争，为了人民安居、天下太平，诸侯国之间应该宁可退让一尺，也不可进犯一寸。

老子厌恶兵家黩武，但他并未指责兵家英勇备战，他劝告兵家不挑衅、不侵犯、不做战争的"主人"，但仍要有"为客"的准备，仍要有"退尺"的底线。在老子看来，"为客"能做到后发制人，"退尺"能确保死地后生。他鼓励兵家威慑拒敌，不给别人以冒犯之机。他说："是谓行无行，攘无臂，扔无敌，执无兵。""是谓"意思是这种威慑策略可称之为。行（háng）无行（xíng），行（háng）指行阵，是古代部队作战的士兵排列方式，行（xíng）指施行，是部队作战时阵法的具体实施。"行无行"是指作战行阵演练而不实际施行。攘是挽起衣袖，无臂是指不出手。"攘无臂"是指士兵时刻做好作战准备。扔是投掷的意思，无敌是指没有敌人。"扔无敌"是指在没有敌军的场合训练投掷杀敌武器。执是指拿起紧握，无兵是指没有兵器。"执无兵"是指不拿真实兵器的演兵。因而，"行无行，攘无臂，扔无敌，执无兵"便是一幅幅活生生的军事演习画面，一幕幕活脱脱的练武演兵场景，也是待敌动而动的后发制人能力蓄聚图。任继愈先生说：马王堆帛书本作"是谓行无行，攘无臂，执无兵，乃无敌矣"，也说明了"行无行，攘无臂，执无兵"最终效果是"乃无敌矣"，取得了威慑拒敌的功效。

老子对挑战者的挑战行为做了分析，他认为挑战者之所以挑战，之所以主动发起侵略战争，其思想根源是轻敌。老子所说的轻敌可不是骄傲藐视而麻痹待敌，而是指漠视对方力量自大好战，轻率地发动侵犯战争。老子警告侵犯者：

丧道。他说："祸莫大于轻敌，轻敌几丧吾宝。"因为轻敌失去谨慎，轻敌失去畏惧，轻敌驱使战争挑衅，轻敌成了发起侵略战争的潜在冲动力。所以，老子说，战祸形成的原因，没有比轻敌更严重的了。"吾宝"是指什么呢？王弼、释德清、任继愈、陈鼓应等均解释为"慈，俭，不敢为天下先"三宝，河上公解释"吾宝"为"身体"，河上公说："宝，身也。欺轻敌者，近丧身也。"如果说老子也是视"身"若"宝"，这是不为过的，第十三章说："故贵以身为天下，若可寄天下；爱以身为天下，若可托天下。"身体是人生的根本，是最为宝贵的生命承载体，珍惜自己身体的人才能够获得寄托，释"宝"为身体也是一说。但老子自己还说"道者，万物之奥，善人之宝"（第六十二章），意思是"道"深藏于万物，是得道之人的至宝，得道圣人以道德为尊崇，视道德为效法之宝，将遵道循德践行于时时事事。综上分析，"慈，俭，不敢为天下先"是老子阐述的求道方法，"身"是老子阐述珍惜生命本体，而"道"是世人遵循的法宝，这样来推测，"吾宝"应该是指我所求得的"道"。并且，第三十章说："以道佐人主者，不以兵强天下。其事好还：师之所处，荆棘生焉；大军之后，必有凶年。"意思是，遵道就不会挑起战争，挑起战争必定会有还报的：天地荒芜，民不聊生。失道才会妄为，才会轻敌挑衅，发动战争。因此，"轻敌几丧吾宝"应该解释为，轻敌挑战近乎丧道失德。

老子鼓舞正义捍卫者：必胜。他说："故抗兵相加，哀者胜矣。"所以，在两军对垒的战争中，受侵犯者必是哀婉被欺，他们必当同仇敌忾、以一当十。老子认为，相同力量的两军在对抗攻杀中，哀兵必胜。

老子推广道德学说，其目的是让道德之光照亮人生，使人生和谐；让道德之性教化天下，使诸侯息争止戮，让民可安生，让天下太平。

第七十章

　　吾言甚易知，甚易行。天下莫能知，莫能行。言有宗，事有君。夫唯无知，是以不我知。知我者希，则我者贵。是以圣人被褐怀玉。

　　老子发现了"道德"，并力求将"道德"的奥秘演绎进人生社会，让人生平安，让社会和谐。但老子传道并不顺畅，并没有形成趋之若鹜的形态，人们在他传"道"时，得不到要领，感觉到很空旷，很抽象，很庞大，不像一个具体之物，不是一件什么具体的东西，"天下皆谓我大，似不肖"（第六十七章）。老子之"道、德"着实很深奥，甚至用语言都不能解释和表达清楚，"道可道，非常道"（第一章）。我们很难想象老子在公元前6世纪，那样一个无科学意识的年代，人类对自身所处环境的了解还极其有限，人们脑海中的天地还保持着天覆地托、天圆地方的认识，仅仅比擎天大柱、女娲补天的传说时代稍有进步，老子是怎样发现了"道德"存在的呢？

　　用《道德经》看，"道"的内涵突出在三方面。一是宇宙的起源。"有物混成，先天地生。寂兮寥兮，独立而不改，周行而不殆，可以为天下母。吾不知其名，强字之曰道，强为之名曰大。大曰逝，逝曰远，远曰反。"（第二十五章）二是万物的本质。"道生一，一生二，二生三，三生万物。"（第四十二章）三是万物的法则。"大道氾兮，其可左右。万物恃之而生而不辞。"（第三十四章）"执大象，天下往。"（第三十五章）

　　单从宇宙起源之说，虽然在老子时代完全没有科学依据支撑，但在老子的"自由意志的空间"中，已经萌发了宇宙起源的场景。冒昧地用现代科学去贴近这个场景，或许是这样的："在经典广义相对论中，宇宙的开端必然是一个奇点，它在时空曲率上的密度为无穷大。""在宇宙诞生之初，宇宙会在一段时间内呈现指数式膨胀，或者说'暴胀'。这期间，宇宙的尺度会极度增大，在这种膨胀的过程中，开始时会维持少量的密度涨落不变，但随之这种涨落就开始发展。"① 霍金的《宇宙简史》中概括的描述，与老子的脑子里的宇宙诞生场景似乎有点类似。大体是，斯蒂芬·霍金的《宇宙简史》认为，在过去一百亿年到二百亿年前的某一时刻，宇宙的密度和时空曲度为无穷大，相邻星系间的距离为零，这个点便是广义相对论预言的，宇宙中存在一个奇点。这一时刻被称为宇宙大爆炸。因为此时时空的曲率为无穷大，因而，现有的建立在宇宙近乎平直的光滑面上形成的物理学知识，无法获知时空的曲率无穷大时所出现的物理现象，这意味着即使在大爆炸之前确有事件发生，今天的人们也不可能用当今的知识，来推定大爆炸这个奇点之前出现了什么情况，我们只能知道大爆炸以来的事情，而不可能知道大爆炸以前的事情。大爆炸以来的宇宙，在弗里德曼模型中，所有星系之间沿着径向运动并相互远离，形成持续的宇宙膨胀过程。宇宙最终会由于引力在未来某个时间停止膨胀并随之开始收缩，再度坍缩。如果有好事者发问：将广义相对论所说的那个"奇点"称为宇宙起源意义的"道"呢？在那里，"道"便是一个由纯能量构成的客观实在；如果将星系远离、宇宙膨胀，以及未来收缩坍缩过程的描述改写成老子的"大曰逝，逝曰远，远曰反"呢？冥冥中，老子那个得天地精华的大脑，在人们面前展示着惊人的魅力！

　　老子的大脑及其对道德的发现并不遗余力地推广传播，也许他没有感觉自己有任何不同，因为是大自然让他拥有了他觉得舒服的思维模式，他几十年来潜心研究和传道，自己觉得"吾言甚易知，甚易行"。他认为，我对道德的解释，是非常容易听懂的啊，对借鉴道德属性来类比人生修炼和社会治理的传道，也是非常容易践行的啊！但是，人们接受它仍然存在很大障碍，搞不清道德是抽象虚空还是具体事物，世人对他的道德学说不能理解，他似乎很难接受。他焦虑地说："天下莫能知，莫能行。"这么容易听懂和践行的道德，居然天下没有人能听懂，没有人能践行。真是悲哀啊！

　　"言有宗，事有君。夫唯无知，是以不我知。知我者希，则我者贵。是以圣人被褐怀玉。"老子说：人们说话是用来表达思想的，所表达的思想便是人们言语的宗旨；事物是有决定其生存发展变化的内在规律的，这个内在规律便是主宰事物过程的君主。只是人们还没有知晓认识这些道理，也就不能完全理解认识我的道德学说。天下民众理解我道德学说的人很少，能够践行遵守我道德学说的人极其稀罕。所以，深刻理解道德的圣人有了伟大的认识发现，心里藏着

---

① 〔英〕斯蒂芬·霍金. 宇宙简史［M］. 赵君亮，译. 南京：译林出版社，2012：88，90.

真理，却不能被天下人领悟、接受、拥护、推崇和实践，这个圣人就像怀揣珍贵美玉却身披破旧的粗麻衣服一样，得不到世俗认可。

"言有宗，事有君。"这是认识道德在人类社会生活中普遍存在的根本判断，也是道德学说推及社会的认识基础。它说明，人们说话的意义在于传递一种概念，是一种意思表示，即"宗"；人与人和人与物之间产生的社会关系及其社会事件，都有其内在起源和发生发展规律性，即"君"。老子以为，人在社会生活中就必须求道悟德，就必须明了所谓的"宗、君"，只有明白作为言宗事君的"道"，社会才能解除私欲和避免战乱，实现无欲和谐。但是，人们对所谓的"宗、君"往往有不同的理解和认识，其原因在于"道"不是显现明了的。《庄子·齐物论》分析说："道恶乎隐而有真伪，言恶乎隐而有是非；道恶乎往而不存，言恶乎存而不可。道隐于小成，言隐于荣华。故有儒墨之是非，以是其所非而非其所是。欲是其所非而非其所是，则莫若以明。"庄子这里说的"道、言"便是老子所说的"宗、君"，庄子说：道正因为隐匿在事物的表象之中，而让人们难辨真伪，概念正因为隐匿在语言的表象之中，而让人莫辨是非；事物的规律总是运动变化而不能停留静止，人们表达的概念不会变化却不易被人理解确定。道总是隐匿在事物外表之下，概念总是隐匿在繁复语言之内。正因为对道的真伪辨析不同、对语言表达的概念理解不同，所以就有了儒家和墨家的是非之辩，即相互肯定对方所否定的东西而否定对方所肯定的东西。想要阻止这种相互指责，那么不如回归到事物本然去明确辨析事物的客观法则和语言的原本概念。庄子在这里给出的停止争论的办法是"莫若以明"，因而，庄子在讲了为什么要采取"莫若以明"办法的原因之后，又阐述了怎样"莫若以明"，即如何去明确辨析事物的客观法则和语言的原本概念。庄子借用了公孙龙的指物论，给出了"莫若以明"分析模型："以指喻指之非指，不若以非指喻指之非指也；以马喻马之非马，不若以非马喻马之非马也。天地一指也，万物一马也。"他的分析模型是，要区分语言与概念，要区分概念物与具体物，要区分事物的内涵和外延。他说：要想用该概念物来讲解说明该概念物不是具体物，不如用具体物来讲解说明概念物不是具体物。说得再直白一些，如果想用马来讲解说明马不是该马，不如用该马来讲解说明马不是该马。大而广之，尽管天地博大、包容万物，但从种概念与属概念的关系看，天地不过是一个种概念而已；小而精之，尽管万物林林总总，无穷无尽，但从种概念与属概念的关系看，万物不过是像马这个概念一样的种概念。这个分析模型让人非常难以理解。事实上，刚刚意识到语言中存在逻辑关系这个事实的"名家"，就是在概念、语言、种概念、属概念以及概念内涵、外延中相互罗织、相互偷换，让人们陷入好像对又好像不对，好像是如此又好像不是如此的混乱，即所谓"可乎可，不可乎不可"，"然于然。不然于不然"。《荀子·非十二子》批评他们是"好治怪说，玩琦词。……足以欺惑愚众"。荀子说，他们喜欢研究怪异学说，玩弄奇巧名词，很能欺凌迷惑愚弄人们。庄子希望借用这种分析模型来统一概念，防止偷换概念引起的混乱。庄子讲述"莫若以明"方法的文字，常常成了阅读者的拦路虎，如果读者读完公孙龙子的《指物篇》和《通变论》之后，便相对容易理解了。老子鼓励人们去求"宗、君"，但没有给出非常具体的方法，而庄子要求人们去求"言、道"，却给出了"明"的具体方法。

老子的意思是鼓励人们透过现象看本质、透过语言听意思，从而找到正确处理社会关系和正确处理治理事务的"道"，即正确方法、正确路径。庄子则不同，他是鼓励人们透过现象看本质、透过语言听意思，从而认识到天下万事万物在剔除个性特征之后，其本质是一样的，如同佛家所说的"无分别"。站在事物本质"道"的立场上，此事物的个性特征与彼事物的个性特征可以忽略不计，此模样与彼模样一致，此模样就是彼模样，即庄子所言"是不是，然不然"。（《庄子·齐物论》）其模型也就是：

∵ 是 = 不是　　　$A = B$

然 = 不然　　　$Ai = Bi$

∴ 天下万事万物同类于"一"。

这也就是《庄子·人间世》："物，视其所一而不见其所丧。"即天地万物，只看到了它们的本质是同一的"道"，那么，就看不到它们之间有什么差别了。也就是说站在万物本质"道"的角度，马、驴、牛、人、树、草没有区别，更不说马和跛足马、高树与低树、健康人与残疾人有什么区别。所以，马即是驴，"是"即是"不是"。庄子得出的结论是，假如没有认识到马即是驴，只认识到马即是马，则马与驴的区别便是客观存在、显而易见的，马和驴是不同类、不同质的东西，那就无须辩论了。

庄子说："是不是，然不然。是若果是也，则是之异乎不是也亦无辩；然若果然也，则然之异乎不然也亦无辩。"其意思是，肯定否定，现象异象。如果肯定就是肯定，那么肯定和否定的区别就没有什么值得争辩的；如果现象就是现象，那么现象和异象的区别也没有什么值得争辩的。庄子的意思是，如果人们只看到事物的矛盾性，则矛盾永远存在，因为矛盾是常人可见的，只是坚持事物的矛盾性，那便不是求道的思路了。他的反证模式是：

∵　是 = 是　　　　$A = A$

∴　是 ≠ 不是　　　$A \neq B$

∵　　　然 = 然　　　　　$Ai = Ai$

∴　　　然 ≠ 不然　　　　$Ai \neq Bi$

∴　　　此非求道模式，无法求取"宗、君"，"言、道"。

庄子认为，当 $A = A$ 时，便只能看到 $A \neq B$，万物千差万别，甚至世界上没有一片相同的树叶，这种思维下不能求同，无法争辩，争辩无益；当 $A = B$ 时，便能求得万物同一，"道"显而易见，万物归一，无须争辩。

可以看出，庄子的求道是服务于齐万物、齐名实，举世无别、举世无争，诱导了人们混沌生活、闲散于山林。而老子是在自责传道无成，担忧人们悟道艰难之时，仍在激励人们孜孜求道并致力推道及人，以求达到天下治理、社会太平的目的。由于在认识事物的目标上存在差异，老子的进取哲学思想慢慢被庄子的逍遥哲学引向了新的视域。

第七十一章

　　知不知，上；不知知，病。圣人不病，以其病病。夫唯病病，是以不病。

　　王弼本章句是："知不知，上；不知知，病。夫唯病病，是以不病。圣人不病，以其病病，是以不病。"经现代老庄学者蒋锡昌先生考证，王弼本的文句次序有颠倒，他的考证从《道德经》通篇句式规范来考虑，有很强的说服力，本书也从了他的文本。

　　陈鼓应《老子今注今译》也认为：王弼本的第七十一章"文句颠倒且复出"，"是以不病"前后两次出现，此处去掉重复句。所以陈鼓应转述蒋锡昌先生考证为："盖'夫唯'之句，常承上句之意而重言之，此老子特有文例也。今试以全书证之。二章：'功成而弗居。夫唯弗居，是以不去。''夫唯'二句，系承上句'弗居'之意而重言之，例一。八章：'水善利万物而不争。……夫唯不争，谷无尤。''夫唯不争'二句，系承上句'不争'之意而重言之，例二。十五章：'保此道者不欲盈。夫唯不盈，故能蔽不新成。''夫唯不盈'二句，系承上句'不欲盈'之意而重言之，例三。七十二章：'无厌其所生。夫唯无厌，是以不厌。''夫唯不厌'二句，系承上句'无厌'之意而重言之，例四。此文'夫唯病病，是以不病'二句，误倒在'圣人不病，以其病病'二句上，又衍末句'是以不病'四字，致失古本之真也。"

　　《论语·为政》记载，孔子在教育学生子路时说："由，诲女知之乎？知之为知之，不知为不知，是知也。"孔子对子路说：子路，老师传授给你的知识知道了吗？知道了就是知道了，不知道就是不知道，这才是获取知识的态度。孔子的这番话与老子的这番话似乎有些貌似，似乎都是在训化人们的学习态度，而老子的教诲，仿佛尤其在批评那种不懂装懂、不知道装作知道的学习态度。于是，"知不知，上；不知知，病。圣人不病，以其病病。夫唯病病，是以不病"被理解为，知道自己无知，态度最端正；不知道而装知道，态度有毛病；

有道的人没毛病，因为他把不懂装懂视为毛病。正因为他把不懂装懂当作毛病，所以他消除了毛病。

如此注释，孤立地看，是能说通的，其对后人的教诲和影响也是深刻的，但不能不说，如此解释是没有关注上下文文义，是断章取义的做法。

《道德经》总体上分为上、下两篇，上篇为"道经"，下篇为"德经"，全文共分八十一章。其行文结篇方式与《周易》相较，除去卦象及卦爻名，就其文而言，很有类似之处，长短句，有规则，似诗非诗，并且其推物及人的方法也非常一致。但《周易》单篇成文，论证清晰，论点周全，论据旁征博引，开合恢宏，收放自如。《周易》每卦的卦爻辞的论点主张，奠定了中华文明的基础，构建了中国人最初的价值观、是非观、伦理观；其论据展现了《周易》时代的社会画面、生产生活状态等，传承了社会人文的历史；论证清晰，每卦论点独立成篇。《道德经》不同，全文八十一章，明显可以看出，是人为割裂分段成章，就其论述的主旨，完全可以将若干章合并成一章。如，本章和上一章就是同一主旨，都是在讨论老子时代的社会认知水平和人们对道德学问的认识、接受能力，而不是在所谓训化学习态度。

紧接着上一章，老子授"道"，自己觉得简单易行，可受"道"的人们却不知所云，老子在苦闷圣人是被褐怀玉之后，对社会接受道德这么个新知新识做了进一步评估。他分析说："知不知，上；不知知，病。"知道了、领悟了从来就不知道的道德学说新知识，是认识水平、接受能力很高的人，是能跟上时代认知步伐的人，是觉悟最好最完美的人；不知道或拒绝领悟应该知道的道德学说新知识，是认识水平、接受能力令人担忧的人，是对道德新知识缺乏觉悟而不完美的人。病，是指人们身体或认知上出现的某种变故，即毛病、问题、担忧、不完美等意思。老子也许认为，那些表示听不懂、行不通的人，不仅仅是接受困难的认识能力问题，而是有故意拒绝接受之嫌，"不知知"有拒绝知晓、拒绝接受传道的意思，这使得老子很生气，斥其为"病"。

老子时有激愤指责之声，如"今舍慈且勇，舍俭且广，舍后且先，死矣"（第六十七章）便是斥责那些统治者拒绝接受推道及人的"三宝"而舍本逐末的做法，咒其当"死"。

"圣人不病，以其病病。"按上文的意思，"病"是指"不知知"，即不知道或拒绝领悟应该知道的道德学说新知识。"圣人不病，以其病病"是说，得道的圣人不会拒绝领悟应该知道的道德学说新知识，是因为圣人把拒绝领悟应该知道的道德学说新知识作为最大的认知障碍。"病病"指意识到了病是病；反过来说，病在身而不认为身有病，是最大的病害。老子的意思是，认识到了认知障碍，目的是克服认知障碍，克服认知障碍就是要努力学习接受新的道德学说，努力学习接受新的道德学说的目的，是提高人生修炼及社会治理水平，以消除诸侯混战、民不聊生的混乱局面。

"夫唯病病，是以不病。"人们意识到了病是病，才是自我觉悟的开始。老子再次强调，只有把拒绝领悟应该知道的道德学说新知识作为最大的认知障碍和问题，才能做到不"不知知"，才能做到不拒绝领悟应该接受的道德学说新知识。这才是对自我病态的觉醒，这才是主动对病态自我疗愈的开端，才是健康的、积极的学习态度。

第七十二章

民不畏威，大威至矣。无狎其所居，无厌其所生。夫唯无厌，是以不厌。是以圣人自知不自见，自爱不自贵，故去彼取此。

在事物生成之后，德便是规律，决定着事物的发展变化方向和结果。德是客观的，它不以人们的好恶而存在或消失，人们只有遵从它，顺应它，它才给人们带来和合安宁；人们违背它，它便给人们以惩罚。社会作为一个高度复杂的系统，其间所生事态层出不穷，而事事皆有其德。《道德经》第七十二章、第七十三章、第七十四章、第七十五章连续列举了社会治理的几个侧面，用德的固有属性，类推社会治理中尊道贵德的正确做法，以指导天下依德治理。

"民不畏威，大威至矣。"道德是客观的，有其强大的力量，民众若不知敬畏，则必然遭受道德威力的惩罚。古本注释多将"威"注释为统治者的威力，孤立地看这一句话，联系到现实中统治者的淫威，这种注释是成立的，并且有现实的指导意义。但就老子《道德经》讲道传道的初衷和立足点来看，将"威"理解成权力者的威严，显然是不符合《道德经》原意的，老子从来就是赞美不争，对统治者以武扬威、东征西伐、挟王称霸表示了鄙视和不屑。老子说："是谓不争之德，是谓用人之力，是谓配天，古之极。"（第六十八章）又说："服文采，带利剑，厌饮食，财货有余。是为盗夸。"（第五十三章）因而，将"威"解释为道德的威力，应该是恰当的。

"无狎其所居，无厌其所生。夫唯无厌，是以不厌。"狎，亲昵而不庄重的意思。厌，厌恶。这一句承接着上一句的意思，是说，人们对道德应有的态度是，不漠视和藐视道德无处不在，不厌恶和嫌弃道德无时不生。只要没有厌恶和嫌弃道德存在的态度，才会尊道贵德，才会对道德保持敬畏之心。陈鼓应先生《老子今注今译》说：河上公本、景龙本、顾欢本、敦煌庚壬本及多种古本"狎"作"狭"。即使不是"狎"作"狭"本，也是将"狎"注释为"狭"，陈鼓应先生《老子今注今译》说：狎假为狭。任继愈先生《老子新译》也是将狎作逼迫解。王弼解："无狎其所居，无厌其所生，言威力不可任也。"他说，"无狎其所居，无厌其所生"这两句是告诫那些妄为而威权者说：威力不可随意任性为之。还有，认为"厌"同"压"，是压力的意思。那么"狎"作"狭"和"厌"同"压"之后，"无狎其所居，无厌其所生。夫唯无厌，是以不厌"整个意思就逆转了，这样逆转的好处就在于圆说了"权力者对民众的威吓逼迫"的注释。其实，与上句一样，如此解释，只是阅读者自己的体会罢了，并不一定是老子本身的意思。老子本身的意思是说，人们对待无处不在、无时不生的道德约束力，应该保持重视和敬畏，而不是轻慢不屑。这与老子尊道贵德思想是保持统一的。

　　"是以圣人自知不自见，自爱不自贵，故去彼取此。"自知，指明了无为而为是唯一可为之为。自见，指自我表现、自我彰显。自爱，指自我怜惜。自贵，指自视高贵。这句话的意思是，得"道"的统治者们应该明白，要无为之为，不能威权彰显，要自爱谦下，不能自居高贵。所以，统治者要去除妄为自伐，持守无为谦下。王弼说："清静无为谓之居，谦后不盈谓之生，离其清净，行其躁欲，弃其谦后，任其威权，则物扰而民僻，威不能复制民，民不能堪其威，则上下大溃矣，天诛将至，故曰，民不畏威，则大威至。无狭其所居，无厌其所生，言威力不可任也。"王弼说：老子所说的"居"是指清静无为，老子所说的"生"是指谦下不自满，人们离开了清净就会躁欲妄为，丢掉了谦下就会耍弄权威，而妄为和耍威则物受侵扰民众远离，威权并不能用来制服民众，倘若民众不能忍受其胡作非为的淫威，则统治上下都要崩溃，上天将诛灭其统治。所以，"民不畏威，则大威至。无狎其所居，无厌其所生"是在警告那些妄为而威权者说，威力不可随意、任性为之。

　　应该说这一章的写法，是典型的"推天道以明人事"的写法，即"民不畏威，大威至矣。无狭其所居，无厌其所生。夫唯无厌，是以不厌"是讲述"天道"，用以诠释道德与民众的关系，讲述道德的客观性和民众尊道贵德的必要性。"是以圣人自知不自见，自爱不自贵，故去彼取此"是讲"明人事"，将道德与民众的关系推导到社会治理中的统治者依道治国，引导统治者遵循道的无为谦下属性，保持威权者和谐宽容的统治。

第七十三章

　　勇于敢则杀，勇于不敢则活。此两者，或利或害。天之所恶，孰知其故？是以圣人犹难之。天之道，不争而善胜，不言而善应，不召而自来，繟然而善谋。天网恢恢，疏而不失。

　　与上一章的写作方法不同，上一章是先推天道，而后明人事，本章是先明人事，而后证天道。从而，用天道衡量人事的是非对错。

　　"勇于敢则杀，勇于不敢则活。""勇于敢"就会灭亡，就没有活路，"勇于不敢"就有生机，就会有发展前景。什么是"勇于敢"和"勇于不敢"呢？"勇"是主观志向，"敢"是具体作为。因而，关键是怎么理解"敢"与"不敢"。陈鼓应先生借用蒋锡昌的"七十六章：'坚强者死之徒，柔弱者生之徒。''敢'即为'坚强'，'不敢'即'柔弱'"，这种对"敢"和"不敢"的注释极为正确。但如果借鉴蒋锡昌的这种分析方法，以"杀"或"活"为标识，则"敢"和"不敢"却不仅仅包含坚强和柔弱的意思，还有多重含义。

　　它还包括"有为"和"无为"，因为第二十九章说："是以圣人无为，故无败。"

　　它还包括"有言"和"不言"，因为第二章说："是以圣人处无为之事，行不言之教。"

　　它还包括"争"与"不争"，因为第二十二章说："夫唯不争，故天下莫能与之争。"

　　它还包括"狭隘"和"包容"，因为第十六章说："知常容，容乃公，公乃全，全乃天，天乃道，道乃久，没身不殆。"

　　它还包括"紧张"和"舒缓"，因为第五十五章说："终日号而不嗄，和之至也。知和曰常，知常曰明，益生曰祥。"

　　它还包括"莽动"和"谨慎"，因为第五十九章说："治人事天，莫若啬。"

　　如若将这些"敢"和"不敢"如此宽泛的含义连串起来，则有如下一些警句：

勇于坚强则杀，勇于柔弱则活；

勇于有为则杀，勇于无为则活；

勇于有言则杀，勇于不言则活；

勇于争则杀，勇于不争则活；

勇于狭隘则杀，勇于包容则活；

勇于紧张则杀，勇于舒缓则活；

勇于莽动则杀，勇于谨慎则活。

为什么会是如此，因为人们在道德属性中得到启发，与道德相合则活，与道德相悖则杀，是人们在不同条件下尊道贵德的具体表现。

如上分析，"勇于敢"和"勇于不敢"分别代表着力悍莽动和谨慎坚忍，弃"勇于敢"而尚"勇于不敢"在儒家文化中也是有体现的。《论语·述而》中，子谓颜渊曰："用之则行，舍之则藏，惟我与尔有是夫！"子路曰："子行三军，则谁与？"子曰："暴虎冯河，死而无悔者，吾不与也。必也临事而惧。好谋而成者也。"孔子对颜渊说："国家重用我，我努力报效国家；而不重用我，我就主动归隐修德，唯独我和你对此的认识一致！"子路问孔子说："如果您是三军统帅，那么您重用什么样的人呢？"孔子说："赤手空拳和老虎搏斗，不借助工具徒步涉水湍急河流，死了都不知后悔的人，我是不会重用的。我要重用的人，一定是临敌谨慎坚忍，善于通过谋划去克敌制胜的人。"谋划便是从纷扰的现象中求得本质的行为，而不是凭一己之力粗暴蛮干。

"此两者，或利或害。天之所恶，孰知其故？是以圣人犹难之。"此两者指"敢"与"不敢"，即敢强硬、敢有为、敢言、敢争、敢狭隘、敢紧张、敢莽动则为害，不敢强硬而柔软、不敢有为而无为、不敢言而无言、不敢争而不争、不敢狭隘而下流包容、不敢紧张而舒缓、不敢莽动而忧患谨慎则为利。"是以圣人犹难之。"任继愈先生说：此句是注释者误入正文的。陈鼓应先生说：此句是第六十三章的文字，重出于此。但河上公、王弼都没有丢弃该句文字，可见该句文字出现于此可视为原文如此。"难"是指诘难，其本义是询问、追问。"是以圣人犹难之"，意思是"所以，圣人好像如此追问？"，可理解为"天之所恶，孰知其故？"是圣人所追问的语句。老子说：敢和不敢两种行为，其结果对人或有利或有害。"上天"对"敢"与"不敢"所产生的是非好恶，体现在分别给予人们吉利祸害上，谁知道其内在缘故吗？所以，得道圣人似乎也在追问。

"天之道，不争而善胜，不言而善应，不召而自来，繟然而善谋。""天之道"即"宇宙之道""自然之道"，也是老子所言说的"道"。"道"的属性很多，但其中"不争、不言、不召、繟然"的属性，是能够说明"天之所恶"的道理的。天道以"利、害"明是非，表达其厌恶"敢强硬、敢有为、敢言、敢争、敢狭隘、敢紧张、敢莽动"，而赞同"不敢强硬而柔软、不敢有为而无为、不敢言而无言、不敢争而不争、不敢狭隘而下流包容、不敢紧张而舒缓、不敢莽动而忧患谨慎"，为什么如此？老子说：自然之"道"，不争而善于取胜，不言而善于应答，不召唤万物而善于与万物同体，从容宽舒而善于规定事物趋势。言下之意是，"敢强硬、敢有为、敢言、敢争、敢狭隘、敢紧张、敢莽动"是违道逆道的，而"不敢强硬而柔软、不敢有为而无为、不敢言而无言、不敢争而不争、不敢狭隘而下流包容、不敢紧张而舒缓、不敢莽动而忧患谨慎"是遵道循道的，所以，敢则害，不敢则利。"善胜"和"天下莫能与之争"是一个意思，所以，"不争而善胜"与"夫唯不争，故天下莫能与之争"（第二十二章）便是用不同表达方式表达的一个意思。"应"是应对、应答、回应的意思。不言而善应是指"道"不说话却能回应万物的诉求，所以老子还说，"不言之教，无为之益，天下稀及之"（第四十三章）。"不召而自来"是指"道德"对事物从不召唤，但万物都不能离开"道"，与"道"同体。"繟然"是指坦然、宽舒的样子。"道"从来都是表现出坦然、宽舒的样子，从不急于求成，也不慢停逍遥，它始终以它本来的样子，"独立而不改，周行而不殆"（第二十五章）。所谓善谋，是指"道德"规定了万事万物的发展变化趋势。"道"谋是天地自然之法，而人谋则是私利私欲所为，有了道德趋势对事物的规定性，人所谋求的改变都是多余而有害的。

"天网恢恢，疏而不失。""道"存在于万事万物，并决定着万事万物，其"恢恢"宏大，是指"道"包罗万象，覆盖万物，正如第六十七章说"天下皆谓我大，似不肖"。"道"对天下诸事诸物的主宰，没有一事一物遗漏，任何事物都没有离开"道"，任何事物不可能离开"道"而存在，离开了道德的事物是不存在的，能离开事物的也就不是"道"。

因而，"勇于敢则杀，勇于不敢则活"。"勇"是志向，"敢"是行为，坚强或柔弱，妄为或无为，妄言或无言，争或不争，一定是有"杀""活"的结果，为什么会有如此结果呢？为什么结果是或"杀"或"活"？那是因为，道善柔弱，道善无为，道善无言，道善不争。遵道而行才是人生的必由之路。

第七十四章

民不畏死，奈何以死惧之？若使民常畏死，而为奇者，吾得执而杀之。孰敢？常有司杀者杀，夫代司杀者杀，是谓代大匠斫，夫代大匠斫者，稀有不伤其手矣。

在老子看来，生命来自天地，生命来自自然。"道"孕育了宇宙万物，也孕育了人类。人类的德性不仅决定了人类生命的起始，也决定了是人甲而不是人乙，是人乙而不是人丙……对于个人来讲，人这个天地之灵物，其生老病死也由其自身的规律决定的，这个规律便是由"道"分散转化而来的"德"，德性决定了人的生，也决定着人的死。在人的生命过程中，生命所经历的万事万物都各有其德，形成了人生的万重德性，万事万物的万重德性，形成了极其复杂、缠绕厚重而又各自延展、相互叠加的规定性，形成了每个个体生命质量和生命长度的必然趋势，个人的这种必然趋势便是他自身之"德"了。

既然生命由其必然的德性所规定，有谁能夺走人的生命呢？除去生命的自身规律之外，没有任何东西有权力夺走人的生命过程，因而，生命的延展应该表现为悠闲、坦然，生命本就应该是平安宁静地从生走到死，从生命开始到生命终结，构成人生圆满的过程。虽然生命诞生不在于己，但生命过程中的万事万物都是自己所亲身经历，人们自身参与并形成的生命周期，是顺乎还是逆乎个体生命的自身德性，构成了生命个体的必然。因而，老子说："民不畏死，奈何以死惧之？"意思是，民众以尊道贵德为根本，不担心死亡和生命夭折，怎么会对死亡感到惧怕呢？

既然在德性趋势的必然性中，无须畏惧生命的突然终结，那么，怎样的状况下，才能使人们感到死亡的恐惧呢？用老子的话讲，这个状况便是生命的必然中出现了"奇者"，就是在生命必然中遭遇到偶然性，这种偶然性背离了"道"的必然，宛如"平地起土堆"，人们会感到被强制死亡的恐惧。"若使民常畏死，而为奇者，吾得执而杀之。"假使让民众经常面临死亡威胁而感到可怕，就制造死亡的偶然性，形成强制违德终结生命。"为奇者"的"为"是作为、酿成、制造的意思，"奇者"是必然趋势中的"特例"，即事物的偶然性。

"孰敢？"谁敢制造这种偶然性呢？即，有谁去打破人生圆满过程，打乱生命的必然节律，而酿造人生的偶然呢？

"常有司杀者杀。"老子回答说，看看当今天下混战、尸骨遍野、民不聊生的世道吧，常常有那些"司杀者"即争霸的诸侯，为了一己私利，相互厮杀争斗，而让天下苍生不得安宁，使得一个个鲜活的、本该长寿安逸的生命戛然而止。司杀者，主导杀人的人，指挑起战乱的诸侯。

"夫代司杀者杀，是谓代大匠斫。"代替争霸诸侯杀人，还美其名为"替天行道"。人的生命原本由生命自身之德来决定，可偏偏被一场突如其来的偶然性，被诸侯争战所杀戮，诸侯们作为战争发起者肆意攻伐，还迷惑民众说自己是代替上天行事，扬言那些死去的生命是命该如此。战争和压迫夺去人们生命的过程，便是诸侯们暴殄万民强行以德性之名，扼杀人们生命的过程。大匠，指主宰人生命的德性。斫，用刀斧砍。

"夫代大匠斫者，稀有不伤其手矣。"老子痛心地警告说：那些自以为可以代替天德主宰生命的杀人者，极少不伤及自身的。他是在告诫战争杀人者，通过战争杀戮取得霸权，自己绝对不会得到长久的好处，自己必定会遭受"道德"的处罚。

老子从生命的本原，阐述生命的自在自主，本无人能剥夺。但意外的偶然击碎了安宁的生命，诸侯争霸成就了诸侯"司杀者"的身份，自以为替天行道的诸侯们，必然会伤及自身。警告诸侯应该安分守己，避免天下大乱，万众不宁。老子政见的核心，便是反对诸侯战争，还天下和平，实现广大民众"甘其食，美其服，安其居，乐其俗。邻国相望，鸡犬之声相闻，民至老死不相往来"（第八十章）的理想生活。

第七十五章

民之饥，以其上食税之多，是以饥；民之难治，以其上之有为，是以难治；民之轻死，以其上求生之厚，是以轻死。夫唯无以生为者，是贤于贵生。

尊"道"的人，崇尚"道"的自然而然，"道"确定了万物的根本属性，对万物的全过程便是自由而自然的。万物只要保有了其自身的属性，从"德"的角度看，万物个体之间的长短、高下、大小、有无、难易、音声、前后，便都不是什么差别，这些差别便可忽略不计。比如，一棵杨树，只要它还是一棵杨树，它的长短、高下、大小、壮瘦等特征，对其成为杨树，还有什么关系呢？从"道"的角度看，万物皆是道生之、德畜之，万物都有"道"，万物之间差别，甲物、乙物、万物、万事，也就不是区别，对于"道"而言，万物不过是"道"的载体，都不过是"载营魄抱一"而已，因而万物之间的差别只是"载营魄"之间的差别，对"道"本身没有任何影响。从这样的视角，《庄子·秋水》说，"以道观之，物无贵贱"。由此我们可以理解，道德给予万物的自由和自然，在于其包容、宽厚，不苛求、不斤斤计较。

人的生命也是如此，从人的生命存在的角度看，生命没有贵贱，生命载体的男女、高矮、胖瘦、地位、穷富等差异，都不能构成对生命本身的差异，因而，这些差异对生命存在没有任何关系，生命是完全平等的，亦无贵贱。

对自我生命的宝贵，都是私欲所为。权贵者利用自己的社会地位和社会权力，贪求自己生命、骄奢淫逸地享受生命，实际上是违道犯德的行为。这种行为将给自己的生命带来灾祸。第七十五章，就是提醒那些贪求自己生命的违道犯德者，他的行为将是如何招致灾祸的。

"民之饥，以其上食税之多，是以饥。"民众之所以食不果腹、载饥载渴，都是统治者强征暴敛、税负压迫所致。统治者不断搜刮民脂民膏、肆意挥霍社会财富，以己欲侵占总量上本就不足以供应全社会的有限资源，侵夺人民，所以民不聊生，统治者的贪婪成为民饥的原因。

"民之难治，以其上之有为，是以难治。"治理民众之所以困难，是由于统治者妄为生事、为所欲为，正因为统治者没有悟到道德真谛，不能顺应"道德"要求实施社会治理，不能以无为的方式完成统治职能，使得统治者人欲横流，以己之私扰乱民之私，所以民怨丛生，统治者的欺压是民众难以治理的关键。

"民之轻死，以其上求生之厚，是以轻死。"民众之所以轻视死亡、铤而走险，是由于统治者贪念奢侈生活、穷奢极欲所致，这也印证了"哪里有压迫哪里就有反抗"的英明论断。正因为统治者只是顾念个人欲望，而不管民众死活，以厚己薄民而草菅人命，所以民众生不如死，这是民众厌生轻死、勇于献身、敢于揭竿而起的诱因。

民之饥、民之难治、民之轻死，是老子列举民情中忍受、反抗、革命的三个层次，也是统治者政权遭受挑衅的由低到高、由轻微到危险的过程。而诱使民情三层次的问题，是上食税之多、上之有为、上求生之厚，"上"是指民众的统治者，是整个统治集团。而要化解民情三层次，解决国家治理三问题，就必须依道治理，取法于道德，把"夫唯不争，故无尤"（第八章），"生而不有，为而不恃，长而不宰"（第十章），"我无为而民自化，我好静而民自正，我无事而民自富，我无欲而民自朴"（第五十七章），"见素抱朴，少私寡欲"（第十九章）作为统治者心理修炼的根本。

"夫唯无以生为者，是贤于贵生。"只有那些不是将自身生命奢侈享受作为唯一作为的统治者，不与民争利，才称得上是更爱惜自身生命的人。在老子看来，那些自私贪婪的统治者，看起来是优厚自己的生命，其实是在将民众逼上三层次，最终危及自己的生命。只有尊道贵德治理天下，不害民惠己，将天下民众生死，作为统治者政权的根基，才是最好的保全珍视自己生命的措施。

上述认识和看法，在《道德经》里，是前后贯通衔接的，比如，"是以圣人后其身而身先；外其身而身存。非以其无私邪，故能成其私"（第七章）。在珍视自己生命的过程中，不以私智左右生命，不以私欲暴养生命，才能终寿生命；作为王权，懂得先珍视人民生命才能保全自己的生命，懂得将厚养自己生命置于威权之外，才能保全自己生命存续。不正是以其个人没有私欲，所以才能成全自己个人生命这种终极之私吗？在阅读《道德经》的过程中，那种将"后其身而身先，外其身而身存"说成老子畏缩不前，耍阴谋诡计，谋求自保的谬论，真是让人鄙夷而不值一辩了。

第七十六章

> 人之生也柔弱，其死也坚强。草木之生也柔脆，其死也枯槁。故坚强者死之徒，柔弱者生之徒。是以兵强则灭，木强则折。强大处下，柔弱处上。

"道"有柔弱的属性，老子从多种途径来阐述，让人们能够理解。他曾经说，"上善若水"，最像"道"的柔弱而坚定属性的东西，那就是水了。他还说，"柔弱胜刚强"，从世上的诸多现象来看，刚强只是衰弱的前兆，柔弱能超过刚强持久保存。在这一章，老子继续阐述刚强与柔弱的属性，以鼓动人们效法"道"柔弱的力量，理解柔弱的力量。老子所推崇的柔弱，完全不是衰弱、弱小的意思，他所指的柔弱是顽强、有活力、坚忍、谦下，它是相对孔武、粗狂、使蛮力、仗势欺人而言。在老子生活的岁月，那是中国历史最黑暗的乱世，各诸侯国的统治者暴虐、张狂、杀戮，为了争夺疆域，无所不用其极，老子呼喊"柔弱"有其极为现实的社会基础，老子高扬"道"性，为社会推"柔弱"拂煦之风，其最终目的仍旧是让天地间多些安逸少些戾气狂暴，形成和谐友善的新世界。

老子习惯用一些简单的类推，得出他自己希望得到的结论。

"人之生也柔弱，其死也坚强。草木之生也柔脆，其死也枯槁。"《道德经河上公注》说："天道暗昧，举物类以为喻也。"老子首先打了两个比方：人活着的时候富有活力身体很柔软，人死了则尸体僵硬没有弹性。草木活着的时候生机勃发柔和弹性，但草木失去生命的时候叶落枝枯很是脆弱。

"故坚强者死之徒，柔弱者生之徒。"所以，从以上"人之生"及"草木之生"的事例来看，僵硬枯脆的所谓坚强只是生命死亡的表现形式，这种坚强属于没有前途和生机的类别，是一条死亡之路；而柔软弹性的所谓柔弱才是生命旺盛的表现形式，这种柔弱属于生命力长久的类别，是一条希望之路。

"是以兵强则灭，木强则折。"王弼本、河上公本、帛书甲、乙本都是"兵强则不胜"，但其下句，王弼本是"木强则兵"，河上公本是"木强则共"，帛书甲本是"木强则恒"，帛书乙本是"木强则竞"。陈鼓应、任继愈都是"兵强则灭，木强则折"。陈鼓应先生做了大量考证认为应是"兵强则灭，木强则折"，任继愈先生认为《淮南子·原道训》《列子·黄帝》作"兵强则灭，木强则折"，应该采用"兵强则灭，木强则折"。从上下文看老子的原意，兵强是指国家强悍、暴力、黩武的意思，而兵强的这种表现，符合上文所说的"坚强者死之徒"的判断，所以兵强者死之徒，即"兵强则灭"；木强的"强"应是"僵硬"的意思，是指木已经死亡枯槁，这种没有生命缺乏柔软弹性的树木，符合上文所说的"坚强者死之徒"的判断，所以木强者死之徒，即是"木强则折"，木僵硬而脆容易被折断。

"是以兵强则灭，木强则折。"从另一面理解，即将"强"理解为"强壮"，其理也是讲得通的。庄子将"木强"理解为"可用之木"，木强则招致人砍伐。《庄子·人间世》说："宋有荆氏者，宜楸柏桑。其拱把而上者，求狙猴之杙者斩之；三围四围，求高明之丽者斩之；七围八围，贵人富商之家求樿傍者斩之。故未终其天年，而中道之夭于斧斤，此材之患也。"宋国的荆氏，擅长种植楸树、柏树、桑树。树干长到一两把粗，养猴子的人便砍去做木桩；树干长到三四掌围粗，建房人家便砍去做屋梁；树干长到七八掌围粗时，富贵商贾人家砍去做棺木。所以因为它们用途广而遭受砍伐。这就是木强带来的祸患。"是以兵强则灭，木强则折"也可理解为，强悍的部队毫无忌惮、缺乏谨慎，反而容易遭遇灭亡之灾，可用之木则更容易遭人砍伐而不能寿终。

"强大处下，柔弱处上。"国家貌似强大往往是走下坡，濒临衰亡；而柔弱是充满生机的力量，正是呈现上升之势。在老子看来，天下万物的发展趋势，往往呈现对立统一运动的态势。他说："将欲歙之，必固张之；将欲弱之，必固强之；将欲废之，必固兴之；将欲夺之，必固与之。是谓微明。"（第三十六章）由此可见，"强大处下"就是"将欲弱之，必固强之"的另一种表述，"柔弱处上"也是"人之生也柔弱，草木之生也柔脆"的具体态势。所以，强大是衰亡的前兆，柔弱是生机的勃发。

《道德经》的贵柔尚慈、卑坚贱强，并不是老子的人生伎俩，而是老子对隐藏于天地间万事万物中的道德有着深层的体悟，他从道德本质中发现了柔弱、包容、顽强、坚忍的巨大力量，他极其迫切地将其所获贡献给人生、贡献给社会、贡献给统治者的国家治理，他也极其迫切以道德贵柔尚慈、卑坚贱强的品性去软化国家暴力，希望调和失去周王威权的天下之尖锐矛盾。

第七十七章

天之道，其犹张弓乎？高者抑之，下者举之；有余者损之，不足者与之。天之道，损有余而补不足。人之道则不然，损不足以奉有余。孰能有余以奉天下？唯有道者。是以圣人为而不恃，功成而不处，其不欲见贤。

《道德经》所说的"天"，不是指自然之天，不是那宛若一股游气的茫茫苍天；也不是主宰之天，不是那上帝般规定着宇宙秩序的超能神天；不是命理之天，不是规定人类富贵贫贱等级控制人安于性命的命运之天；更不是住所之天，不是供神仙居住的别样洞天。《道德经》所说的"天"，实际上是指自然而然，是貌似无所约束、无所规范的状态。"天之道"是指自然而然的那个"道"，隐藏在万事万物中的那个"道"，生发万事万物并规定着万事万物变化趋势的那个"道"。在老子看来，天之道，是虚无抽象无形无物的，但它是客观实在的；天之道，看起来给予了万事万物自由自在的状态，实际上却是在坚定地表达自己的意志以规定事物总趋势。"道"的这种状态《庄子·齐物论》的表述是："可行已信，而不见其形，有情而无形。"庄子的意思是，"道"可以从事物发展变化的行迹上得到验证，却不能看见它的形体，"道"在事物中存在是现实的，而其存在又没有呈现出具体形态。

"天之道，其犹张弓乎？"直接的注释仿佛是，天之道，那不正是像张弓吗？按照一般的解释，"道"如同张弓，"弓者，揉木而弦之以发矢"。老子怎么会用"张弓"来比喻"道"呢？老子是站在什么角度，认为"道犹张弓"？

从老子的意思看，他所说的"天之道，其犹张弓乎？"与"上善若水"具有等量齐观的表达意涵，道和水在柔弱和坚定的属性上，有着非常强的可比拟性，所以，老子认为，从"道"的柔弱和坚定属性上看，水是万物中最像"道"的，最能与"道"相类比的仿佛就是水了，故"上善若水"，"上善"是"最相似、无比相似、没有比它更相似"的意思。

那么，"天之道"又类似"张弓"的哪些属性呢？要理解这一点，的确有些困难。

第一种观点认为是张弓搭箭、瞄准目标、蓄势待发的过程，按照"高者抑之，下者举之；有余者损之，不足者与之"的操作要领，张弓的过程应该是一个在调整弓箭状态中寻找最佳发射感觉的过程：目标在上时仰射；目标在下时，弦臂抬举下射；开弓臂力过大时，减小一点力量；开弓臂力过小时，增强一点力量。这种如同射箭者调整射箭姿态的认识，是从射箭者操作角度来解释的，河上公解释说，"言张弓和调之，如是乃可用耳"是说拉开弓调试到位，才能发挥弓箭正确射击的作用。任继愈先生解释道："天的'道'，不很像拉开弓（射箭瞄准）吗？高了就把它压低一些，低了就把它升高一些，过满了就减少一些，不够满就补充一些。"陈鼓应先生解释说："自然的规律，岂不就像拉开弓弦一样吗？弦位高了，就把它压低，弦位低了，就把它升高；有余的加以减少，不足的加以补充。"

第二种观点认为是如同弓与弦和合才能发挥弓射力量。王弼从张弓中"弓"和"弦"的关系上解释，他说："与天地合德，乃能包之，如天之道。"天地合德是喻指"弓"和"弦"搭配适宜，才能发挥作用，这种状况才如同"天之道"。

第三种观点认为是"天之道"如同弓的制作过程，保持弓的结构形态才是良弓的根本。憨山大师释德清是从弓的制作上解释，说："弓之为物，本弣高而有余，弰下而不足，乃弛而不用也。及张而用之，则抑高举下，损弣有余之力，以补弰之不足。上下均停，然后巧于中的。否则由基逢蒙，无所施其巧矣。"弣（fǔ），即弓把，"弣高而有余"是指弓把挺直，没有弩曲度，不易将弓拉开。弰（shāo），即弓的末端，"弰下而不足"是指弓弰下垂，使得弓没有足够的弹力。无论是弣高的弓还是弰下的弓，都导致弓弦松弛缺乏张力，缺少弹性，失去远射兵器功用。张弓射箭时，无论仰俯弹射，都要调整好弓把和弓弰的结构，消减弣高的余力，增加弓弰的角度，弓背弓弰上下均衡，然后才能自如地施展射箭之技。如果弓制笨拙，即使是由基和逢蒙这样的射箭高手来使用，也无法发挥弓箭的杀伤力。由基，人名，也称之养繇基，东周时期人，箭法高明，自幼习射，少年便精通射术，百发百中，被人们称为"神箭养叔"。逢蒙，人名，射日的后羿之徒，后羿被誉为天下第一高手，逢蒙学射箭技艺精通时，认为如果杀死后羿，自己便是天下第一高手了，后来他杀死了后羿。《孟子·离娄下》记载了这个故事。从憨山大师的解释看，他认为"天之道，其犹张弓乎？"是指"道"如同弓的形制规范。河上公的解释也可理解为弓的制作和调试，河上公说，"言张弓和调之，如是乃可用耳"，他解释说，老子说的"天之道，其犹张弓乎?"是说一张弓需要精心调试之后,方可适用张弓射箭。王弼又何尝不是强调弓本身的调制呢?

如此说来,"天之道,其犹张弓乎?"是指"道"如同弓的形制规范似乎更为合理。因而,"张弓"是指"一张弓",张不是动词,而是量词,是指弓的本身。"张弓"就不是拉开弓,而是"一张弓","天之道,其犹张弓乎?"是说:天地间那自然而然的道,不正是像一张弓吗?

弓的本质是什么呢?其本质就是"大直若屈"。从《道德经》"大直若屈"的思想看,"道"生发万物,并规定了万物的发展变化趋势,之所以甲物不是乙物,万事万物异彩纷呈,而不是混一雷同,是因为"道"具有规定性和包容性,"直"便是"道"的规定性,"屈"便是"道"的包容性,这个规定性和包容性便是"直、屈"的和谐共生。弓正是如此,弓的发射是"直"的张力带来的,而它的形制却是"屈",而形制"屈"的弣高及弰下的和调,就是达到"直、屈"和谐共生的过程。河上公说:"天道暗昧,举物类以为喻也。"老子以"一张弓"来比喻"天之道",其观察是何等细微啊!在老子的思维过程中,也许他觉得"道犹张弓"这一例句简单明了,然而,他的精微却让后人难以企及。

"高者抑之,下者举之;有余者损之,不足者与之。"这里都是描述制作箭弓时调整弓弣弓弰的过程,使弓的"直、屈"达到完美和谐。

"天之道,损有余而补不足。人之道则不然,损不足以奉有余。"为增强弓的力量依照自然规律进行"直、屈"调整时,自然之道采取的是减少余力而补剂亏虚的调整方式,但在人类社会中的现实情况恰恰与"天之道"相反,统治者采取的是"损不足"加剧亏虚而"奉有余"增益余力的调整方式,统治者用"上食税"的方式,让贫穷的更加贫穷,即使民众持续亏虚;让富有的更加富有,即使统治者贪无止境。"人之道"应该是老子对现实社会的讥讽,人之道本应顺承天之道,而现实中却是逆天道而为之,所以,"人之道"实际上是指老子所处时代的"现实之道"。正如《道德经》第七十五章所言:"民之饥,以其上食税之多,是以饥。"天之道,万物繁荣昌盛;人之道,万民饥寒交迫。这种天之道与人之道的背离,正说明当以"道"治天下的必要,天下治理更加期盼出现尊道贵德的统治者养育万民、滋润万物、协和万事,让天下安宁和谐,万民安康。所以,老子说:"孰能有余以奉天下?唯有道者。"

"孰能有余以奉天下?唯有道者。是以圣人为而不恃,功成而不处,其不欲见贤。"谁能够有充裕的力量拯救天下呢?只有"道人"啊!所以,有道的圣人依"道"作为却不独占"道",而是将"道"广为传播,以弥补天下"损不足以奉有余"的治理缺失;有道的圣人依道治理功及天下却不邀功自赏,而是作为虔诚的施"道"者,"行于大道,唯施是畏",保持"太上,下知有之"的最高境界;有道的圣人不为表现自己的贤能,扬名于世,名垂青史,而是追求天下行"道"、万民和谐、万物并育、欣欣向荣。

第七十八章

天下柔弱，莫过于水，而攻坚强者，莫知能胜。其无以易之。弱之胜强，柔之胜刚，天下莫不知，莫能行。故圣人云：受国之垢，是谓社稷主；受国不祥，是为天下王。正言若反。

老子所说的"柔弱"，很大程度上是柔软、柔韧的意思，表现为不以强硬示人，人必须有管控情绪的能力，不让冲动毁了人生。

"天下柔弱，莫过于水，而攻坚强者，莫知能胜。其无以易之。"天下柔弱、柔软的东西，没有超过水这个东西的。水握在手里没有物感，将它分割可以随意为之，伸入其中没有阻力。然而，水这种柔弱的东西，一旦积势蓄力，却能无坚不摧。攻坚克强的力量，没有能胜过水这种东西的。这种以柔弱攻坚强的能力，没有什么东西可以代替。大江大河的形成，无不是水力的自然结果。

"弱之胜强，柔之胜刚，天下莫不知，莫能行。"老子说，弱能胜强，柔能胜刚，柔弱能够战胜刚强的道理，天下人没有不知晓的，天下人都能明白"弱之胜强，柔之胜刚"的道理，可是，却没有人去践行和效法柔弱胜刚强。这是为什么呢？

在老子看来，柔弱来自"道"性，是人与生俱来的本能，柔弱胜刚强的道理与人之"德"性相通，因而，天下莫不知，天下皆能知。而刚强出自人欲，是人欲不能获得满足时的情绪冲动带来的，人的欲望不能得到管控，人的情绪便使人不能坚守人的本真——"道"性，导致人们不能践行和效法柔弱胜刚强，故而"莫能行"。人的存在是由道德决定的，体现为"人"最核心的本性，情欲只是本性的附加，是后天的沾染，倘若能去掉情欲，人便能守真，便能显现柔韧的生命活力。

"故圣人云：受国之垢，是谓社稷主；受国不祥，是为天下王。"所以，有"道"的圣人认为，能忍受诸侯国的责难，才称得上是社稷主宰；能承受诸侯国的刁难，才能承担天下之王。垢，同诟，指辱骂之言。不祥，给王朝营造不安宁，危及王朝，威胁王朝。春秋时代分封体制中，周王朝为天下之主，其下为分封的诸侯国，因而这里的"国"，指的应当是诸侯国。也有将"国"解释成"国人"的，如陈鼓应先生解释"受国之垢"为承担全国的屈辱，解释"受国不祥"为承担全国的祸难。实际上，相对于文中社稷主和天下王这样的称谓，"国"不应该是国人的意思，解释为诸侯国更为贴切。

老子归隐之前所生活的时代，大约经历了周王室的周定王、周简王、周灵王、周景王、周悼王、周敬王等诸王在位时期。从周定王登位，周定王元年（前606），至周敬王四十四年（前476），周敬王去世，历时一百三十一年。此间，周王室主政力量衰弱到何等程度，诸侯国是如何展示其对王室存续的主导力，从周悼王即位直至周敬王还朝的历史片段中，可以窥见一斑。公元前545年，周灵王逝世，其子景王贵立。景王十八年（前527），王后所生的精明通达的太子过早去世。景王二十五年（前520），景王想立他喜爱的妃子所生之子朝为太子，可还没有来得及昭告立太子的想法，更没有举行立太子礼仪，不巧此时景王逝世。景王贵突然离世，王位继承没有交办，各方便为争夺王位厮杀开来，朝以父口谕为依凭争王位，幼子匄的党徒奋起抗争与非嫡生子朝争夺，而朝臣们却依照兄终弟及正式拥立时为长子的猛为王，子朝不服攻杀猛。猛就是悼王，悼王在位不到一年，于当年十月死。见悼王猛死，子朝自立为王，天下不服，晋国率兵攻打子朝并扶立匄为王，匄就是敬王。敬王元年就是公元前519年，晋国护送敬王匄还朝。子朝拒绝，敬王不能进入国都，就居住在泽邑。敬王四年（前516），晋国领头率领诸侯打败了子朝，把敬王护送回周，子朝表面服从做了臣子，诸侯给周王室修筑都城。敬王十六年（前504），子朝的党羽们又起来作乱，敬王再次逃奔到晋国。敬王十七年（前503），晋定公击败了子朝的党羽，重新把敬王护送回周都。从这段历史中，可以看出，周王室难以自保，根本无力主政。诸侯雄强，王室衰弱，已经是客观的现实。老子在这里的"圣人云"，应该是对周王的建议和抚慰，希望周王为王，既要有包容下流的胸怀，又要能正视现实，把"受国之垢，受国不祥"作为王室存在的基础，以保持周王室体制稳定。同时，老子将"受国之垢，受国不祥"合理化、正义化，因为"故圣人云：受国之垢，是谓社稷主；受国不祥，是为天下王"也就是"受国之垢，受国不祥"，不再是屈辱的表现，而是王天下者的必定的修养和当然的作为，因为这种修养和作为符合"道"柔弱不争的属性，这也是从"道"的理论上为周王室势力衰微的现实，做出貌似合理的解释。

"正言若反"的"反"字实际上不是相反的意思，任继愈先生解释"正言若反"为"正面的话恰像是反面的"，陈鼓应先生解释为"正道说出来就好像是相反的一样"。实际上"反"同"返",是返回停留的意思,"正言若反"的意思是,"正言"说完了就放在这里等待验证。"正言"是指"受国之垢,是谓社稷主;受国不祥,是为天下王"。"反"也就是"返",有重复验证的意思,是表示"正言"这句话经得起历史时间的检验,老子对自己的"正言"非常自信。面对当今世道的现实,在维持周王室为共主的前提下,周王只有这样作为,方能维持自己作为社稷主和天下王的存在,方能维持王室分封的周天下体制的存在,除此别无他法,即"正言若反"。

正如老子所言,周王室作为受国之垢的社稷主、受国不祥的天下王,一直存续到周赧王姬延于公元前256年死去,经历了老子之后近三百年的漫长时间。

第七十九章

　　和大怨，必有余怨。安可以为善？是以圣人执左契而不责于人。故有德司契，无德司彻。天道无亲，常与善人。

　　老子希望统治者能做到"为无为"，坚持不懈地推行"道"，顺应"道"的法则，能认识到民间情绪存在的客观性，寻找合适可行的治政措施和手段，极力找到依道行事而不以情气责人的治理方法。

　　但关于这一章的注释，存在很大的误解。突出的问题有三个：其一是"报怨以德"是否应该回归本章，其二是如何理解"执左契"，其三是正确理解"有德"和"无德"。弄清楚了这三个问题，对于《道德经》第七十九章就有了新认识。

　　首先来看看"报怨以德"是否应该回归本章。

　　陈鼓应先生在《老子今注今译》中说，"'严灵峰说：'报怨以德'四字，系六十三章之文，与上下问谊均不适应。陈柱曰：六十三章'报怨以德'句，当在'和大怨，必有余怨'句上。陈说是，但此四字，应在'安可以为善'句上，并在'必有余怨'句下；文作：'和大怨，必有余怨；报怨以德，安可以为善。'按，严说可从，'报怨以德'原在六十三章，但和上下文并无关联，疑是本章错简，移入此处，文义相通。本段的意思是说：和解大怨，必然仍有余怨，所以老子认为以德来和解怨（报怨），仍非妥善的办法，最好是根本不和人民结怨。如何才能不和人民结怨呢？莫若行'清净无为'之政——后文所说的'执左契而不责于人'，这样就不至于构怨于民，如行'司彻'之政——向人民榨取，就会和人民结下大怨了。到了那时候，虽然用德来和解，也非上策。"

　　"报怨以德"是否应该回归本章首先要辨别"德"。

　　我们现在所说的道德，基本上是沿用儒家"德"的概念，是指人的品行、人的行为规范。冯友兰在《新事论》中说："在某种底生产方法之下，社会必须有某种组织，人必须有某种行为。对于人此种行为的规定，即是道德。"而老子的"德"是指物承接了"道"的属性,在《道德经》中,"得"和"德"同时在使用,可以看出,得道者谓之德,得非道者谓之得,德是承接了道的一切属性而将道表现在物之上。德是道的个体,其运行法则是以道的法则为法则。道是万物为一的"一",德是理一分殊的"殊"。

道与德的相互关系,《道德经》有如下几种论述。

第二十一章"孔德之容,惟德是从",德是道的继续和继承。

第二十八章"朴散则为器",道分散则成就了具体的物。

第三十二章"人莫之令而自均,始制有名","道"经过"自均"之后,"道"便成了"德",才开始构建物的有形的状态。所以,第五十一章说:"道生之,德畜之。"德畜养万事万物,是具体事物的本质和发展变化的规律。

老子所说的"报怨以德",其含意是"主张自己喜怒哀乐爱恨怨仇等情绪时,必须遵守德性即是遵守事物属性和事物规律来办事"。简单地说,就是不可意气用事。

"和大怨,必有余怨。安可以为善?"这是什么意思呢?怨,指的是民怨,是治理天下应当关注的首要问题,民怨是民众的情绪汇集,所谓"水可载舟,亦可覆舟",也是对民怨、社会情绪的重视;"执政者之最大责任,在于'亿宁百神而柔和万民',否则'神怒人怨',必不能久"①。和,是和解,更是糅合,是对民怨存在客观性的认识,有治理必有民怨,因而糅合各类民怨是治理者一项很重要的技能。《中庸》说:"喜怒哀乐之未发,谓之中;发而皆中节,谓之和;中也者,天下之大本也;和也者,天下之达道也。"喜怒哀乐的各类情绪都没有躁动、生发,人性不受情绪的冲击影响,便能处于"中正"的状态;即使喜怒哀乐躁动了、生发了,而在表现出来时,是适中而不极端的形态,这便是人性能做到的调和、糅合喜怒哀乐情绪的理性状态。《中庸》强调,中正是天下最根本的属性,调和是天下最通达的路径。《中庸》是讲解个人的修养,《道德经》是讲解治理的策略。"和"是一种手段,是天下最通达的路径,"和大怨"就是糅合、调和、中和社会各类情绪使得社会稳定,使社会民怨保持在适度的范围内,而所谓适度的范围就是认同社会仍存在小怨、余怨,所以《道德经》说"和大怨,必有余怨"。

"安可以为善?"是在"和大怨,必有余怨"基础上的设问:采取糅合、调和、中和的方式化解民间大怨,怎样可以使得这些调和的作为、措施妥当适宜呢?"安可以为善"的"为"是作为、措施的意思,是指治理者的"为",《道

---

① 冯友兰. 中国哲学史(上)[M]. 重庆:重庆出版社,2009:30.

德经》阐明"为无为"的道理，"为"顺应了"道"的要求（事物发展的趋势、规律）就是无为。"安可以为善"的"善"，是对"为"的评价，是提出"为"的衡量标准。

如果孤立地看"和大怨，必有余怨。安可以为善？"这一句，"报怨以德"作为"安可以为善？"的回答，似乎是可以的。而所谓将"报怨以德"放在"安可以为善？"句上，并在"必有余怨"句下，则是不合文意。因为"报怨以德"只能是作为"安可以为善？"问题的回答，而不能前置。但是，就第七十九章全文来看，在"安可以为善？"之后，有下文"是以圣人执左契而不责于人。故有德司契，无德司彻。天道无亲，常与善人"。下文的这句话已经很准确地对设问"安可以为善？"做出了回答和感悟，若再在"安可以为善？"之后加入"报怨以德"，确实是重复回答。

所以，"报怨以德"所谓回归第七十九章是不合适的。

再来看看如何理解"执左契"。

"是以圣人执左契而不责于人。"这句话的注释是存在很大误解的，理解通透这句话不是一件容易的事。

任继愈先生解释，"契"，古时借债，在一块木板或竹板上刻上文字，从中间劈成两半，左边的一半由借出钱物的一方收存，右边的一半由借债人收存。要还债时，放债人拿出左边的一半，向借债人讨还。这句话的一般解释就是，即使是对欠债人讨要债务，也不过分责难债务人，因为这体现了"圣人""应责而不责，施而不求报"的高尚修养。

陈鼓应先生在《老子今注今译》中说："'契'即券契，就像现在的所谓的'合同'。古时候，刻木为契，剖分左右，各人存执一半，以求日后相合符信。左契是负债人订立的，交给债权人，就像今天所说的借据存根。"

高亨说："《说文》：'契，大约也。券，契也。'古者契券以右为尊。《礼记·曲礼》：'献粟者执右契。'郑注：'契，券要也，右为尊。'《商子·定分篇》：'以左券予吏之问法令者。主法令之吏，谨藏其右券木枳，以室藏之。'《战国策·韩策》：'操右契而为公责德于秦魏之王。'并其证也。圣人所执之契，必是尊者，何以此文云执左契，今证三十一章曰：'吉事尚左，凶事尚右。'用契券者，自属吉事，可证老子必以左契为尊，盖左契右契孰尊孰卑，因时因地而异，不尽同也。《说文》：'责，求也。'凡贷人者执左契，贷于人者执右契。贷人者可执左契以责贷于人者令其偿还。圣人执左契而不责于人，即施而不求报也。"

而事实上，欠债催债"施而不求报"的解释与中国人"欠债还钱"的契约精神是相违背的。若有"圣人"施而不求报的榜样力量在这里，岂不是谁强力讨要债务，谁就不得不处于道义的弱势？"圣人"的垂范作用无疑助长了赖账不还的口实，这不符合社会经济生活准则和常理。再说，债务与施舍完全不是同质行为，贷款于人并不是"财布施"，何来"施而不求报"的说法。所以，这种以施而不求报来抬高圣人仁爱品行的解释是不足信的，因为"施而不求报"的解释违背了社会公序良俗，所以即使是高歌圣人的仁厚贤良也是不可取的。况且《道德经》并不崇尚这种貌似虚伪的做作，因为如此做法"信不足"，与信义不相符。

关于"左契"和"右契"的问题，陈鼓应先生在《老子今注今译》中说："通行本'左契'、帛书甲本作'右契'。高明认为当从甲本。高明说：'从经义考察，甲本是'是以圣人执右契，而不以责于人'，乃谓圣人执右契应责而不责，施而不求报。正如《道德经》所讲'生而弗有，长而弗宰'之玄德思想一致。乙本'执左契'义不可识，虽经历代学者旁征博引，多方诠释，仍不合老子之旨。据此足证帛书甲本当为《道德经》原本旧文，乙本与世传今本皆有讹误。今据上述古今各本勘校，《道德经》此文当订正为'是以圣人执右契，而不以责于人，'右契位尊，乃贷人者所执。左契位卑，为贷于人者所执。圣人执右契而不以责于人，施而不求报也。'"

马王堆甲本作"右契"，乙本作"左契"，有的学者主张用甲本说法，有的学者主张用乙本的说法。可见在《道德经》同时出现"左契"和"右契"，本身就说明自古以来的学者们对"左契、右契"没有定论。这种左右难定的问题，也说明注释者对《道德经》"是以圣人执左契而不责于人"所要阐述的真正真实的道理琢磨不定。

本书认为，"是以圣人执左契而不责于人"是对"安可以为善？"这个设问的回答。意思是：那么，用怎样的办法和措施来平息社会民众的情绪呢？老子的回答是：知"道"明"道"的圣人，依照"道、德"规律行事，顺应国家治理趋势而作为，而不以己之好恶人为地、意气地苛责于人。但老子在这里言明道德之事时，没有直接言说道德，而是打了一个"执左契"的比方。王弼、河上公做了很正确的解释。

王弼是对"左契"做了注释，王弼说："左契防怨之所由生也。"他说："左契"防止生怨。左契如何能防止生怨呢？"左契"是凭据约定，它比口头约定是一个很大的进步，保存"左契"便是保存曾经的约定，使曾经的约定不因时间流逝而使记忆模糊，清晰意思表示的约定不会在约定的主体间生发误解之怨。

河上公注释说："古者圣人执左契，合符信也。无文书法律，刻契合符以为信也。但刻契为信，不责人以他事也。"河上公说：古代的圣人设定"执左契"这种做法，是符合诚信守约精神的，在没有文字约定时，刻制契约凭据符合诚信。刻契为凭据后，不会因为误解而相互责难。

所以，"执左契而不责于人"是老子以例喻事，说明路线清晰、约定明确人们就不会生怨。"契"本是契约、契据、约定，老子在这里用"契"来比喻"道、德"之于万事万物发展变化的那种规定性，从"道、德"作为结果可控的趋势与"契约"作为可预测结果的凭据的角度，二者有一定的相似性，所以，老子将"契"喻指了道德对事物的规定性。"执左契"的"执"如同第十四章"执古之道，以御今之有"及第三十五章"执大象，天下往"中"执"的意思，是"实行、推行、抓住不放"的意思，"左契"如同"古之道、大象"的意思。"执左契"与"执古之道、执大象"是一样的表述。"责于人"意思是责难别人，便是生怨气，"不责于人"就是不会生怨气。"执左契而不责于人"与老子所说的"报怨以德"同义，"报怨以德"是说即使有情绪之气，也要秉承尊道贵德的境界做事，而"执左契而不责于人"是说统治者应该执着推行明确的约定，不可用个人情绪好恶去责备人。两句话意思一样，表达的方式不同。由此可见，那种认为"报怨以德"应在本章而被错简至第六十三章，是误解而已。因为，对"安可以为善？"不可能用同样的意思回答两次，之所以有"错简"的说法，那恰恰是来自人们对老子这个比喻原文的误解。王弼的"左契防怨之所由生也"之说，是可以正确理解"是以圣人执左契而不责于人"这句话的含意的。

最后再来分析所谓"有德、无德"。

在接下来的两句"有德司契，无德司彻"之中，再次出现了常常被注释者误解的"有德、无德"，在《道德经》流行的注释中，基本上是将"有德、无德"理解成"有没有'德'"，正是这种注释使得第七十九章和第三十八章发生了重大的误解。

深入研究《道德经》后，可以发现，"有德、无德"仍是在讲"有、无"。"有德"是指"有"德，是指"有"的属性，指万事万物等处于"有"状态下的属性、规律性；"有德司契"中，司，可解释为实施、因循、承继；契，如前所释，是喻指"道"的规定性；"有德司契"是讲宇宙间具体有形事物的德性就是因循、承继"道"的规定性。"无德"是指"无"德，是指"无"的属性，指物之始"无"状态下的属性、规律性；"无德司彻"是讲宇宙间"无"的德性就是实施、承继"道"本体虚无透彻的属性。"有德司契，无德司彻"是指统治者治理民间人情积怨的方法。在治理有形的积怨时，要"司契"，即民间积怨已形成客观事态时，应按照"道"的规定性无私处置、中正而为，解危于爆燃之初，如同第五章所说"多言数穷，不如守中"。而统治者在治理无形的积怨时，要"司彻"，即要认识到民怨在累积成形过程中尽管无形，但仍客观存在着，应按照"道"的规定性使其澄清透明，化解于生发之时，如同第十五章所说的"旷兮其若谷"。

　　在认识了民间情绪存在的客观性后，寻找合适可行的治政措施和手段时，找到了依道行事而不以情气责人的方法，让人们感悟到了天下治理中民众情绪怨气的有、无存在状态，"故有德司契，无德司彻"。这一章，老子用道德理论阐述了平抑民怨的执政原理，具有极其适用的现实意义。

　　所以，老子最后用一句成语来概括这一执政原理："天道无亲，常与善人。"意思是，自然法则没有私心偏好，只是经常对理解"道"遵循"道"的人给予帮助、指导。《道德经》通篇鼓励人们去求"道"，去抓住事物本质，然后顺应"道"的法则、顺应事物的本质要求去"为无为"。这是《道德经》非常可贵的地方。

第八十章

　　小国寡民，使有什伯之器而不用，使民重死而不远徙。虽有舟舆，无所乘之；虽有甲兵，无所陈之。使人复结绳而用之。甘其食，美其服，安其居，乐其俗。邻国相望，鸡犬之声相闻，民至老死不相往来。

　　公元前6世纪，已是春秋晚期，周王室对诸侯国已逐渐失去强有力的管制，诸侯国相互攻伐，兼并战争愈演愈烈，争相称霸，"广土众民，君子欲之"（《孟子·告子下》）。诸侯国家发展国力的唯一目的就是扩张国土、争夺平民，以争夺霸主地位为荣，争得霸主地位成为诸侯治理国家最高荣誉。诸侯王"动欲成霸王，举欲信于天下。恃王国之大，兵之精锐……以广地尊名"。这是《战国策·策四》中季梁用南辕北辙的故事劝谏魏王时说的一段话，季梁对魏王说：您的动念就是想成为霸主，您的举策就是想取信天下，您依仗着国土辽阔和兵力强壮，试图用以继续扩张土地赢得个人名誉。

　　诸侯王的个人私欲不断挑起诸侯国战争，使广大民众饱受战乱之苦，生活极其不稳定，生命危在旦夕，所谓"争地之战，杀人盈野；争城以战，杀人盈城，此所谓率土地而食人肉"（《孟子·离娄下》）。宫廷争斗、谋反、残杀成了社会常态。"《春秋》之中，弑君三十六，亡国五十二，诸侯奔走不得保其社稷者不可胜数。"（《史记·列传七十·太史公自序》）这种王室失去威仪，诸侯强势掠夺，是封建体制持续的必然结果。

　　分封建国的初衷本是家族拱卫，维护王室权威和安全，这在封建初期的周天下的确取到了良好的作用，达到了预期目的，分封之王也充分享受了封建制度的优越，所以，他是含笑而死的。可是，随着数百年的繁衍和世袭，封建王侯之间的血脉亲情有了极大的疏离，礼制约束远不及力量约束，力量便盖过了礼制，试图用礼制维护自身权力和威望的王室，终将在势力较量中败下阵来。这种哀伤，周王室经历了，诸侯国也是要经历的，只要封建制度存在，这种哀伤必定存在。孔子"是可忍孰不可忍"的鲁之三家，公元前403年的三家分晋。

公元前379年的田氏代齐，都是发生在诸侯国内部的封建之痛。

在老子的思想里，这种哀伤便是诸侯兼并，势力膨胀造成的。

要找到天下治理之道，做到依道治理天下，达到无为而治、顺理成章的良好治理环境，必须改造大国争霸的政治生态，削弱大国的力量，使得国与国之间没有相互争斗攻伐的能力。

"小国寡民"便是实现这种理念的天下治理策略。

在周王室统治的周天下之内，分封的诸侯国丧失兼并攻伐之力，永远维持既有的弱小力量，王室统治便安全了，天下也安宁了。基于这样的认识，老子构建了他理想中的周天下之内诸侯国治理蓝图，这便是"小国寡民，使有什伯之器而不用，使民重死而不远徙。虽有舟舆，无所乘之；虽有甲兵，无所陈之。使人复结绳而用之。甘其食，美其服，安其居，乐其俗。邻国相望，鸡犬之声相闻，民至老死不相往来"。老子构建的这个蓝图的意思是，细化封国，分散民众，保持小国寡民的分封之国，使得坚兵利器派不上用场，教育民众珍惜生命留恋故土抵制远徙征战。因而，虽然有车有船，因不愿远涉迁徙而没有用途；虽然有盾甲兵戈，因寡民少力不思攻伐而没有用武之地。广大民众恢复到自给自足的自然生活状态，满足于吃得饱、穿得暖、住得安、社会有序的平淡日子。小国之间邻里相望，和睦共处，国与国之间互不攻伐、互不干涉，各自过好自己的生活，依照生死之道安宁而圆满地度过一生。

河上公解释"小国寡民"说："圣人虽治大国，犹以为小，俭约不奢泰。民虽众，犹若寡少，不敢劳之也。"他的意思是，统治者从主观上将大国视为小国，力戒治理大国的铺张和兴师动众。河上公的思路是受到第六十章"治大国，若烹小鲜"的误导，将"小国寡民"理解为只是老子的虚拟场景，而不是老子的现实构想。陈鼓应先生认为，小国寡民是"老子在古代农村社会基础上所理想化的民间生活情景"。老子的目的不是奢望一个民间生活情景，老子的目的在于削弱大国的力量，铲除诸侯争霸战争的基础，小国寡民是老子治理天下的建言方略，而不是"乌托邦"式的空想。冯友兰先生将其提高了层次，认为小国寡民"乃包含有野蛮之文明境界也。……野蛮的文明，乃是最能持久之文明也"。他认为老子并不是只想回到原始社会，因为原始社会不会有舟舆甲兵，也不可能有甘食美服安居。小国寡民只是有结绳之用的原始社会形态，同时也有原始社会所没有的人类文明成果，即他赞美的最能持久的野蛮之文明。① 这是认识角度造成的问题，冯友兰先生认为老子设想的是野蛮之文明的"小国寡

---

① 冯友兰. 中国哲学史（上）[M]. 重庆：重庆出版社，2009：160.

民"。而实际上，老子的主张是针对称霸战争不断的诸侯国现状，进行改造治理。应该是将已有舟舆甲兵、甘食美服的诸侯国，将其削弱分解后的状态，舟舆无用、甲兵乏陈描述的是诸侯大国武力消散抑制后的社会景象。

老子"小国寡民"的治理思想，其实是天下治理发展的必然趋势。不管是否认同老子道家"小国寡民"的治国思想，历史发展中的国家治理理念无一例外地都是朝着"小国寡民"这个方向变化的，秦汉的郡县制、唐朝的削藩等都是如此。

"小国寡民"的核心是削弱诸侯国称霸力量，是天下安宁的"道"，当今世界的国家内部治理无不遵循其"道"，即使是联邦体制、合众体制也必定是依"道"治理，老子的天下治理之"道"，是从天下纷争、兵燹肆掠的现实中求得的，它指出了两千多年来国家治理的必然规律。

从历史上看，"小国寡民"的实际运作，既可以是现实的国土小、民众少，也可以是实体的权力小、职能少。甚至当今国际霸权主义推行的图谋仍应用了老子的"小国寡民"思想，那就是，输出所谓自身价值观，煽动民族和地区独立运动，肢解大国，碎片化大国，空虚化大国，削弱大国与其抗衡的力量，保全其自身称霸实力。当今国际霸权主义所图谋的、永远觊觎的是抢劫别人，殖民别人，奴役别人，将自身凌驾于本为平等的世界各民族之上，凌驾于本为平等的世界各国之上，让自己拥有高于一切国家的强制霸凌能力。这种图谋的思想本质，是损人利己，怙恶不悛，达到弱肉强食、据为己有的目的，由此天下不得安宁，其用心之险恶阴毒，绝非老子"小国寡民"思想之意。

老子"小国寡民"思想的本质，是"共主"利益至上，是维护周天子威信，维护周天下稳定，维护周王室社稷安全，维护诸侯国安宁、人民安逸的内部治理策略。从远古开始，中国所形成的传统治理模式，就有两个显著的特点：一是民本治国，民安国泰；二是君权崇高，阴阳和合。

老子西出函谷关后，约在公元前 400 年，一个叫杨朱的人将老子"民至老死不相往来"的思想，延展到了极致境地，《列子·杨朱》说，"古之人损一毫利天下不与也，悉天下奉一身不取也。人人不损一毫，人人不利天下，天下治矣"。杨朱说，古人拔下自己的一根毫毛以利天下他也不给，而让全天下人来奉养自己他也拒绝。人人都不拔下一根毫毛，人人都不做救济别人的事，那么天下就好治理了。这个被孟子点名责骂的人，其实，他只是信奉"老死不相往来"的教条罢了，孟子骂他是一个自私到极点的家伙，而他的"自私"是建立在不侵占别人利益基础上的，他的"自私"没有损人的意思。这与现代经济学所谓的"理性经济人假定"异曲同工，是同一种思维模式。现代西方经济学假定，国家（经济秩序）要治理好，则每个人都应该是追求各自利益最大化。杨朱思想与理性经济人假定的共同之处是，假定每个人都是独立个体，追求利益最大化。

《道德经》出世后过了八百年，一个名叫陶渊明的读书人读懂了《道德经》第八十章，为天下人演示了"小国寡民"的现实版："土地平旷，屋舍俨然，有良田美池桑竹之属。阡陌交通，鸡犬相闻。其中往来种作，男女衣着，悉如外人。黄发垂髫，并怡然自乐。"在《桃花源记》里，一个典型的寡民小国是多么自在安逸的生活呀！这不正是老子所期待的生活图景吗？在老子的设想中，如果天下都是如此这般的小国寡民，哪里还有春秋争霸、杀人盈城的故事呢！

第八十一章

　　信言不美，美言不信；善者不辩，辩者不善；知者不博，博者不知。
圣人不积，既以为人，己愈有；既以与人，己愈多。天之道，利而不害；
圣人之道，为而不争。

　　本章是对《道德经》全书的总结，其讲解方式是建立在人们通过阅读《道德经》，已经认识领会了"道"、理解体验了"道"的基础上，再次综合论"道"，并回答了第一章"道可道，非常道"的问题，即既然用了五千言讲解"道"，仍然不是那个永恒的"道"，因为通篇没有给"道"一个完整的准确的概念解释，在老子那个时代里，也不可能给"道"一个内涵明确、外延清晰的定义。但人们研读《道德经》至此，通过老子五千言的阐述，步步逼近"道"的概念本身，人们应该理解认识"道"了。

　　"道"是一个客观实在。这个客观实在有其自身的属性，它是形成宇宙万物的能量起始，存在于万事万物之中，决定着事物现实性状和变化规则。这个客观实在的传播，需要借助语言加以描述和表达，而语言能力在表达概念属性时是有限的，没有一种语言能完全且完整地精准、无遗、无误表达概念属性。因此，客观实在的"道"是能够显现其客观属性的，但一旦通过语言表述，"道"本身所包含的属性便不能完全完整地呈现出来了。这便是"道可道，非常道。名可名，非常名"的无奈。庄子的那句"既已为一矣，且得有言乎？既已谓之一矣，且得无言乎？一与言为二，二与一为三"便是对语言表述概念直至传播效果过程的公式化描述，他大体是说："一"是事物本身或事物概念，"二"是表述事物的语言，"三"是受众的理解。他甚至嘲笑那些玩弄语言技巧的人说："故自无适有，以至于三，而况自有适有乎！无适焉，因是已！"意思是：表达客观事物的语言都难以让听众完全接受理解事物本身，更何况那些不是表达客观实在、只是苛察缴绕语言本身的说法呢？更让人不知所云。不要继续在辨识语言、在语言上插科打诨了，还是全心体悟客观事物本身吧！

此章语言语气已完全不是第一章那种欲言又止的状态，不是那种貌似站在"门外"讲授关于道的入门课的讲解方式：高深莫测且概念堆砌。这一章如同传道人与得道人共同分享求"道"体会，他们极其深刻地分享"道"，意图进一步鼓励人们求道悟道，遵道行道。

老子用信言、美言，善者、辩者，知者、博者等一对对概念来总结"道"和"传道"的关系、"道"和"违道"的关系、"道"和"得道"的关系。

"信言不美，美言不信"是对"解'道'语言"的描述，这种"不美、不信"之说，也可能是老子在《道德经》全文结束的此处，针对自己五千言的谦辞，这种谦辞也充分体现了老子对完整阐述"道德"学说的自信。信言的"信"是诚信、真实，是对实实在在的"道"的领悟和认识，"道"是客观实在，而信是忠诚于"道"本体的主观认识。"道"决定了宇宙的起源和宇宙万物的运动轨迹，而信是对"道"理解和反映。"信言"是指正确表达或表述对"道"理解认识的语言，即准确表述"道"概念的语言。有的人把"信言"理解为诚信的语言，实际上"信言"是"诚信于道"、表达真实"道"概念的语言。美言是华美装饰了的语言，老子一贯反对修饰，对非自然、非道生、非德畜的东西都予以否定，由此推断，经过装饰后的美言是不符合道法自然的，对美言的功效大加怀疑，因而说"美言不信"，即装饰华美的语言折损了语言自然表达"道"的能力，是"信不足"的。现代社会中整容塑身、装饰物品等行为，甚至种种逆自然的科学技术陆续出现，若老子健在，他一定会给予严厉的鞭挞。尽管如此，整容塑身、装饰物品仍旧美化着人们的生活，滋润着爱美者的心灵，逆自然的科学终将找到符合自然、符合伦理的解答。但老子对美言的质疑排斥是肯定的，这是他笃信自然为美的结果，也是他时代的局限性、知识的局限性、思维方式的局限性所造成的。

"善者不辩，辩者不善"体现了善"道"者对"道"无比的自信，对疑"道"者不予理睬的轻蔑。善者是指善"道"者，善道者对"道"有了充分的理解和体悟，也指认识和把握了"道"的人。"善者不辩"是指体悟了"道"的人虔诚地遵循"道"。辩者是指那些怀疑"道"的人、不信"道"的人。而"不善"不是指不善良，而是指不善"道"、不理解"道"、没有悟到"道"。"辩者不善"是指盱目辩论者其实就是没有领悟"道"的人。用我们当今的谚语说，便是"满瓶水不荡，半瓶水猛晃"。

"知者不博，博者不知"是对理解"道"、领会"道"在方法上的指引。知者是知"道"者，"知者不博，博者不知"的直接意思是，知"道"者并不是博学万物才可悟"道"，博采万物而没有领悟"道"的，一样不知"道"。"道"

只能通过抽象归纳的方法理解认识，也就是"为道日损，损之又损，以至于无为"的方法，才能理解"道"、体会"道"、得到"道"。是的，"道"是万物之宗，但并不是必须弄懂了天下所有的事物，才能得到"道"，若人们为求"道"而去博学万物，即使耗尽毕生精力，也难以求得"道"了，因为这样的人对学道悟道完全失去了思维能力。《庄子·养生主》对这样的人做了很明白的警告："吾生也有涯，而知也无涯。以有涯随无涯，殆已已而为知者，殆而已矣！"庄子说：我们的生命是有限的，而要弄懂的事物却是无限的。以有限的生命去求解无限的宇宙万事万物，那对于求"道"就十分危险了；那些自以为求"道"而痴迷于博学万物的人，只有危险等待着他了！庄子这段话表明了有限个体生命对穷尽无穷知识的无奈，也是对博学万物而求道的方法论的担忧。"以有涯随无涯，殆已"的问题一直萦绕在庄子心头，有一天，他终于提出了一个解决问题的办法，即"有真人而后有真知"，庄子说，"以有涯随无涯"而不殆的人不是普通的人，而是"真人"。《庄子·大宗师》："知天之所为，知人之所为者，至矣。知天之所为者，天而生也；知人之所为者，以其知之所知以养其知之所不知，终其天年而不中道夭者：是知之盛也。虽然，有患。夫知有所待而后当，其所待者特未定也。庸讵知吾所谓天之非人乎？所谓人之非天乎？且有真人而后有真知。"意思是：既知道天道的使命，又知道人生的使命，这样人就拥有无上的智慧。知道天道使命的人，是理解了"天道"永远是自然生养万物；知道人生使命的人，是懂得利用他已经知晓的知识去探求他所不知晓的知识，如果这个人毕生探求新知而没有中途夭折的话，他所掌握的知识便是巨大而丰厚的了。尽管有如此丰富的知识，也还是有无法知晓所有知识的忧患。况且他所探索的知识还需要得到验证，而知识验证的结果却不能确定。怎么知道我所说的畜养万物是天道使命而不是人生作为呢？怎么知道我所说的用已知探索未知的求道过程是人生使命而不是天道使命呢？"真人"才具有这真正的智慧。庄子的"真人"说，把老子客观的求道悟道过程引向了迷幻虚境。

所以：

"信言不美，美言不信"是传道、解道的要求；

"善者不辩，辩者不善"是信道、立道的要求；

"知者不博，博者不知"是求道、得道的要求。

"圣人不积，既以为人，己愈有；既以与人，己愈多"的意思是，有道圣人不积留"道"的体悟，而是以"道"开释人，越是以"道"释人，自己越是体悟深刻；有道圣人不积留"道"的体悟，而是将"道"传与人，越是传"道"与人，自己越是增长关于"道"的体悟。"圣人不积，既以为人，己愈有；既以与人，己愈多"是讲解"道"与传"道"的关系，表明圣人传道越是以"道"帮助人，自己越不会失去"道"，进而越是有"道"；人们将"道"传与人，自己绝不会减少"道"，而是在增强识"道"的悟性，在增强遵"道"的能力，使"道"的修为越加深厚。

"天之道，利而不害"的意思是，自然之"道"，对万物有利而不会危害万物。"天之道，利而不害"是讲解"道"与违"道"的关系，表明天道本身利万物而无害，违道而为是妄为，就是"不知常，妄作凶"，即无视"道"的常态，拔苗助长地妄作为，那一定是危害万物的、是凶险的。

"圣人之道，为而不争"的意思是圣人所遵从的"道"，是在默默地作为于万物，而从不与万物争私利。"圣人之道，为而不争"是讲解"道"与得"道"的关系，"道"的特点是"生而不有，为而不恃，功成而弗居"，"生而不有，为而不恃，长而不宰，是谓玄德"。得"道"的圣人也就承袭了不争的玄德，懂得恪守"知其雄，守其雌，知其白，守其黑，知其荣，守其辱"的道理，唐代诗人李白的《侠客行》表述为"事了拂衣去，深藏身与名"。"为而不争"进一步阐述了"为"的重要性，得道圣人之"为"是不与"道"竞争的"为"，是不违逆万物"德"性的"为"，在"道德"面前永远是无为的，在顺应"道德"、遵循事物发展变化趋势时永远是有"为"，这便是"为无为"，即"无为而无不为"。

综合以上分析，"信言不美，美言不信；善者不辩，辩者不善；知者不博，博者不知。圣人不积，既以为人，己愈有；既以与人，己愈多。天之道，利而不害；圣人之道，为而不争"可以这样解释，表达真实"道"的言语并不华美，经过粉饰修辞的语言却难以贴切地表达真实的"道"；悟得"道"的人不质疑"道"，因为"道"客观实在，怀疑"道"的人强辞争辩，其实他是没有懂道悟道的；知"道"的人是用无比深邃的思想，通过抽象归纳提炼的方法思维才能悟到"道"，"道"不是也不可能是通过博采万物求得的，博采万物的人也不可能领悟到"道"。得"道"的圣人不会私藏"道"论，常常通过给世人开释"道"，而使自己更高层次地悟"道"、得"道"；常常通过传道于世人，而使自己更能深入地与"道"同体、与"道"同行，使得知常守常成为自觉，做到内心自律而不妄为。天之"道"是上天的法则，它有利于天下万物而不残害万物；圣人之道是循"道"、卫"道"，而从不以私欲抗争道德。

我们读完了《道德经》，再看看"道可道，非常道。名可名，非常名。无，名天地之始，有，名万物之母。故常无，欲以观其妙；常有，欲以观其徼。此两者同出而异名，同谓之玄，玄之又玄，众妙之门"。原来觉得那么深奥玄妙的语言，现在看起来不过是大白话而已。老子站在宇宙至高无上的认识顶点上，舍弃了万事万物一切的特殊性，概括出了宇宙间本原的、共同的、本质的"道"，并进而以"德"为阶梯觇于世俗社会，透出人们应有的宇宙观、人生观、方法论，同时用喻道以例和推道及人的手法，展现了人世间在处理治政、治国、治军、治家、治身等方面现实问题的智慧和方法。愿我们一起沐浴《道德经》的文化雨露，承接"道"的智慧光辉，为人类生命生生不息，为人类家园和谐共生，找到全新的路径，走出崭新的足迹。这应该是我们孜孜研读老子的初衷。

主要参考文献

王卡，点校. 老子道德经河上公章句［M］. 北京：中华书局，1993.

王弼，注. 楼宇烈，校释. 老子道德经注［M］. 北京：中华书局，2011.

憨山. 梅愚，点校. 老子道德经解［M］. 武汉：崇文书局有限公司，2015.

叶蓓卿，译注. 列子［M］. 北京：中华书局，2016.

武振玉，注释. 诗经［M］. 长春：吉林文史出版社，2007.

任继愈. 老子新译［M］. 上海：上海古籍出版社，1985.

陈鼓应. 老子今注今译［M］. 北京：商务印书馆，2003.

庄子. 庄子全书［M］. 北京：中国华侨出版社，2013.

朱熹. 四书集注［M］. 南京：凤凰出版社，2005.

钱穆. 中国思想史［M］. 北京：九州出版社，2011.

冯友兰. 中国哲学史（上、下）［M］. 重庆：重庆出版社，2009.

杨国荣. 简明中国哲学史（修订本）［M］. 北京：人民出版社，1973.

吕思勉. 中国政治思想史［M］. 北京：中华书局，2014.

胡适. 中国哲学史大纲［M］. 北京：北京大学出版社，2013.

董平. 中国哲学教程［M］. 杭州：浙江大学出版社，2011.

司马迁. 史记［M］. 郑州：中州古籍出版社，1994.

班固. 颜师古，注. 汉书［M］. 北京：中华书局，1962.

姜广辉. 中国经学思想史（第一卷）［M］. 北京：中国社会科学出版社，2003.

吕思勉. 中国通史［M］. 北京：新世界出版社，2008.

〔英〕斯蒂芬·霍金. 宇宙简史［M］. 赵君亮，译. 南京：译林出版社，2012.

〔英〕史蒂芬·霍金. 时间简史［M］. 许明贤，吴忠超，译. 长沙：湖南科学技术出版社，2018.

〔德〕海德格尔．存在与时间〔M〕．陈嘉映，王庆节，译．北京：商务印书馆，2016.

〔以色列〕尤瓦尔·赫拉利．人类简史〔M〕．林俊宏，译．北京：中信出版集团，2017.

白奚．先秦哲学沉思录〔M〕．北京：中国社会科学出版社，2007.

马跃千，马慎萧．文王的嘱托——《周易》在告诉我们什么〔M〕．武汉：武汉出版社，2016.

后　记

　　《道德经》译注可谓举不胜举，学者大言、民间漫语、古往今来、各说其是，全部集中起来极有可能穷尽了人类在某个历史时刻的全部智慧。既然思想如此广博，著述如此浩繁，为何还在虔诚诠释《道德经》呢？我的理解是古典经文的解读任重道远，绝不会止于一刻。正如姜广辉先生所言："一部中国思想史不过是对'六经'的注释。"经文意涵的开释过程就是其思想光辉的普照过程，我们每有新思想开释进步，都应是为经典思想发展做出努力，本书力求秉承这一责任担当，企盼为绳墨《道德经》注释上存在的两个不好倾向做出探索。一是格言化解经倾向：不少解经人着眼经文对人生的教诲启发，丢弃了经文原意和宗旨。二是碎片化解经倾向：部分解经著作中，特别是对一些难以理解的经句，只是就字解字，就句解句，其部分注释没能做到对全文融会贯通，经句貌似解读得很清晰了，但上下文没有贯通逻辑气脉。

　　解决经文格言化或泛论化解经倾向问题，本书深入走进老子思想，深度领悟老子在该章句写作中的"悟象"，防止解读者偏离作者原意。

　　解决经文碎片化或孤立化解读倾向问题，本书是采取将经文注释和思想解读结合起来的做法，一些解读作品看起来对经文逐字逐句注释了，可读者仍然看不懂难接受，问题出在阻断了经文思想脉络，使得注释文句之间缺乏原意贯通。

　　如此志向，不知能否实现一点点，"白日不到处，青春恰自来。苔花如米小，也学牡丹开"。但愿努力有所收获。请读者批评指正。

　　感谢光明日报出版社热情帮助和指导，感谢给予关心和鼓励的各位朋友，非常感谢家人们的真诚理解和支持。

　　母亲赞许地端详过《文王的嘱托——《周易》在告诉我们什么》《资本主义金融化转型机制研究》，其安泰欣慰之情浮于脸颊；也仔细读过这本书的"导言：祈道道人"，那里面有她熟悉的生活和曾讲过的故事。母亲没能看到这本书出版，于 2020 年 3 月 5 日凌晨安详地走完了她的人生，享年九十岁。我十分怀念母亲，谨以此书献给母亲在天之灵，愿她仍能安泰欣喜，纪念母亲！

马跃千

2020 年 4 月 22 日凌晨于武汉